裁判
立法
実務

田原睦夫 編著

秋山幹男
伊藤眞
大貫裕之
垣内秀介
久保井一匡
才口千晴
始関正光
清水正憲
園尾隆司
竹下守夫
松下淳一
深山卓也
森田修
山本和彦
山本克己
著

有斐閣

はしがき

有斐閣の高橋均雑誌編集部長より、私の最高裁判所判事の定年退官を機に、次のような趣旨の書籍の出版をとの勧めを受けた。

それは、三七年半余の市井の弁護士としての活動、法制審議会を通じての立法作業への関与、大学での教育、論文等の著作活動、約六年半の最高裁判事としての活動を含めた私の法曹生活を振り返った書籍を出版することは、若手法曹やこれから法曹を目指す人々へのメッセージとして意味があり、また、私の判決に係る意見に関して学者の方々と、その意見の趣旨等についてインタビュー形式で対談し、それを出版することは判例研究に資するところが大きいというものであった。

かかる要請を受けること自体ありがたくはあるが、自らの法曹生活を振り返って出版するなど気恥ずかしく、私は、到底かかる出版をなすに値しないと思われ、また私より先輩の学者・法曹の方々がなお現役で活躍されている下でかかる出版をすると、敬愛する野﨑幸雄元司法研修所教官や鈴木正裕先生（神戸大学名誉教授）らから、「一〇年早い」とのご叱声を受けることが眼に見えている。しかし、退官後大阪弁護士会に再登録したとはいえ、通常の弁護士業務は一切行わないことを宣明し、実務法曹としての生活に一区切りをつけた立場に戻ったうえでかかる出版をなすことにも何らかの意義があるかと思い、それをお請けすることとしたところ、高橋部長の尽力により、ご多忙な諸先生、法曹各位に働き掛けていただき、各位のご協力の下、本書を出版できる運びとなった。

序章は、私自身の執筆にかかる私の法曹生活を振り返ると共に、それを踏まえつつ若手法曹及び法曹を目指す人々に対するメッセージを「法曹に求められる資質と役割」として記したものである。

第一章「最高裁判決個別意見に見る法解釈論」は、私の判決意見に関する学者の方々によるインタビューである。民事実体法関係は森田修東京大学教授が関連するテーマを含めて八件の判例を、民事手続法関係は垣内秀介東京大学教授が五件の判例を、公法関係は大貫裕之中央大学教授が衆・参両院議員選挙訴訟四件のほかに五件の判例を採り上げられた。インタビューは、いずれも私自身の法廷意見についての理解内容を確認したうえで、私の意見と過去の判例・学説との関係、論理展開の弱点、残された課題の指摘等、極めて鋭い質問の連続であり、正に厳しい反対尋問を受けているのと同様であった。

第二章「民事手続法改正に関与して」は、私が法制審議会の幹事・委員として共に携わった、民事訴訟法は、始関正光東京地方裁判所判事をコーディネーターとする伊藤眞早稲田大学教授、秋山幹男弁護士との鼎談、倒産法は、深山卓也法務省民事局長をコーディネーターとする才口千晴弁護士（元最高裁判所判事）、山本克己京都大学教授との鼎談である。

何れの鼎談においても、「今日だから明らかにできる」といった立法過程のウラ話の一部が語られており、何がしか立法史の研究の礎になればと思う次第である。

第三章「民事裁判実務を考える」は、山本和彦一橋大学教授をコーディネーターとし、私が弁護士として多数の案件に携わった倒産実務に裁判官の立場から管理・運営に携わられ、また法制審議会倒産法部会でもご一緒した園尾隆司東京高等裁判所判事、及び民事手続法に関し数々の論文を記し、日本民事訴訟法学会理事も務められ、法制審議会民事訴訟法部会幹事としての私の活動を大阪弁護士会のバックアップ委員として支えられた清水正憲弁護士との対談である。

前者では、倒産法改正以前の倒産実務と実務改革の動き、倒産法改正後の倒産実務と今後の課題、後者では、民事訴訟法改正作業が行われるまでの民事裁判改善へのプロセス、その改正作業と弁護士会との関係、改正後の実務の状況、現状の評価、民事訴訟実務の今後等が語られている。

第四章「日本の裁判制度の現状と課題」は、松下淳一東京大学教授をコーディネーターとして、法制審議会民事訴訟法部会及び同倒産法部会において、一五年余に亘って親しくご指導いただいた竹下守夫一橋大学名誉教授との対談である。

竹下先生と、司法制度改革後の我が国の司法制度を取り巻く動き、法科大学院制度を巡る現状への評価、今後の司法の展望を語るものである。

終章は、私が弁護士登録をした翌年の一九七〇年一月に加入した大阪国際空港訴訟弁護団事務局長で、それ以来今日まで親しくお付き合いいただいている久保井一匡弁護士（元日本弁護士連合会会長）による「田原弁護士論」ともいうべき「法律家・田原睦夫の人物像」である。

本書が、当初の企画・立案の趣旨を達成できたかについては、些か疑問なしとしないが、各位には、ご多忙の下、ご執筆、コーディネーターをお引き受けいただき、また鼎談・対談にお付き合いいただいて、極めて内容の濃く鋭い鼎談・対談を実現することができた。ただ、鼎談や対談の内容には、私の事前準備の不足もあって、一部で重なり合っている部分もあるが、その点は、各鼎談・対談にお付き合いいただいた先生方からのそれぞれの視点で語っていただいているということで、読者諸氏にはご寛恕いただきたく思っている。

極めてご多忙な学者、法曹界の方々に時間を割いていただいて、本書を出版することに本当に如何ほどの意義があるのか、また、私自身がそれに値するかについては、内心忸怩たるものがあるとはいえ、かかる書籍を出版していただけること自体、法曹の世界に身を置いてきた者として、誠に光栄なことであり、本当に幸せであると思う。

最後に、本書の出版に当たって、有斐閣の高橋部長、五島圭司法学教室編集長に本当にお世話になり、心より謝辞を述べておきたい。

二〇一四年二月

田原睦夫

目次

Ⅲ　詐害行為取消権の訴訟物……39
⑤最判平成二二年一〇月一九日金判一三五五号一六頁（補足意見）
Ⅳ　一個の債権の全額弁済と破産法一〇四条二項……46
⑥最判平成二二年三月一六日民集六四巻二号五二三頁（補足意見）
Ⅴ　財団債権たる原債権の手続外行使……52
⑦最判平成二三年一一月二二日民集六五巻八号三一六五頁（補足意見）
Ⅵ　ファイナンス・リースと倒産解除条項……58
⑧最判平成二〇年一二月一六日民集六二巻一〇号二五六一頁（補足意見）
Ⅶ　権利能力なき社団の財産に対する強制執行……67
⑨最判平成二二年六月二九日民集六四巻四号一二三五頁（補足意見）
Ⅷ　債権差押命令申立てにおける差押債権の特定……75
⑩最決平成二三年九月二〇日民集六五巻六号二七一〇頁（補足意見）
Ⅸ　文書提出命令……83
⑪最決平成一九年一二月一一日民集六一巻九号三三六四頁（補足意見）
⑫最決平成二五年四月一九日判時二一九四号一三頁（補足意見）

第二部　公法関係

インタビュアー＝大貫裕之 …… 95

はじめに …… 95

I　いわゆる定数訴訟 …… 96

A　衆議院議員選挙 …… 96

①最大判平成一九年六月一三日民集六一巻四号一六一七頁（反対意見）

②最大判平成二三年三月二三日民集六五巻二号七五五頁（反対意見）

B　参議院議員選挙 …… 111

③最判平成二一年九月三〇日民集六三巻七号一五二〇頁（反対意見）

④最判平成二四年一〇月一七日判時二一六六号三頁（反対意見）

II　国家賠償 …… 135

A　偽装建築物建築確認事件 …… 135

⑤最判平成二五年三月二六日集民二四三号一〇一頁（補足意見）

B　弁護士会接見拒否事件 …… 137

⑥最判平成二〇年四月一五日民集六二巻五号一〇〇五頁（補足意見）

III　明石海峡事件 …… 158

⑦最判平成二二年一一月三〇日判時二一〇二号三頁（補足意見）

IV　混合診療事件 …… 163

⑧最判平成二三年一〇月二五日民集六五巻七号二九二三頁（補足意見）

V　一級建築士免許取消処分事件 …… 168

⑨最判平成二三年六月七日民集六五巻四号二〇八一頁（補足意見）

第二章　民事手続法改正に関与して

第三章　民事裁判実務を考える

文献略語例について

本書に引用される文献については、原則として、以下の例によった。

民集	最高裁判所民事判例集	ジュリ	ジュリスト
集民	最高裁判所裁判集民事	論ジュリ	論究ジュリスト
裁時	裁判所時報	法教	法学教室
最判解民事篇	最高裁判所判例解説民事篇	民商	民商法雑誌
判時	判例時報	法協	法学協会雑誌
判タ	判例タイムズ	曹時	法曹時報
金判	金融・商事判例	リマークス	私法判例リマークス
金法	金融法務事情	自正	自由と正義

法令名について

本文中で引用される法令名については、一般に使用される略称も用いたほか、括弧内で表記する場合には、原則として小社刊行の『六法全書』の法令名略語に従った。

序章

法曹に求められる資質と役割

――これからの法曹に期待を込めて

弁護士・元最高裁判所判事
田原睦夫

Ⅰ　はじめに

本稿の標題は、本書の出版に当たり有斐閣雑誌編集部の高橋均氏から与えられたものであるところ、私自身は、法曹生活四四年余の間、担保法、倒産法等一定の法分野にかかる論文を執筆したものの、基本的には法曹実務家そのものであり、法哲学を研究したこともなければ、法曹のあり方について特に探求したり思いを巡らしたりしたこともない。

しかし、本稿のテーマで執筆するに当たっては、

Profile

Tahara Mutsuo

1967年京都大学法学部卒業、69年弁護士登録（大阪弁護士会）。法制審議会民事訴訟法部会幹事、同倒産法部会委員、京都大学大学院法学研究科客員教授、日本民事訴訟法学会理事、最高裁判所民事規則制定諮問委員会幹事・委員、全国倒産処理弁護士ネットワーク理事長などを歴任。2006年11月1日最高裁判所判事就任。13年4月定年退官の後、同年5月より現職。主著に、『論点・新民事訴訟法』（共編著、判例タイムズ社、1998年）、『新会社更生法の実務』（共著、商事法務、2003年）、『新注釈民事再生法（上）（下）』（共監、金融財政事情研究会、2006年）、『条解破産法』（共著、弘文堂、2010年）などがある。

単に従前の諸論稿を踏まえた抽象的な論述ではなく、私自身の法曹生活を振り返り、過去の法曹生活の中で諸先輩や同僚から学んだこと、法曹生活を続けながら学者の方々から深い啓発を受けたこと、また、今から振り返れば更に努力すべきであったこと等を記し、それらの実務経験を踏まえて法曹に求められる役割について検討することも、一つの論述の方法かと思い、かかる観点から、私の三七年半余の弁護士生活及び六年半弱の最高裁判所裁判官としての生活を振り返ることとする。

なお、私の諸先輩に現役の法曹として活躍される方々がおられる中で、私が法曹生活を振り返るのは一〇年早いとご叱声を受けかねないが、退官後に大阪弁護士会に再登録したものの、実務法曹としては完全に身を引き、法曹生活に一区切りをつけたことから、諸先輩にはご寛恕いただきたいと願う次第である。

Ⅱ　法曹に至るまで

1　法曹を志すに至った経緯

私は、京都市伏見区で生育したが、私の高等学校受験時には、京都市内は完全小学区制で、私の住居の学区にあったのは工業高校で、普通科クラスが少なく、大学受験を目指すには余り適切ではない、という両親の勧めもあって同志社高等学校に進学した。

その当時は、我が国の工業界は、ナイロン、ビニロン等化学繊維の興隆期を迎えており、理系に興味を持ち成績の良いものは工学部を志望する者が多く、私も同校では化学クラブに入って積極的に活動し、理系の勉学に励んでいた。ところが当時は、松川事件や八海事件等、刑事裁判にかかる報道が社会の耳目を集め、また、三井三池争議、六〇年安保問題での国会論議で活躍する野党議員に多くの弁護士出身者がいたこと等から、次第に弁護士という職業に強い関心を抱くようになった。また、母校はミッションスクールであったことから、一九六〇年夏に前年の伊勢湾台風の復興作業を手伝うワークキャンプが企画され、私も名古屋市郊外の鍋田干拓地でのキャンプに参加して肉体労働に従事するとともに、災害被害者に直接接し、社会的弱者のために行動することを体感した。そのような経緯を経て、高等学校二年生の末には、法学部への進学を決意した。

一九六二年四月、京都大学に入学したものの、当時の教養課程の講義は退屈であり、私は、セツルメントを含む種々の活動に参加し、あるいは岩波文庫の一〇〇冊の本のほか、社会科学、哲学、心理学等に関する諸書物の読書に挑戦するなど、今後の生き方を模索していた。

三回生の時に、本格的に法律の勉強をすることを決意し、当時、信州で冬のスキー客用の民宿が、主として大学受験生を対象とした学生村を設けていたことから、その夏に二週間赴き、我妻榮先生の『民法講義』全巻と、團藤重光先生の『刑法綱要』を持ち込んで精読した。

三回生の秋からは、林良平先生のゼミに加入することができ、そこで林先生の謦咳に接し、法律の勉強方法の基本を叩きこまれるとともに、法律学徒としての議論のあり方を学び、以後一九九五年に林先生が亡くなられるまで、研究会や出版企画等を通じて、直接ご指導をいただいた（なお、在学中の教養部のクラス仲間とは、卒業後も継続して交流が続き、またゼミを通じて経済界を含む多くの知己と巡り会え、今日までそれらの方々を通じて、法曹の世界以外の方々から、多くのことを学んだ）。三回生から四回生に掛けては、主として司法試験科目の勉強をする傍ら、それに飽きると、我妻先生の『近代法における債権の優越的地位』や川島武宜先生の『所有権法の理論』等の民法学徒にとっての基本文献を読んで過ごした。

司法試験は四回生で挑戦し、短答式試験は合格したものの、その余の科目はほとんど勉強していなかったから合格する筈がなく、一年留年して五回生で合格した。

2 司法修習生時代

一九六七年四月、司法研修所に入所した。司法修習は二一期で、民事裁判教官は野﨑幸雄先生であった（八期。一九九六年、名古屋高裁長官で定年退官。野﨑教官が、前・後期双方を担当されたのが二一期のみであったこともあり、教官の裁判官在職中も再三クラス会が開かれていたが、定年退官された後は、適当な口実の下に、教官ご夫妻を囲んで年に数回会合を開いている)。また、実務修習地は京都で、二班合計二八名いた司法修習生のうち一五パーセント前後が他職経験者であったところから、それらの司法修習生からは、間接的とはいえ、実社会の様々な事柄を学ぶことができた。

弁護修習での前堀政幸先生との邂逅は、私の法曹人生に大きな影響を与えた(前堀先生は一九〇五年生まれ。東大法学部卒業後検事となり、戦後、京都地検次席検事時代に、GHQの指示に従わなかったとして逮捕され、半日余で釈放されたが、それを機に弁護士に転身され、八海事件ほか多数の著名刑事事件の主任弁護人を務められたほか、当時は京都弁護士会の重鎮として多数の企業の顧問等もしておられた。その後のことになるが、一九九二年には、八七歳で京大大学院法学研究科に入学され無事修了された)。私の弁護修習の担当弁護士は比較的暇であったところ、私の親しい司法修習生が前堀事務所で修習しており、先生は若者と話されることがお好きと知って、夕刻になると同事務所にその修習生を訪ね、それを機に、先生から、種々のお話をお聴きし、その中で、依頼者の視線に立って事件を見ること、記録を徹底的に読み込むべきこと、弁護士として受任した以上は、「ゼニ・カネ」は考えず、事件の適切な処理に専念することという、法曹人としての基本的な「生き様」を学んだ(なお、前堀先生は、私の家内が入居していた女子学生用の寮を経営していた婦人とも親しく、その縁もあって仲人をしていただき、二〇〇四年に亡くなられるまで、親しくご指導いただいた)。

Ⅲ 弁護士としての活動

1 イソ弁時代

私は、司法修習終了後は大阪で弁護士となることを希望していたが、大阪に伝手がなかったことから、前堀先生に相談したところ、人格者として知られる道工隆三弁護士が適切であろうとご紹介を受け、一九六九年四月、同事務所に採用していただいた。

同事務所には三人のイソ弁がおられ、それら兄弁から、弁護士としての業務を初歩から教えていただいた。同事務所では、私の入所と入れ違いに独立された弁護士の担当事件を引き継いだが、そのうち最も古い事件は、一九五四年に提訴された大阪市内の繁華街の空襲罹災跡地での境界紛争事件であった。また、私と同時に一二期の井上隆晴弁護士（道工先生逝去後の事務所後継者）が入所されたこともあって、私の担当事件処理の関係では時間的に余裕もあり、また事務所には比較的文献が揃っていたところから、修習終了までに余り勉強することがなかった行政法等諸分野の法律の勉強をすることができた。

道工先生の事務所には、私が司法修習中に前堀事務所に出入りしていたのと同様な形で、一二期の方々が出入りしておられ（その中には、前述の井上弁護士のほか、木村保男弁護士〔大阪国際空港公害訴訟原告弁護団長〕、金谷利廣元最高裁判所判事、島田禮介元名古屋高等裁判所長官等）、同事務所の元イソ弁や出入りしていたメンバーが集まる道工会が毎年開催され、そこで多くの先輩法曹との面識を得ることができた（塩崎勤元東京高等裁判所判事〔一四期〕、中務嗣治郎弁護士〔一六期〕等）。

2 独立・共同事務所の運営

私は、道工事務所には、司法修習終了後六年間イソ弁としてお世話になり、本当に弁護士業務のイロハから教わり、また、前述のとおり、人格者として法曹界に広く知られていた道工先生から、日常業務を通じて弁護士として、あるいは法曹としてのあり方等を学んだ。

しかし、イソ弁生活が当時としては相当長期に及んだことから、一九七五年、次に述べる大阪国際空港公害訴訟事件の原告弁護団員として知り合い、既に「昭和法律事務所」の名称の下に独立していた二〇期の二名の事務所に二二期の弁護士と共にパートナーとして加入した。

同事務所では、各パートナーがそれぞれの得意分野を生かして業務を行い、幸いにしてそれぞれが依頼者の信頼を得て受任業務も広がり、それに応じて事務所を構成する弁護士も一〇名を超えるにまで至った。しかし、事務所の運営方針や弁護士会活動との関わりあい等についてパートナー間で意見が対立したことから、一九九〇年、それぞれの方針に従って事務所を運営することとして従前の「昭和法律事務所」を解体することとし、私は、従来のパートナーの一部と共に「はばたき綜合法律事務所」の設立に参画した。

同事務所も順調に業績を伸ばし、所属弁護士は、現在一六名に達している。この度、最高裁判所裁判官退官に伴って再度大阪弁護士会に入会するとともに、前述のとおり一般弁護士業務は行わないものの同事務所に籍を置くこととした。

3 大阪国際空港公害訴訟原告弁護団への参加

大阪国際空港公害訴訟は、終章で久保井一匡弁護士が論述されているとおりの経緯で提訴されたものであり、その原告弁護団に加入することによって、弁護士として多くのことを学んだ。そのうちの主なものを以下に掲げる。

①原告（被害者）の視線に立った実情の把握　原告団代表を交えた弁護団会議は、ほぼ毎月休日に地元の公民館で騒音公害に曝されながら開かれ、また同訴訟の控訴審判決が証明力を認めているように、弁護団員がその被害について徹底的な聴取りを地元に入って原告住民から行い、それを陳述書にまとめた。

②科学的な視点の確立　「音とは何か」、「騒音発生のメカニズム」、「騒音の身体・精神にもたらす影響」、「閾値」、「公共性の本質とは」等の意義を根本から学び、そこでは、まず結論ありきではなく、基本から科学的に究明することの意義を学んだ。

③集団討議の重要性　訴訟の基本的な方針や準備書面は、弁護団会議の討議に付され、執筆担当者との間で激論が交わされた。執筆担当者は、その議論に耐え得るだけの記録の読込みと理論武装が求められた。

④徹底した準備　事案の性質上、証人尋問期日に尋問担当者に事故があっても期日を変更することはできないことから、

必ず複数の尋問担当者が割り当てられ、尋問事項も全て弁護団会議に付された。殊に反対尋問事項は、既に取調べ済みの証拠を踏まえ、尋問者の期待する応答が得られない場合をも想定して綿密な検討がなされ、尋問担当者がかかる準備をしていないと弁護団会議で徹底的にやり込められた。

⑤和の重要性　弁護団会議では激しい議論が戦わされるところから、場合によっては感情的になる場面もある。しかし、大規模訴訟を集団の弁護士でやり遂げるには、弁護団の和が不可欠である。その点で木村団長、久保井事務局長、滝井繁男副団長（元最高裁判所判事）のご苦労は大変だったと思われる。そのことは、後に私自身が倒産事件等で大規模な弁護士グループを統率する立場になって、真に理解できたし、また右各弁護士のご苦労を認識できた。

4 刑事弁護事件

刑事事件は、弁護士登録後、他の実務が多忙となり国選受任者名簿への登録を抹消した一九八八年まで毎年受任し、全部で二〇〇件余を受任したが、そのうちのエポック的な事件について以下に記す。

(1) 一般刑事事件

無罪を三件、主文中一部無罪を複数件得ているが、国選・私選を問わず比較的重たい事件も受任することにより、社会の様々な層で生活する人々の実態や、犯罪に至るまでの心理的葛藤、被告人が犯行に至ったことに伴う被告人一家の離散等、世の中に生起する様々なことを、直接・間接に知ることができた。

(2) 学生事件

一九六六年頃から、各大学医学部では学生達が山崎豊子著の『白い巨塔』に象徴される医学界の旧弊を打開すべく青年医師連合（青医連）を組織し、様々な運動を展開していたが、それら運動の過程で生じた学生間のトラブルや学生と大学側のトラブルが警察の介入を招き、各地で刑事事件として立件され、京都では、京都大学と京都府立医科大学の事件が立件された（なお、各事件は以後の大学紛争の嚆矢となる事件ではあったが、その後の大規模な学生紛争事件とは全く別の性質のものである)。

私は、ある関係から両事件の弁護団に加わったが、殊に京大青医連事件(一審無罪・控訴審罰金刑・上告棄却)では、前述の前堀先生や佐伯千仭先生(立命館大学教授〔当時〕)が弁護人をしておられ、両先生から刑事弁護の基本(記録の精読、証人尋問の際の適切な異議——それに対応する刑訴規則の熟知の必要性)を直接に学ぶことができた。

(3) 死刑事件

一九七五年、国選事件として通常どおり受任手続をとったところ、被告人が共犯者と共に金員騙取目的で二人を別々に殺害したという著名な事件であった。

殺害状況に関する証拠は被告人らの供述しかなく、被告人の供述どおりなら、被告人と共犯者の犯情は同一であり、共犯者の供述どおりなら共犯者は被告人より犯情は若干軽いという事件であった。未だ登録六年目であり、未熟な弁護士がかかる大事件を受任したことを悔やんだが、受任した以上精一杯やるしかなく、離婚して地方に住んでいた元妻を訪ねるなどして被告人の情状事実を調べると共に、公判廷では被告人と共犯者の犯情に違いはないとの弁護方針を貫いた。

一審判決は、両被告人とも死刑であり、被告人の控訴審の国選弁護人は偶々私が敬愛していた真鍋正一弁護士(一六期)であり、事件の性質上、控訴審の公判期日も傍聴したが、控訴棄却の判決であった(判決宣告後、傍聴していた遺族から私に対し、「ありがとうございました」との言葉を掛けられたときは、驚きと共に感激した)。同判決に対し被告人は上告し、真鍋弁護士から、こんな事件は被告人に異存がなければ上告審は無料で私選弁護人として最後まで力を尽くすものだと言われ、同弁護士と共に上告審を受任したが、上告棄却であった。

(4) 脱税事件

脱税事件は全部で五件受任したが、いずれも脱税額に争いのある事件で、一件は大槻龍馬弁護士(三期。一〇〇件以上の無罪判決を得ておられる)とご一緒させていただき、一件は、同弁護士が裁判所の強権的な訴訟指揮に反発して辞任された後を受け継いだものであり、二件は弁護士会の国選弁護委員会からの指名事件である。そのうち四件は上告(一審の国選事件は、控訴・上告とも私選に切替え）したが、いずれも上告棄却となったものの、上告審に係属後結論が出るまで数年間要した事件である。

脱税事件を受任するまでに、後述の倒産事件を通じて経理関係書類を読むことは苦にしていなかったが、脱税事件ではより詳細な記録の読込みが求められ、ロッカー数本に及ぶ記録の読込みを通じて被告人の属する各業界関係の知識や、計数関係に関する様々な知見を得ることができた。

(5) タクシー汚職事件

一九六五年に、ＬＰガス課税を巡ってタクシー業界から国会議員になされた献金が贈収賄に当たるとして、国会議員二名と業界関係者二名が起訴された事件である。

一審では、東京、関西の著名弁護士一五名からなる大弁護団が組織され、一二年間一二〇回余の公判が開かれたが一九七九年に有罪判決が宣告され、控訴審で若手弁護士を補充するとの方針の下に同弁護団に加わった。一審記録だけでロッカー二個を超え、控訴趣意書の提出まで一年余を要したが、同事件では、和島岩吉弁護士（期前）、戸田勝弁護士（期前）、仁藤一弁護士（六期）等の薫陶を得た。

(6) イトマン事件

一九九一年に立件されたイトマン事件の同社社長の弁護人を、先輩からの紹介で受任した。当初は私よりも先輩の弁護士が団長格で加わられる旨聞いていたが、結局実質五名の弁護団の主任弁護人を務めることとなった。同事件の記録はロッカー二個を超え、一九九六年一一月に、被告人側の事情から同事件の弁護人を解任されたが、それまでの公判回数は、毎月二回、一〇時～一七時で行われ、合計一〇三回に及んでいた。同事件では、商社活動の実態や経済の闇社会との関わり、バブル経済当時の銀行融資の実態等、多くのことを学んだ。

5 倒産関連事件

倒産事件を最初に手掛けたのは、一九七三年に初めて破産管財人（代理）に就任した事件である。その事件を受任する経緯や当時の倒産事件に関わる整理屋の実態は、拙稿「整理屋の時代と弁護士の倒産実務」（伊藤眞ほか編『時代をリードする再生論〔松嶋英機弁護士古稀記念論文集〕』〔商事法務、二〇一三年〕）に記した。

私が関与した倒産事件の概要は、私の古稀・最高裁判事退官記念論文集『現代民事法の実務と理論（下）』（きんざい、二〇一三年。以下「古稀・退官記念」と略称する）に記したとおり、破産事件（個人破産を除き申立代理人約四〇件、破産管財人三二件）、和議事件（申立代理人八件、整理委員四件）、会社整理事件（申立代理人六件、管理人一件）、民事再生事件（申立代理人七件、監督委員一件）、会社更生事件（申立代理人四件、更生管財人五グループ〔事件数として三〇件〕）、特別清算事件（大きな事件としては二件）、大型の私的整理事件（約五件）、私的整理ガイドライン事件（一件）等約一二〇件に及ぶ。

それら関与した事件の業種は、和装繊維問屋、繊維メーカー、木工製品製造メーカー、機械製造メーカー、機械部品・システム機械・鉱山機械製造メーカー、プラント設計業、電炉メーカー、不動産業、ビル賃貸業（約二〇〇棟）、ホテル業（都市ホテル・ビジネスホテル・リゾートホテル・ファッションホテル）、ゴルフ場（全部で四〇ゴルフ場）、スキー場、パチンコ経営、スポーツジム、漁業船団、バス会社、食品製造加工メーカー、食品卸業等多岐に亘る。

それらの事件処理の過程で、様々な業界の生の話を聴取・体験し、幅広い知識を得ることができた。当初に関与した和装繊維問屋の私的整理事件では、当時の和装繊維の製造から流通に至る実態、融通手形の流れやその見分け方等を学び、メーカーの更生事件では、原価計算の難しさ（利益が出ていると認識されていた商品が実際は赤字であり、他方、赤字商品と思われていた商品が、それなりの利益が出ていた等）、粉飾決算の仕方（メーカーの半製品、土木請負の仕掛工事等の利用）などの生データに接し、また業界ごとの慣行の相違等、各業界の多様な経済の実態を知ることができた。

殊に、会社更生や民事再生事件では、事業経営の厳しさ、難しさを経験すると共に、生産現場や流通現場で働く工員、職人の自らの業務に対する熱意、誇りを実感し、他方、事業再建にかかるリストラを実行するため、事業の縮小、工場閉鎖等に伴いそれらの現場従業員を多数解雇せざるを得ないという厳しさを味わった。またスポンサーによる再建を目指した五～六件の事件ではスポンサーの公募、その選定手続の難しさを経験した。

更生管財人や大規模な破産管財事件では、多数の管財人代理、補助弁護士（末野興産㈱事件では、六名の管財人代理、スポーツ振興㈱事件では、大阪・東京・広島・福岡・高松の各弁護士合計九名を管財人代理に選任するほか、更にその補助弁護士十数名、大和都市管財㈱事件では、大阪の弁護士七人を管理人代理に選任するほか、函館、福島、東京、名古屋、山口の弁護士十数名を各関連事件の管財人代理や補助弁護士として選任）のほか、管財業務を遂行する多数のスタッフを必要とした。

それらの業務を倒産会社自体の職員のみで遂行することは組織的・能力的に困難なので、それらの大型事件を処理するまでに関与した事件を通じて培われた人脈や、更にその人脈からの伝手を利用して、旧倒産会社の経営者、銀行ＯＢ、不動産会社ＯＢ等、様々の職歴を有するスタッフを集めた（末野興産㈱事件では、それらのスタッフは二十数名、大和都市管財㈱事件では三〇名余に達した）。私の関与した多数の倒産処理事件は、これらの補助スタッフの協力なくして到底なし得なかったものであり、また、それら多様な経歴を有するスタッフから、各種業界にかかる様々な事柄について知識を得た。

更に会社更生事件を含む大規模な事件では、公認会計士（監査法人）、税理士、不動産鑑定士、司法書士等の援助・協力を得ることが不可欠である。殊に財産評定を巡っては、公認会計士・不動産鑑定士を交えた厳しい理論上の諸問題（不動産評価のＤＣＦ法の適用、将来収益予測及びその割引率等）を含む激しい議論が重ねられ、その過程で問題点を吸収し、またそれら専門家集団と知己になれたことは、法曹に必要とされる基礎知識の拡充に大いに寄与した。

6　経済関連事件

経済関連事件としては、一九八九年、大手銀行の大阪支店にＭ＆Ａ担当部門が設立されたことを機に、同銀行の西日本地区にかかるＭ＆Ａ案件の法務ＤＤ（デュー・デリジェンス）や契約書作成に関わるようになった。

当初は、バブル経済下での国土法の規制を潜脱し、また不動産譲渡所得にかかる重課税（租特三一条）を免れるべく、実質は不動産譲渡であるいわゆる不動産M&Aの事案も相当数存したが、バブル経済の崩壊とともにそれも姿を消し、後継者難、子会社の再編、事業体質の強化等を目的とする本来型のM&A案件が増加し、依頼も、従前の業務で知り合った監査法人や税理士の紹介、かつて担当した倒産事件の債権者等多岐に亘り、最高裁判所裁判官任官までDD、契約書作成等で関与したM&A案件は大小含めて一二六件に達する。

それらの事案では、財務DDを担当する公認会計士（監査法人）とは常に密接に連絡をとり合い、またM&Aの対象企業（売手・買手）の事業部門担当者や経営の中枢のメンバーから意見を求められることもあり、多種・多様な企業の実情や企業経営の実態を知ることができ、多くのことを学んだ。また独占禁止法の適用が問題となった事案では、公正取引委員会事務局との厳しい交渉を経験した。

その他、前述の「古稀・退官記念」に記したとおり、倒産事件のスポンサー候補の競合事件、事業再編のための会社分割事件、㈱ダイエー再建ファンドアドバイザー、大手企業やその関連企業の経営権の争奪に関連する紛争等の事案の処理に携わるほか、二〇〇六年には佐川ホールディングス㈱の社外取締役に就任するなど、多数の経済関係事案に関与した。

7 その他

その他に関与した事件のうち特殊なものとしては、医療過誤事件（集団訴訟としての未熟児網膜症事件のほか患者側の事件〔複数件〕）、医療機関側の事件〔複数件〕）、宗教法人（仏教）の本山の内紛（右翼関係者の関与に始まり、多数の訴訟事件の提起を含む。全国各地の多数の末寺を訪ねて和解に向けて奔走し、三年余で全面和解し、その後、紛争の再発を防ぐべく寺院規則を全面的に改正〔その改正を巡っては、文化庁の担当者と厳しい交渉をした〕）や、関係寺院を巡る個別紛争、京都仏教会事件（京都市が寺院の拝観料への課税方針を打ち出したことに伴う紛争）、医療法人や学校法人を巡る紛争等があり、また極めて珍しい事件としては、二〇〇二年の年末に、当時の商業登記手続制度の間隙を縫って、大手企業（閉鎖会社）の役員が全員退任して別の役員が就任した旨の登記と印鑑届の変更がなされていた事実が判明し、一二月三一日に、新規に選任されたとする取締役全員の職務執行停止、職務代行者選任の仮処分決定を得て、新年早々に、その代行者の下で旧役員を復活させるための会社法上の諸手続を行った事件がある。

その他、学校法人・公益法人等の理事、評議員、監事等に就任し、各種の法人運営の実際を知ることができた。

8 弁護士会活動等

弁護士会では、積極的に単位弁護士会や日弁連（日本弁護士連合会）の委員会活動に参加した。殊に日弁連の各種委員会に所属したことにより、全国各地に多くの弁護士の知己を得、また日弁連としての意思決定の仕組みやその過程を知ることができ、後に法制審議会の幹事・委員を務めた際に、日弁連の意見との調整を図るうえで、非常に役立った。

また、弁護士会活動そのものではないが、二〇〇二年一一月に設立された「全国倒産処理弁護士ネットワーク」の設立に関与し（その設立の経緯については、前掲の松嶋古稀参照）、二〇〇三年六月から最高裁判所裁判官に任官するまでその理事長を務め、毎年地区を替えて開催される全国大会のほか、各地で開催される研究会にも全て参加し、倒産業務に熱心に取り組む全国各地の弁護士と交流を深めるほか、各地域ごとの倒産処理実務の現状を知り、事件の処理を全国規模で鳥瞰するという広い視野を得ることができ、最高裁判所裁判官に就任した後の業務処理において、常にそうした視野から判断すべきことを学んだ。

Ⅳ 法制審議会、最高裁判所民事規則制定諮問委員会への参画

一九九〇年八月から一九九六年八月まで法制審議会民事訴訟法部会幹事として民事訴訟法の全面改正作業に、また同年一〇月から二〇〇五年三月まで同倒産法部会の委員として倒産法制の全面改正作業に関与し、それら各法律の最高裁判所規則の制定にも最高裁判所民事規則制定諮問委員会の幹事・委員として全面的に関与した。

その際の活動の概要は、本書に収録の鼎談（第二章）に記されているので本稿では触れないが、我が国の基本法の一部の立法作業に弁護士として全面的に参画できたこと、民事訴訟法、倒産法に関連する我が国トップの学者の方々の学識の深さ、凄さに直接接することができたこと、立法作業に携わる法務省、最高裁判所の優秀なスタッフの力を認識でき、またその後もそれら諸氏と交流が続けられたことは、法曹としての私にとって、極めて大きな財産となった。

V 学究生活

私は、司法修習生として京都で実務修習を開始すると、林良平先生から法律懇話会への入会を勧められた。同会は、林先生と中務俊昌京大教授とが主宰され、法曹と金融実務家を主たる構成員とし、同会のメンバーによって『担保的機能からみた相殺と仮処分——法の理論と実践』（有信堂、一九六一年）、『判例・不法行為法』（有信堂、一九六六年）の二書を既に出版している非常にハイ・レベルな研究会であった。また、一九八八年秋に林先生が主宰され、当時の京大、神戸大の民法、商法、民事訴訟法の著名教授を幹事とし、中堅・若手の研究者のほか金融機関の法務担当者を構成員とする関西金融法務懇談会に入会が認められ、実務を踏まえたうえでのハイ・レベルな議論が戦わされる場を経験した。それらの研究会を通じて、下級審判決を含む裁判例の動向を知ることの重要さを叩き込まれ、幾つかの論文執筆を機に判例カードを作り始め、今日でもそれを続けている。また、それらの研究会では数回に亘って研究報告の機会が与えられ、参加している研究者からの鋭い弾劾に曝された。

そのほか、日本民事訴訟法学会関西支部の研究会に参加するほか、一九九二年五月、山本克己（京都大学助教授〔当時〕）、宮川知法（大阪市立大学助教授〔当時〕）、中西正（関西学院大学助教授〔当時〕）の各氏に加わっていただいて、大阪弁護士会所属の弁護士による「倒産制度研究会」を結成し、その後一九九五年に再構成して佐藤鉄男氏（同志社大学助教授〔当時〕）にも加わっていただく（その成果は、判タ八八〇号〔一九九五年〕から十数回に亘って掲載された）など、私自身が企画した幾つもの研究会や、東京で開催されるものも含めた他の研究会に積極的に参加し、学者や研究者との交流・研鑽に努めた。

また、各種の学会にも参加し、シンポジウムや個別報告もできる限り傍聴した。種々の事情から既に退会した学会もあるが、現在加入している学会は、日本私法学会、日本民事訴訟法学会、金融法学会、信託法学会、仲裁ＡＤＲ法学会であり、日本民事訴訟法学会では、理事を二期務めたほかシンポジウム報告を二回行い、また金融法学会でもシンポジウム報告を行っている（その詳細は、前掲の「古稀・退官記念」参照。なお、拙稿「弁護士実務と学会」自正五五巻三号〔二〇〇四年〕三七頁参照）。

そのような研究会に参画する過程で知り合った学者や法曹実務家から、諸雑誌掲載の論稿や諸先輩の古稀・還暦論文集に執筆の機会を与えられた。その詳細は、前掲の私の「古稀・退官記念」の「執筆文献一覧」記載のとおりであるが、同論文集刊行後の論文や講演録を含め、約二六〇本になる。なお、それらの論文のうち、担保法関係のものは、安永正昭同志社大学教授、松岡久和京都大学教授、三上徹三井住友銀行法務部長、中井康之弁護士の参加を得た四つのテーマにかかる座談会を加えて、近く出版される（『実務から見た担保法の諸問題』〔弘文堂、二〇一四年〕）。

また、そうして知り合った学者の関係から、立命館大学法学部、京都大学大学院法学研究科、同志社大学大学院法学研究科で教鞭をとる機会を得ることができ（詳細は、「退官・古稀記念」の年譜参照）、実務法曹としては得がたい経験をすることができた。

Ⅵ　最高裁判所裁判官

私は、大阪弁護士会会員有志の推薦により、前述の大阪国際空港公害訴訟原告弁護団に加入以来親しくお付き合いいただいていた滝井繁男最高裁判所裁判官の後任候補として日弁連に届出され、日弁連の所定の手続と内閣の諸手続を経たうえで、二〇〇六年一一月一日、一四七人目の最高裁判所裁判官に任命された。

私自身の最高裁判所裁判官としての業務内容については、別稿（田原睦夫「最高裁生活を振り返って」金法一九七八号〔二〇一三年〕六頁以下）で詳述しており、それに付加すべきことはほとんどない。

また、在任中に個別意見を付した事件は全部で七一件（反対意見一六件、意見三件、補足意見五二件）存するが、それらの意見の概要は、それらの意見中の主要なものに対する元裁判官（佐々木茂美元大阪高等裁判所長官、大山隆司元札幌高等裁判所長官ほか）によるコメントが付された書籍が、近く刊行される（『個別意見が語るもの——ベテラン元裁判官によるコメント』〔商事法務、二〇一四年〕）ので、それを参照されたい。

最高裁判所の裁判官の職務は、大法廷、小法廷の構成員の一人として最終判断をなすだけに責任は重く、また膨大な事件数、記録の山を読まなければならず、非常に多忙ではあるが、良き同僚、有能な調査官や補助職員に恵まれ、それなりに充実した生活を送ることができた。

他でも紹介したことがあるが、裁判官は、弁護士に比して事務所経営の心配をする必要が全くなく、多数の事件処理の過程において、依頼者との応接、事務所構成員からの相談や指導、事件処理方針の決定、締切り時間に追われる雑誌の原稿執筆といった日常業務に煩わされることなく、自らある程度の日程管理をすることができる。私は、それを利用して、弁護士時代は年一回だった夏山登山が、任官中は毎夏二回北アルプスに登ることができ、また最高裁判所に隣接する国立劇場で毎月のように歌舞伎や文楽を観劇し、新国立劇場のほか海外から来日するオペラの公演を年数回観劇していた。その他、在京の法曹界以外の友人や、私が更生管財人を務めた更生会社の関係者等との「飲みにケーション」の場を通じて、経済界をはじめとする法曹界以外の人々との交流による幅広い知識の吸収に努め、彼らが日本の司法の現状をどう捉えているか等を知る機会とした。

Ⅶ 若き法曹及び法曹希望者に望むこと――法曹の資質

法曹は、法の支配を貫徹させることがその使命であり、また、殊に弁護士の場合は、法を適正に適用して紛争の発生を事前に予防することも重要な責務である。

法を適正に適用するには、その前提として、その適用すべき社会事象を的確に把握することが不可欠である。そのためには、幅広い学識・知見（その社会事象に対応した経験則の理解を含む）及び深い探求心が必要とされる。また、法の適用に当たっては、合憲性を確認したうえでの法の立法理由をも踏まえた正確な理解と適切な解釈が求められる。

私自身、法曹生活を振り返って右に述べたところを真に実行すべく全力を投入したか、また達成できていたかと問われると、それなりの努力はしたものの、内心忸怩たるものがあり、その判断は第三者に委ねざるを得ない。

私自身のことはさておき、一般に法曹に求められる資質としては、以下の諸点が挙げられる（なお、田原睦夫「法曹をめざす人々へ」法教三九九号〔二〇一三年〕六七頁参照）。

①幅広く基礎的な学識を保持すること　社会事象を的確に理解するには、社会、経済、歴史、地理、教育、文化、国際問題等に関する基礎的な知識の習得が求められる。それらの知識がなければ当事者への説明や証拠書類等の十分な理解ができない。それらの基本的な知識は、本来高等学校・大学時代に読書や旅行等を通じて習得しておくべきものであるが、変化の激しい今日にあっては、それらの知識を日々更新し、その涵養に努めることが重要である。その手段としては、TV、新聞記事（経済・国際問題・家庭欄〔親子問題や教育問題がよく取り上げられる〕、各種の論説等）、読書であろう。また異業種の人々との深い交流によっても取得できるので、かかる交流を行うべきであろう。

②事案の理解能力　事案を理解するためには、基礎知識に加え、その事案に応じた高度の知識が求められる。それらの知識は当事者や専門家の協力によって得られるが、物理、化学、医学、工学、金融等の諸問題にかかる説明を理解する能力（それは、反面適切に質問できる能力である）は不可欠である。

③当事者の視点から物事を見る能力　当事者の説明が理解できないときは、先ず当事者の視点に立ってみることである。また、それは、殊に当事者が弱者である場合に他者への思い遣りを持つことを意味する。

④説明能力、説得能力　これらが必要であることは言うまでもない。

⑤好奇心が旺盛なこと、可塑性に富むこと　法曹の業務の対象は、意外と多種・多様であり、それに適宜に対応するには、常に好奇心を持ち、また可塑性に富んでいないと新たな事象に対応できない。

⑥職業人（プロ）意識を常に保持し続けられること　法曹は、プロとして、常に新規に制定された法律や法改正をフォローし、判例の流れを追わなければならず、また、社会事象を対象とする業務である以上、国際的な状況をも含めて社会事象の動き、その動きの背景や本質を常に追い求める必要があり、それを維持することによって、社会が法曹に求めている期待に応えることができる。それらのことを維持・継続できるか否かは、プロの法曹たることの自覚の問題である。また、プロとして自覚した行動をとっている限り、法曹に求められる倫理感は保持される。

Ⅷ　法曹に求められる役割――法曹の機能

1　訴訟手続の適切な遂行

前述のとおり、法曹は、求められる社会事象に法を的確に適用し、法の支配を貫くことがその使命である。その機能は、法曹の本来の活動の場である法廷活動の場において生かされるべきものである。民事、行政、非訟事件においては、市民、企業、各種法人、行政官庁等の依頼に応じ、事案の内容を的確に把握し、法を適正に適用したうえで、最適の解決を導くべきものである。

刑事に関しては、犯罪を適正に摘発し、被告人については、その権利を擁護すべく適切な弁護活動を確保し、また犯罪被害者の人権に配慮したうえで犯罪に応じた適正な処罰、刑事裁判手続を遂行することが、法曹の務めである。併せて起訴猶予を含む公訴提起前の手続及び行刑の執行面への法曹の関与も、付随的な機能として軽視することはできない。これらの機能を、現役の法曹として適切に遂行できているか、また、それを遂行するに足る能力を確保するための研鑽を続けているかが常に問われ続けるのである。

2 紛争予防機能

適切に紛争を解決することができる能力を有する法曹は、その知識、経験を生かして、法律相談や契約交渉を通じて、紛争の事前予防に寄与することができる。紛争の生起及びその解決には相応のコストを要するのであり、その予防は社会的コストの削減に繋がる。

3 法教育への寄与

適正な法の支配は、有能な法曹を継続的に育成すると共に、一般市民の法意識の向上を図ることによってもたらされる。有能な後継者を育てることは、先輩法曹の義務である。現に、司法研修所の教官は全て法曹であり、また法学部や法科大学院に幾多の現役法曹が教授、講師等として赴いている。また、多くの法曹が行政機関が実施する研修や講演会で講師を務め、あるいは中・高等学校への出張授業に携わっている。

4 インハウス弁護士

商社や銀行・大手メーカーでは、従前から弁護士の職務歴のある者を社員として採用して法務部門を担当させる、いわゆるインハウス弁護士として活用してきたが、近年は法曹有資格者を当初からインハウス弁護士として採用する企業も増加している。また、中央官庁は、十数年前から法曹有資格者を出向（裁判官の場合は法務省に一旦出向）あるいは任期付公務員（弁護士）として採用してきたが、近年は地方公共団体でも採用するところが増加している。

法的思考とは、種々の事実を踏まえて帰納し、また一定の事実をもとに演繹する思考であり、その思考方法は、企業や行政の内部機関に従事するに当たっても必要とされる能力である。法曹としての幅広い業務を一定期間経験した者は、そこで培った知識、経験を企業や行政機関内部において活用することは十分に可能であり、また受入れ側も、異なった視点に立った人材を受け入れることによって組織の活性化を図ることができる。

他方、それらの組織に赴くものは、法曹以外の組織での活動（他業）を経験することにより、法曹に本来求められる幅広い知識を自ら体験することができ、人格が陶冶される。

5 機関の役員等

法曹として多年の経験を積めば、その過程で一企業にのみしか勤務したことのない人々に比してはるかに多様な社会経験を積むことができ、裁判所や検察庁の上級管理職、あるいは弁護士会の役職を経験すれば、組織の動かし方を学ぶことができる。また、弁護士の場合、大規模な会社更生事件の更生管財人等を受任すれば、自らの責任で組織自体を動かさざるを得ない。

法曹の実務を通じて永年培った幅広く且つ深い知識・経験は、企業の経営や管理（社外取締役、社外監査役）、法人の理事や監事、評議員として十分に活用し得る能力である。

法曹（ＯＢを含む）が、その能力を最大限生かし、社会に貢献することは、法曹として長年生活してきた者の一種の責務と言えよう。

Ⅸ おわりに

私は、中学、高校、大学生活を通じて良き友人に恵まれ、それら友人の一部は未だに現役で活動しているが、彼らを通じて法曹以外の世界の方々と永年に亘り親しく付き合い、大企業、中小企業、官庁、教育界等他の業界で精一杯働く人々から様々なことを学んできた。

司法試験合格後も、司法修習生の同期を含め弁護士としての業務や弁護士会活動、法制審議会、最高裁判所での業務等を通じて、本当に良き先輩、同輩、後輩に恵まれてきた。私の幅広い弁護士としての活動は、偶然の要素が大きいとは言え、良き仕事に恵まれ、また、正にそれらの諸氏との交流によって培われた多くの人々に支えられたものにほかならない。

学究生活においても、学生時代に林良平先生のゼミに入り、林先生の関係によって多くの研究会に参加し、種々の研究、原稿執筆、学会での報告の機会を与えていただいたことと、たまたま法制審議会に幹事・委員として参加できたことにより、我が国を代表する多くの学者の方々と知己になることができた。

以上、述べたところから窺われるように、私の法曹人生は、種々の業務に追いまくられたとは言え、他の法曹人ができない多様な経験をすることができたという点で非常に恵まれたものであったことに相違ない。

私は、法曹を志して以来、プロとしてあるべき法曹像を追い求め、それなりの努力を重ねてきたつもりではある。しかし、このように法曹人生を振り返ると、弁護士として未だすることがあったのにそれを怠った、学究生活では更に論点を詰めた論文を何本か書ける筈であった、裁判官としては、何故更に数件意見を書かなかったのか等々、プロとして貫徹しきれたのか、本当に燃え尽きるまで努力したのかと問われると悔いるべきことは多々ある。かかる悔いの残る法曹生活を振り返って本稿を執筆することが、若手法曹や法曹を目指す人々にとって如何ほどの意義があるのか自体に疑念があり、また、前述の法曹の役割として述べるところは、言わば語り尽くされているところを再述するものにすぎないのであるが、法曹としての現役生活に一区切りをつけた一法曹人の一つの見解として記すことにも何らかの意義があると思われる。

本稿が、若手法曹や今後法曹を目指す人々にとって、少しでも意味があることを願う次第である。

第一章

最高裁判決個別意見に見る法解釈論

インタビュアー

第1部　民事法関係

森田　修（東京大学教授）
垣内秀介（東京大学教授）

第2部　公法関係

大貫裕之（中央大学教授）

第一部

民事法関係

Part 1

はじめに

森田　田原睦夫先生は平成二五年四月二二日に最高裁判所判事を退官されました。所属された第三小法廷言渡しの裁判例は、もとより重要なものばかりですが、本日は、その中で先生が個別意見を付されたいくつかを取り上げ、そこに込められたご見解を存分に語っていただき、それらの実務的・理論的意義を掘り下げてみたいと存じます。垣内教授と私は田原先生ご在任中に研究会で親しく議論させていただいたご縁で、インタビュアーを仰せつかりました。前半①～⑦の裁判例は主に民事実体法に関わるものとして私から、後半の⑧～⑫は主に民事手続法に関するものとして垣内教授からインタビューさせていただきます。それではどうぞよろしくお願いいたします。

Kakiuchi Shusuke

1996年東京大学法学部卒業、2012年より現職。主著に、「裁判官による和解勧試の法的規律(1)〜(3)」法協117巻6号（2000年）・118巻1号（2001年）・122巻7号（2005年）、「和解手続論」新堂幸司監修『実務民事訴訟講座［第3期］第3巻』（日本評論社、2013年）、『民事訴訟法』（共著、有斐閣、2013年）などがある。

Morita Osamu

1983年東京大学法学部卒業、2000年より現職。主著に、『強制履行の法学的構造』（東京大学出版会、1995年）、『アメリカ倒産担保法――「初期融資者の優越」の法理』（商事法務、2005年）、『契約責任の法学的構造』（有斐閣、2006年）、『債権回収法講義〔第2版〕』（有斐閣、2011年）などがある。

As a justice, as a law planner and as a practitioner

I 過払金関連訴訟

Ⓐ過払金返還請求権の時効起算点

森田　それでは、まず「過払金関連訴訟」を取り上げます。ここでは二つの論点を挙げて、それに関わる裁判例に付された田原先生の個別意見の内容を、それが法廷意見の意味を明確にする上で持つ意味に留意しながら明らかにしていきたいと思います。最初に次の裁判例を取り上げます。

①最判平成二一年三月三日判タ一三〇一号一一六頁（反対意見）

1 事案の概要

森田　事案は次のようなものでした。すなわち、貸金業者Yとリボルビング型の基本契約を締結して借入弁済を繰り返していたXは、Yに対して平成一九年一月一一日に過払金の返還を請求しましたが、Yは平成一〇年一月一一日以前の弁済による過払金については不当利得返還請求権が時効消滅していると主張しました。

2 法律論上の争点と先例的意義

森田 本件は、過払金を発生させる弁済の対象となっていた貸付債権と同一の基本契約から生じた後発借入金に対する充当が問題となった事案類型に属するものです。この類型に関しては最判平成一九年六月七日民集六一巻四号一五三七頁が「過払金充当合意」の存在を認めてこれに基づく過払金充当を認めていましたが、最高裁はさらに、基本契約が存在せず、貸付けと弁済が借換え・貸増しの形で反復していた事案類型に関する最判平成一九年七月一九日民集六一巻五号二一七五頁、基本契約を異にする後発借入金への過払金充当が問題となった事案類型に関する最判平成二〇年一月一八日民集六二巻一号二八頁において、「事実上一個の連続した貸付取引」があると評価される場合には、「過払金充当合意」の存在という事実が認定されるという枠組みを用意していました。

本件の事案類型において、「過払金充当合意」が認定される場合に、過払金返還請求権の消滅時効の起算点は、それを発生させた弁済時なのか、当該「過払金充当合意」を含むとされる基本契約に基づく取引が終了した時点なのか、については下級審には争いがあったところ、最判平成二一年一月二二日民集六三巻一号二四七頁が本件と同一の事案について取引終了時説を採りました。

本判決もその枠組みを踏襲して、法廷意見は取引終了時説を採りますが、田原先生はこれに対して弁済時説を採る反対意見をお書きになっております。

3 検　討

(i) 田原反対意見の前提 ――「過払金充当合意」認定枠組みに対する理解

森田 田原反対意見の内容そのものに立ち入る前にその前提について一つ確認しておきたいと思います。というのは、田原反対意見を見ると、むしろ、そもそもの「過払金充当合意」認定の枠組みそのものに先生にはいささか留保があるようにも思えます。特に、平成一九年七月判決の「一個の連続した貸付取引」あるいは平成二〇年一月判決の「事実上一個の連続した貸付取引」といった規範的評価を含む概念に基づいて「過払金充当合意」という事実を認定するという点が問題となるように思います。例えば田原反対意見中の「その精算に関する充当合意についてはともかく」という一節にはそのような口ぶりが窺えます。そもそも田原先生は、いわゆる「五判決」によって確立したと言われている過払金充当合意の認定枠組み自体について、どのようなお考えをお持ちなのでしょうか。あるいは、この反対意見に即して言えば、本判決事案は前記平成一九年六月判決と同じ類型、つまり同一の基本契約があるものについて後発借入金に対する充当が問題になったケースですが、前記の平成一九年七月判決、平成二〇年一月判決のような基本契約がない場面あるいは基本契約を跨ぐ場面でより規範的に充当合意を認定する場合等についてどのようにお考えなのかという点も含めてご議論いただければと思います。

田原　お尋ねの点について、私自身は従前の判例の枠組み自体をひっくり返すというところまでの主張をしたつもりはありません。あくまで一つの事実認定の問題、すなわち事実認定として充当合意が認められる、あるいは追認されるという枠組みを、どのような間接事実があれば認められるのかという問題ですので、その点について最高裁としてどこまで口を出すかという点から言えば、よほどの経験則違背でない限りは口出しすべき事柄ではないという立場は貫いているつもりです。その充当合意の枠組み自体が、本件において覆さなければいけないような経験則違背があるという認識を持っていたわけではありません。

森田　そのことと関わるのですが、「過払金充当合意」の認定ということで、ただいまのご発言では事実の問題であるということに力点があったように思いますが、果たして当事者の主観的事実として、当初契約意思があるという意味で過払金充当合意が存在しているのだろうかというのが、そもそもの問題であろうと思うのです。田原反対意見はそちらの方向に力点があって、それを梃子に批判をされている面もありますが、そこは通常の事実認定として認定されるような合意と考えてよろしいのでしょうか。また、その場合に、本件では基本契約があるタイプだからいいのですが、平成二〇年一月判決の事案のような基本契約の支えがないような場面においては、その合意は一体どこに存在しているということになるのでしょうか。

田原　利息制限法自体は、天引利息について当然無効という立場を採っているわけですが、その延長の議論として過払金の事件が出てきているわけです。その中では、利息制限法の基本的な考え方がバックグラウンドにあるのだろうと思うのです。そうすると、主観的な要素というよりも、客観的な状況を踏まえて認定されてきているというのが、この最高裁判例ではないかというのが私の理解です。

(ii) 昭和四五年大法廷判決との関係

森田　次に論点を変えて、本判決の法廷意見が時効の起算点に関して「法律上の障害」の枠組みを用いていることにお話を進めたいと思います。最大判昭和四五年七月一五日民集二四巻七号七七一頁は、消滅時効の起算点として、法律上の障害のないことと並んで、もっと緩やかに認められる「権利行使が現実に期待可能であること」を認めるという枠組みを用意しました。後者の方が比較的緩やかに認められると思いますが、本判決は「法律上の障害」基準を用いております。なぜ、より厳格にしか認められない要件の方をあえて用いたのでしょうか。田原反対意見も引いている最判平成一九年四月二四日民集六一巻三号一〇七三頁に本判決の構成も引っ張られた観があるわけですが、「期待可能性」の枠組みの方を用いて取引終了時を時効の起算点とすることにも田原先生は反対と考えてよろしいでしょうか。

田原　昭和四五年大法廷判決の評価の問題になりますが、同判決は事実上の障害ということに言及していますが、当該事件自体が、事実上の障害が本当の論点になっているのかというと、違うのではないかという理解をしています。

星野英一先生が事実上の障害という点について言及しておられますが（星野英一「時効に関する覚書」『民法論集第四巻』〔有斐閣、一九七八年〕一六七頁）、「事実上の障害説」の立場に立った場合は、事案ごとの個別具体的な判断によらざるを得ないと。そうすると、それが時効の起算点を判断する上での起点として果たしていいのかという実務の観点からの疑問が生じます。

そのような事実上の障害の問題は、本来、理屈の上から言えば信義則レベルの中で処理すべきであって、法律の基本理念として用いるのは如何かというのが、私の意図したところです。法廷意見は、その辺りにどこまで踏み込んでいるかは別にして、少なくとも私の意見は今のような立場で申していますから、そういうことを踏まえて法廷意見が組み立てられたと理解しています。ですから、「事実上の障害説」の場合の幅の広さは、私自身は非常に気になるところなので、法律上の障害でいいのではないかと思っております。

Ⓑおまとめローンと「過払金充当合意」の認定枠組み

森田　それでは、過払金の二つ目の事件、いわゆる「おまとめローン」に関するものですが、先ほどの過払金充当合意の認定枠組みそのものについてお話を進めます。

②最判平成二四年九月一一日民集六六巻九号三二二七頁（補足意見）

1 事案の概要

森田　事案は次のようなものでした。すなわち、貸金業者YとリボルビングI型の基本契約（第一契約）を締結して借入弁済を繰り返していたXは、借入残高が八六万円余りある時点で、他の貸金業者に対する借入金債務も含めて、これらを一括弁済する目的で、新たに根抵当権を設定した上で、固定額・分割弁済の借入れを締結しました（第二契約）。XはYに対する約定借入残高への弁済充当後の残高の交付を受けましたが、この時点で第一契約に基づく取引には過払金一一二万円余りが発生していました。第二契約締結時から一〇年五か月が経過した段階でXが過払金を請求したというものです。

2 法律論上の争点と先例的意義

森田　本件では、過払金の消滅時効の起算点が、第二契約締結時になるのか第二契約に基づく取引の終了時となるのかが問題とされました。その前提として、第二契約締結は、第一契約に基づく取引の終了を意味するのか、それとも、第一契約および第二契約に基づく各取引が「事実上一個の連続した貸付取引」と評価され、第一契約から生じた過払金を第二契約に充当する旨の合意が認定できるかが問題となりました。

本判決は、無担保のリボルビング型基本契約に基づく貸付取引と、不動産担保付きの確定金額の消費

貸借契約に基づく貸付取引との間に、「過払金充当合意」の認定枠組みとしての前記平成二〇年一月判決の枠組みがどのように適用されるかについての最高裁の態度を示したものといえます。

とりわけ、過払金が発生している第一契約による借入れが複数ある場合にこれを一本の第二契約に切り替えるいわゆる「おまとめローン」について、平成二〇年一月判決の枠組みの適用がどうなるかについては、この時点で既に下級審に相当の裁判例が集積されていました。

3 検　討

(i) 第一契約と第二契約とはどこが違うと評価されているのか

森田　法廷意見は、第一契約と第二契約との一連計算を否定する根拠として、両者の間に「契約形態や契約条件」に関する差異があることを挙げています。その際具体的には第一契約が無担保のリボルビング型であるのに対して、第二契約は担保付きの確定返済型であることが引かれていますが、そこでの力点はどちらにあるのでしょうか。つまり、担保・無担保という違いにあるのか、確定弁済・リボルビング弁済という違いにあるのかは、どう考えればよいのでしょうか。この点は本判決の射程を考える上では重要な問題になると思います。

この点に関する田原補足意見の立場は、法廷意見とはやや温度差があり、むしろはっきりしているように感じます。第二契約が担保付きのリボ払いの場合であれば一連計算されるとお考えになっていると理解してよろしいでしょうか。

田原　法廷意見は、お尋ねの点についてはことさらに言及しておりません。実は同種の事件が本件の破棄した事件のほかに七件あって、全部で八件が第三小法廷にかかっていたわけです。もう一件はほぼ同種の事件で破棄しました。それ以外は、原審が一連計算を肯定した事件、否定した事件がそれぞれほぼ半分ずつありましたが、いずれも不受理で処理しております。不受理で処理したというのは、まさに最高裁として口を挟むまでもないというのが専らで、評議の内容にも関わるので詳細は述べられませんが、うち一件は、私は反対意見を書くつもりで草稿も作ったのですが、最終不受理で処理しています。

そこでいちばん気になったのは、リボ取引が継続されているかどうかの問題で、担保権を設定しても、いわゆる財布代わりに使っている取引であれば、担保権が付いていても付いていなくても、リボ取引であればほぼ同じでしょうと。第一契約と第二契約との間に期間その他の問題で連続性が認められるのであれば、一連計算はあり得るでしょう。しかし、そうでない場合、特に後の契約が定額弁済という場合であれば、それは截然たる区別があるので、それを一連計算するのはおかしいのではないかと。そうすると、第一契約がリボであり、第二契約が定額弁済であるならば、そこで遮断されるべきものだと思います。

ただ、ある事件では、定額弁済にしたのですが、ある程度金額が減った時点でまた借増ししている場合にどう捉えるか、そこでの限界の問題を最高裁として、この判決を出した時点でどこまで口出しするかは微妙な問題があるので、そのような事案については個別事例ということで、最高裁としての判断を示さなかったということがあります。だから、いちばん大きな区別はリボか否かという点にあると理解しております。

(ii)「第二契約が締結されるに至る経緯」の意味

森田　もう少し本判決の法廷意見の理解について伺います。一連計算を左右する事情として挙げられている①「第一の契約に基づく取引が解消され第二の契約が締結されるに至る経緯」、②「その後の取引の実情等の事情」としては具体的にはどのようなものが想定されているのでしょうか。本判決では一連計算を例外的に基礎付ける事情が二段構えになっていて、二段構えのうちの、上記の二点は特に本件で重視されている二つの事情であるわけです。例えば借りているほうと貸しているほうのどちらの側がおまとめローンについてイニシアティブを発揮したのかといった事情が、「第二の契約が締結されるに至る経緯」という言葉で用意されている例外事情として考慮されると考えてよろしいのでしょうか。

また、貸手側のイニシアティブがどの程度であれば一連計算をされることになるのでしょうか。本件では、本件第二契約は貸手の側の担当者に勧められて締結されたものであると認定されたうえで、なおそれでは一連計算を認めるには足りないとされているわけですが、それがどの程度であれば判断に効いてくると法廷意見は考えているのでしょうか。

田原　一連計算を認めた下級審裁判例は、貸手側からの働きかけをそれなりに重視しているのですが、少なくとも第三小法廷にかかった八件の事件を見ると、いずれも第二契約の時期は訴訟が提起されるよりもはるかに前なのです。貸手が勧めたか否かは、借手側の陳述書しか証拠としてはないという状態です。ただ、それで原審が事実認定していますから、最高裁としてはそこに口出しはできませんが、そのようなものをどこまで本当に重視してよいのかは、少なくとも私としては非常に気になるところです。

それとともに、貸手側から言えば、返済が確実である限りは、リボ払いのほうが定額弁済形式よりは金利が高いのです。そうすると、貸手から言って、定額弁済を勧めなければいけないというだけの大きなメリットがあるかと言えば、他の貸金業者に対する弁済が行われる結果、融資額が従前に比べて大きくなるというメリットがあるとは言え、他方で金利という側面から言えば、実際上それほど大きなメリットがあるのか。担保が取れるから、返済がより確実になるというメリットはあるけれども、短期的に見ればそんなに大きなメリットがあるのかという点は、少なくとも純経済的には非常に疑問に思っております。そういう点から、私の補足意見が出てきているわけです。補足意見の中ではそこまで言及しておりませんが、バックグラウンドとしては、今申し上げたようなところがあることはご理解いただければと思います。

(iii) おまとめローンにおける他の貸金業者からの借入れの持つ意味

森田　田原補足意見で意識されていることが非常にはっきりと出ている論点であるにもかかわらず、法廷意見はほとんど触れていないように思いますし、事案のまとめ方でもその点が判然としないところもあるのですが、本件がいわゆる「おまとめローン」であることの意味について伺います。本件の事案には、一つの借入先から借りているお金についての過払金が問題になっているばかりでなく、複数の貸金業者から借りているものを、そのうちの一人の貸金業者との間でまとめて借り換えることになっているという特徴があります。仮にこの第二契約による貸付けが、複数の借入先ではなく、一人の貸金業者からの借入れだけに充てられていた場合には、一連計算を認める方向に働くのかという点についてはいかがでしょうか。逆に言えば、複数の貸金業者があるときに、一社についてだけ一連計算で不利益を負わせるのはおかしくないかという議論が、どのぐらい強く考えられているのかという点です。おまとめローンの事案の持つこの点での特殊性について田原補足意見と法廷意見との間に温度差があるのかも含めてご見解を伺いたいと思います。

田原　私は補足意見の中で、一連計算することによって他の業者がある意味で過払請求を受けずに利得を得てしまうので、それとの間の公平性はいかがなのかということを述べておりますが、その点は判断に大きな影響を与えていると思います。やはり補足意見の中で言及しているように、例えば親子とか夫婦とか、それをおまとめローンでする場合であれば、その経緯等によっては、そのまま定額弁済であっても一連計算ということはあり得ると理解しております。

Ⅱ　有価証券報告書の虚偽記載と損害賠償額

森田　それでは次に、「有価証券報告書の虚偽記載と損害賠償額」の問題に関する、いわゆる西武鉄道およびライブドアの事件の検討に移りたいと存じます。

1　事案の概要

③ⓐ　最判平成二三年九月一三日　民集六五巻六号二五一一頁（補足意見）
ⓑ　最判平成二三年九月一三日　判タ一三六一号一〇三頁②事件（補足意見）

森田　まず民法七〇九条が問題となった西武鉄道事件（③ⓐ、③ⓑ）ですが、事案は次のようなものでした。

XはY_1を代表取締役とするY_2社の株を平成一六年一〇月一三日までに購入した一般投資家です。Y_2社は、その親会社の持ち株数等について、有価証券報告書に虚偽記載をして、上場廃止事由に該当する事実を隠蔽していたところ、平成一六年一〇月一三日に本件虚偽記載を公表し、同年一二月一七日に上場廃止されました。公表直前の株式価格は一〇八一円であり、上場廃止決定時には二六八円でした。そこでXが民法七〇九条に基づくYらの損害賠償責任を追及したというものです。

④最判平成二四年三月一三日民集六六巻五号一九五七頁（補足意見）

森田　次にライブドア事件（④）ですが、よく似た事案ですが、そこでは民法七〇九条ではなく金商法二一条の二による損害賠償責任が問題となっています。事案は次のようなものでした。すなわち、Y社は、平成一六年一二月二七日に有価証券報告書に虚偽記載を行って、公衆の縦覧に供しましたが、平成一八年一月一八日、検察によって虚偽記載の事実が公表され、強制捜査が始まり、報道されました。Y社の平成一八年一月一六日の終値は六九六円でしたが、同月二四日には一七六円まで下落しました。Xは平成一八年一月一三日までY社株を購入しましたが、同月一七日から三一日まで全て売却しました。その後、Y社の上場が廃止されました。そこでXがY社に対して金商法二一条の二による損害賠償責任を追及した、というものです。

2　法律論上の争点と先例的意義

森田　二つの判決の争点は多岐にわりますが、ここでは特に岡部喜代子裁判官反対意見に対する反対意見というか、田原補足意見と寺田逸郎裁判官補足意見との比較が非常に興味深く思えますので、その焦点となっている損害概念と損害額の算定基準に絞ってご議論をいただきたいと思います。

まず簡単に整理しておきますとこの点についての考え方として、取得自体損害説、取得時差額説、発覚時下落損害説があるといえます。

③判決は、民法七〇九条による責任追及に関し（a）取得自体損害説を採ったうえで、（b）その損害額の算定基準の原則を取得価額マイナス処分価額（または事実審の口頭弁論終結時の当該株式市場価格）としつつ、（c）そこから虚偽記載に起因しない市場価格変動のリスクを除外するが、（d）狼狽売りによる過剰な下落は控除しないとしました。

④判決は、金商法二一条の二による責任追及に関し、同条を取得時差額説に限定して解釈する理由はないとして、虚偽記載と相当因果関係にある損害を全て含むとする原則を示しました。

3 検　討

(i)「当該会社の業績」控除の可否

森田　西武鉄道事件は、前述したとおり取得自体損害説を採りつつ、損害算定基準として、虚偽記載に起因しない市場価格変動のリスクとして（前記 c）、具体的には「経済情勢・市場動向・当該会社の業績」を挙げて、これらに由来する損害を賠償額から控除することとしています。しかしこの事件の寺田補足意見はこれらのうち「当該会社の業績」は、取得自体損害説を前提とする以上控除すべきでないとしています。この点につき田原先生はどうお考えでしょうか。

田原　難しい問題ですが、少なくとも法廷意見は寺田説を採らなかったわけです。寺田説を本当に貫徹するならば、「取得自体損害説」ですから、取得後、虚偽記載が判明するまでに売却し、そのときに、業績悪化で株価が下がっていたときに、これも損害論の中に含めるというのが論理になってしまうのですが、それが果たして社会的に受け入れられるのか。純粋に理屈を貫いた場合としては寺田説は分からなくもないのですが、そこまでの社会的な受入れは困難だろうと。虚偽記載がなければ買わなかったはずだというのが「取得自体損害説」の出発点ですから、公表される前に売ってしまっても損害があるのだというのが論理なのですが、それは排除されるべきだろうと。そうすると、それが排除されるときに、公表後に業績不振で株価が下がっているという部分があるときに、そこまで損害論に取り込み得るのかというと、そこでの関係は論理的に説明がつくのだろうかというのが私自身がいちばん気になったところで、法廷意見はそこに論及しておりません。

寺田説は理屈の上ではあり得るのですが、そこをどう排除し得るのかというと、私は相当因果関係論の形で説明したのですが、理論的に十分に詰まっているかというと、実は詰まっていないことは自覚しています。しかし、それがいわゆる社会的妥当性という表現で処理するのは、理屈の世界ではおかしいので、それを現行の法理論の中でどこかに当てはめるとすれば、相当因果関係論の中に押し込まざるを得ないのかなというのが、私がこの判決で補足意見を書いたときの理解です。ただ、それをさらにどう詰めていくかというところが、論点として残っているのは自覚しています。

森田　寺田補足意見の採る「当該会社の業績」を控除しな

いという立場と、公表前に処分をした人については損失を認めるべきでないという田原補足意見の立場とは、論理的に抵触して相容れないという理解でよろしいですか。

田原　私はそう思っています。

(ii) 資本市場における不法行為法の在り方について

森田　ライブドア事件においては寺田補足意見と田原補足意見とがそれぞれ岡部反対意見に対する反対の主張を展開されております。しかし私には、寺田・田原両先生の反対ぶりにかなり温度差があるという感じを持っていて、そこを伺ってみたいと思います。

岡部反対意見を簡単に紹介しますと、その立場は民法七〇九条の賠償においても、そもそも法廷意見とは違う「取得時差額説」を採るものです。そして金商法二一条の二も、「取得時差額説」を前提にしているのだとします。ただ、取得自体の損害は特別損害として、特別事情の立証をした場合には請求できるとし、西武鉄道事件はその立証があったものとして考えれば、整合的に理解できるとします。二一条の二の解釈の場合も、その特別事情を立証すれば、「取得自体損害説」に立った損害認定もできるが、二一条の二自体は「取得時差額説」を採っているので、本来は二一条の二第四項、五項は取得時差額損害以外の損害を控除するという趣旨の規定なのだというのが、岡部反対意見のポイントであると思います。これに対してそういう「取得時差額説」的な制限を二一条の二が帯びているのかということが問題とされ、寺田・田原補足意見はそういう限定解釈の可能性について批判を加えたものと理解しております。田原補足意見は、およそそのような限定解釈の成立可能性がないという非常に否定的な立場であるのに対して、寺田補足意見は、限定解釈の成立可能性自体は認めるけれども、結論としては取得時差額説に立った損害の限定的解釈は採らないと言っているように思います。その理解がそれでよろしいのかを、まずお聞きしたいと思います。

田原　私は、寺田補足意見と私の補足意見と、基本的な考え方は違わないと思っています。岡部説は、田中亘さんの論文（後掲）と立法当時の金融庁の担当者の解説（三井秀範編著『課徴金制度と民事賠償責任』〔金融財政事情研究会、二〇〇五年〕三〇〜三八頁、一五二〜一六一頁）を根拠に論じているのですが、少なくとも条文の構成並びに当該条文以外の各条項との関係、あるいは立法資料を見る限り、私の補足意見に書いたように、岡部説を演繹できる論拠は全くないのではないかと思います。その点では寺田説も同様です。ただ、私も少し論及していますし、寺田裁判官はもう少し論及していますが、立法論としてあり得るかといえば、それはあってもおかしくないだろうと。二一条の二自体は、法解釈として岡部説を採ることは無理であるという立場を述べているだけで、基本的に大きな差があるとは、私は理解しておりません。

森田　今、田中亘さんの論文（「金融商品取引法二一条の二による発行会社の不実開示責任」ジュリ一四〇五号〔二〇一〇年〕一八四頁以下）の話が出たので、田中さんの主張をはじめとして商法学者の中で、ライブドアおよび西武鉄道事件について形成されているかなり有力な批判的潮流についてお伺いしたいと思います。それを論じることは解釈論というよりも、立法論の当否に踏み込むことになるのかもしれません。

岡部反対意見は必ずしも明示しませんが、その拠って立つお立場と田原・寺田補足意見との間の対立の根底には、解釈論上のやり取りを超えて、資本市場における不法行為の在り方そのものについての考え方の相違があるのではないかと思います。岡部反対意見にも影響を与えていると思われる田中さんの考えの中核には次のような「取得自体損害説」に対する批判があると思うのです。それは第一に、「取得自体損害説」に立って株主が会社に対して損害賠償請求することを認めると、株主間の財産移転を引き起こすのではないかということです。第二は株主からの会社に対する損害賠償請求を認めることによって生じる会社財産の減少は、第一の問題と同じように会社債権者の利益を侵害して、その結果、会社債権者が株主に優先するという会社法の原則との不整合が生まれるのではないかということです。つまり、まず、虚偽記載によって会社資産がダメージを受ける。さらに、虚偽記載後に株式を取得した株主のみが会社に対して損害賠償できるとなると、虚偽記載前に株式を取得した株主は、虚偽記載後に株式を取得した株主による前記損害賠償請求によるさらなる会社資産の減少という損害も合わせて受ける。その結果二重の損害に曝されるではないかという問題が指摘されております。このように株主間であれば、そういう財産の移転を認めてよいのかということになるし、債権者との関係であれば、債権者がなぜそういう目にあうのか。虚偽記載後に株式を取得したとは言え、株主である以上、そのような者が会社債権者の損失の下に賠償を得る結果、会社財産に対して優先してしまうことになるのはおかしくないか、という批判があると思うのです。

ここには、不法行為法の中にこの会社法的な考慮をどこまで組み込むかという問題が横たわっているわけで、二つの事件で問題とされた事柄が不法行為法の問題であると割り切ってしまえば一蹴されると思います。しかし、たとえば寺田補足意見が間接損害・直接損害論を用いて論じようとされているところを見ますと、田原先生と歯切れが違っているのではないかと。つまり、寺田補足意見は、「不法行為とされた代表者の行為の違法性と、発生した損失とが十分に結び付いているか」という基準で、賠償すべきか否かを仕分けるのだとおっしゃっていて、そこになお、何らかの程度で、不法行為法の世界に会社法的な考慮を取り込もうとする姿勢も窺えるようにも思えます。そもそも寺田補足意見をそのように理解してよいのかも含めて、田原先生のお考えをお聞かせ下さい。

田原　考え方として、いま森田さんがおっしゃったような、あるいは田中亘さんが述べておられることを背景とした会社の損害、あるいは株主と債権者との損害負担のあり方が議論になり得ることは分かりますが、少なくとも金商法はそういうことを乗り越えて法を制定しているわけです。そうすると、法を適用する立場からすれば、そこは既存の法適用として考えざるを得ないので、その法の枠組みを超えて論及するのは解釈の限度を超えていると思います。会社の資産が流出することによって既存の株主が損害を被ることについて言えば、改正前の商法二六六条ノ三（会社法四二九条）の問題、あるいは二六七条（会社法八四七条）の問題として、株主は役員に対して責任を追及できるという一定の法が設けた枠組みの中で捉えざるを得ないのではないかと思っています。金商法は、上場会社としての会社の透明性を高めるために、データについては公明正大なものを常時開示しろと述べて、それに基づく責任を会社にまで負わせているという法体系なので、そういう不法行為の中の一類型として法が整備されている以上、適用を担当する者としてはその法の枠組みの中でやらざるを得ないと言わざるを得ません。立法論としては、ほかの方々がおっしゃっていることは分からなくはないと思っています。

Ⅲ 詐害行為取消権の訴訟物

森田 それでは三つめの論題として、詐害行為取消権の訴訟物に関わる次の事件に話を進めます。

⑤ 最判平成二二年一〇月一九日 金判一三五五号一六頁（補足意見）

1 事案の概要

森田 事案は複雑ですが、簡略化すると次のように整理できます。すなわち、XはAに対して甲乙二つの債権を平成九年二月二四日に取得しました。AがYに対して本件不動産譲渡を行ったが、これが詐害行為に当たるという事案です。そこでXは甲債権を被保全債権として平成一八年九月六日に詐害行為取消訴訟を提起しました。

他方Xは甲債権についてBに対して履行を求める別訴を平成一六年九月一四日に提起していたところ、平成一八年一一月一三日に訴訟上の和解によって終結し、同三〇日に和解金が支払われて甲債権が消滅しました。そこでXは平成一九年五月一六日に本件詐害行為取消訴訟の被保全債権を甲債権から乙債権に変更しました。

Yは、Xが平成一六年九月二四日の別訴提起の段階でAの詐害行為について悪意であったとして、平成一九年五月一六日の段階では民法四二六条の二年の時効期間が経過していると主張しました。

2 法律論上の争点と先例的意義

森田 ここで問題となったのは、詐害行為取消権の被保全債権の交換的変更は、①訴訟物の変更に当たるか、②攻撃防御方法の変更に過ぎないか、という問題であり、本判決で最高裁は後者の立場を採りました。

3 検 討

(i) 本判決の出発点

森田 まずそもそもの話から伺いたいと思います。本判決では、甲債権及び乙債権に基づく詐害行為取消訴訟においては、訴訟物が一つである、同じであるという土俵で判決が書かれていますが、先決問題として、仮にこの場合に訴訟物が違っても時効中断効が及ぶことを信義則等で緩やかにして認めるという方向性は、いくつかの裁判例などでは見られるように思うのです。甲債権に基づく詐害行為取消権について、その行使によって生じる消滅時効中断の効果が、乙債権に基づく詐害行為取消権について、訴訟物が違っても及ぶという議論の方向はあり得なかったのでしょうか。

田原　訴訟物のことが先に議論されて、その上で、それが違うというときに初めて、いま森田さんがおっしゃったような信義則の議論に入っていくべきものだと、私は理解しています。そうすると、先行的に訴訟物が一緒か別かという議論がなされなければいけません。そこで訴訟物が別だということになったならば、事案によっては森田さんがおっしゃるような議論、すなわち個別案件における信義則の議論に入るのではないでしょうか。

(ii)　詐害行為取消訴訟における訴訟物の個数を決めるもの

森田　分かりました。それでは本題に入りますが、その結果、詐害行為取消訴訟の訴訟物は何かが問題となり、それは詐害行為取消権であるというのが大前提となるわけですが、その際に、被保全債権および詐害行為取消権の個数の関係をどう考えるのかという問題を抱え込んでしまうことになります。取消対象行為は一つであることを前提にした場合に、被保全債権ごとに一個と考えるか、債権者ごとに一個と考えるかについて法廷意見はどういう立場に立っているのでしょうか。

田原　法廷意見は、債権者ごとという立場に立っていると思います。それゆえに、別の債権を持ってきても攻撃防御方法だという位置付けをしているのだと思います。

森田　その場合に、訴訟物を基礎付ける実体法上の権利は、債権ごとに一個とする立場を採れば債権ごとに、債権者が当該債務者の責任財産保全について持っている利益という、債権ごとの実体法上の利益を観念することができるのですが、債権者ごとに一個とする立場を採る場合には、訴訟物を基礎付ける実体法上一つの権利はどう考えたらよろしいでしょうか。

田原　それは民法学者でおっしゃっている方は誰もいないのですが、あるいは民訴法の問題なのかもしれません。例えば、甲がA・Bの二つの債権を持っていて、乙がCの債権を持っていて、丙がDの債権を持っていると。そうすると、甲・乙・丙はそれぞれ詐害行為取消権を行使できるのですが、そのときに乙が丙から債権を譲り受ければ、その場合に乙は二個の詐害行為取消権を持つかといえば、そうはならなくて、やはり一個の取消権なのではないでしょうか。そういう意味で、債権に付随するというよりは、債権者ごとの権利だという理解になるのではないでしょうか。

森田　難しい問題だと思いますが、Aの責任財産を保全することに、各債権者が持っている請求権を観念するということでよろしいでしょうか。

田原　そう理解すべきではないでしょうか。少なくとも、大審院の判例で、債権譲渡が行われた場合に、譲受人も詐害行為取消権を行使できるという古い判例があったかと思います（大判大正一二年七月一〇日民集二巻五三七頁、大判昭和四年三月一四日民集八巻一六六頁）。その判例については、少なくとも反対の学説はなかったと理解しておりますので、その理解で言えば、債権者ごとという形になると思います。例えば、甲がA・B・Cの三つの債権を持っていて、Cの債権を丁に譲渡した場合、丁はCの債権で詐害行為取消権を行使できる。これはCの債権に付随したものというよりは、丁が債権者であるという立場から行使できるものだと理解しております。

森田　そうすると、詐害行為取消権は、一般債権者たる地位そのものから発生するものであって、個々の債権の対外的効力として債権ごとに個々的に成立するものではないということになりますね。

田原　そういう理解にたどり着くのではないでしょうか。ただ、従前、その辺りが民法の世界で詰めて論議されてきたか、あるいは訴訟法の世界で詰められてきたかといえば、この事件で議論するまでほとんど詰められておりません。議論の過程で分からないことがたくさん出てきて、補足意見には書き切っておりませんが、たくさんの疑問点が残っております。

(iii)「個別債権者の満足」と「個々の債権の満足」

森田　法廷意見の書きぶりというか、論理について一つお伺いしますが、法廷意見の中に、詐害行為取消権の制度趣旨を展開した後、「取消債権者の個々の債権の満足を直接予定しているものではない」という一節が出てきます（金判一三五五号二〇頁左コラム上から一三行目）。この一節の意味、制度の趣旨との関係での意味をお伺いしたいと思います。この一節に先行する部分では、民法四二五条の趣旨を敷衍して、詐害行為取消権が総債権者の利益のために効力を生じるのだという原則論が主張されているわけです。そうすると、それによって否定される考え方は、直接には詐害行為取消権が個別債権者の満足を目的とするものではないという考え方にはなると思いますが、さらに進んで、個々の債権の満足を目的とするものではないという考え方の根拠にはならないと思うのですが、そこはどのようにつながっているのでしょうか。

田原　先ほど、これは詐害行為取消権の行使につき、個々の被保全債権の存在は攻撃防御方法だということを話しましたが、A・B・Cの三つの債権があって、A・Bで訴えを提起して、その後BからCに交換的に変更したところで、Bの債権の満足を目的とするものではありませんから、あくまで攻撃防御方法だという、そういう論理の延長として法廷意見は述べていると私は理解しています。

（ⅳ）　**被保全債権譲受けの問題**

森田　難しいところだと思います。先ほど言われた話を、もう少し田原先生の補足意見に則して伺ったほうがよろしいと思いますので、譲受けの問題について立ち入ってお伺いします。田原先生の設例で、被保全債権を譲り受けた当事者丁が現れて、それが果たして独立当事者参加できるかどうかは難しい問題だという一節がありますが、この点について、語り残した部分も含めて田原さんのお考えが十分に示されれば幸いかと思います。

田原　この辺りは、本当は垣内さんのご意見を聞きたいところですが、債権者ごとというときに、例えば私が補足意見で書いた設例のときに、譲受債権者は果たして参加承継できるのか、あるいは独立当事者参加の形で別訴を提起するのか。そうすると、独立当事者参加するときに、時効はいつから進行するのかという辺りについて、過去に全く議論されていないのです。債権者ごとの権利だという立場を貫徹するならば、譲受債権者は参加承継するのではなくて、別訴を提起せざるを得ないのではないかというのが、一つの議論として出てきます。

他方で、A・B・Cの債権のうちのBを丁が譲り受けた場合、普通の訴訟ならば参加承継の議論のはずなのです。しかし、詐害行為の場合にそうでないのは、詐害行為は個々の債権に付随しているものではなくて、債権者の権利であると。そうすると、譲り受けた債権者がその独自の立場で主張すべきものであって、従前の原告、取消権行使をしている債権者の地位をそれに伴って引き継ぐものではない。だから、参加承継の対象にならないという考え方が、十分成り立ち得るのだろうと思われます。その点について補足意見では疑問だけ投げ掛けていて、それ以上踏み込んで書くのは補足意見の枠を完全に超えてしまうものですから、論及しておりません。そこまで書けば論文になってしまうので、踏み込んで書いておりませんが、すべてそのように考えれば、いま申し上げたように参加承継の問題ではなく、譲り受けた債権者丁が独自の立場で、譲受債権者の立場として詐害行為取消権の行使をする。そうすると、別訴になって、独立当事者参加ではないかもしれません。全く別訴の上で、それぞれ判決を得て、それぞれ認容判決を得た上で、執行の段階になれば、例えば二人の債権者が同一の第三債務者に対してそれぞれ詐害行為取消訴訟を提起した場合、併合要件はないので、事実上併合されるかどうかは別にして、それぞれ金銭給付の認容判決を受け得ます。そうすると、執行の段階で、場合によっては早いもの勝ちになると。今は執行の上での相殺を認めていますから、債権法が改正されるとそこが変わるのは存じていますが、そういうことになる。

あるいは、執行の段階で競合すれば、二人の債権者の被保全債権は不真正連帯債権の関係になると思いますので、債務者としてはいずれか一方に支払えば、支払ったことは抗弁になるのだろうという形になって、先に執行したほうが不当利得になるかといえば、いまの相殺法理を認める詐害行為取消権の体系から言えば、少なくとも現行法では不当利得にならない。早い者勝ちという形態になろうかと思いますから、譲受債権の場合も同じことになるのだろうと。そうすると、独立当事者参加ではなくて、別訴の提起になるのではないかと考えるのは一つの論理かと思いますが、そこは現場で判決をしている立場で、次から次と審議、決裁事件が来るので、詰め切っておりません。ただ、本件でそこまで論及する必要もないし、そこまで論及すれば補足意見の枠を完全に超えてしまうということで、頭出しだけして、あとは民法並びに民訴法の先生方の学会報告のテーマとしてご議論いただければと考えております。

森田　私も無知を曝すようで申し訳ありませんが、先の設例においては、A・B・C債権について、A・B・C債権が成立した後、当該詐害行為がなされることが前提ですね。

田原　もちろん、そうです。

森田　そうしますと、C債権を甲から譲り受けた丁という新しい債権者は、甲の下で甲が既に債権者としての地位を侵害されていたことを合わせて、丁は債権者としての地位を持っていると論じない限りは、独自に丁が債権者となったことによってその地位を侵害されたという性格ではないように思うのですが、そこはいかがでしょうか。言い換えれば、「訴訟の目的となっている権利」の譲受けの有無とも関わるのではないかと思いますが。

田原　古い大審院判決は、確かその辺りについて論及をしていなかったと思うのです。学説の上でも、いま森田さんが疑問を投げ掛けられた点についてはほとんど議論をされていないと思います。ただ、債権者の地位か債権かという問題はありますが、譲受人が詐害行為取消権を行使できるという判例は、その債権自体が侵害されているという立場なのです。そうすると、侵害されたのは債権なのか債権者の地位なのかという先ほどの議論に戻ってくるのですが、あの判例を前提にすれば、侵害された債権を譲り受けた者として行使できるという立場なのではないでしょうか。

森田　C債権の譲渡に際して、C債権と一緒に、甲が侵害された、債権者であったときの地位のようなものが丁に移転してくると考えないと、整合がつかないような気もします。

田原　一つの論理としては、それはあり得ると思いますが、少なくとも従前、債権と債権者の地位との関連について議論がされなかったのは間違いないと思います。

垣内　本件で問題となった実体権の個数というのは、実際には訴訟物の関係で最も顕在化する問題なのですが、訴訟法的な観点から言うと、A債権とB債権を持っている債権者はA債権に基づく詐害行為取消訴訟で敗訴して、後でB債権は別訴訟物ですと言ってくるというのは、賛成する訴訟法学者はおそらくいないだろうと思われますね。

田原　その場合に、A、B各債権で、それぞれ訴訟を提起すれば、二重訴訟になるでしょうね。

垣内　そういうことですね。ですから、訴訟物として同一なのだという形に持っていきたい。これは非常によく分かる話なのですが、ただ、それは本来実体法の解釈論なのか、それとももっぱら訴訟運営上の観点から、それが合理的な規律であるということが前面に出ているのかはよく分からないのです。もっぱら訴訟運営上の考慮からそのような議論をした場合に、それが実体法の法律構成に反映していくと、いろいろ難しい問題を実体法のほうで引き起こすのだろうと思います。

森田　先ほど田原先生がおっしゃった、一般債権者が持っている責任財産保全請求権みたいな問題ですね。それを議論しなければならないということでしょうか。

垣内　他方で、その債権者たる地位は債権によって基礎付けられているわけで、債権なくして債権者たる地位はあり得ないわけです。

森田　そして、債権そのものの帰属と債権者たる地位とはずれてきますね。

垣内　しかし、ずれることが論理必然ではないのではないかという感じもするのですが。

田原　これは過去に前例はないのですが、詐害行為取消訴訟を、別々の債権者甲・乙が提起して、両方とも勝って、別々の不動産に執行してきたときに、競売が先に完了したほうが勝ちかと。競売が完了したとき、例えば甲の申し立てた競売が先に完了したとき、乙の競売を止めるのは一体何なのですか。請求異議なのですか。

垣内　二人の債権者が別々にですね。

田原　別々です。それで、別々の不動産を執行してきたと。そうすると、債務名義を両方持っていますから、いずれの競売も止められないですよね。

垣内　そうですね。

田原　片方が完了すれば、止められないとおかしいですよね。それを止めるのは、請求異議なのでしょうね。

垣内　そうでしょうね。

田原　本当に分からないですよ。その請求異議の理由は何なのですかと。債務が消滅したのでしょう。二人の債権は、不可分債権ではなくて不真正連帯債権なのでしょうね。不真正連帯債権の一方への弁済完了による他方の消滅が、請求異議事由になるのだと思うのです。そうすると、執行が完了するまで止められない。変なことですね。

森田　むつかしい。

田原　おかしいけれども、理屈から言ったらそうでしょう。その辺りは、補足意見で書くには書きすぎですから書かなかったけれども、分かりません。だけど、何で今まで学者は議論しなかったのでしょうか。

Ⅳ 一個の債権の全額弁済と破産法一〇四条二項

森田 それでは、四番目の論題に移りたいと存じます。ここでは次の事件を取り上げます。

⑥ 最判平成二二年三月一六日 民集六四巻二号五二三頁（補足意見）

1 事案の概要

森田 事案は複雑なものですが、次のように簡略化できるでしょう。すなわち、YはA会社について貸付債権1～5を有しており、その全てのためにACの共有にかかる本件不動産上に抵当権が設定されていました。Aについて破産手続が開始した後、本件不動産が任意売却され、それを充当した結果、Aの持分相当額によって貸付債権1、2と3の一部が弁済され、Cの持分相当額によって貸付債権3の残額と貸付債権4全額が弁済されましたが、貸付債権5は一部弁済されるに留まりました。Yが、A持分相当額による充当後の残債権総額（貸付債権3残額＋貸付債権4＋貸付債権5）による債権届出書を提出し、それに対して為された査定決定に対してAの管財人Xが異議を申し立てた、というものです。

2 法律論上の争点と先例的意義

森田 破産法一〇四条二項および五項にいう「債権の全額」については、次の二つの立場があります。すなわち、

第一の立場は総債権説と言われる次のような考え方です。

(1) 貸付債権3の残額及び貸付債権4及び5の額を合わせた額（総債権額という）をいい、物上保証人Cによる弁済は、この総債権額については一部弁済に過ぎないから、破産債権者Yは総債権額において債権届出ができるとする。

これに対して第二の立場は、口単位説と呼ばれる次のような考え方です。

(2) Cの持分相当額を充当すると、貸付債権3および4は消滅しており、貸付債権5のみが一部弁済を受けた状態で存在しているので、破産法一〇四条の「債権の全額」はYのAに対する債権のうちの一口の債権である貸付債権5

全額を意味し、Yは貸付債権5の額でしか債権届出ができないとする。

原審は(1)の立場すなわち総債権説を採用しましたが、最高裁は(2)の立場すなわち口単位説を採用しました。その際、最高裁は、原審及び上告理由が言及している最判平成一七年一月二七日民集五九巻一号二〇〇頁を引用せず、一部弁済と代位について平成一七年判決が示した債権の一個性について言及することなく口単位説を採用しています。

3 検討

森田 今日お伺いしたいことは、田原先生の意見の「個性」とも関わるわけですが、これは一〇四条二項の解釈ですけれども、原審の上告理由も、平成一七年判決の一部弁済と代位について、民法五〇二条についての最高裁の判例も似たようなことを論じておりまして、これがどのように平成二二年判決と関係しているのかについて、特に伺ってみたいと思っているわけです。

(i)「破産債権額と実体法上の債権額とのかい離」とはいかなる事態を指すか

森田 まず、平成二二年判決の判旨の理解について、調査官解説と田原先生との間に温度差というのがあるのか、ないのかを確認しておきたいのですが、上告審では一つポイントになっている法廷意見の言葉遣いの中に、「破産債権額と実体法上の債権額とのかい離」というのが出てきます。どのような事態を「かい離」と見るのかについて、調査官解説を踏まえると、総債権説を採った場合には、債権者Yが全部義務者から回収した額と破産配当額とを合わせると破産債権額を超過することになる事態が生じる。これを「過大回収」と呼びまして、この場面を専ら念頭に置いて「破産債権額と実体法上の債権額とのかい離」と言っているように読めます。しかし、過大回収とならない場面でも、つまり債権額を超過しなくても、一部弁済額と配当額とを合わせると債権者はもらい過ぎとなり、特に全部義務者が求償権を有する場面についてはこのような意味で「かい離」を論ずることは可能なわけですけれども、この点について田原先生は「かい離」というものをどうお考えですか。

田原 調査官解説を十分読んでいないのですが、私は少なくとも本件での「破産債権額と実体法上の債権額とのかい離」と言っているときは、例えば一〇〇万円のうち、五〇万円弁済を受けても、破産手続上は開始時現存額主義で一〇〇万円の債権額を基準として手続を進めるという、その点のことを基本に置いておりまして、森田さんが指摘された過大配当ということは、特に念頭に置いておりません。ただ、過大配当の問題というのは、破産法が成立した後にジュリストで座談会を行ったときに、伊藤眞先生、山本和彦先生と私との間で相当激論したところで（伊藤ほか編『新破産法の基本構造と実務〔ジュリ増刊〕』〔二〇〇七年〕三六八～三七〇頁）、不当利得とした後返還請求ができるのか、あるいはもらえるのかなどといった辺りが議論になったところで、その点については未だ決着がついておりません。いずれの立場も、お互い譲らない状態のままで今日まできているのではないかと思います。ですから、私はそれを念頭に置いてこの事件が議論されたと理解しております。

（ii）平成一七年判決との関係

森田　田原意見そのものにも関わってくる論点に進みますが、田原先生のご意見は、内容が異なるものが二つぐらい含まれていると思うのです。まず、一つは、第一審や原審、上告理由などが言及している平成一七年判決と意識的に距離を取る、一部弁済と代位に関する議論に言及しないという意識が非常に強いように思うのですが、一部弁済と代位の議論を一〇四条の問題において、果たして捨象できるのかという点についてお伺いしたいと思います。仮に捨象できるとすると、従来の裁判例は二つ合わせて議論していたようなところがあるように思いますけれども、その関係についてもお伺いしたいと思います。

田原　平成一七年判決の判旨自体は、全部義務説に非常に親和的な判示をしておりますが、当該事案は数口の債権のうち、一口だけについて保証人が保証していて、それを全部履行したという事案でして、保証人が数口の保証債務のうちの一口を弁済したという事案ではないのです。そのような意味では、保証人の弁済は非常に単純な形になっています。そういう事案だということで平成一七年判決を読み込んでいけば、本件とは明らかに事案を異にするということになろうかと思います。そのようなことから、事案を異にする平成一七年判決に論及する必要はない、というのが法廷意見の立場だと理解しています。

森田　いわゆる「コップの中の嵐」という議論がありまして、一部弁済と代位の場面では、つまり民法五〇二条の世界というのは、代位弁済者と債権者とのいずれに担保権を与える、つまり代位を認めるにしても、他の債権者との関係では何の問題も生じない。そこで問題となっているのは債権者と保証人の間の公平をどう考えるかということだけです。ところが、破産法一〇四条二項の問題というのはそうではなくて、先ほど述べた「過大回収」のことも含めて、ある破産債権者が主債務者以外に全部義務者を用意して、ここで言う「責任財産を集積して備えていた」場合に、そのような債権者との関係で、他の債権者とその債権者との間の公平から見て、破産法一〇四条二項によって責任財産を集積していた債権者の方を優遇するという制度になっている。つまり、そこでは債権者甲と全部義務者丙の間の公平ではなくて、債権者甲と他の破産債権者との間の公平のみを問題にすべきだと、破産法一〇四条二項はそういうものなので、民法五〇二条の問題とは性格が違うという切り分けをされているというわけではないのでしょうか。

田原　詰めて考えておりませんけれども、おっしゃるように、五〇二条の議論は、確かに他の債権者には影響がないのです。ところが、破産法の世界ですと、他の一般破産債権者との配当の平等の問題というのが当然出てきますし、その中で公平の議論をどこで保つかを議論していくときには、やはり債権ごとの議論というほうが落ち着きがいい。さらに、私が補足意見で例示したような事案を念頭に置けば、これは充当の問題が絡みますけれども、やはり債権ごとという立場にならざるを得ないのではないでしょうか。また、債権調査においても、まとめて債権の認否をしていますけれども、基本的には各債権ごとの認否ですので。

(iii)「債権の一個性」

森田　債権ごとということで、「債権の一個性」について伺いたいのですが、これは平成一七年判決についても問題になったものですけれども、平成一七年判決の場合も、債権が一個であるかどうかというのが、原債権者優先説を画する基準として非常に重要な意味を持つようになりますし、本件でも、それは債権の一個の全部の弁済なのか、大きな債権の一部弁済なのかについては同じように問題になります。平成一七年判決と本判決の判示を切り離して考えると、ここで言われているこれらが前提にする「債権の一個性」

というのは、かなり異質な発想、異質な基準に立つことになるのか、それとも債権の一個性は同様の基準によって決まると考えていいのか。また、仮に同じにせよ、同じでないにせよ、決まるという場合、債権の一個性とは一体どうやって決めるのか、この点についてはいかがでしょうか。

田原　債権の一個性自体をギリギリ詰めていきますと、本当はよく分からないところがあるのです。例えば貸金債権のように、一個、二個と明確に算定できるものもあれば、売掛金債権のように、どこをもって一個と算定するのかといった問題まで含みますので、そこに立ち入れば立ち入るほど混迷が増すのですが、少なくとも貸金債権を前提にすれば、各債権ごとの一個性というのは当然出てくると思います。平成一七年判決は、先ほど述べたように、複数の貸金債権のうちの一債権についてだけ保証をしていた保証人が、その債権を全額弁済したということで、債権の個数という意味では、保証人との関係では明確な事件であったと思われますので、その中で平成一七年判決が出てきていると理解しています。

ところが、本件の場合は同一債権者で、かつ保証、また物上保証も共通している中での議論であり、かつ貸金が基本ですから、そこで個数というのは当然に計算できると思います。仮に本件が売掛金だった場合、例えば何月から何月までとか、そのような形で個数が本当に算定できるかということになると、これはまた個数論で、別の理屈の上での問題が生ずるのだろうと思っております。

森田　立ち入る必要はないかもしれませんが、平成一七年判決は根抵当ですべてがカバーされているか、普通抵当でカバーされているかという点では普通抵当の事案だったわけで、根抵当の事案には及ばないという解釈が一般には語られているようです。しかし、本件では根抵当が複数の債権をカバーしているわけでして、その辺の違いなども債権の一個性に効いてくるのか、こないのか。また、貸金債権の場合は、確かに比較的容易に一個性が決まるのかもしれませんが、プロジェクト融資の場合の債権の個数と貸し渡しの回数のようなものと、そんなにはっきりと分かれるのかというのも、適用を考える上では、やや気になるところです。逆に、口単位説が採られますと、貸手側としては、それに対応すべく一個にまとめてしまうというか、一部弁済に持っていきやすい個数の作り方をするのではないかなどといったことも心配になるわけですけれども、その辺はいかがでしょうか。

田原　根抵当の場合、確定後の弁済ということであれば、「根」にかかる問題は、ある意味で消えるわけです。

森田　そうですね。

田原　確定前であれば、おっしゃるように、どれに対するというのは、当然絡んでくる問題かと思います。また、プロジェクト融資や、今おっしゃったような場合の個数議論というのは、本件での問題とは別個の問題としていろいろな場面で出てくると思いますので、今まで詰めて考えたことはありませんけれども、これから議論として当然出てくる問題だと思います。そうした個数論と現存額主義、あるいはその一部弁済の議論というのは、残されている問題の中でも比較的大きな問題の一つになるだろうと思います。

(iv) 田原補足意見の設例

森田　それでは、田原先生の補足意見の後半部分ということで、甲が乙にA、B、Cの債権を持っており、そのすべてを丙が保証し、C債権のみを丁が、B債権のみを戊が保証したというケースについてお尋ねしたいと思います。先生がこの場面で最も問題とされているのは、戊が自分が保証しているB債権を半分弁済した場合、本件の基準からいって、これは一部弁済です。さらにこのときにA、B、Cの債権すべてを保証している保証人丙が、B債権の残りの半分を弁済したとすると、B債権は消滅する。このとき戊は二分の一の求償権の行使を妨げられる理由はないのであるならば、丙も妨げられないというのが公平にかなうので、したがって口単位説にならざるを得ないというご主張かと思うのですが、総債権説を採った場合には、戊には認めるが、丙には認めないという結論になるのではないか。それが公平にかなわないかどうかは、まさに口単位説を採るか、総債権説を採るかという立場にかかってくるのではないかという気がしまして、私の誤解かもしれませんけれども、これが総債権説に対する批判たり得ているのかということについて、お話を伺いたいと思います。

田原　総債権説に立てば、森田さんが言われたような一つの論理になろうかと思います。

森田　そうですよね。

田原　はい。

森田　おそらくB債権の半分を払っても、扱いが違うのはおかしいという議論は成り立つと思うのですが、戊には他に未払いの保証債権はない、丙はまだ一本あるではないかという場面ですので、総債権説は、このようなアンバランスな取扱いこそが公平にかなうと考えるわけですね。

田原　それは両方成り立ち得ると思いますので、そういう立場があり得ることを否定するものではありません。

森田　先ほど先生のお話にもありましたが、この事件については弁済充当合意についての精密な手当てが、同日事件で補足意見として示されておりますが、これについては特に立ち入ることをせずに、最後の五番目の論点に進めさせていただきたいと思います。

V　財団債権たる原債権の手続外行使

森田　ここでは次の裁判例を取り上げます。

⑦　最判平成二三年一一月二二日民集六五巻八号三一六五頁（補足意見）

1　事案の概要

森田　これは次のような事案でした。すなわち、Xは経営不振に陥ったAの懇請によりAの負う給料債務の立替払いを行ったが、その一週間後にAについて破産開始決定がなされ、Yが破産管財人に選任された。Xは任意代位によって給料債権を財団債権としてYに対して履行請求した、という事案です。

2　法律論上の争点と先例的意義

森田　この事件は二日後の二四日にもよく似た事件が別法廷で出されておりまして（最判平成二三年一一月二四日民集六五巻八号三二一三頁）、二つ合わせて議論されることが多いものです。どのような問題かといいますと、抽象的に問題を立てますと、財団債権ないしは共益債権に当たる原債権を、債務者に代わってある者が弁済したときに、この代位弁済者が、債務者に対する求償権を破産債権ないし再生債権として取得したという場合に、この者が、他方で弁済代位によって原債権を取得するのだけれども、取得した原債権を財団債権又は共益債権として行使することができるかというものです。

田原先生が担当された二二日の事件は破産手続における ものであり、かつ、その財団債権は労働債権、つまり政策的財団債権と言われているものの事件でした。従来、この問題については、この二つの最高裁判決の控訴審を見ても分かるように、下級審は分かれていたのですが、最高裁は、財団債権としての破産手続外での行使を認めるという立場を示しました。それは二四日事件でも共有されておりまして、しかも二二日事件は労働債権という、いわば最も政策的な財団債権について隅を押さえた形になりましたので、非常に長い射程を持った一般論を提示したことになると思います。

3 検　討

(i)「原債権を求償権を確保するための一種の担保として機能させること」の意義

森田　まず、これも法廷意見の文言をみますと、「原債権を求償権を確保するための一種の担保として機能させる」という一節が法律論としては非常に目立つわけですが、他方、ここは「一種の」とか「機能」といったぼやかす言葉が入っていて、法的性質が担保であるという命題を打ち出しているとまでは歯切れの良いものではないようにも思うのです。他方、田原補足意見は、この留保を付さない、徹底した立場と理解してよろしいのでしょうか。

田原　いいえ、私は徹底した立場ではありません。譲渡担保の議論を考えれば、理解がしやすいのではないかということを補足意見で言っているだけであって、あくまで法廷意見の範囲、すなわち一種の担保としての機能、すなわち法定担保でないのは条文からも明らかですし、それでは何なのかと考えれば、従前の昭和五九年、六一年判決（後出）の説いているところを、より詰めて考えていけば、あくまで求償権を確保するために原債権は行使されるという付従性を強調しているわけです。付従して行使できるのはなぜかということを考えれば、やはり担保的機能と理解するのがいちばん分かりやすいのではないか。従前、学説の上で論及されていなかったのはそのとおりですが、そのような意味でこの法廷意見が担保的機能と判示したことは、ある意味では学界には一定の衝撃を与えていることは理解しております。ただ、機能面に即して考えれば、そう理解してもおかしくはないのではないかと思っております。

(ⅱ) 昭和六一年最判の「実体法・手続法」二分論との関係

森田　二二日判決は、この「担保として機能させることをその趣旨とするものである」という制度趣旨を採りつつ、最判昭和五九年五月二九日民集三八巻七号八八五頁及び最判昭和六一年二月二〇日民集四〇巻一号四三頁を引用して「求償権の範囲内」で原債権を行使する制度という制度趣旨理解を維持していることでもあります。とりわけ昭和六一年最判の「右のような制約は実体法上の制約であるから」という一文から、従来、求償権の範囲という概念を実体法上の制約か、手続法上の制約かという二分論で切り分けて、求償権についての前者の制約のみが原債権の行使の制約となるという議論がありましたが、二二日判決も、この二分法を採用していると読むべきなのでしょうか。

例えば、この一節には「実体法上行使し得る限り……」、「当該手続における原債権の行使自体が……」という文言が用いられており、そこには実体法と手続法との二分法を意識しているようにも思えます。それともそういう発想を清算して、昭和六一年最判のような求償権との関係で原債権の行使が拘束されるという発想ではなく、原債権そのものに即して、原債権が財団債権として行使できるかどうかは、その場面で権利行使が制約されているかどうかに即して論じれば足りるとし、そもそも求償権との関係で原債権の行使が制約されるかどうかという従来の問題の立て方で論じる必要はない、そのような発想の転換をしたというようにこの部分を読むべきなのでしょうか。

田原　法廷意見は、少なくとも今、森田さんが言われたような意味での発想の転換をしたという理解には立っていないと私は理解しております。あくまでも、従前の議論の延長線上で議論しているという立場と理解しております。

森田　そうしますと、むしろ昭和六一年最判には「附従的な性質」という言葉が用いられていましたし、「担保」という言葉ではなくて、「確保する」という言葉だけしかありませんでしたが、それを担保的理解としているこの一節には、さほどの意義がないということになりましょうか。

田原　確保することの意味を、より実態に即して考えれば、担保的機能と理解するのがいちばん分かりやすいのではないかということかと思います。昭和六一年最判の「確保する」ということの意味が、実体法的に何を意味するのかというのは、少なくともその文言からはあまりよく分からないのです。

(iii) 固定性の立場

森田 それでは、田原補足意見の趣旨にもう少し即した形の質問に移りたいと思います。肯定説を採る場合、この判決の要旨のすぐ後の部分に出てきますけれども、肯定説を採っても、他の破産債権者がもともと原債権者による上記財団債権の行使を甘受せざるを得ない立場にあったのであるから、不当に不利益を被ることはできないという理屈が非常に利いているわけです。これは二四日判決も踏襲、反復しているわけですけれども、この理由づけには、財団債権の法的性格について次のような前提が採用されていると考えて良いでしょうか。すなわち、ある債権が財団債権とされると同時に、債務者の資産、破産財団について、その債権は、いわば優先的な割付けを受けて、その割付けはそれ以後の倒産プロセスの進行とは独立に固定的なものとして維持されるという考え方がそれでありましてこれを「固定性の立場」と呼ぶとすると、そのような立場がここでは前提になっていると考えてよろしいでしょうか。

田原 破産以外の場面、例えば平場の場合に、最も典型的には一般の先取特権のうちの、例えば葬儀費用の先取特権が譲渡されたときに、譲受人は先取特権を行使できるか否かと同じ議論だと思うのです。従来、ほとんど議論されていないのですが、例えば先取特権者が差押えをし、執行手続に入ったとします。その後に、執行手続の段階で譲り渡せば、譲受人はその執行手続をそのまま受継して執行できると思われます。そこで一般債権になるとは、普通は考えない。道垣内説(後出)だと、譲渡によって先取特権性は喪失しますから、執行手続は却下することになります。他方、葬式費用を立て替えた人が、その債権は葬式費用だからといって共益債権だと言うと、一般の法律家の感覚から言えば、「あれっ、単なる立替金ではないか」と思うのですが、今の執行の場面を考えれば、優先性が維持されてもやむを得ないのかなと、思われます。それと同じような意味で、破産という手続の中においても、そうした優先性というものは、代位弁済がなされてもそのまま維持される、というのが一つの論理になります。逆に、その論理を破ろうとすると、山本和彦先生が労働債権について、その特質性を非常に強調する論理展開をしておられますが(山本和彦「労働債権の立替払いと財団債権」判タ一三二四号〔二〇一〇年〕五頁）、あの論理展開で、先ほど例に挙げた平場での優先債権の執行に入ってからの譲受人が、どのような立場になるのかということとの整合の論理が展開できるのかというと、少ししんどいのではないかというのが私の理解です。

森田　その点についてちょっと踏み込んで伺いたいのですが、山本先生のご議論もそうですし、さらに中西正先生のご議論（中西正「債権の優先順位」ジュリ一二七三号〔二〇〇四年〕六七頁）が私にとっては非常に印象的なのですけれども、上記の固定性の立場の議論には原理的な批判も投げかけ得るようにも思います。すなわち、少なくとも政策的財団債権と呼ばれているものは、上記の固定性の立場が捉えるようなものではなくて、債権者が誰かということに従って、その政策的財団債権性を否定されることもあり得るタイプの権利であって、資産の再分配といいますか、そこで、もし労働者が持ち続けていたら、労働者が得たものと、新たな債権者の下で分配される資産の割付けというものは変わっていいのだという議論があるように思います。これは財団債権性というものは、債権の固定的な属性として、倒産プロセスの展開の実際を離れたものではなくて、倒産プロセスの中での帰属の変更によって再分配があり得るものとして捉えられるという立場であると思いますが、それは破産法、倒産法の考え方として成り立たないのでしょうか。その辺のお考えを伺いたいのです。

田原　森田さんが言われるような議論は、あり得ると思います。ただ、現行の破産法でそこまで読み込めるかといったら、解釈としては無理ではないだろうかと私は理解しています。その点では租税債権の場合について、どこかに書いたと思いますけれども、租税債権自体を代位弁済したときに、少なくとも自力執行力は別として、財団債権性が承継されるか否かという点については、伊藤眞先生は承継されるという立場ですし、私は承継されないという立場で議論しています。そのような場合の租税債権の特質性という、租税債権それ自体に関わる問題と、今のような財団債権として定められた中で、解釈論として山本和彦先生や中西先生がおっしゃっているような切り分けができるかというと、条文からはなかなか難しいのではないかと理解しております。

森田　租税債権については、例えば労働債権について先生がおっしゃっている枠組みとは、今の先生の立場も含めて、法廷意見の立場が用意している枠組みとは別の枠組みで、そもそも弁済代位が起こらないという形、田原先生もそちらの方向で考えられるのではなかろうかと推測していたのですけれども。

田原　おっしゃるとおりです。

(iv) 権利の譲渡はその同一性を持った移転であるという公理的前提

森田　分かりました。今のは一つの倒産法内在的な固定性論に対するアンチテーゼの可能性ですが、もう一つ、実体法でも、果たしてすべての権利が譲渡によって同一性を持ってしか移転できないのかについては議論がないわけではないようです。特に、先取特権については、道垣内弘人教授が、先取特権の随伴性については、債権の性質によって先取特権が決まるのではなくて、債権者の性格によって先取特権が失われて、随伴性も失う場合はあるのだと言われておりまして（道垣内弘人『担保物権法〔第三版〕』〔有斐閣、二〇〇八年〕七七頁）、ここはある種の公理的な前提の問題になるかもしれません。

　お伺いしたいのは、田原先生の補足意見は一般に「担保的理解の徹底」と受けとめられているようですけれども、私はむしろ、担保的理解の面も然ることながら、むしろ権利の譲渡はその同一性をもっての移転としてしかあり得ないという公理的前提を採る点に特徴があるように思います。これは先ほどの固定性の立場を、法教義学的に基礎付けるものだと思います。この権利の同一性を持った移転の強調というもう一つの論理を含んでいる点で、二四日判決に付された金築誠志裁判官補足意見よりも、むしろ「担保的理解」の比重が低いような感じさえ受けているのです。言い換えますと田原先生が譲渡担保だという場合は、担保であるというところに力点があるというよりも、それは債権譲渡である、譲渡のほうに力点があるのではないでしょうか。したがって、原債権は財団債権として債権譲渡担保に供されるようなものなのだから、譲渡によって同一性を持ってしか移転できない、そのようなロジックがご議論の基礎にはあるように窺えるのですけれども、ここに力点がおありなのでしょうか。

垣内　今の点ですけれども、譲渡も担保も、やはり力点はあるというか、意味をもっているのではないでしょうか。つまり機能する場面が違うわけですよね。担保が問題になるのは、求償権に対する制約があるとしても、原債権自体が優先的な取扱いを受けるときには、それを援用することができる。なぜなら、それは担保だからだ、という話かと思います。これに対して、譲渡が意味を持つのは、原債権自体が移ってきてしまった段階で優先性を失ってしまうではないかという点との関係で、これは、権利の同一性をもった移転という意味における「譲渡」の話ですね。

田原　私自身は譲渡よりも、やはり担保に力点を置いて考えております。譲渡であれば、その行使が原債権の範囲に画される理由をどう根拠づけるのかという問題があります。今おっしゃった道垣内さんの議論は存じていますし、おもしろい議論だと思うのですが、それによって、少なくとも解釈論として安定的に切り分けができるのだろうかというところは、道垣内説のいちばんの疑問点で、少なくとも法を適用する立場では、道垣内説は非常におもしろいけれども、直ちに使うことはできないというのが私の立場です。

森田　以上で終わりたいと思います。

Ⅵ　ファイナンス・リースと倒産解除条項

垣内　では後半部分といたしまして、実体法に関連する部分もありますが、比較的手続法の問題に重点がある裁判例に関して、いくつかお話を伺えればと思います。どれも非常に耳目を引いた注目すべき裁判例で、さまざまな議論があるところです。その中で既に補足意見等という形で田原先生のお考えが示されているところですが、今日は、さらにその背景等につきましてもいろいろとお話を伺い、理解を深めることができればという観点から、いくつかご質問をさせていただければと考えております。

まず、順番についてはそれほど必然的な理由はないのですが、先ほどまで倒産に関する裁判例をいくつか扱ってきたということでもありますので、引き続き倒産法に関連するものということで、平成二〇年のファイナンス・リースに関する判決からお伺いすることにしたいと思います。

⑧ 最判平成二〇年一二月一六日 民集六二巻一〇号二五六一頁（補足意見）

1 事案の概要

垣内 本件の事案は、次のようなものです。

飲食店業等を目的とする会社であるYは、平成五年五月から平成一一年三月にかけて、リース業者であるXとフルペイアウト方式によるファイナンス・リース契約を締結し、本件各物件の引渡しを受けて利用していたものですが、Yは、平成一四年一月一七日、民事再生手続開始の申立てをし、同月二一日、手続開始決定を受けました。そこで、Xが、民事再生手続開始の申立てがあったときは契約を解除できる旨を定めた本件ファイナンス・リース契約中の特約に基づいて同契約を解除し、Yに対して、解除の日の翌日から物件返還の日または返還不能となった日までのリース料相当額の損害金の支払を求めたわけです。

2 法律論上の争点と先例的意義

垣内 さて、本件特約は、ユーザーについての法的倒産手続開始の申立てを解除事由とするいわゆる倒産解除特約の一例といえますが、その効力がYの民事再生手続との関係で認められるかどうかが問題となりました。すなわち、倒産解除特約については、最判昭和五七年三月三〇日民集三六巻三号四八四頁が、所有権留保特約付売買契約の買主に会社更生手続開始の申立原因事実が生じたことを解除事由とする特約の効力を会社更生手続との関係で否定していますが、同様の取扱いが、民事再生手続との関係で、フルペイアウト方式のファイナンス・リース契約の解除特約にも妥当するかが問題となったわけです。

フルペイアウト方式のファイナンス・リース契約は、判例上、ユーザーに対する金融上の便宜を付与する非典型担保契約としての実質を有するものと理解されてきており（最判平成七年四月一四日民集四九巻四号一〇六三頁参照）、その点では所有権留保特約付売買契約と共通しております。しかし、会社更生手続とは異なり、民事再生法においては、担保権を別除権として処遇し、再生手続によらないで行使することを認めていることなどから、かかる特約の有効性については見解が分かれていたところです。本判決は、そうした中、最高裁として初めて、本件特約のうち民事再生手続開始の申立てがあったことを解除事由とする部分は、民事再生手続の趣旨、目的に反するものとして無効であるという立場を明らかにしたことに意義があるといえます。

田原裁判官の補足意見は、ファイナンス・リース契約の企業会計上の取扱い及び倒産申立解除条項と弁済禁止の保全処分との関係について論じているものです。

3 検討

垣内 いろいろと難しい問題をはらむ事例かと思いますが、まず、そもそも本件で問題となった特約、これは、民事再生手続開始の申立てを契約解除事由とする特約なわけですが、この特約の性質あるいは趣旨、意義がどういうものとして理解されているのか、どのような理解に立ってそれが無効であるとされているのかということについて伺えればと思います。

この点については、法廷意見においては、必ずしも正面からは詳細な説示はされていないかと思います。それに対して、学説の中では、この種の特約の内容を分析すると、第一に、開始申立てによる期限の猶予の喪失という要素(①)と、それに基づく、期限の猶予が喪失されたということを前提とした担保権実行が許容される旨、しばしば私的実行というようなことが言われますが、それが許容されるという趣旨(②)を包含したものとみるべきであるといった指摘も、一部の有力な論者によってされているところです(中西正「判批」リマークス三七号〔二〇〇八年〕一四三頁参照)。果たして法廷意見がこのような理解を前提としているのかどうかということがそもそも問題ですが、仮にそうした理解が前提となっていると考えた場合には、このうちいずれの要素が問題であるとして無効ということになったのか、という辺りが議論の対象となり得るところかと思われます。

関連しまして、田原先生の補足意見の中におきましては、期限の利益喪失条項というものは、それ自体としては効力が一般に否定されていないということを前提として、ユーザーについて倒産手続の開始申立てがあった場合の取扱いを論じておられるわけですが、仮に期限の利益喪失条項の効力が否定されないということであるとしますと、先ほどの見解のようにこの特約の要素を①と②に分析した場合、②のほうが実質的に問題をはらんでいるということになるのかどうか。その辺りについて、法廷意見の理解あるいは田原先生のお考えについて伺えればと考えている次第です。

田原　倒産解除条項を、いま垣内さんがおっしゃったように二つに分離して論じるという学説があるのは存じていますが、会社更生法における倒産解除条項に係る昭和五七年判決は、そのような分析的な立場には立っていなかったのではないでしょうか。すなわち、倒産解除条項は、倒産の申立てがあったということによって債務者が信用不安状態に陥ったと、そういう信用不安状態に陥ったことを解除原因として行使できるという意味での解除条項であって、そこで期限の利益が喪失したか否かということに言及しているものではないと理解しています。旧銀行取引約定書、いま銀取約定は金融機関ごとにさまざまになっておりますが、旧銀取約定での期限の利益喪失事由にいくつかの項目があり、その中で著しい信用不安状態というのが従前から定められ、今も基本的には各銀行の約定に入っていますが、その著しい信用不安状態の現れの一つが倒産の申立てということかと思いますので、期限の利益喪失と担保権が実行できるという、そういう分析的な理解には少なくとも過去の裁判例は立っていなかったというのが私の理解なのです。本件の法廷意見もそのような分析的な立場に立ったものではなくて、会社更生法における倒産解除条項を無効とする判例法理をそのまま引き継いでいると私は理解しております。

垣内　この点は、後にお伺いする補足意見の内容にも若干関連するところかもしれませんけれども。

田原　それで、今おっしゃった、期限の利益喪失条項の効力は否定されないという点ですが、これは倒産解除条項とは別に、これもやはり銀取約定ですが、倒産手続の申立てがあったときには債務弁済についての期限の利益を喪失するという約定が定められており、その約定自体の効力に対して否定的な学説は一つもないと思います。そうすると、リースの場面だけで期限の利益喪失条項は効力が働かないという説明は著しく困難なのではないかと考えられます。やはり一般的な取引契約自体の中にかかる申立てがあった場合の、期限の利益喪失条項、これは銀取約定に限らず、メーカーあるいは商社などの基本取引契約にも大体入っていますが、それを否定的に解する学説あるいは過去の裁判例はないと私は理解しております。そうすると、それと同列に論じざるを得ないのではないかという意味で、期限の利益喪失条項の効力までは否定されないということを述べている次第です。

垣内　そうしますと、あくまで解除という効果に焦点を置いて問題を考えているということでよろしいのでしょうか。

田原　はい。

垣内　そうしますと、特約を有効にすると解除という効果が発生するということに問題がある、ということになります。この点については、法廷意見の文言で申しますと、民事再生手続の趣旨、目的に反するということが言われております。さらに法廷意見で申しますと、後半の下線部の先のほうということになるかと思いますが、民集の二五六四頁から六五頁にかけての辺りということになるのでしょうか、その趣旨、目的に反するということを敷衍した部分があるかと思います。それによりますと、特約による解除を認めることは、このような担保としての意義を有するに留まるリース物件を一債権者と債務者との間の事前の合意により民事再生手続開始前に債務者の責任財産から逸出させ、民事再生手続の中で債務者の事業等におけるリース物件の必要性に応じて対応する機会を失わせることを認めることにほかならない、ということが述べられているわけです。

そうしますと、判旨が狙っているのは、特約を無効とすることによってこのような結果を防止することであろうと思われるわけですが、それが具体的にどのような形で確保されるのかということについては、必ずしも法廷意見そのものは正面からは述べておりません。この点について田原先生の補足意見では、仮に別途期限の利益が喪失することがあったとしても、弁済禁止保全処分の反射的効果ということで、開始決定前のリース契約解除が禁止されるということ、さらに、担保権実行手続中止命令の利用も考えられるということを指摘しておられます。そこで、これらの点については、法廷意見も同様に考えているものと推測したいところですが、そういう理解でよいのかどうかについて伺えますでしょうか。

田原　法廷意見は、ことさら、その点について触れておりません。その点は、今後その点を論点とする個別の事件がきた中で判断されるべき事項であるというのが法廷意見の立場です。ですから、私の補足意見は法廷意見の枠を少しはみ出している面があり、ある意味で、私の補足的意見に類するものだとご理解いただいたほうがいいと思います。法廷意見を補足するものではなくて、それをさらに演繹しているものですので、私の補足意見の部分が判決の射程として及ぶものではありません。

垣内　ありがとうございます。引き続きまして、補足意見の内容的な面についてもう少しお伺いしたいと思います。

今も言及いたしました弁済禁止保全処分がされた場合の取扱いということに関しましては、田原先生の補足意見におきましては、リース契約の解除が認められないことになると述べておられます。その一方で、民事再生手続が開始された場合におきましても、再生債権の弁済は原則として禁止されることになりますが、弁済禁止保全処分そのものは失効することから再生債務者の債務不履行状態が発生する、その結果として、解除手続を取ることができるようになるということを述べておられるわけです。この問題に関しましては、評釈等を見ますと、一方では、弁済禁止保全処分があったとしてもリース契約の解除が別除権の行使として認められるということであるとすれば、解除は否定されないことになるのではないかという見方が存在するところです（例えば、伊藤眞『破産法・民事再生法〔第二版〕』〔有斐閣、二〇〇九年〕七〇〇頁）。本判決の原判決もそのような立場に立ったものと見受けられます。他方で逆に、田原先生の補足意見の論理からすると、手続開始後であっても再生債権の弁済は民事再生法八五条の規定によって引き続き禁止されることから、やはり依然として解除はできないということになるのではないかという指摘もあるところです（中島肇「民事再生手続におけるリース契約の処遇」NBL九〇七号〔二〇〇九年〕七〇頁参照）。

このように、この点については、見解が学説上分かれている状況にあります。他方で、基本的には田原先生の補足意見のような規律を支持するという立場から、とりわけ再生手続開始後に関して、期限の利益喪失条項の効力自体を合理的期間について制限することによって（解除が一旦されてしまいますとそれで執行が終わるのかどうかといったような論点もありますが）、担保権実行手続の中止命令を発令する機会を確保しようという議論があるところかと思われます（岡正晶「判批」金法一八七六号〔二〇〇九年〕四六〜四七頁、松下淳一「判批」金判一三六一号〔二〇一一年〕一〇七頁など参照）。そうした点については、補足意見でも必ずしも正面から触れられてはいないと思います。

また、この点とも関連するのですが、前提的な問題として、そもそも、担保権実行の実体的要件が何なのか、ということも、私にはよく分からない部分があります。仮に、この点について、被担保債権の弁済期が到来していれば足り、債務不履行としての履行遅滞が認められることは必ずしも要求されていない、と解することが可能であるとしますと、期限の利益喪失の効果を承認する限り、担保権実行としての解除を妨げることはできないのではないか、という疑問が生じるところです。他方で、ファイナンス・リース契約におけるリース業者の「担保権」実行は、あくまで債務不履行解除による以外にないという前提があるのだとしますと、それは、厳密には担保権実行そのものというよりも、債務不履行解除そのものが担保権実行的な機能を果たすというのにすぎないのであって、そもそも、例えば担保権実行手続中止命令の対象とはなり得ない、といった議論もあり得るように思われます。

その辺りについて、田原先生のお考えを伺えればありがたいと思います。

田原　その後の問題に出てまいりますが、リースの担保権の実行をどう考えるのかという点が一つ問題になろうかと思います、単なる意思表示で済むのか済まないのか。意思表示で済むということであれば、その意思の通知だけで直ちに担保権の実行がなされるわけですが、譲渡担保のように、清算完了までという形になれば、実行完了までの時間があって、その間に中止命令を取ることが十分できるということになります。担保権は別除権ですから、民事再生手続の場合では、いつでも行使できることになるわけですので、それで債務不履行が生じていないならば、それでも弁済期が到来すれば実行はできるのかという問題がありますが、弁済期到来で即実行ということは、通常の抵当権の場合はないですよね。弁済期が来て、その日に払わなかったから即実行かというと、その日の到来を経過して、債務不履行が認められて初めてですね。「何月何日が弁済期です」と言っても、その弁済の期日に実行ができるわけではない。その日を経過して初めて実行ができるわけで、そういう意味で債務不履行が一旦生ずる必要はあるのではないのでしょうかと理解しているわけです。

保全処分の間は弁済が禁止されますが、その後も、弁済は禁止されてはいるけれども債務不履行状態は、少なくとも保全処分の間、弁済がされなかった部分は明らかに開始手続時には再生債権として滞留しているわけですので、債務不履行状態に陥っていることは明らかです。そうすると、それを禁止するというのはどこから理屈が出てくるのかというと、やはりそれに対する中止命令で対応するしかないのではないでしょうか、というのが私の一つの論理展開です。

垣内さんが先ほどご紹介されていたように、いろいろな考え方があり得るのは分かっておりますが、どれが本当に理論的にベストかということ、それから、実務上の処理を適切に行い得るかとの絡み合いから言ったときに、私自身は、実行やむなしで中止命令かなと。ただし、その実行は山本和彦先生の見解（山本和彦「倒産手続におけるリース契約の処遇」金法一六八〇号〔二〇〇三年〕八頁）とは少し違うと、意思表示だけで実行が完了するというのでは中止命令の機会はありませんから、ということで一つの論理として申し上げているのです。ただ、垣内さんがおっしゃったように、その辺りはまだ百家争鳴の状態であり、最高裁の判例はもちろんありませんし、高裁でも指導的と言えるような裁判例が固まってきているわけでもないという状態なのではないでしょうか。

垣内　今のご説明の中に既に含まれていたかもしれませんが、弁済禁止の保全処分の期間中、手続開始前の時期については、債務不履行はそもそも生じていないというお考えなのでしょうか。

田原　ええ、弁済が禁止されていますから債務不履行とはならないと。弁済すること自体ができないわけですから、と考えております。

垣内　それが手続開始後については債務不履行状態になるということですね。

田原　弁済禁止の保全処分が解ける結果、それまで滞留していた分が、弁済未了の再生債権にはなりますが、ではその債権の性質はといえば、本来払われるべきものが払われていなかったという状態になるわけです。そうすると、債務不履行状態に陥ったと評さざるを得ないのではないのでしょうか。

垣内　事実上、保全禁止期間中に不履行に陥っていた部分について、再生手続開始後はそれが顕在化するというようなご理解ですね。

田原　というように私は分析的な理解をしておりますけれども。

垣内　分かりました。

田原　それがどこまで支持を受けるかというのはよく分かりませんが。

垣内　債務不履行がなければ、基本的には担保権実行はできないはずのものであるということを出発点として、債務不履行になっているかどうかによって議論を分けていくということですね。

田原　はい。

垣内　この事件について、最後に射程の問題、とりわけ清算型倒産手続開始の申立ての場合についてどうなるのかということに関して伺いたいと思います。これに関しては、もちろん法廷意見は、正面からは述べていないところであり、調査官解説などを見ましても、その点は残された問題であると言われているわけですので、そのような見方が一応正確だろうと思われます。他方で、調査官解説は、法廷意見が原判決と異なって「再生債務者の事業又は経済生活の再生を図ることが困難となる」ことを正面から問題視したのではないことに着目しつつ、「同小法廷は、本判決の理が、……広く妥当するものと考えている」と、かなり踏み込んだ推測をも示しているところです（森富義明・曹時六三巻五号〔二〇一一年〕一二五一頁）。この辺りについて、法廷意見の考え方あるいは田原先生の考え方として何かご指摘いただける点があればありがたいと思います。

田原　いま垣内さんがおっしゃったように、法曹時報の調査官解説でもそう書かれ、判例時報二〇四〇号一七頁のコメントの中にも同種のことが書かれております。

この判決の射程をどう考えるかという問題ですが、例えば特別清算とか、あるいは破産であっても、一定期間事業を継続するというような場合に、リース物件を一定期間継続使用することが不可欠なことがあります。特に現在は、会計システムはコンピュータ処理がなされ、そのコンピュータがリースになっている場合が非常に多いです。そうすると、それを直ちに引き上げられてしまったのでは破産管財業務自体が遂行不可能になってしまう場合があります。また、破産の場合であっても一定期間事業を継続する場合に、やはり機械設備等のリース物件を事業継続期間の間だけ使い続ける必要があり、こういう場面は現実にあるわけですが、その例が多いわけではありません。それから、特別清算の場合は、破産の場合以上にそういう必要性が高いです。そういう場面を視野に入れたときに、これが再建型の手続に限定された解釈であるということまでを法廷意見で打ち出してしまうのはやはりいかがかということです。いま私が申し上げた辺りが法廷意見の射程に入るか入らないかというのが留保されていると、私自身は理解しております。

垣内　どうもありがとうございます。それでは、この事件についてはその程度にさせていただきまして、次も非常に、これまた社会の耳目を集めた事件ということになりますが、権利能力のない社団の財産に対する強制執行が問題となった事件、平成二二年の判決について伺いたいと思います。

Ⅶ　権利能力なき社団の財産に対する強制執行

⑨　最判平成二二年六月二九日　民集六四巻四号一二三五頁（補足意見）

1　事案の概要

垣内　本件は、権利能力のない社団であるＡ（朝鮮総連）を債務者とする金銭債権を表示した債務名義を有するＸが、本件各不動産はＡの構成員全員に総有的に帰属していることから、本件不動産の登記名義人であるＹは、民事執行法二三条三項所定の「請求の目的物を所持する者」に準ずる者であると主張して、上記債務名義につき、Ｙを債務者として本件不動産を執行対象財産とする法二七条二項の執行文の付与を求めた、という事案です。

2　法律論上の争点と先例的意義

垣内　さて、権利能力なき社団にも訴訟当事者能力及び執行当事者能力が認められることから、同社団を債務者とする金銭債権を表示した債務名義に基づいて、社団構成員の総有に属する財産に対する強制執行をすることができることについては、異論がないところです。しかし、とりわけ不動産については、判例・登記実務上、社団名義または社団代表者の肩書付きの代表者個人名義での登記が認められていない一方、登記がされた不動産については、登記事項証明書の提出によって債務名義上の債務者と執行対象不動産の登記名義が一致することが確認できる場合に限って強制執行が認められると解されてきたことから（民執規二三条一号参照）、具体的にどのような手続によって強制執行が認められるかについて、問題が存在していました。

この問題については、学説上は、社団代表者が登記名義人とされている場合には、民執法二三条三項の類推適用ないし拡張解釈により、同代表者を社団のために「請求の目的物を所持する者」として執行文（民執二七条二項）の付与を受けて強制施行の申立てをすることができる、との見解が有力に主張されており、本件Xの主張、第一審裁判所及び控訴審裁判所も、基本的にはこの見解を採るものであったといえますが、この点に関する最高裁の判例は存在しておりませんでした。

本判決は、最高裁として初めてこの問題について判示し、学説上の有力説を否定して登記名義人を債務者とする執行文付与の訴えは認められないとするとともに、それに代わる強制執行の申立ての方法として、執行対象不動産が社団の構成員全員の総有に属することを確認する旨の、債権者と当該社団及び登記名義人との間の確定判決その他これに準ずる文書を添付して、当該社団を債務者とする強制執行の申立てをすることができる旨を明らかにした点に意義があるものです。

田原先生の補足意見は、従来の有力説が説く取扱いの問題点、本判決の立場を前提とする場合における手続上の取扱い、提出を求められる証明文書の意義及び保全手続のあり方について、補足的に論じられているものです。

なお、田原補足意見が論ずる問題点のうち、保全手続に関しては、本判決の後、最決平成二三年二月九日民集六五巻二号六六五頁が、不動産の仮差押命令の申立てにおける添付書類は、必ずしも確定判決等であることを要しない旨を判示しております。

3 検 討

垣内 そこで、この判決についてまたいくつかお伺いできればと思います。何より、この判決によりますと、強制執行の申立ての際、一定の文書を提出するものとされております。そして、この場合には、債務者である社団名義の登記簿というわけにはいかないわけですので、何を提出するのかが問題となりますが、法廷意見が示しているところによりますと、これは不動産が当該社団の構成員全員の総有に属することを確認する旨の、上記債権者と当該社団及び上記登記名義人との間の確定判決その他これに準ずる文書であるとされております。確定判決であればこれに該当するということはここから明らかですが、さらに、これに準ずる文書としてどの程度のものがここで考えられているのかということが一つ問題となり得るところかと思います。

この点に関しては、評釈あるいは解説等におきましてさまざまなコメントがされているところですが、いくつか考慮することが考えられる要素があるわけです。

例えば、当該文書の証明力に着目し、それが非常に強力であるという場合に「準ずる」ということになるのか、あるいは、確定判決の場合のように権利の判定機関が作成に関与しているかどうかということを重視することになるのか、はたまた、文書の作成過程において債務者あるいは登記名義人といった関係人が関与している、そういう意味で一定の手続保障に類するものが認められるというような場合を想定しているのか、というようなところが問題となるところかと思われます。ちなみに、この点に関連して、本判決の調査官解説は、考慮要素として、「証明力の強いものであること」、「原則として、登記名義人も当事者として関与したもの」であることを挙げ（榎本光宏・曹時六五巻一号〔二〇一三年〕一九六頁）、「裁判官の自由心証による証明は、否定されている」（同一九七頁）としておりますが、その一方で、権利判定機関の手続を通じて作成されたものであることを重視するものとして、渡邉健司「強制換価法における外観と実体――人格なき社団事例の具体的検討」金法一九一八号（二〇一一年）六七頁、関係者の作成への関与を強調するものとして、佐瀬裕史「判批」法協一二九巻一〇号（二〇一二年）二四九三頁といった文献がございます。

そこで、まずは、法廷意見の準ずる文書の意義、あるいはそこで何が判断要素となるのかといったようなことについて、田原先生のお考えをお伺いできますでしょうか。

田原　この「準ずる」というのを一体どこまで含めるのかというのは、詳細は述べられませんが、議論があったのは間違いございません。ただ、確定判決に近いものという意味ですから、それだけの証明力が強いということは私は基本だと考えています。権利判定機関がいかがかというのは、やはりその証明力を裏付けるものという意味での位置づけであって、機関がいかがかということと直ちに準ずる文書とは結び付くものではないだろうと考えています。和解調書、公正証書その他が挙げられていますが、それはそういう機関がというよりは、そういう機関が作成した文書だから証明力が高いということだと思います。

それから、判例批評の中で手続保障の議論がされていますが、手続保障の問題と証明力の問題とは、一応別個の問題なのではないでしょうか。証明力が高い文書であるということと、それとは別に、当事者の手続保障をどう考えるかというのは論理的には別の問題だと思いますし、また、一定の証明力がある文書であっても、後ほど既判力の議論の中で問題提起をしておられますが、誰との関係で手続保障を考えるかという類のことだと思います。手続保障が完備しているということは証明力を高める要素の一つになることは間違いありませんから、手続保障が十分なされているかということは証明力の判定の上での間接事実になるというのが私の理解です。

垣内　証明力に着目することはさまざまな含意を持ち得るわけですが、ここで想定されているのは、例えば判決であればその判決正本というようなことになろうと思いますが、そういった単一の特定の文書が、それ自体としては高い証明力を持っているということでしょうか。たくさんの文書を集めてきて全体として見ると、証明力、証明度が達成されるというようなことではない、ということでよろしいですか。

田原　私は、例えば単一文書でなければどうしても駄目かと言えば、例えば公正証書に基づく規約と判決とがあって、それを一体として判断できる場合のように、そういう意味で複数の書面であることが否定されるものではないという理解をしています。

ただ、判例解説にも書かれていますが、裁判官の自由心証によって証明力が認められるという類の文書ではないでしょうと。やはり高度の証明力までが求められると思いますので、通常の意味での裁判官の自由心証による立証の問題というレベルのものではないというのが法廷意見の理解だと考えています。

垣内　それは、証拠方法が限定されるという意味において、通常の自由心証による証明とはやはり異なるということでしょうか。

田原　確定判決であれ、それに類するレベルまでの高度の証明力を有する書面でなければいけないという意味で自由心証の問題ではないという調査官解説の述べるところは、法廷意見の述べようとするところをさらに忖度して敷衍したものだと考えています。

垣内　ありがとうございます。今お伺いしたのは準ずる文書の内容に関するお話ということになりますが、関連いたしまして、執行対象不動産が構成員の総有不動産であるということを証する確定判決というものが、誰と誰との間の判決であるのかということについて、本判決後の学説において、理論上、若干議論が存在するところであるかと思われます。手続保障という観点から見たときに、債権者と登記名義人との間の判決というのは欠くことができないであろうと考えられるところですが、債権者と社団との間の確定判決、これは法廷意見の文言ですと、これを「確認する旨の上記債権者と当該社団及び上記登記名義人との間の確定判決」とされているわけですが、債権者と社団との間の確定判決というものを要求する理論上の根拠というのがどこにあるのか、逆に申しますと、なぜ債権者と登記名義人との間の判決だけでは足りないのか、ということが議論されているところです。

この問題の背景には、このような判決を要求したといたしましても社団と登記名義人、これが共同訴訟であれば、共同被告ということになりますが、その相互間には特段既判力が生じるわけではないとすると、このような判決があることがその後の法律関係の安定等に役立つということは必ずしも言えないのではないか、少なくとも既判力によってそうした機能が果たされるということにはならないのではないか。そうしますと、あるいはそういった紛争が後日、仮に生じた場合には、信義則等の適用まで考えていることになるのか、その辺りについて田原先生のお考えを伺えればと思います。

田原　少なくとも、登記名義人との間で当該不動産が社団に属することが明らかになれば最低限度は満たされますが、当該判決自体は社団に対して既判力を持つわけではないですよね。

垣内　そうですね。

田原　そうすると、当該不動産は登記名義人のものになっているけれども社団のものだという判決が登記名義人との間に存し、社団のほうから、当該不動産は実は当該社団のものではないのだという主張が出てきたときに、それでどうなるのかと。登記名義人を相手に社団の財産だとして執行していくときに、社団から自分のものではないというクレームが出てきて、他の社団の債権者その他との間で争いになるというような問題が、あり得るかと言えばあり得るのです。そういう意味で社団との関係でも、やはり確認をしておくことはその後の要らぬ紛争の発生を防止するという意味は確かにあると思われますし、それがあることによって、その後の、例えば執行で買い受けた人との関係で言えば、より安定性が生じるということは言えるのではないのでしょうか。

垣内　そうしますと、それは既判力そのものの機能に期待をするというよりは、そのような確定判決がきちんと社団との間でも既に下されているということが持つある種の、事実上の効果と言うのでしょうか、波及的なものを期待している面もあるということでしょうか。

田原　そちらのほうが、実際、大きいのではないでしょうか。既判力の議論ではないと私は理解しております。

垣内　なるほど、そのようなことであれば確かに、理論上、あり得る立場だと言えるように思います。

さて、以上でお伺いしたのは、基本的に法廷意見との関係の話ということになりますが、関連して、田原先生の補足意見に関して伺えればと思います。

これは民集の一二四三頁の辺りであったかと思いますが、田原先生の意見におきましては、登記名義人と社団との関連性の問題が取り上げられております。関連性について、証明力が強い文書によって明確に認められる場合、こういった場合については、執行対象不動産が構成員の総有であるということに関しては、社団との関係で証明されれば足りると、このように解しているものと見受けられます。これは、法廷意見自身は上記不動産が、先ほども議論になった点ですが、当該社団の構成員全員の総有に属することを確認する旨の上記債権者と当該社団、上記登記名義人との間の確定判決と言っていることに照らしますと、この二つが常に必要であるとは限らないという趣旨に読むことができるように思われます。そうだとすれば、こうした一般的な法廷意見の説示の意義というものを相対化する、留保を付するという部分があるようにも思われますが、この点について、法廷意見の考え方と田原先生の意見の間にどういう関係があるのかということについてお伺いできればと思います。

田原　先ほど、確定判決である必要はない、証明力の高い文書であればいいということを申し上げました。例えば、規約が公正証書で作成され、その名義人が社団の代表者であるというような場合であれば、その名義人との関係で確定判決までではなくても、その公正証書とその社団との間の確定判決、その二本でもって執行できるのではないでしょうかというような意味で、いずれもその証明力が高い文書という意味ですが、それがそれぞれ別個であっても構わないのではないでしょうかという意味で述べている次第です。

垣内　そうしますと、法廷意見では「確定判決に準ずる文書」と言っているわけですが、補足意見では、準ずる文書の内容を例示されているという理解でよろしいですね。

田原　はい、準ずる文書ですので。片方が確定判決で片方が準ずる文書であっても構わないでしょうと、そういう意味です。

垣内　その例を具体的に示されているということですね。

田原　はい。

垣内　その点に関連いたしまして、例えば登記名義人が代表者であるというような場合で、その旨が債務名義上あるいは当該社団の規約等から明らかな場合というのがあり得るわけです。このような、代表者が名義人であるという場合におきましては、当該代表者は、通常は社団を当事者とする訴訟に代表者として一定の関与をしているということが考えられますので、改めて代表者自身について確定判決のような形での手続保障を問題とする必要性は相対的に少ないとも思われるわけですが、規約上の名義人についても同じように言うことができるのかという辺りは、若干理論的には問題がありそうにも思われます。

他方、名義人が社団構成員であるという場合について考えますと、この場合に関しては、社団を当事者とする総有権確認判決の効力が構成員全員に及ぶという旨を判示した平成六年の最判があるわけです（最判平成六年五月三一日民集四八巻四号一〇六五頁）。これを本件のような事例でも前提にしてよいと考えたといたしますと、いわゆる既判力の双面性ということがありますので、社団構成員は、爾後原告であった債権者との関係では、自分の単独所有であるということを主張できなくなる。つまり、社団構成員の総有であるということが確認されておりますから、自己の単独所有であるというのはその既判力によって妨げられるのではないかとも考えられます。

そうなりますと、田原先生の意見の中で、場合によっては第三者異議の訴えを提起する負担を負わせても差し支えないであろうというお考えが述べられているわけですが、そのような道がそもそもあり得るのかどうかということが問題になりそうです。仮にそうだといたしますと、これらの者については、これらの者に対する判決を要求するというような形で、事前の手続保障を与えておく必要がないだろうか、という疑問もありそうです。その辺りについて何かお考えのところがあれば、伺えればありがたいと思います。

田原　登記名義人が社団の構成員であるときに、その社団相手の訴訟で社団の総有であることが認められ、その全員が、垣内さんがおっしゃったように、既判力はその構成員全員に及ぶということは平成六年判決が言っております。しかし、登記名義人が社団の構成員であるということ自体を、その登記名義人自体が争ってきた場合に、その判決は果たして本当に既判力をもつのでしょうか。

垣内　社団の構成員であるということについては、もちろん既判力はないと思います。

田原　という場面があり得るのではないでしょうか。

垣内　構成員であることを争う場合にはそれでよいと思うのですけれども。

田原　構成員であることを争って、その上で当該不動産が自己のものであるというような主張は起こり得るわけですから、その場合には、やはり第三者異議の訴えというのは起こり得るのではないでしょうか。

垣内　その場合には起こり得ると思います。ただ、構成員ではあるのだけれども、これは固有の財産であるという主張については難しいということですね。

田原　それはおっしゃるとおり、既判力の議論で及ぶと思います。

垣内　なるほど。そうしますと、補足意見で想定されているのは、構成員性自体を争うという場合だということですね。

田原　はい、構成員性自体が少なくとも社団との訴訟の中では明確になりませんし、個々の構成員と称されている者に対してその判決の既判力が当然に及ぶわけではありませんから。

垣内　そうしますと、その者が構成員、例えば代表者である等々の事情については、第一次的には、これは社団規約等から証明されればそれでいけるけれども、しかし、第三者異議の訴えによってそれを爾後的に争うということは、なお残されていると。

田原　と思います。

垣内　分かりました。どうもありがとうございます。

では、この事件についても問題はまだいろいろあろうかと思いますが、今日はこの辺りにさせていただきます。

Ⅷ　債権差押命令申立てにおける差押債権の特定

垣内　それでは、もう一件、執行に関する事件を取り上げたいと思います。平成二三年の決定で、債権差押命令の申立てにおける差押債権の特定が問題となった事件です。

⑩　最決平成二三年九月二〇日民集六五巻六号二七一〇頁（補足意見）

1　事案の概要

垣内　本件の事案は、債権者Xが、XのYに対する金銭債権（一五〇〇万円余り）を表示した債務名義（執行力ある判決正本）による強制執行として、Yの第三債務者である四つの金融機関に対する預金または貯金債権の差押えを求める申立てをしたというものです。Xは、申立書において、執行債権を各金融機関にそれぞれ五〇〇万円、四〇〇万円、三〇〇万円、三二七万円に分割して割り付けた上で、差押債権の表示として、Yが複数の店舗（または貯金事務センター）に預金債権を有するときは、「支店番号の若い順序による」（または、貯金事務センター一覧表の番号の若い順序による）として、取扱店舗を全く限定することなく順位付けをし（いわゆる全店一括順位付け方式）、同一店舗の預貯金債権については、先行の差押えまたは仮差押えの有無、預貯金の種類等による順位付けをしていました。

2　法律論上の争点と先例的意義

垣内　債権差押命令の申立てにおける差押債権の特定については、差押命令申立書の記載事項として、「差し押さえるべき債権の種類及び額その他の債権を特定するに足りる事項」を明らかにすべきものとされ（民執規一三三条二項）、その解釈については、「特定＝同一認識ができる限り、必ずしも債権の発生原因や額の記載を要しない。観念上存しずしも公示もない他人間の債権関係についての知悉を申立債権者に期待するのは無理であり、過大な要求を立てるべきでないとともに、被差押債権を特定するにつき過度の負担を第三債務者に強いることはできず、対象の性質・状況に応じて適正な程度の特定が求められる」といった指摘がされてきたところです（中野貞一郎『民事執行法〔増補新訂六版第二刷)』(青林書院、二〇一一年)六六三頁)。実務上も、こうした解釈を前提としつつ、複数口の預金債権の差押えに関しては、取扱店舗が特定されていれば、その内部では、先行差押えの有無や預金の種類等によって順位付けをするなど、具体的な特定作業を第三債務者が行うことを前提とし、そのための特定基準を指定する方法による特定(間接的特定)が許容されております。

これに対して、近年においては、取扱店舗を一つに特定しない債権差押命令申立てがみられるようになってその可否をめぐる議論が生じ、とりわけ、平成二三年に入ってから、全店一括順位付け方式が差押債権の特定として許容されるかどうかについて、高裁レベルで肯定例と否定例とに裁判例が分かれる事態となっておりました。

本決定は、そうした中、①民執規則一三三条二項の求める差押債権の特定の判断基準について、「債権差押命令の送達を受けた第三債務者において、直ちにとはいえないまでも、差押えの効力が上記送達の時点で生ずることにそぐわない事態とならない程度に速やかに、かつ、確実に、差し押さえられた債権を識別することができるものでなければならない」との一般論を示すとともに、②大規模な金融機関が第三債務者である場合における全店一括順位付け方式による差押債権の表示は、この基準を満たすものとは言えないとの判断を示したものです。

田原先生の補足意見は、法廷意見を敷衍して、第三債務者が金融機関でない場合を含めた差押債権の特定のあり方、金融機関におけるコンピュータシステム(CIFシステム)の現状に対する評価、特定作業に時間を要する場合に生じる問題点(債務者の不利益、決済システム及び信用秩序への影響、後行差押債権者の地位の不安定、債権者間の公平に反する事態の発生)等を論じておられます。

なお、本決定後、いわゆる預金額最大店舗方式による差押債権の表示に関して、本決定の一般論によっても許容されると解する高裁レベルの裁判例が出現しましたが(東京高決平成二三年一〇月二六日判時二一三〇号四頁)、その後、これを不適法とする原決定を正当とする旨の最高裁決定が出ております(最決平成二五年一月一七日判時二一七六号二九頁)。また、将来の入金によって生じる普通預金債権の差押えについて、本決定の一般論を適用して債権の特定を欠くとした事例として、最決平成二四年七月二四日判時二一七〇号三〇頁があり、これにも田原先生の補足意見が付されているところです。

3　検　討

垣内　さて、本決定についても様々な議論を学説上呼んだところでありますが、法廷意見で述べているところについてみますと、法廷意見は差押債権の特定の有無の判断要素として、識別作業を「速やかに、かつ、確実に」行うことができるという点を述べております。これに対比すると、例えば原決定は「第三債務者において格別の負担を伴わずに」と述べていました。それに対して法廷意見は、第三債務者の負担については正面からは触れていない、というのが一つ目に付くところです。

この点に関しては、従来の学説上も、例えば「過度の負担を第三債務者に強いることがないような」ということが考慮要素として、一般に挙げられてきたということがあります（中野・前掲書六六三頁、六六九頁参照）。ちなみに、本決定を引用する最決平成二四年七月二四日判時二一七〇号三〇頁（普通預金債権の内、将来に入金する部分に関する差押命令申立てについて、差押債権の特定を欠くとされた事例）における田原先生の補足意見も、第三債務者の負担の問題をより正面から考慮するようにも見えるところです。これに対して、本件における最高裁判所の法廷意見はその点には正面からは触れず、「速やかに、かつ、確実に」ということで、もっぱら時間及び作業の確実性を取り上げているわけです。これが原決定の立場、あるいは従来の学説の傾向との関係でどのような意味を持つ判示なのかについて少し伺えればと思います。

田原　法廷意見は第三債務者の負担については触れておりませんけれども、負担ということの考え方を排除しているものではありません。そこで「速やかに、かつ、確実に」という中には、「速やか」のところは当然負担の問題が入ってくるわけです。負担を伴わずにという形で表現する場合に、その負担の有無・程度を一体どのようにして認定するのか。やはり執行手続ですから、そこでの証明の問題を考えたときに、特に裁判所において、第三債務者の負担の程度を明らかにする資料というのを入手できないわけです。

そうすると、一般的・客観的にどのようなことがなされるのか、いうならば、公知の事実に基づいて判断せざるを得ないわけです。その場合に、その負担の程度という形での表記というのは、垣内さんが述べられたように、それは果たして本当に裁判所の判旨として取り上げるのが適切なのかどうかという問題がバックグラウンドとしてあり得ると思います。その負担の問題を無視しているわけでは決してありません。やはり、「確実に」「速やかに」の中には、当然そのような問題も判断材料としてはあると私は理解しています。

垣内　したがって、例えば第三債務者に非常な負担を強いれば速やかにできるかもしれないけれども、通常それは第三債務者に期待できるものを超えているというような場合には、「速やかに、かつ確実に」の要件は満たさないということがあり得るということですね。

田原　はい。

垣内　そういたしますと、実際に本件で問題となったような差押債権の表示がされたときには、そのような意味で、「速やかに、かつ、確実に」識別ができるかどうかということが正に決め手となるということになります。これができるのかどうかという判断に際しては、実際に第三債務者、本件では銀行等ということになりますが、それがどのような体制で債権の特定ができるのかが問題になるところです。

この点に関しては、従来から下級審裁判例あるいは学説において、いわゆるCIFシステムがどういうものであるのかが論じられてきたということがあります。法廷意見は、その当てはめを見ても、特段CIFシステム等には言及していないのですが、これが何を意味しているのかも、少し気になる点です。と申しますのも、田原先生の補足意見では、CIFシステムの現状について一定の言及がされているわけでして、法廷意見のほうがこれに言及していないということはどういう意味を持つのか。これは暗黙のうちに、現時点においては同システムが全店一括順位付け方式による差押えに「速やかに、かつ、確実に」対応できる機能を有していない、という認定を前提としたことによるものなのか。つまり、補足意見で述べられているのと同様の評価を前提としており、逆に言えば、同システムが将来一般的にそのような機能を有するに至った場合には、上記方式による差押債権の特定が認められることになるのか。それとも、そもそもその点は問題にならないという趣旨であるのか、その辺りについてお考えを聞かせていただければありがたいと思います。

田原　少なくとも公表されている文献、あるいは金融機関の方々の座談会等の法律雑誌の文献等を見て、CIFシステムというのは各行で一体どの程度利用され、かつ各行の水準がどのレベルにあるのかというのが、少なくとも裁判所として分かる状態にはなっていないことが大前提にあろうかと思います。

そうすると、大規模銀行、あるいは中規模銀行の場合にはどうなのか。執行ですから、ある程度の店舗を持っている金融機関に対して、やはり同じような判断をしなければいけない。大規模な銀行だからどうだとか、中規模だからどうだというのは、裁判所の判断としてはありえないです。そうすると、あるレベルから上ならこのシステムがあることが公知の事実である、かつそのシステムが各行でほとんど差異がないということまで明らかな状態であれば、場合によってはそのシステムが使えるから、「速やかに、かつ、確実に」という議論が成り立ち得るかもしれませんが、今はそういう状態ではないと私は認識しております。ただ、法廷意見でそこまで書くだけの材料は、少なくとも公知の事実としてあるわけではありませんから、法廷意見としては論及することはできないということになろうかと思います。

なお一部の文献で、いわゆるペイオフの場合に名寄せができているではないかという議論がされていることがありますけれども、私は最高裁へ行く前は、西日本地区でペイオフが発生した場合の預金保険機構の出動部隊のキャップをしておりましたので、いわゆる予行演習もしたことがあります。破綻例として日本振興銀行の一件だけがありますけれども、いわゆる「金月処理」をするわけです。金曜日の一七時に申立てをして、月曜日の九時までに名寄せを完了する。そうすると、名寄せに約五〇～六〇時間見ているわけです。しかも、事前に金融庁から指示をして、一定のシステムを作らせているうえでというのが現状です。五〇～六〇時間丸ごとかかるわけではないですけれども、金月処理でないと処理ができないという発想で破綻処理は考えられています。そういうことから考えて、どのようなシステムが各行で用意されているかは別にして、丸々二日間かかるのが、「速やかに、かつ、確実に」というレベルでないことは明らかかと思います。

金融機関の破綻処理というのは、金融庁が発行している文献に出ていますから、ある意味で公知の事実として捉えていいわけです。そういうことから考えても、そのようなシステムがあるということが巷間言われているだけで、裁判所はそれに直ちに乗るということは無理かと思います。

垣内　その点とも関連いたしますが、田原先生の補足意見の末尾、民集の二七一七頁では、全店一括順位付け方式が仮に認められた場合に、請求債権額が相当額に及ぶとすると、これは一種の包括的な差押えのような効果を果たすこととなり、債権者間の公平の観点から望ましくない、ということを付言しておられます。

この点は、それだけを取り出してみれば、ＣＩＦシステムの整備状況等には関わらない問題かと思われますので、この点を強調すると、その種のシステムの有無にかかわらず、この種の差押債権の表示を認めるのはよろしくないという判断があり得るところかもしれませんが、そこまで含意して述べておられるということではないのでしょうか。

田原　先ほど申し上げましたように、ＣＩＦシステムというのが、全ての金融機関に行きわたって、かつそれがそのようなものだと社会的に認識されるような状態になった場合であれば、それはそれで包括差押えに近い状態になりますけれども、そのような社会の状態の中での差押えだということで、社会的に受け入れざるを得ない、かつその場合は差押えの競合という形でやっていかざるを得ないと考えます。

垣内　また、関連して、あまり仮定の話をお伺いするのはよろしくないのかもしれませんが、本件の事案は、差押債権の特定が認められないとした原決定に対する抗告を棄却したわけです。これに対して、仮に原決定が、実際数例あったわけですが、差押命令を認める旨のものであったときに、この種の事実認定の材料が乏しい状況で、最高裁判所として特定がないとして破棄自判ということができたかどうか。それとも、その場合であれば差戻しをした上で、原審に本当にそういうシステムがあると言えるのか、対応できるということが認定できるのかを判断せよということで差戻しとなったのか、というところが仮定の問題としてはありそうです。この点については、いかがでしょうか。

田原　仮定の問題として申し上げるならば、最高裁としては、やはり自判すべきではなく、差し戻すべき事案だと思います。

垣内　それは、やはり基本的には事実認定の問題を含んでいるということですね。

田原　はい。

垣内　引き続きＣＩＦシステムとの関係についてですが、

これはやや重箱の隅をつつくようなお話かもしれませんけれども、このシステムに言及されている田原先生のご意見の中で、ＣＩＦシステムは差押えに直ちに対応できる機能を有するものと言えるわけではない、そういうことを認めるに足りる資料はないと言っておられます。ここで、直ちには対応できないということと、法廷意見が直ちにとは言えないまでも、速やかに、かつ確実に対応できるものでなければならないとしているのとでは、文言上若干ニュアンスの差が感じ取れる部分もあるように思われます。これが、田原先生の考え方としては、法廷意見よりもやや厳格な立場を取られていることを意味するのか、あるいは、そうした意図をここから読み取るべきでないのかということについて、併せて伺えればと思います。

田原　法廷意見との違いをそれほど意識して述べたわけではありません。そのシステムで名寄せするわけですが、片仮名名寄せしていきますので、そうすると漢字表記は異なるが片仮名では同一である場合等同一性の判断でどうなのか、片仮名のルビが本当に合っているのか、という意味で結構面倒な作業が必要だとは聞いております。

垣内　ありがとうございます。引き続きお聞きしますが、本件に関連して、下級審裁判例で、この種の特定を認めるものもあったわけで、そうした立場に好意的な見解は、多くの場合、債権者が債務者の財産を探索することが非常に困難であるという事情を強調していたわけです。その種の債権者の権利行使の困難への対応としての特定の要件の緩和という方向については、最高裁は結論として否定したということになるかと思います。そうした判断の背景として、その種の債権者側の困難ということについては、どういう検討あるいは考慮がされたのかについては、いかがでしょうか。

田原　民事執行法の先生方、それから特にフランス法をやっている山本和彦先生は、フランスにおける財産開示制度、特に銀行については集中的に国で管理していますので、そういう制度をバックグラウンドにして、我が国における財産開示が不十分であるということをおっしゃるわけです。

他方で、下級審で認容決定例の中身等を見ていくと、多くの場合がいわゆるサラ金の過払金返還の類で請求するのですが、実際上それでやってみて、認容例を見ても、総額でわずか数万円しか差し押さえられていません。ですから、当該事案の結果としては財産開示の問題とは必ずしも結び付いていません。ただ、財産開示の問題に関しては、いわゆる背番号制が制定されましたので、それとの関連でどうなのかという問題、プライバシー保護の問題とも絡みますので、開示制度全体の捉え方の中での問題だと思います。

平成一五年、執行法に財産開示の制度が入って、それの実効性について学者の中でいろいろな意見がありますし、かつ申立事例がそれほど多くはないのですけれども、少なくとも実際に申立てをした代理人から聞くと、一定の効果はあると言っています。ただ、それほど大きな効果があるわけではないのです。やはり財産開示制度全体をどう仕組んでいくのかということかと思います。特に第三者名義その他で預金されてしまった場合は、どちらにしろ執行は困難です。他方で、今は預金する場合に名義を明らかにしなければならないという本人確認の問題がありますので、そういうシステム全体の関連での問題かと思います。

垣内　基本的には、そういった種々の周辺状況に関する立法等で対処すべき問題であるということでしょうか。

田原　はい。

垣内　最後に、本決定の射程に関してお伺いします。本件の事案は、非常に多数の支店がある金融機関について、全店一括順位付け方式で債権の表示がされた事案です。これに対して、本件の射程が、例えば比較的少数、この比較的少数というのも幾つかという問題がありますけれども、比較的少数の店舗を示して、その間で順位付けをする。ですから、店舗を一つに特定することはないけれども、比較的少数にとどまっているような場合について、どのような形で及んでいくのかが一つ問題となり得る点です。

この点に関連して、田原先生の補足意見の中には、民集の二七一四頁から二七一五頁にかけて、特定基準については、特段の事情がない限り第三債務者の債務管理の単位を基準として、差押債権の種類及び金額が特定されるべきである。したがって、原則としては、債務管理の単位ということですから、支店でいうと一つの支店が原則なのであるという考え方が示されております。この点について法廷意見はどのように考えているのか、それとの関係で射程をどのように捉えるべきであるのかということが一つ問題になるところですが、この辺りについて田原先生のお考えはいかがでしょうか。

田原　私の意見自体は、垣内さんからご紹介いただいたとおりで、基本的には債務管理の単位ごとだと思っております。ですから、そこで順位付けを行うということは、そこでの作業の負担の問題、法廷意見は負担という言葉は使っていませんけれども、「速やか」というところでは、やはり先ほど申し上げましたとおり負担の問題が含まれ、複数店舗にまたがる場合には否定的になろうかと思います。ただし、法廷意見自体は垣内さんがおっしゃったところについては全く触れておりません。ですから、射程は不明であるとご理解いただきたいと思います。

垣内　本件についてはその程度にいたします。以下、最後の大きな話題になりますが、文書提出命令に関する裁判例二件についてお伺いいたします。

Ⅸ　文書提出命令

垣内　最初の事件は、平成一九年の決定です。技術又は職業の秘密が問題となった事件ですが、これもまた、非常に興味深い判断を示しているものです。

⑪ 最決平成一九年一二月一一日 民集六一巻九号三三六四頁（補足意見）

1 事案の概要

垣内　本件の本案訴訟は、亡Aの相続人であるXらが、同じく相続人であるBに対して、遺留分減殺請求権を行使したとして、Aの遺産に属する預貯金の支払等を求めているものですが、本件の事案は、この本案訴訟において、Bらが亡Aの預金から金員を引き出して着服した事実等を証明するためとして、A名義の貯金口座が開設されている金融機関であるYに対し、取引履歴が記載された取引明細表について文書提出命令を申し立てた、というものです。

2 法律論上の争点と先例的意義

垣内　本件では、本件取引明細表が民訴法二二〇条四号ハ及び一九七条一項三号に規定する技術又は職業の秘密を記載する文書に該当し、Yが文書提出義務を免れるかどうかが争われ、とりわけ、金融機関が顧客に対して取引内容等について守秘義務を負うことが、この点との関係でどのような意義を有するかが問題とされました。

民訴法二二〇条四号ハ及び一九七条一項三号に規定する技術又は職業の秘密の概念について、最決平成一二年三月一〇日民集五四巻三号一〇七三頁は、「その事項が公開されると、当該技術の有する社会的価値が下落しこれによる活動が困難になるもの又は当該職業に深刻な影響を与え以後その遂行が困難になるものをいう」と判示しており、また、最決平成一八年一〇月三日民集六〇巻八号二六四七頁は、職業の秘密に基づく証言拒絶の可否について、「ある秘密が上記の意味での職業の秘密に当たる場合においても、そのことから直ちに証言拒絶が認められるものではなく、そのうち保護に値する秘密についてのみ証言拒絶が認められる」ところ、「保護に値する秘密であるかどうかは、秘密の公表によって生ずる不利益と証言の拒絶によって犠牲になる真実発見及び裁判の公正との比較衡量により決せられる」として、報道関係者の取材源の秘匿の場合に即して比較衡量の要素を明らかにしております。

本決定は、そうした中、金融機関が顧客に対して負う守秘義務は、当該顧客が自ら当事者となっている民事訴訟において開示義務を負う情報に関しては、訴訟における開示を拒絶する理由とはならず、金融機関がこれにつき職業の秘密として保護に値する独自の利益を有する場合は別として、民訴法一九七条一項三号にいう職業の秘密として保護されない旨を判示したものであり、情報保有者と秘密の帰属主体とが異なり、前者が後者に対して守秘義務を負う場合における訴訟上の取扱いを明らかにしたものとして、意義があるものといえます。

田原先生の補足意見は、金融機関の有する顧客情報を分類した上で、金融機関の守秘義務と医師や弁護士等の職務上の守秘義務との差異、金融機関の負う守秘義務の限界、守秘義務と文書提出義務との関係、顧客情報の職業秘密該当性の判断基準等を論じられたものです。

なお、職業の秘密に関しては、本決定の後、銀行のいわゆる自己査定資料について判示した最決平成二〇年一一月二五日民集六二巻一〇号二五〇七頁が、本決定を踏まえ、ほぼ同趣旨を敷衍して述べた上で、前述の最決平成一八年一〇月三日が証言拒絶の事例において採用した比較衡量の手法を、二二〇条四号ハについても適用すべきものとし、その際の考慮要素を示しています。

3 検　討

垣内　そこで、まず法廷意見についてですが、本件で問題となった守秘義務の問題と職業の秘密との関係をどのように考えているのか、法廷意見の説示からは、必ずしも明瞭でない部分もあるように思われます。この点に関連し、田原先生の補足意見においては、「金融機関が顧客情報につき文書提出命令を申し立てられた場合に、顧客との間の守秘義務を維持することが、金融機関の職業の秘密として保護するに値するときは、金融機関は、民訴法二二〇条四号ハ、一九七条一項三号により、その文書提出命令の申立てを拒むことができる」とされております。ここでは、職業秘密該当性の問題は、あくまで金融機関にとっての当該情報の要保護性の問題として捉えられており、顧客が開示義務を負うかどうか、あるいは、金融機関による開示が守秘義務違反となるかどうか、という問題とは、いったん切り離されているようにも見えます。

それに対して法廷意見が述べているのは何かと申しますと、民事訴訟において開示を求められたときに、顧客自身が開示義務を負う場合には、金融機関がこれを開示しても守秘義務に違反しないということを述べた上で、「そうすると、金融機関は、訴訟手続上、顧客に対し守秘義務を負うことを理由として上記顧客情報の開示を拒否することはでき」ない、と言っております。ただ、この説示は読み方によっては単に自明なことを言っているだけのようにも受け取れるものです。すなわち、守秘義務を負っているということは、それ自体としては別段証言拒絶権の根拠であるとか、文書提出義務の除外事由とされているわけではありませんので、顧客に対して取引上守秘義務を負っているということが、当然に証言拒絶権や文書提出義務の除外事由にならないことは、それ自体としては当たり前のこととも思われるわけです。

そう考えますと、法廷意見が、守秘義務と職業の秘密との関係をどのように考えているのかについては、ややよく分からない部分があります。田原先生の補足意見では、その点は私の理解では、より明確に示されているように思われますけれども、そのような考え方を法廷意見も採っているということであるのか、その辺りについて田原先生のお考えを聞かせていただけるでしょうか。

田原　法廷意見が顧客に対して守秘義務を負うことを理由として開示を拒否できないと言っているのは、金融機関が守秘義務を契約上負っていて、その契約上の義務を保持することが、金融機関としての職業の秘密、すなわち金融機関の信用の維持に不可欠であるということは、結局のところ職業の秘密に当たるという論理が背景にあって、そこの説明を飛ばした形で説示しているという理解を、私自身はしています。

それで、一般論を述べた後に続いて、「金融機関がこれにつき職業の秘密として保護に値する独自の利益を有する場合は別として」ということを述べているのは、顧客との信頼の保持とは別に、金融機関自身が独自の利益を持っている場合もあり得るということを述べているわけです。ですから、契約上の守秘義務が、職業の秘密にまでつながることがあり得るということを前提としての議論とご理解いただいていいのではないでしょうか。

例えば、M&A契約に関する守秘義務を負っている場合に、それに関わる文書提出命令が来たときに、やはりM&A契約を開示することは顧客に対するダメージが大きいですから、そのような契約上の義務を負っているものを文提で提出するということは、銀行自身としての信用保持を損なうことになり、それは銀行としての職業の秘密に当たるという論理になるのではないでしょうか。

垣内　そのように考えると、田原先生の補足意見で言われていることと、法廷意見で考えられていることとの間には径庭はないということでしょうか。

田原　そのように私は理解しています。

垣内　今も問題となった法廷意見の説示に関してですが、その前段で守秘義務にどのような場合に違反しないかということを述べる中で、当該顧客自身が民事訴訟の当事者として開示義務を負う場合には、守秘義務には違反しないと言っているわけです。そうだとすると、逆に、顧客自身は開示義務を負わない、つまり当該事項について、例えば職業の秘密等々の形で文書提出義務を免れるとされている、あるいは証言拒絶権があるというような場合においては、ここに述べたことは当てはまらないことになりますから、金融機関についても書面の提出を拒絶できることになるのではないかと思われます。その場合に、それはどのような法律構成でそうなるのか、ということが一つ問題になり得る点であるように思われます。

この点については、幾つか構成が考えられるかと思います。第一に、この場合には顧客自身が開示義務を負わないということである以上、それを銀行が開示すれば、銀行の信用が毀損されることになるので、当然に職業秘密性が認められるということであるのか、それとも、第二の考え方として、この場合であっても、やはり当該金融機関の営業に深刻な影響を与え、以後その遂行が困難になるかどうかということが決定的なのであって、顧客が開示義務を負うか負わないかというのは、その一つの判断要素にすぎず、顧客が開示義務を負わないからといって当然に銀行の提出義務が否定されるわけではないということなのか、その辺りが問題となりそうです。あるいは第三の構成として、その種の場合には、顧客が例えば職業の秘密として保護されるべき情報を持っているということを、守秘義務というものを介して金融機関が、いわば顧客に代位して主張できるという考え方もあり得るところかもしれません。ちなみに、本決定の調査官解説は、職業の秘密該当性の否定に関する記述ですが、「職業の秘密に当たるか否かを判断するに際しては、前掲最一小決平一二・三・一〇の示した基準のほか、本決定の示した基準をも考慮すべきことになろう」としているところです（高橋譲・曹時六二巻六号〔二〇一〇年〕一五八六頁）。その辺りについて、どのように考えられたのか、先生のお考えを伺えますでしょうか。

田原　顧客が文書提出義務を免れる理由が、今おっしゃったように顧客自身の職業の秘密に関わるものであれば、それは一般的には金融機関と顧客との契約上の問題として、その義務を金融機関は守るべき立場にあるのだと思います。ですから、やはり職業の秘密に当たるのだと思います。ただそうであっても、例えば金融庁の検査だとか、そういう関係で提出が義務付けられることがあります。そういう形で義務付けられて、かつそのこと自体が幾つか裁判例で、過去の金融検査のデータを文提を認めた事例がありますけれども、ああいった場合であれば、顧客自身が文提を拒否できるということと、金融機関が文書提出命令に応じなければいけないということには必ずしもリンクする問題ではないと考えます。ですから事案ごとと言えば難しいですけれども、やはり金融機関それ自体としての守秘義務がどこまであるのかということに尽きるのだと思います。

垣内　ありがとうございます。もう一点、補足意見の内容に関してですが、田原先生の補足意見においては、平成一二年決定、これは職業の秘密に関するリーディングケースということになりますが、この決定を引用されておられます。その上で、補足意見では、職業の秘密該当性について、比較衡量によって決せられるとされている部分があるかと思います。この比較衡量という点に関しては、この決定に先立つ平成一八年の有名な取材源の秘匿に関する決定（前出）、あるいは本決定の後の、これらはいずれも第三小法廷の決定ですが、平成二〇年の決定（前出）等では、まず職業の秘密に該当するかどうかということを、平成一二年決定の基準に従って判断をした上で、それに該当する場合に、さらに比較衡量をして秘密としての要保護性を判断するという二段階の判断枠組みを取っているところです。

それに対して、田原先生の補足意見で述べられているところは、必ずしもそのような二段階の判断ではないようにも思われるところがあります。この点は平成一八年決定や平成二〇年決定と異なるお考えであるということなのか、それとも必ずしもそういうことではないのかということについてお伺いできますか。

田原　私は、補足意見で平成一二年決定を引用しています。秘密の該当性それ自体も、単に形式秘で決まるものではありませんから、やはりそこでは実質秘か否かについて、一定の比較衡量がなされる必要があると考えているわけです。そこで秘密該当性が認められた上で、さらにその次の要保護性の議論が出てくる。そういう意味では二段階の議論自体を私は否定しているものではありません。第一段階でも、やはりそこで事案に応じて秘密に該当するかどうかという意味で、医者や弁護士の秘匿特権とは全く違う意味で比較衡量的な判断がどうしても入ってこざるを得ないのではないでしょうか。そして、さらに秘密性が認められた上で、要保護性があるかどうかという、それは文書提出の必要性とも絡む問題ですけれども、そこでの判断になってくるのだと思います。

垣内　そういたしますと、平成一八年や平成二〇年決定のような二段階の判断を否定されるご趣旨ではないということですね。

田原　そうです。

垣内　その上で、秘密該当性そのものについても、比較衡量的な判断は入ってくるところがあるのではないかというご趣旨ですね。

田原　はい。

垣内　それでは、これについてもこの辺りにさせていただき、最後の事件に進みたいと思います。

⑫ 最決平成二五年四月一九日判時二一九四号一三頁（補足意見）

垣内　これはかなり最近のもので、ご退官の直前ということになるかと思います。平成二五年四月一九日の決定です。

1 事案の概要

垣内　本件の本案訴訟は、生活保護法に基づく生活扶助の支給を受けているXらが、同法の委任に基づいて厚生労働大臣が定めた「生活保護法による保護の基準」の改定に基づいて、所轄の福祉事務所長らから生活扶助の支給額を減額する旨の保護変更決定を受けたため、同改定は憲法二五条一項等に反する違憲、違法なものであるとして、保護変更決定の取消し等を求めたものです。この本案訴訟の控訴審において、Xらは、厚生労働大臣が保護基準を改定するに当たって根拠とした統計に係る集計の手法等が不合理であることを立証するために必要があるとして、Yの所持に係る準文書である「平成一一年及び同一六年の全国消費実態調査の調査票である家計簿A、家計簿B、年収・貯蓄等調査票及び世帯票で、電磁的媒体（磁気テープ又はCD-ROM）に記録される形式で保管されているもののうち、単身世帯のもの」について、文書提出命令を申し立てました。

本件申立てに関し、監督官庁である総務大臣は、仮に本件申立て準文書が本案訴訟において提出されると統計行政に対する信頼を損ない、今後の統計調査の実施に著しい支障が生ずることなどを理由として、本件申立て準文書が同法二二〇条四号ロ所定の文書に当たる旨の意見を述べ、また、本件申立て準文書の所持者であるYも、同様の理由により本件申立て準文書を提出すべき義務を負わない旨の意見を述べました。

2 法律論上の争点と先例的意義

垣内　本件では、上記準文書が、民訴法二二〇条四号ロにいう「公務員の職務上の秘密に関する文書でその提出により公共の利益を害し、又は公務の遂行に著しい支障を生ずるおそれがあるもの」に該当するか、とりわけ、後段における「公務の遂行に著しい支障を生ずるおそれ」が認められるかどうかが問題となりました。

この問題に関しては、最決平成一七年一〇月一四日民集五九巻八号二二六五頁が、「民訴法二二〇条四号ロにいう

『その提出により公共の利益を害し、又は公務の遂行に著しい支障を生ずる抽象的なおそれがある』とは、単に文書の性格から公共の利益を害し、又は公務の遂行に著しい支障を生ずる抽象的なおそれがあることが認められるだけでは足りず、その文書の記載内容からみてそのおそれの存在することが具体的に認められることが必要である」としており、本件でも、基本的には、この平成一七年決定の示した基準の当てはめが問題となっていると言えます（もっとも、本決定における法廷意見は、平成一七年決定を直接引用してはおりません）。原決定は、本件準文書を提出することによって認められる公務遂行に支障をきたすおそれは、なお抽象的なものにとどまる、として提出を命じたのに対して、本決定は、全国消費実態調査の統計としての重要性及びその真実性及び正確性担保の重要性、そのための被調査者からの情報保護に対する信頼確保の要請、本件開示方法における被調査者特定の危険性の存在などを指摘した上で、公務遂行に著しい支障を生ずる具体的なおそれが認められる、としております。そこで、本決定は、まずは、この種の統計調査のデータに関する事例判断としての意義があるものと思われます。

田原先生の補足意見は、平成一七年決定の下における各種文書の二二〇条四号ロ該当性の判断のあり方について、文書の性質ごとに検討し、公務遂行に著しい支障を生ずるおそれを認定する際の具体性の程度は、文書の内容によって異なる旨を述べるほか、本件準文書のような基幹統計データの民訴法二二〇条四号ロ該当性について詳細に敷衍し、さらに、民訴法二二〇条四号ロ該当性判断において、証拠調べの必要性との相関的な検討を要するものとしつつ、本件においては証拠調べの必要性が薄弱であるという観点から、原決定の問題点を指摘しておられます。なお、本決定には、大橋正春裁判官の補足意見も付されております。

3 検　討

垣内　さて、本決定の理解についても、何点かお伺いできればと思います。まず、本件では、原決定と最高裁が結論を異にしていますが、それは何に由来するのかについてです。法廷意見の認定を読むと、原決定と非常にニュアンスが異なると思われるのは、居住地域等を除外して、本件準文書を開示した場合に、被調査者の特定につながるかどうかという点に関して、原決定は抽象的なものにとどまると言っているわけです。本決定の最高裁は、それは十分に考慮に値するおそれであるという立場に立っているということがあります。

この辺りは、原決定がどこまで、本最高裁決定の言っているような、たまたまこれに含まれる情報の一部について知っていた者が、それを知っていたことによって、開示された情報から個人の特定をするような場合があるということを認識していたのかやや明らかでないところがありますので、その辺りの認定事実の違いが、こうした結論の差異につながっているということなのでしょうか。あるいは、平成一七年決定の言っていた具体性の程度といった、公務遂行に著しい支障を生ずるおそれの判断基準そのものについても、原決定と最高裁法廷意見とでは違いがあるのか、その辺りについて田原先生のお考えを伺えればと思います。

田原　平成一七年決定は、労災関係の事件における個別データなのです。ですから、あくまで個別救済の事案の中において、どこまで公表を求め、それが当該事案の解決に影響を及ぼすかということが問題となっている事案であるのに対し、本件は文書提出が求められているのは一般的な統計データということになります。そうすると公務遂行というときに、その統計というもの自体の信頼性を確保するためには、どこまで開示が許されるのかということが重要な判断要素になると思います。

私の補足意見はそこに重点を置いた意見を書いているのですが、法廷意見は私の採っている立場まで踏み込んでいるわけではありません。といって大橋裁判官補足意見のように、個人情報の秘匿性の問題に非常に限局しているわけでもないということです。それでは射程はどこまでと言われるとあまり明確ではない、あくまで事例判断であるとしか言えません。それで法廷意見が平成一七年決定を引用していないのは、やはり平成一七年決定と本件決定とでは、その対象が全く異なりますから、平成一七年決定における個別被害者の事案で説示しているところを本件に持ってくるのは適切ではないという判断が、その法廷意見の背景にあるのではないかと私は理解しています。

垣内　今ご指摘の点は、平成一七年決定と本件との事案の違い、つまり、具体的に問題となっている文書の内容、それから事件の内容がかなり違うということに注意する必要があるということかと思います。ただ、一般的な基準そのものとしては、やはり平成一七年が示した基準は前提とはされているということでよろしいでしょうか。

田原　平成一七年決定自体を私は否定するものではありません。あれは、あくまでも個別の事件における個別被害者との対応での問題かと思います。私は補足意見で少し長く書いていますけれども、やはり基幹統計というものの重要性、その捉え方が大橋補足意見と私とではだいぶ違うのではないかと理解しています。

例えば現在、マスコミ報道によれば、中国で、統計データの粉飾が騒がれ、経済成長率のデータがどこまで正確かということが言われていますが、それと同じような意味で、統計というものの重要さがマスコミ等で指摘され、あるいは統計というものが重要であるということをテーマにした文献が次々と出版されたりしております。そうすると、統計の正確性は、殊に基幹統計というのは、日本のいろいろな意味での今後の進路を定める上での基礎になるデータですので、その基礎になるデータに虚偽が入らないようにしなければいけない。虚偽が入らないようにするためには、それが外部に公表されないことが大前提になろうかと思いますので、そういう意味での基幹統計というものの重要さから私は論理展開しているので、これは正に文書の性質から来る問題だと思います。

基幹統計だから即文提の枠外だということを申し上げているわけではありません。その中での事案における必要性の判断との関係、過去の裁判例が必要性との相関的な関係で、公務遂行に支障になるかどうかを判断しておりますが、そういう対象になること自体を否定するものではありませんけれども、やはり今申し上げた基幹統計というものの位置付けを考えると、それが認容される場面はある程度絞られざるを得ないだろうと考えます。公務遂行への支障をより具体的に説明しろと言われましても、そういう統計データの性質上、それがどのような支障が出るかということを、具体的に想定することはなかなか困難です。そうすると、補足意見で書いたように、より緩やかに判断せざるを得ないだろうというのは、そういうことを申し上げています。

垣内　そうしますと、具体的なおそれが必要であるとした平成一七年決定を一般的に否定するということではもちろんないわけですけれども、そこで要求される具体性の程度というのは、どこでも一律ということではなくて、文書の性質等に応じて変わってくるものである。例えば、本件統計調査の文書の場合には、今おっしゃったような性質から、具体性の程度はより緩やかなものとなるというご理解ということですね。

田原　今おっしゃったとおりに理解しております。

垣内　今のお話の中にも含まれていたところかと思いますが、補足意見の中で非常に注目される部分として、具体性の程度について、文書の内容等との関係で差を付けるという考え方が出されているという点があります。その背景に、これは明示的には最後の部分で述べられているところですが、文書を公務秘密文書として保護するかどうかという判断に当たって、証拠調べの必要性といった要素との比較衡量、あるいは相関的検討という観点があるようにも窺われますが、そのように理解してよろしいでしょうか。また、法廷意見のほうも同じような考え方とみてよいかという点についてはいかがでしょうか。

田原　公務文書性について、監督官庁の意見を聞けということになっていて、その上で裁判所がその意見を踏まえて判断する仕組みになっておりますのは、やはりそこでは証拠調べの必要性と、公務文書の秘密保持の必要性とを、裁判所が相関的に判断することが大前提になっていると思いますので、あくまで証拠調べの必要性との相関性というのは、その中に当然入っているのだと思います。ただ、法廷意見はそこまで論及はしておりません。

垣内　論及はしていないけれども。

田原　論理の問題として、私が述べたところというのは、それほど裁判所の中で違和感を持って捉えられているわけではないと理解しています。

垣内　全体的な考え方についていまお伺いしたわけですが、本件の処理に関して、これも非常に興味深い点かと思いますけれども、田原先生の補足意見においては、本件での当該準文書の証拠としての必要性について、これはそれほど高くないということを述べておられ、そのことを前提に、仮に法廷意見の見解を採らないとしても、本件では破棄差戻しということになると言っておられるということがあります。

その一方で、本件の準文書については、これは民訴法二二〇条四号ロに該当することは明らかであるというようにもされているわけです。本件の文書については、相関的な検討の結果として、場合によっては提出が命じられるようなことがあり得るのか、それともそういうことではないのかという点がやや気になるところでありますが、その点についてはいかがでしょうか。

田原　最後の部分は、ある意味で余事記載で、事実認定の問題ですから、本来最高裁として口出しすることではありませんけれども、少なくとも記録を見た限りで、場合によっては、法廷意見の理屈を採らない場合であっても、比較衡量について十分検討されていないという意味で職権で破棄差戻しで、事実審においてインカメラ手続をも含めて事実認定をすべき事案だろうということで、余事記載を承知の上で書いた次第です。それを書いたのは、やはり高裁決定として、こういう決定が出たことが、事実審に与える影響を考えると、より慎重な判断をしてほしいということから書いたもので、明らかに余事記載であることは認識した上で書いております。

垣内　ありがとうございました。私のほうでお聞きしようとして用意してきたことは以上になります。まだお聞きしたいこと、またすべきことも多々あるように存じますが、すでにかなり長時間に及んでおりますので、このくらいにさせていただきたいと存じます。本日はどうもありがとうございました。

（平成二五年六月二二日開催）

第二部　公法関係

Part 2

はじめに

大貫　第二部は、第一部に引き続いて、第三小法廷で言い渡された公法分野に係る重要判例を取り上げることにいたします。最高裁に入られる前、田原先生はどちらかというと民事法を中心に弁護士としてご活躍されておいでで、私の専門は行政法ですので、先生とはこれまであまり接点はありませんでした。日弁連の創立六〇周年記念パーティーでお話しした際に、大変失礼ながら、最高裁判事としてはかなりはっきりとご意見をおっしゃるので驚いた記憶があります。また、私の恩師である藤田宙靖先生が田原先生と同じ第三小法廷に所属されていた時期があり、藤田先生からは、大変な勉強家で理論家だということをお聞きしております。本日は田原先生にお考えを率直にお話しいただきたいと思っております。どうぞよろしくお願いいたします。

Ⅰ いわゆる定数訴訟

大貫　それではいわゆる定数訴訟からお伺いしたいと思います。素材となっている判決は、衆議院議員選挙と参議院議員選挙、それぞれ二つずつ計四つの判決ですが、衆議院議員選挙、参議院議員選挙、二セットずつお聞きしたいと思います。まず、衆議院議員選挙に関する判決についてお伺いします。

Oonuki Hiroyuki

1984年東北大学大学院法学研究科博士前期課程修了、2003年より現職。主著に、『行政法――事案解析の作法』（共著、日本評論社、2010年）、「『準』司法手続に関する覚書」ジュリ1352号（2008年）、「行政訴訟の審判の対象と判決の効力」磯部力＝小早川光郎＝芝池義一編『行政法の新構想Ⅲ』（有斐閣、2008年）などがある。

Ⓐ 衆議院議員選挙

① 最大判平成一九年六月一三日民集六一巻四号一六一七頁（反対意見）（以下「一九年判決」という）

1 事案の概要

大貫　東京都第二区等の選挙人である上告人らが、平成一七年九月一一日施行の衆議院議員総選挙について、衆議院小選挙区選出議員の選挙の選挙区割り及び選挙運動に関する公職選挙法等の規定は憲法に違反し無効であるから、これに基づき施行された本件選挙の東京都第二区等における選挙も無効であるとして提訴しました。

平成六年一月の公職選挙法の改正によって、衆議院議員の選挙制度は、中選挙区単記投票制から小選挙区比例代表並立制に改められました。本件選挙施行当時の選挙制度では、衆議院議員の定数四八〇人のうち、三〇〇人が小選挙区選出議員、一八〇人が比例代表選出議員とされていました。

この公職選挙法を改正する法律と同時に成立した衆議院議員選挙区画定審議会設置法によれば、衆議院議員選挙区画定審議会は、衆議院小選挙区選出議員の選挙区の改定案を作成して内閣総理大臣に勧告するものとされていますが、改定案を作成するに当たっては、各都道府県の区域内の選挙区の数は、各都道府県にあらかじめ一を配当した上で（一般に「一人別枠方式」と呼んでいます）、これに、小選挙区選出議員の定数に相当する数から都道府県の数を控除した数を人口に比例して各都道府県に配当した数を加えた数とするとされています。

平成一二年国勢調査による人口を基にした、本件区割規定の下における選挙区間の人口較差は、最大較差は人口が最も少ない高知県第一区と人口が最も多い兵庫県第六区との間で一対二・〇六四であり、人口が最も少ない高知県第一区と比較して較差が二倍以上となっている選挙区は九選挙区でした。また、本件選挙当日における選挙区間の選挙人数の最大較差は、選挙人数が最も少ない徳島県第一区と選挙人数が最も多い東京都第六区との間で一対二・一七一でした。

2 法律論上の争点と先例的意義

大貫 総選挙においては、小選挙区選挙における候補者の届出は、所定の要件を備えた政党その他の政治団体又は候補者等が行うことになっており（公選八六条一項ないし三項）、候補者の届出をした政党その他の政治団体は、候補者本人がする選挙運動とは別に、自動車、拡声器、文書図画等を用いた選挙運動や新聞広告、演説会等を行うことができ（同一四一条二項、一四二条二項、一四九条一項、一六一条一項等）、また、候補者本人はすることができない政見放送をすることができます（同一五〇条一項）。

第一の論点は、政党その他の政治団体が届出をした候補者が行える選挙活動と、政党その他の政治団体によって届出されていない候補者が行える選挙活動の間にある違いは、憲法一四条一項等の憲法の規定に違反するか否か、です。

最高裁は、候補者と並んで候補者届出政党にも選挙運動を認めることが是認される以上、候補者届出政党に所属する候補者とこれに所属しない候補者との間に選挙運動の上で差異を生ずることは避け難いから、その差異が合理性を有するとは考えられない程度に達している場合に初めてそのような差異を設けることが国会の裁量の範囲を逸脱するとして、小選挙区選挙の選挙運動に関する公職選挙法の規定を合憲と判断しました。この点についての最高裁の初めての判断（最大判平成一一年一一月一〇日民集五三巻八号一七〇四頁）とほぼ同様の理由付けで同じ結論に至っています。

上記の一人別枠方式が投票価値の平等を侵害するものとして違憲であるのかどうかという点が第二の論点です。最高裁は、一人別枠方式を含む選挙区割りの基準は、国会において考慮することができる要素を総合的に考慮して定めたもので、投票価値の平等との関係において国会の裁量の範囲を逸脱しないとしました。

3 検　討

(i) 選挙運動の規制にかかる論点

大貫　まず、選挙運動の規制にかかる論点をお伺いしたいと思います。多数意見は、政党その他の政治団体にも選挙運動を認めること、選挙制度を政策本位、政党本位にすることは、国会が正当に考慮することのできる政策目的ないし理由に合致すると述べています。このことを前提にして、候補者届出政党に属する候補者と、そうでない候補者に生ずる差が合理性を有する程度を超えていなければ国会の裁量の範囲内にあるということで、違憲ではないという結論が出されております。

田原先生は反対意見を書かれていて、最も詳細な分析をされていると思います。正確に読みますと、田原先生は被選挙人との関係での違憲性の問題と選挙人との関係での違憲性の問題を、明確に区別されて詳細に論じられていると思います。

他方で横尾和子裁判官反対意見は、政見放送を候補者届出政党にのみ認めている公選法の一五〇条一項が違憲であるという主張です。泉徳治裁判官反対意見は政見放送、新聞広告、ポスター等の差にも言及しております。繰り返しになりますが、田原反対意見は最も詳細なご検討を行っています。言及されにくいかと思いますけれども、横尾反対意見、泉反対意見と田原反対意見とは一致できなかった、それを分ける大きな要因を田原先生のお立場から、差し支えない範囲でお話しいただければと思います。

田原　選挙運動の規制に関する論点については、その前の大法廷判決が合憲であるという判断を示しておりますね（前出平成一一年判決）。反対した方々は、それに対してそれほど大きな異論は言われていなかったと思います。ただ、私が就任してこの事件や選挙運動についての規定を詳細に見ていきますと、果たしてそのように言っていいのかとの疑問が生じました。横尾裁判官は政見放送のウエイトを、非常に高くご覧になる。ところが私は選挙人として、政見放送などほとんど見たことがない。そういう立場からすると、果たしてそれがそれほど大きなウエイトを占めるのだろうかと思われました。実際問題としてＮＨＫが報道していても、それが始まれば私はほかへチャンネルを変えてしまっていましたからね。あれを真面目に聞く人が果たしてどれだけあるのかというのが、選挙人の立場から見たときの感覚です。他方、選挙人の立場から見ると、やはりポスターの量というのはウエイトが高いだろうと。そこが違いなのかなと思われます。

それと街宣車、いわゆる選挙カーというのは、各都道府県ごとに候補者届出政党の候補者に応じて一定数増やすことができますね。都道府県によっては一台、東京都であれば三台です。それを反対意見の中に書きました。東京の中の重点区にそれだけ投入するというのは、連呼行為として今は許されていますから。そうすると、それは相当大きなウエイトを占めると考えられます。また、ビラをたくさん配れるということもある。この二つが選挙人の立場から見たときの違いかと思います。普段、官用車で通勤していらっしゃる方は、そういう立場でものを見る機会がありませんが、私などは電車通勤しておりましたから、通常の形で通勤している選挙人の立場で見ればそうなるだろうと。横尾裁判官や泉裁判官との視点が違うとすれば、そこが違うのでしょう。それが一点です。

それから、例えば東京都の激戦区で負けた候補が主観訴訟を起こしたら、正面から選挙運動の較差というのが問題になりますね。そのような主観訴訟は提起されていないけれども、それが本当に提起されて僅差であったときに、この選挙運動の較差というのが本当に憲法一四条違反にならないのか。そういう観点からの学者の突っ込みというのは、従前は全くないのです。そういう意味で被選挙人、すなわち候補者の立場と選挙人の立場は違うのではないかということで、

その点を截然と区別する。かつ、そういう観点から見るためには、より詳細に問題点を指摘したほうがいいだろうということで、ポスターの大きさから配布するビラの枚数まで詳細に書いたのは、そういう観点からの問題提起です。

大貫　確認をさせていただきます。横尾裁判官は被選挙人の立場からの憲法問題を論じられて、泉裁判官は選挙人の立場から憲法問題を論じたということですね。両方を論じられているのは、田原裁判官だけという理解でよろしいでしょうか。

田原　はい、結構だと思います。

大貫　分かりました。非常に興味深いお話を突っ込んでいただきましてありがとうございました。やはり三人が一致できなかったのは、視点の違いというのが大きいのでしょうか。選挙人と被選挙人というように、そもそも視点が違っていますし。

田原　後にこの選挙でいろいろな裁判官の見解が出てきて、ほぼアバウトに一致できるならばそうします。自由に書き始めますので、書いた上で似ているなということだったら同一書面にしますが、似ていないものをもう一度合わせようということは、反対意見の立場からは言えません。

大貫　なるほど。

(ii)　選挙区割規定の合憲性について——四裁判官の「見解」の少数意見としての位置づけ

大貫　次に、選挙区割規定の合憲性の問題についてお伺いいたします。この論点について田原、藤田宙靖、今井功、中川了滋の四裁判官の見解は、憲法学界では大変有名なものと聞いております。まず形式的な点からお教えいただきたいと思います。判決文によると、四裁判官の「見解」に与した、今井、中川裁判官の場合は「意見」というように整理されておりますが、同じく与した、田原裁判官の場合は、「意見」として整理されていないようなのです。しかも判例集の「見解」の冒頭に書かれている言葉を見ますと、補足意見と呼んでいいのかなという気もするのです。これは形式的な面ですが、この見解は意見ということになるのでしょうか。それとも補足意見ですか。

田原　いいえ、あくまでも意見かと思います。

大貫　意見ですか。

田原　はい。ただ、藤田裁判官は別に独自に意見をお書きになっていますので、その意見と後ろの見解と合わせて意見だということです。私は反対意見を書いていますから、反対意見と意見部分を合わせて、私の反対意見を構成しています。

大貫 そういうことですか。

田原 今井裁判官と中川裁判官は、独自の意見をお書きになっていませんので。

大貫 それで意見ということですか。

田原 はい、そういう整理がされているとご理解いただければいいのではないでしょうか。

大貫 なるほど、分かりました。ちょっと面白いですね。私はあまり調べていないのですが、この「見解」という形で出されているのは、最高裁では珍しいことですか。

田原 と言うよりも、たぶん初めてだと思います。それで形式的に見解部分を一体どこに置くかと。多数意見があり、補足意見があり、意見があり、反対意見がありというわけですが、では意見の所に置くのか反対意見の後ろに置くのかということで、若干の調整はしました。各裁判官の意見も踏まえた上で、一番後ろに持っていくほうが落着きがいいだろうということで、形式的にそうしたわけです。ですから反対意見の手前に持ってくることも、形式的な記載方法としてはあり得ます。

大貫 なるほど、今ようやく分かりました。藤田裁判官の場合、「見解」も含めて「意見」ということになって、中川、今井両裁判官の場合はこの「見解」しかないのでこれで「意見」で、田原裁判官の場合は「見解」と「反対意見」を合わせて「反対意見」ということですね。プリミティブなところで申し訳ありません。

(iii) 四裁判官の「見解」の基本的なスタンスについて

大貫 それでは形式面はこの程度にさせていただきまして、「見解」の実質的な内容についてお尋ねいたします。要約的ではありますけれども、質問票に書きましたように、「見解」では論理の流れがこのようになっていると思うのです。「国会の裁量によって選択された制度に避けることができない不平等は致し方なく（参議院の半数改選、都道府県単位の選挙区、偶数の定数配分）、その限りで憲法には違反しない」

（X）。続けて、「定められた選挙制度の下で、国会には、投票価値の平等をあえて損なうような裁量は原則として認められない」（Y）。「あえて」と書いてあります。その後、「定数配分に当たり、非人口的要素を考慮することが許されるのは、投票価値の平等を損なうことを正当化するに足りる合理性を有する場合に限る」（Z）と書かれています。

まず、今、三つの文章を申し上げたのですが、これを便宜的に第一文をXと呼び、二番目をYとしますと、XとYは接続すると思うのです。裁量の余地が広い。ただ、最後の文Zの「投票価値の平等を損なうことを正当化することに足りる合理性を有する場合に限る」という言い方は、X・Yとやや不整合というか、原則と例外が逆になっていないかという個人的な感じを持つのです。この点はいかがでしょうか。

田原　Zとして書かれた所は、具体的には一人別枠方式を指すものだとご理解いただけたらと思います。一人別枠方式というのは、選挙制度そのものはともかく、あえて投票権の平等に更に手を入れているわけです。そうすると、一人別枠方式を採用するだけの合理的理由はどこにあるのか、ないのではないかと。そういう意味でZ部分が浮かび上がっているわけです。ですからXとYとも一つの整合性を持っています。

大貫　一つの整合性はありますね。裁量性が非常に高いという流れで読めると思います。最後の便宜Zとした所は、そこだけを見ると逆転しているように見えるのですが、一人別枠方式に対するコメントというように読むということですか。

田原　そのようにご理解いただいたらいかがでしょうか。

大貫　それが田原先生の立場だということですか。

田原　私は四見解の立場の一人ですが、ほかのお三方が違う言い方をなさるかどうかは存じませんよ。少なくとも私は、そういう立場でこの文章を承知しています。この四者の見解は、ある裁判官がたたき台を作りますが、最終的には四名全員でチェックしますから。

大貫　なるほど。田原先生のお考えでは、今のような読み方だということですね。

田原　そう私は理解して、これでいいのではないかということを申し上げています。ただ、それについて四名でギリギリ議論をしたわけではありません。たたき台の原稿が上がってきて、文章に少し手を入れながら回覧しますから。

大貫　なるほど、よく分かりました。やはりこの判決における最大の争点である一人別枠方式を中心に見ていかないと、「見解」の論理の流れもつかみ損ねるということですね。

田原　「見解」は、あくまでも一人別枠方式に対する意見ですから。

大貫　そういうことですか。了解しました。それでは、今の質問とも関わるのですが、次に行きます。確かに田原先生がおっしゃることは理解できたのですけれども、Ｚはやはり一人別枠方式をテーマにしているがゆえの厳しさ、ということになるのだろうと思います。Ｚの部分は従来の最高裁の立場とやや違っていないかというのが、本当はお聞きしたかったところなのです。

田原　従来の大法廷判決の多数意見は、投票価値の平等というのは一つの考慮要素に過ぎないという位置付けで、ずっと一貫してきました。私が関与した四つの大法廷判決における私の意見は、いずれも投票価値の平等は一番重視されなければいけない要素であるという位置付けをしているわけで、そこは明らかに違うと思います。四者の見解も、比較的私の立場に近い位置付けで平等というものを考えているのではないでしょうか。

大貫　それならば得心がいきます。田原先生が今まとめてくださったように、投票価値の平等というのは重要だが、一つのファクターにとどまると、これまで最高裁が言っていたこととは、やや違うという理解でよろしいわけですか。

田原　と理解しています。

(iv)　一人別枠方式について

大貫　それでは、具体的に一人別枠方式について、ご質問をさせていただきます。先生の見解は大変厳しいもので、一人別枠方式の目的の合理性、すなわち過疎地域に対する配慮の目的の合理性、激変緩和措置という目的の合理性も否定しておりますし、目的を達成する手段としての合理性も完全に否定されているだろうと思いました。月並みな質問ですが、このような厳しい判断に至った理由を、多少敷衍していただけるとありがたいと思います。というのは、先ほど田原先生がご紹介になったように、必ずしもここまで厳しいことは多数意見は言っていないわけです。ここまで厳しい見解に至った背景を、お話しいただけるとありがたいと思います。

田原　背景と申しますより、やはり平成二三年の大法廷判決（後掲②）がはっきり言い切ったわけです。国民の代表であって、地域の代表ではないのです。判決の、多数意見がそこまで言い切っているわけで、その違いではないでしょうか。国民の代表だということが全体的に理解されるようになってきました。

これは参議院議員選挙とも絡むのですけれども、過去の多数意見、特に昭和五〇年代の判決には、地域代表的な側面に言及している判決が、比較的たくさんあります。しかし投票権というのは国民の代表を選ぶものだと位置付ければ、投票権の地域性は本来薄まっていくはずなのです。そういう視点から昭和五〇年代から平成二〇年に至るまでの大法廷判決の多数意見を見ますと、そこの自覚が少しずつ増してきているのかなと思われます。あくまでも国民の代表ではないかとの理解が深まってきていると思われます。過疎地域に配慮すること自体がおかしいということは、四者見解でもはっきり申していますし、それ以前の少数意見、反対意見の中でも、そういう指摘がされていると思います。例えば「過疎地域」と言うときに、北海道は過疎地域がたくさんあるけれども、人口比で捉えるときにどうなのかと。

大貫　詳細に書かれていますね。

田原　そういう位置付けでの議論です。そういう点では地方公共団体の議会の議員の選挙では、自治体での過疎地域に若干配慮できるような公職選挙法の規定（一五条八項ただし書）になっていますが、それとは全く意味が違うのではないかという位置付けだと思います。また、私の反対意見の中でも、その後も触れていますように、インターネットによって瞬時に情報が伝わる時代のときに、過疎地域の代表というのは一体何なのだろうと。北海道から出てこられる方も、北海道の中の過疎地域を代表して出てきておられる方というのは、一体何人おいでになるかというと、ほとんどおいでにならない。北海道の中でも過疎地域を抱えているけれども、出てきておられる方はその中心部分にお住まいの方ですよね。

大貫　そうですね。もう一つの論点が激変緩和措置です。次の判例でも問題になりますが、激変緩和措置という目的についても、田原先生は完全に否定されるわけです。

田原　私の立場では否定しています。ただ、次の判例でも触れていますように、あれは言わば予備的に、仮にそういう要素があって、かつてはそれが肯定されたとしても、今は違うだろうということです。あくまでも予備的な論点に対する私の意見であって、私の立場としては激変緩和措置自体が本来はおかしいというのが、私の一貫した考えです。

大貫　おかしいというのが田原先生の一貫したお考えですね。そうすると、こういう聞き方をしたらよろしいのでしょうか。確認ですが、多数意見は一人別枠方式をあの時点で導入しないと、政治的に選挙改革ができなかったという見方だと思うのです。つまり政治的な見方をしている。それについて、先生はどう思われますか。

田原　しかし本来、国会というのはそれに合わせてやらなければいけないので、政治的妥協の産物というのは、政治的には分かりますけれども、それを裁判所の立場で「ああ、そうですね」と言うべきかというと、司法というのはそんなものではないと私は理解しています。

大貫　なるほど、非常に納得できます。ただ、多数意見は激変緩和措置なしには選挙改革が導入できなかった事情をはっきり書いておりますよね。そこについて田原先生は、必ずしも同じ考えではないということですね。

田原　はい。

（v）藤田意見ついて――判断過程のコントロール

大貫　藤田意見についてお伺いします。藤田意見は、判断過程のコントロールを採用すべきと主張されています。このコントロールは田原先生もご承知のように、平成一六年の最高裁判決（最大判平成一六年一月一四日民集五八巻一号五六頁）で、藤田裁判官が初めておっしゃったことだと思うのです。この判断過程のコントロールを採用すべしという主張は、四裁判官の意見では共有されていないと理解してよろしいでしょうか。

田原　共有しているかどうかと言うよりも、その意見は確か亀山継夫、横尾、藤田、甲斐中辰夫の四裁判官のご意見だったと思います。その後、こういう考え方が多数意見の中にも順次組み込まれているということになろうかと思います。結局、今はどこまで改革が進展しているのかという。

大貫　非常に興味深いところです。ただ平成一六年判決では、そういう考えは全体を征するには至らなかったと思うのです。印象深いのは、調査官解説が判断過程のコントロールについては、極めて批判的な立場から書かれていることです（福井章代・最判解民事篇平成一六年度〔上〕四〇頁）。私の乏しい知見で観察していっても、判断過程のコントロールというものが、最高裁の受け入れるところとは必ずしもならなかったと思うのです。ただ、最近はちょっと変化してきているのかなと。田原先生がおっしゃったように、正に判断過程を見るのだよと、変わってきている。国会がどのようにこの問題に対処しているのかを中心に見る方向に変わってきていると思うのです。非常にマクロで言うと、そういう理解でよろしいでしょうか。

田原　いま現に国会が何をおやりになっているかということは、当該選挙を無効という判断をするかどうかという上では、一定の寄与をすると思います。そういう意味で私自身、「判断過程のコントロール」という表現が、法的に適切かどうかはよく分からないのですが、それは別にしても、そういう位置付けのものとして、個々の選挙の有効・無効の判断には影響を与えると思っております。ですから、最高裁の判断を国会に対するいわゆる要請面にとどめるのか、無効まで踏み切るのかという辺りには一定の影響を持って、理論的にも別におかしくはないと思っております。

大貫　分かりました。四裁判官の見解がこの点について共有しているかどうかについては、ちょっとわからない……。

田原　共有というよりは、少なくとも四裁判官の見解は、完全に意見が一致するところだけをまとめたものですから。

大貫　そうすると、逆に読めばそこは一致していない可能性があるということですね。

田原　それはもう個々ですし、四裁判官でも少なくとも今井、中川両裁判官は、その点については何ら補足意見も書いておられないわけですから、そういう意味では違うと言えると、ご理解していただいていいのではないでしょうか。

大貫　なるほど、分かりました。

②　最大判平成二三年三月二三日民集六五巻二号七五五頁（反対意見）（以下「二三年判決」という）

大貫　それでは二つ目の判決、平成二三年三月二三日の衆議院議員選挙にかかる大法廷判決についてです。

1　事案の概要

大貫　平成二一年八月三〇日施行の衆議院議員総選挙について、選挙区割り及び選挙運動に関する公職選挙法等の規定は憲法に違反し無効であるから、これに基づいて施行された東京都第二区等における選挙も無効であるとして提起された選挙無効訴訟です。

平成一二年国勢調査による人口を基にした、本件区割規定の下における選挙区間の人口の較差は、最大較差は人口が最も少ない高知県第一区と人口が最も多い兵庫県第六区との間で一対二・〇六四であり、高知県第一区と比較して較差が二倍以上となっている選挙区は九選挙区でした。また、本件選挙当日における選挙区間の選挙人数の最大較差は、選挙人数が最も少ない高知県第三区と選挙人数が最も多い千葉県第四区との間で一対二・三〇四であり、高知県第三区と比べて較差が二倍以上となっている選挙区は四五選挙区でした。

2 法律論上の争点と先例的意義

大貫　一九年判決の事案の概要に要約した一人別枠方式による定数配分規定が投票価値の平等を侵害するものかどうかが争点となっています。一九年判決とは異なって、一人別枠方式による定数配分規定は、憲法の投票価値の平等の要求に反する状態に至っていたものとしましたが、憲法上要求される合理的期間内における是正がされなかったとはいえないとしたところに意義があります。一人別枠方式による定数配分規定がいわゆる「違憲状態」にあることを最高裁としてはじめて認めた判決と言えます。

候補者のうち候補者届出政党に所属する候補者と、これに所属しない候補者が行える選挙運動の格差が憲法違反かどうかについても論点となっていますが、多数意見は一九年判決と同様の判示を行い、田原先生も同判決における反対意見を引用されていますので、ここでは割愛します

（注：その後、平成二四年一二月一六日施行の衆議院議員総選挙に係る選挙無効訴訟において、最大判平成二五年一一月二〇日〔①平成二五年（行ツ）第二〇九号／平成二五年（行ツ）第二一〇号／平成二五年（行ツ）第二一一号および②平成二五年（行ツ）第二二〇号／平成二五年（行ツ）第二二一号〕も、一人別枠方式による定数配分規定は、憲法の投票価値の平等の要求に反する状態に至っていたとしている）。

3 検　討

一人別枠方式による定数配分規定の合憲性について

大貫　先ほどの一九年判決に対する質問と、だいぶ重なるところがあります。まず、二三年判決の多数意見は、投票

価値の平等は重要だが、一つのファクターにとどまるとしているように思います。他方、先ほどの田原先生のご説明でよく分かったのですが、投票価値の平等を一九年判決の四裁判官の見解は、大変重視することになろうと思います。そうしますと一九年判決の四裁判官見解と二三年判決の多数意見は、やや異なっているという理解でよろしいのですか。

田原　それはそうでしょう。投票価値の平等というのは一つの項目に過ぎない、という過去の大法廷判決の流れをそのまま踏まえていますから。

大貫　四裁判官の見解では、最も重視すべきファクターであるということになりますが、多数意見とは違っているということですね。

田原　それがいちばん大きいと思います。それは反対意見を述べている他の三人に関しても同様です。四裁判官の見解にも触れ、私は反対意見でも触れておりますけれども、では他の要素は何なのかということについて、国会の場で説明されたことは一度もない。それがいちばん大きな問題でしょうか。一人別枠方式を採るときに、なぜそれが必要なのかについて、国会の審議録を見ても何も書いていない。

大貫　一応立法するときには、過疎対策と激変緩和だとは言われているのですが、それは必ずしも一人別枠方式を正当化しない。

田原　しかし、それに対してより具体的に何なのかということがない。過疎の問題に関しては四裁判官の見解でも細かな反論がされているのに対して、国会側から何らかのコメントがあったかというと一つもないですね。

大貫　そうしますと田原裁判官のお考えというのは、「判断過程のコントロール」と言うかどうかは別問題として、定数問題については国会がどういうスタンスで、どういう検討をしているのかということを、ちゃんと示さないことには何も始まらないのだと。

田原　これだけ差が付くことの合理的理由について、国会として委員会審議の中で明らかにされたことは一度もないですよね。今おっしゃったような一人別枠方式の論拠というのは、あくまでも抽象的なお話でしかなくて、それが具体的にどういう意味を持つのかということかと思います。

大貫　一人別枠方式の不合理性というのは、田原裁判官の見解の中で詳細に論破されていますが、それを覆すほどの合理性の主張がないではないかということですね。

田原　覆すと言うよりも、国会側からそれに対する何らの反論がありません。その後、大法廷判決の趣旨を換骨奪胎したとも言うべき〇増五減の法改正が平成二五年六月に成立して、施行されていますがね。

大貫　一人別枠方式を定めた区画審設置法の規定の削除はしたけれど（平成二四年一一月）、施行されていませんね。分かりました。続けさせていただきます。繰り返しですけれども、最高裁は、この問題に対する国会の主観的な対応を非常に見るようになってきていると思います。多数意見も、例えば一九年判決で合憲判断がなされたことを指摘して、合理的期間が経過していないという言い方をしています。ですから国会の主観的な対応可能性というか信頼というか、そういうことを取り入れているのではないかと思います。多数意見が、例えば国会は一九年判決後も一人別枠方式について検討すらしなかったと、指弾しているところにも表れていると思います。国会の主観的な対応というものを、最高裁はかなり正面から問うようになってきているのではないかと思います。

翻って、定数訴訟において最高裁はいわゆる合理的期間論を採用して、国会の対応という主観的側面を憲法判断に取り込める枠組みを従来から採用してきただろうと思います。しかし、私の見るところ、例えば最大判平成五年一月二〇日民集四七巻一号六七頁などを見ますと、合理的期間の経過の有無というのは、かなり形式的に行われているように見ます。こういうところを見ていくと、先ほどのお話にも出ていましたが、田原先生による国会の対応に対する指摘の仕方は極めて厳しく深いと思います。これは、投票価値の客観的不平等よりも、立法者の「努力」「対応」をより重視する方向にあると取ってよろしいでしょうか。

田原　それは、いかがなのでしょうか。今、ご指摘の平成五年判決ですが、この判決は実は昭和六一年改正後、平成二年に行われた選挙を対象にしているのです。六一年改正の際に平成五年判決に引用されているように、今回の改正は暫定措置であり、昭和六〇年国勢調査の確定人口の公表をまって、速やかにその抜本改正の検討を行うものとする、との附帯決議が付されているのですが、ただ、附帯決議に従って国会の中で何らかの動きがあったかというと、少なくとも平成五年判決を見る限り、具体的な動きがあった事実は全く認定されていないのです。ところが、それ以降を見ますと、改正後に各会派の選出にかかる委員会が作られて実際の活動を始めている。それが実りのあるものになったかどうかについては、これはまた別の議論になりますけれども、そういう点がありますので、平成五年判決が極めて形式的に国会の活動について触れていないというのも、国会の活動が何もなかったから、単に附帯決議しただけだったからというふうに私は理解しています。実際に何があったか存じませんけれども、少なくとも平成五年判決は、昭和六一年の改正以降、国会が何らかのことをしたという事実認定は一切していませんから。

大貫 なるほど、逆に読むのですね。主観的なところは見ないというふうに、むしろ読んだのです。先生のご指摘を受けてここを見ますと、逆であって、認定できる国会の対応はなかったということですね。

田原 何もなかったのです。

大貫 何もなかったので引用がなかったと。

田原 はい。ところが、それ以降を見ますと、大法廷判決を受けて、平等との関係から言えばいかがかという内容にとどまりますけれども、少なくとも国会が最高裁の判決を踏まえて何らかの活動を諸党派の会議でしたり、あるいは議長の諮問機関でしたりとか、構成は違いますけれども、少なくとも一九年判決以降に関して見ていると活動していたのは間違いありません。そういう動きをしているときに、かつ、大法廷判決からそれほど間を置かずに次の選挙が行われているときに、そこで違憲まで法廷意見が踏み切れるかというと、その動きを見たときにということになるのではないでしょうか。

大貫 なるほど。読み方は、平成五年判決の末尾で触れられている、いわゆる括弧付きの国会の主観的対応というのは、見ないということでなくて、何もやっていなかったということだと。そうすると非常に大きな流れで見ますと、裁判所は常に国会のそういう対応というのを見てきたのだということですね。ただ、若干の変化はあるかもしれないと思っています。次が質問ですが、まさに今、申し上げたことは、私なりの言葉で申し上げますと、立法者の対応とか努力というものを問うという視点だと思います。おそらくこれは従来の合理的期間論でも、そういう対応や努力を問うことができる枠組みだったと思います。平成一六年判決で藤田裁判官が、先ほど申し上げた判断過程のコントロールということを言われました。あれは行政法から示唆を得た議論だと思いますが、このいわゆる判断過程のコントロールと、立法者の対応、努力を問うという最高裁の姿勢というのは、何らかの関係がまさにあると見てよろしいですか。

田原　と、私は理解しています。

B 参議院議員選挙

③ 最判平成二一年九月三〇日民集六三巻七号一五二〇頁（反対意見）（以下「二一年判決」という）

1 事案の概要

大貫　東京都選挙区の選挙人である上告人らが、平成一九年七月二九日施行の参議院議員通常選挙について、公職選挙法一四条、別表第三の参議院の選挙区選出議員の議員定数配分規定は憲法一四条一項等に違反し無効であるから、これに基づき施行された本件選挙の上記選挙区における選挙も無効であるとして提訴しました。

最大判平成一六年一月一四日民集五八巻一号五六頁（平成一六年大法廷判決）は、平成一二年改正後の参議院議員定数配分規定の下で平成一三年七月二九日に施行された参議院議員通常選挙当時において、選挙区間における議員一人当たりの選挙人数の最大較差は一対五・〇六でしたが、上記定数配分規定は憲法に違反するに至っていたものとすることはできない旨判示しました。同判決には、六名の裁判官による反対意見と、漫然と現在の状況が維持されるならば違憲判断がされる余地があると述べる四名の裁判官の補足意見が付されていました。

この平成一六年大法廷判決を受けて、定数較差問題を検討した参議院は、本件選挙に向けての当面の是正策としては、較差五倍を超えている選挙区及び近い将来五倍を超えるおそれのある選挙区について較差の是正を図るいわゆる四増四減案を採用し、公職選挙法が平成一八年六月一日に改正されました。そして、本件改正後の参議院議員定数配分規定の下で施行された本件選挙当時の選挙区間における議員一人当たりの選挙人数の最大較差は一対四・八六でした。

2 法律論上の争点と先例的意義

大貫　本判決は、本件選挙当時の選挙区間における議員一人当たりの選挙人数の最大較差一対四・八六は、本件改正前の参議院議員定数配分規定の下で施行された前回選挙当時の最大較差一対五・一三に比べて縮小していること、本件選挙の後に参議院改革協議会が設置され、定数較差の問題について今後も検討が行われることとされていること、現行の選挙制度の仕組みを大きく変更するためには相応の時間を要し、本件選挙までにそのような見直しを行うことは極めて困難であったとして、本件選挙までの間に本件定数配分規定を更に改正しなかったことは国会の裁量権の限界を超えたということはできないとしました。

また、本判決は、上記の較差は投票価値の平等という観点からはなお大きな不平等状態であって、選挙区間における投票価値の較差の縮小を図ることが求められており、最大較差の大幅な縮小を図るためには現行の選挙制度の仕組み自体の見直しが必要となる旨の指摘をしました。

参議院について、投票価値の平等については、最高裁は、二院制の趣旨からして、衆議院ほどには厳格に要求してこなかったと言われています。しかし、昭和五八年大法廷判決の判断枠組み自体は基本的に維持しつつも、投票価値の平等については、実質的にはより厳格な評価がされてきていると本判決は述べています。実質的な厳格化とはどのようなことか、また、昭和五八年大法廷判決の判断枠組み自体に変化はないものか、参議院議員選挙における投票価値の平等などが論点となります。

3 検　討

(i) 参議院議員選挙における投票価値の平等

大貫　参議院議員選挙について、最高裁判所は、投票価値の客観的不平等をより重視するというスタンスに変わってきていると見てよろしいでしょうか。

田原　一票の重みに対するウエイト付けが高くなってきているのは、間違いないと思います。特に参議院選挙に関して言えば、古い大法廷判決の多数意見は、都道府県ごとの議員の定数の選定をある意味で当然という位置付けをしていますし、近年でも例えば竹内行夫裁判官の補足意見などは、都道府県単位ということにそれなりにウエイトを置いていらっしゃる。

大貫　はい、置いていますね。

田原　それと、今はそういう批判はなくなりましたけれども、過去の大法廷判決に対する世間の意見ないし学者の一部の意見も、都道府県代表という位置付けをされ、そのときに学者の一部の方々が、例えばアメリカやドイツを例に挙げていました。しかし、連邦制国家と連邦制を採っていない我が国とでは、そこの根本が違うわけですから、そういうことを無視した都道府県単位で選定すべしとの意見が、ある時期まで我が国で罷り通っていたこと自体、私は司法の怠慢又は学界の怠慢と思っています。連邦制国家を採っていないわけですから、そのときに都道府県代表という位置付けは一体何なのかについて、それを支持する方々が十分な議論をしていなかった。それが故に、私は最初の一九年判決で、立法過程について細かく調べて、地方代表というのは都道府県代表という意味ではなく、あくまで中央に対する地方代表だということを詳しく書いたのです。

大貫　なるほど。

田原　ですから中央と地方であって、何々県代表ではないというのが法制定時の議論だったはずなのに、いつしか何々県代表という位置付けに、少なくとも昭和三〇年代から四〇年代にかけては議論がされて、今、ようやくそれがまた、そうでないのだというところへ辿り着いて行きつつあるのかなと私は理解しています。

大貫　なるほど。そこで質問したいのですが、参議院の、衆議院との関係で独自性をどう考えるかという論点があると思います。今の先生のお話ですと、参議院も衆議院も全国民の代表であるから、投票価値の平等、人口的要素というのがいちばん重視されるべきだというお考えだと思いますが、憲法学界の一部では、参議院は衆議院とはちょっと違うのだと。だから別個の独自な選挙制度を作っても構わないという意見があります。例えば間接選挙も可能であると言われるのが京都大学の大石眞教授です（大石眞『憲法講義Ｉ〔第二版〕』〔有斐閣、二〇〇九年〕八九頁以下。特に、九三～九五頁〔平等選挙〕、九六～九七頁〔直接選挙について〕）。ですから、参議院は衆議院と比べて民主的正統性において劣るということで選挙制度を作っても構わないのだという理屈があって、これは憲法上両院をどう考えるかという問題だと思います。先生の今のお話だと、参議院も衆議院も基本的に民主的正統性ということをいちばん重視して選挙制度が作られるべきだとなります。

田原　作られるべきだというよりも、我が国の憲法の規定が国民の代表としか言っていないわけです。

大貫　そうです。

田原　そうすると憲法の中で、世の中の変化の中で言うと少し時代遅れの発言になりますけれども、例えば第一次大戦後のヨーロッパの状況などを見れば、クラフト代表というのがあってもおかしくなかったわけです。そういう仕組みを憲法で定めていた場合には、それはそれでひとつの枠組みだろうと。

大貫　なるほど。

田原　ところが、我が国の憲法はあくまで国民の代表としか言っていない中で、参議院の独自性を踏まえて何ができるか。ただ、平等の問題に関して言いますと、特に二四年判決（後掲④）の中で請求棄却されるべきだと、私の従前の見解から言えば、おかしいと言われかねない意見を述べていますが、それは参議院議員選挙法が定められたときに二・六二倍の較差があるのです。衆議院の場合は最大剰余法を適用しているわけです。そうすると戦後の最初の選挙制度を定めた立法のときにそれだけの差を設けているわけです。それとともに参議院の場合、当初は全国区が設けられて、そこでの全国区というのは国民の有為な人材を全国から求めるという意味で、参議院議員選挙法自体が衆議院とは明らかに異なった枠組みを採っていたのです。

大貫　採っていますね。

田原　ただ、その後の変化の中で、いずれもが比例代表制を入れてきたために選挙の仕組みが似てきてしまいました。

大貫　非常に似てきていますね。

田原　だけど参議院の場合に関して言えば、亡くなった西岡武夫参議院議長が提案されたように、ブロック制ということがあっても何もおかしくないと思いますし、半数交替はそのとおりですけれども、「為にする議論」で私の一回目の参議院選挙の判決での反対意見で述べていますけれども、半数改選にしたっていろいろなやり方があるということ。それが採用されるとは思っていませんが、あり得るということで、いろいろな仕組みのことを問題提起しているのはそういう意味です。ですから独自性を踏まえた選挙制度の仕組みというのはあり得るだろうと思います。ただ、それをどう組み立てるかについては最高裁が口を挟むことではない。あくまで立法府がご自分でお考えになることだと思います。

大貫　なるほど。立法府が、その立法裁量の中で考えるべきだということですね。

田原　はい。ただ、間接選挙まで許されるかというと、国民の代表と言うときに。

大貫　そこまで読めるかと。

田原　憲法でそこまで読めるかというと、私はクエスチョンだと思いますね。

大貫　しかも田原先生のお考えでは、民主的正統性において参議院が劣っているということは全くないのだというお考えですね。

田原　というよりも、憲法から読み取れない。

大貫　読み取れないということですね。どこかで先生はお書きになっていたと思いますが、やはり二倍というのが限度だと。

田原　二・六二倍です。参議院選挙出発時点のね。

大貫　そうですか。

田原　出発時点の倍数というのは私は一定の尊重をせざるを得ないと思っています。そこは衆議院と参議院とで出発時に、衆議院は最大剰余法を適用したのに参議院は最大剰余法を適用していないわけですから、そこでは国会の立法意思が明確には示されていないけれども、参議院と衆議院についての一定の立法意思が示されているわけです。

大貫　裁量の範囲内ですか。

田原　はい。

大貫　ただ、投票価値の平等という点では、くどいようですけど衆議院と参議院というのは、同じですね。

田原　だから、その程度の差はあり得るでしょうと。

大貫　あり得るでしょうと。統治機構において衆議院の優越が定められている。それによって民主的正統性において多少の違いがでませんか。

田原　それと半数改選ということによる制限もありますから。

大貫　そうですね。

田原　そうすると、出発時にそう考えていたものを、平等になるのは望ましいことではあるけれども、衆議院と参議院とでその比率が常に一緒でなければいけないかというと、私自身はそうは考えていません。

大貫　再度、確認ですけれども、投票価値の平等の要請というのは衆参両院において同様の価値を持つ。しかし全く同じだとはお考えになっていないわけですね。

田原　はい、そうです。半数改選制に伴って、どうしても制限が出てくるでしょうと。それとともに選挙区割りをどう構成するかという、都道府県の枠を仮に取り払ったとしても。

大貫　都道府県の枠は、これは自明ではないですよね。

田原　はい。それを取り払ったとしても、衆議院のような形でうまく配分できるかと。

大貫　なるほど。憲法上、そもそも半数改選ですね。しかも偶数定数にするかどうかはひとつの議論だと思います。

田原　やはり偶数定数にすべきだと先生はお考えになる。

田原　那須弘平裁判官が、奇数定数でもいいのではないかということをおっしゃっていましたけれども。

大貫　先生はどう思われますか。

田原　奇数定数の場合に、それで国民の代表として、例えば一回目はともかくとして二回目から、いずれも三年に一遍投票できるということが憲法の要請に即、反するかと言えば、即、反するとまでは言えないでしょうと。ただ、奇数定数が望ましい制度かというと私はクエスチョンだと思っています。

大貫　分かりました。そうすると、少なくとも憲法上は半数改選というのは完全に書かれているわけですから、その制度上の制約からくる、衆議院とは同じにいかない投票価値の平等というのがあり得るということですね。

田原　あり得ると思います。その点、平等にしようと思えば全国区にするのがいちばん簡単ですから。しかし、それは全国区が廃止された経緯、すなわち選挙費用が莫大にかかるという問題がありますので、今、一律全国区制が現実性を帯びるかといえば、疑問ですね。

大貫　そうですね。

田原　ただ、今、インターネットが発達した中では、一面、何とも言えないと思います。電子機器の発達というのをどう捉まえるかというのは、一つの議論だと思います。

大貫　分かりました。田原先生はこの二一年判決の反対意見で、まさに考慮要素を詳細に挙げて抜本的な見直しのための視点を書かれているかと思います。このように国会の対応について、こういうことを見ていかなければいけないと指摘すると、裁量の余地というのは相当狭まるという意見もあると思いますが、必ずしもそうではないということでしょうか。

田原　結局、考慮要素として何が考慮されるべきかについて、残念ながら国会で議論されたことを示す議事録は一つもありませんし、学者の方々も考慮要素について具体的に言及してる方がまずいないのです。

大貫　そうなのです。

田原　司法が判断するときに、仮に考慮する論点として国会から出てきたときに我々は何をポイントとして見るかということは、一つの意見として出しておいてもいいのではないか。そういう観点から論及したわけで、それらの考慮要素がすべて含まれていなかったら裁量権の濫用だとまで言うつもりは全くありません。

大貫　そういう趣旨ですか。あくまでも司法の立場に立ってこの問題を見ていくときには、こういうポイントがあり得るだろうということを示したと。

田原　はい。それについてどなたも言及していらっしゃらないから、一つの意見をアドバルーンとして上げたということです。

大貫　学界に身を置く者としては、ちょっと耳が痛いところです。私は行政法学者ですけど、憲法学者は、もっと積極的に選挙制度について発言したほうがいいかもしれませんね。

田原　だと思いますね。抽象論で投票価値の平等の議論だけしているのではなくて、国会が裁量権を行使するときに裁量要素として何を考えるのか。しかも、それは憲法学的に検討されて言うべきなのに、申し訳ないけれども憲法学者の方々は、そういうところに足を踏み込んだ議論を全くなされていない。そうすると裁判所に対して単なる選挙人の数だけの議論をされても、裁判所に対する影響力というのは、ほぼゼロですからね。

大貫　それは耳が痛いです。田原先生の反対意見は考慮要素を詳細に書かれているわけです。これはなかなかない。分かりました。これは決して裁量を狭めるという趣旨ではないと。

田原　ではないです。

大貫　これは学界に対してもかなり大きなインパクトがあろうと思います。

(ii)　違憲の主観化——学説への評価

大貫　分かりました。ありがとうございます。本質に係る問題に入ってきました。先生から既にご説明いただきましたけれども、立法者の「努力」「対応」を重視する方向が出ていて、これについて学界のほうから一定の評価があります。例えば二一年判決についての京都大学の毛利透教授の判例評釈は（民商一四二巻四・五号〔二〇一〇年〕四五〇頁）、判決のこういう対応を、違憲の主観化というタームで名付けられています。このタームは中央大学の安念潤司教授がずいぶん早い段階で使いましたが（「いわゆる定数訴訟について（一）〜（四）」成蹊法学二四号〜二七号〔一九八六年〜一九八八年〕）、こうした観点は、合理的期間論の中に既に含まれる余地がありました。ただ、憲法学界は意外にここに批判的な目を向けています。例えば二四年判決についての中央大学の工藤達朗教授の判例評釈を見ますと（論ジュリ四号〔二〇一三年〕九二頁）、「国会に対するコントロールの仕方として、これはかなりきつい。これはいかがなものか」とコメントされています。確かに結果として、どういう定数配分規定になったかというところを見るだけでなく、そのプロセスを見るというのは、ある意味で踏み込んでいるかと思います。そういう見地から憲法学界では、ちょっと批判的な評価が一部でなされるのですが、こういう見解について先生のお考えをお聞かせください。

田原　主観化の問題に関しては、その前に論究ジュリストの特集「憲法最高裁判例を読み直す」に、東京大学の宍戸常寿准教授（当時）が、「一票の較差をめぐる『違憲審査のゲーム』」という表題の論稿を寄せておられます（論ジュリ一号〔二〇一二年〕四一頁）。その流れで、今、ご指摘のあった工藤教授の判例批評、あるいは毛利教授の判例批評等があるのですが、これは裁判に現に携わっていた立場からしますと、「違憲審査のゲーム」というような表現でもって、この違憲論を学者の方が捉えることに対して非常に強い違和感を感じます。ゲームというのは、ある意味で外から見ているとそう見えるよということなのかもしれないけれども、こういう学者の方々の論稿が裁判官に対して説得性を持つかというと、少なくとも私はこういう論稿を読んで全く説得されません。学者の方々の判例批評というのは、現に裁判に携わる者に対しての一つの意見であり説得なのですが、こういう形でお書きになることが裁判官に対して説得性を持たないということを、逆に私から言えば、学者の方々がどうお考えになるのか。裁判というのは動かしていくものですから、動かしていく中でどう考えたらいいのかという問題だと思います。

他方、手続の議論の中で、例えば二四年判決（後掲④）の後、あるいは衆議院の二三年判決の後に有力な元国会議員の方々が、立法府に対して裁判所が物申すのはおかしい、司法権の限界を超えていると述べられているのを、新聞記事で複数回見ました。それに対して、司法に携わっている立場からすれば、国会の方々がそういうご発言をなさることに対して学界やマスコミが何らの反論もされないことを、私は逆に危惧します。三権分立というものの位置付け、一人別枠方式に対し、少なくとも二三年判決は極めて明快な判断を示したわけで、二一増二一減をまずやって、それから全体の仕組みをご議論されたらいいのに、国会自身が身を削るとか言って、定数削減という、投票価値の平等とは関係のないことを一緒にして、訳の分からないご議論をしていらっしゃる。最高裁はサインとしては極めて明快なサインしか出ていない。それに対して憲法学者の方々が、ほとんどご発言していらっしゃらないことをどう考えるのか。

大貫　むしろ、ボールがこちらに投げられた。

田原　司法に携わっていた立場からすれば、今は辞めたから申しますけれども、現役ならこんなこと発言できないのですが、そこのところをどう考えるのか。国会議員の方々がもっと本気にならなければいけない。主観的というお話を先ほども少し述べましたが、判決に携わる立場から言えば違憲無効の判断というのは非常に重たいですから、無効の判断の前の段階というのは見ざるを得ないわけです。

大貫　なるほど。それは必然的だと。

田原　そうすると、見ざるを得ないというときは定数だけでなく、国会の主観的対応というのも常時ウオッチングせざるを得ないと考えています。

(iii) 判断過程のコントロールの意味

大貫　なるほど。そこでちょっとお聞きしたいのですが、先ほど申し上げた平成一六年判決の福井調査官解説で、判断過程のコントロールについて調査官は非常に批判的で、こういう件があったと思います。判断過程を見て結果を見ないのかと。つまり、結果として出てきた定数配分規定を見ないと、そういうことはおかしいのではないかと。

田原　それはあり得ないです。あくまで結果は見ますけれども、ただ、前回選挙から判決までの期間、その間の国会の動きは見ざるを得ない。

大貫　そうすると、こういうふうに強引にまとめてよろしいでしょうか。判断過程のコントロールはいろいろ議論がありますが、結果を見据えた判断過程のコントロールだと。

田原　もちろん、そうだと思います。

大貫　結果を見ないでプロセスだけ見て、ここまでやっているから許そうとか、良いとか悪いという話ではない。

田原　一人別枠方式に対する二三年判決を踏まえて、四増四減ありきだけで走っているときに、その判断過程をどこまで尊重するかということだと思います。

大貫　そうですね。なるほど。そうすると、なかなか表現しづらいのですが、福井調査官はこういう趣旨だったと思います。定数訴訟は結果としてどういう区割りが出てくるか、定数配分が出てくるかということが重要なのであって、この判断過程がどうというのは二次的なものだろうというふうに見ているのだと思います。

田原　だから最終結論について、ある意味で望ましい方向に向かって国会がご議論していらっしゃるときに、それは尊重しなければいけない。

大貫　なるほど。くどいようですが、結果も見据えた判断過程のコントロールだということですね。

田原　はい。繰り返しになりますが、一人別枠方式がおかしいよと言っているときに、四増四減ありきだけで終わりになるのは。

大貫　おかしいですね。

田原　それをおやりになっているから。

大貫　いいとは言えないと。

田原　という話になるのではないでしょうか。

大貫　分かりました。流れがようやく分かってきました。そういう意味で、結果としてどういう方向に向かっているかということも見据えた判断過程を見ているのであって、判断過程だけ見て許そうということでは決してない。

田原　もちろん、そうです。

大貫　ここは一つ論点だと思います。そうしますと、先生のお考えでは、判断過程のコントロールというのは裁判所が立法サイドに踏み込みすぎだとか、そういうことでは必ずしもないと。

田原　全く思っていません。

大貫　尊重していると。

田原　はい。ですから、例えば私が反対意見を書くときであっても、国会の動きというのは調査官に常に最後までウォッチさせますから。

大貫　なるほど。そうすると、裁判所が国会の立法裁量に対して、ちゃんとした敬意を払っているからこそそのコントロールの仕方だと。

田原　裁量権の濫用と言われるような内容であれば、口を出さざるを得ないでしょうし、少なくとも司法から見て適切な裁量権の範囲内で終わりになっているならば、尊重しなければいけないでしょうという理解をしています。

大貫　よく分かりました。そうしますと違憲の主観化とか、あるいは工藤教授の言うコントロールとして踏み込みすぎではないかという批判は当たらないと。

田原　と、私は理解しています。

(iv)　判決文について

大貫　それでは次の質問ですが、一九年判決と二一年判決以降では判決文が微妙に変わってきているというのが観察できるのです。一九年判決では、次のようになっています。要するに国会が具体的に定めた配分規定がありますね。その配分規定が「裁量権の行使として合理性を是認し得るものである限り、それによって投票価値が損なわれることになっても、やむを得ない」。これが、二一年、二三年、二四年判決ではこうなっています。「それによって投票価値の平等が一定の限度で譲歩を求められることになっても、憲法に違反するとはいえない」（傍線発言者）。これは最高裁の投票価値の平等に対する位置付け、重要性の与え方が変わってきているとみてよいですか。

田原　多数意見は、そのように変わってきていると私は読んでいます。

大貫　と、理解してよろしいですか。

田原　はい、私は読んでいます。

大貫　田原裁判官から見てですね。分かりました。ありがとうございます。これは微妙な差として出ていたので確認しました。判決文は詳細に読んでくれということでしょうか。

田原　はい。判決文は、本当に「てにをは」まで各裁判官が意見を述べますから。

大貫　これは大きな差ですね。

田原　ですから表現の差が出といるということは、多数意見を形成する各裁判官の意見が、少しずつニュアンスが変わってきていることが読み取れると思います。

(v)　合憲判断の枠組みについて

大貫　ありがとうございます。それでは田原反対意見についてお聞きします。定数訴訟における最高裁の合憲判断の枠組みというのは二段階であったわけです。一つ目が、違憲の問題が生ずる程度の著しい不平等状態が生じているかどうか。ある意味、客観的に決まるところだと思います。プラス、それだけでは違憲とはせず、不平等状態が相当期間継続し、それを是正する措置も講じないことが、国会の裁量的権限の限界を超えたかどうかというものであったと思います。最判平成八年九月一一日民集五〇巻八号二二八三頁は明確にそのような枠組みになっています。田原反対意見は、この枠組みに忠実に従っているように見えるのですが、このように理解してよろしいでしょうか。

田原　いいえ、私自身は必ずしもそう思っていません。例えば不平等状態が本当に著しければ、相当期間経過するか否かにかかわらず、そこに限界があるでしょう。著しいとまでは言えない状態で、しかし、それが長期間続いている場合は、その相当期間を含めて$\alpha \times \beta$で違憲になるという理解をしています。

大貫　なるほど。そうしますと田原裁判官の枠組みというのは……。

田原　多数意見とは少し違います。

大貫　少し違うということですか。そうしますと事案によって変わるということですね。

田原　だと思います。

大貫　著しい不平等状態があるとなれば、合理的期間などは全然問題にならないということになりますね。

田原　はい。本当に著しければ。例えば一対六、一対七は著しいですから、期間がどうあれ即駄目でしょう。

大貫　ただ、ある時点に、例えば一対六になり、その後、すぐ裁判が起こされたときには非常に短いわけです。それでもそれは。

田原　だから、それで次の三年間がどうだったか。一対七は過去にありませんが、一対六で違憲状態であるとの判決が出ています。

大貫　なるほど。それは一対六、一対七の時点で違憲であると。

田原　それは違憲と言わざるを得ないでしょう。

大貫　なるほど。田原裁判官のお考えは多数意見の枠組みとはやや違っているということですね。

田原　そうです。

大貫　多数意見のことをお聞きしたいのですが、多数意見は二段階審査をしていないように読めるのですが、その区別をしなかった理由というのは、先生のお立場からはおっしゃりにくいのかもしれませんけれども、例えばこういうふうなことが言われています。平成八年の参議院選挙に係る川神裕調査官解説（最判解民事篇平成八年度（下）六七七頁）を読みますと、参議院は憲法が二院制を採用したことによって非人口的要素をどの程度考慮するかについて、裁量の余地が広いと従来解されていた。ですから数値によって客観的に違憲状態があるとは言いにくい、という趣旨のことを書かれています。参議院についてはそういうことなのでしょうか。

田原　参議院に関しては、衆議院と異なった形で従前の多数意見が形成されてきたのは、そのとおりです。ただ、先ほど申しましたように、投票権を基準にする限りは一定の限界があることを、たしか一八年判決（最大判平成一八年一〇月四日民集六〇巻八号二六九六頁）で初めて言及しましたね。

大貫　ええ。

田原　そのころから、多数意見での判決の表現ぶりが変わってきていると私は理解しています。

大貫　そうですか。

田原　平成八年判決よりは、だいぶ違っていると思っています。

大貫　違ってきていると、なるほど。

田原　ただし、その平成一八年判決はそれ以上踏み込まずに頭出しだけをした。

大貫　そうですか。

田原　それが二一年判決になったら、相当、表へはっきり出てきたということなのではないでしょうか。

大貫　なるほど。

田原　二四年判決になると、もっと表に出てきたと。

大貫　そうですね。そこの流れをお聞きしたいのですが、最高裁自身が二一年判決で言っていますね。投票価値の平等については実質的に厳しいことを言ってきている。そういう流れというのは、平成一六年判決、平成一八年判決、二一年判決と続いている、二一年判決はそう言っているのです。次第に実質的に厳しくなったと。

田原　各判決を読んでいて、多数意見の内容はそのように理解できると思います。

大貫　そうですか。むしろ少数意見を汲み上げて、二一年判決で初めてはっきり厳しい態度を示したという読み方もできるかと思います。

田原　ただ、都道府県の枠を維持する限り、投票価値の平等について少なくとも立法当時のところまで辿り着くことは不可能ですから。そうすると、その枠組み全体の制度の見直しの必要があるのではないですかということを、平成一八年判決で少し頭出しをしたということではないでしょうか。

大貫　なるほど。それが二一年判決では、はっきり出てきた。

田原　表に出てきて、二四年判決では完全に表、正面から捉えています。

大貫　なるほど。その論点ですけど、正に制度改正をせざるを得ないのだというところまで踏み込んでいるということで、よろしいでしょうか。

田原　だと思いますし、少なくとも亡くなられた西岡武夫参議院議長が検討しておられて公表されていた案というのは、完全に制度改正に踏み込んでいますからね。

大貫　なるほど、そうですね。おっしゃるとおりですね。そうすると、先ほどの二一年判決は確かに厳しくなっているのですが、二段階的にはなっていないと思います。つまり投票価値の客観的な指標における不平等状態と、合理的期間ということに必ずしもなっていない。

田原　やはり衆議院のように小選挙区ではありませんから、制度全体を動かさないことには、どうしようもなくなっているわけで、そうすると不平等状態が継続しているからといって、それで言いっ放しでいいのですかということになるのではないでしょうか。

大貫　なるほど。これは参議院の特殊性というのが出ている。

田原　半数改選でありというところの枠組みを、どうやるかと。そうすると今のままでは、現行の制度では明らかに大きな限界がありますから。

大貫　なるほど、そうですね。分かりました。

④ 最判平成二四年一〇月一七日判時二一六六号三頁（反対意見）（以下「二四年判決」という）

1 事案の概要

大貫　本件は、平成二二年七月一一日施行の参議院議員通常選挙について、東京都選挙区の選挙人である上告人らが、公職選挙法一四条、別表第三の参議院（選挙区選出）議員の議員定数配分規定は憲法一四条一項等に違反し無効であるから、これに基づき施行された本件選挙の上記選挙区における選挙も無効であると主張して提起した選挙無効訴訟です。

平成一八年改正後の参議院議員定数配分規定の下で平成一九年七月に施行された参議院議員通常選挙当時に、選挙区間における議員一人当たりの選挙人数の最大較差は一対四・八六でしたが、二一年判決は、同選挙当時、本件定数配分規定は憲法に違反するに至っていたものとすることはできない旨判示しました。この判決は、上記の較差は投票価値の平等という観点からはなお大きな不平等状態であって、選挙区間における投票価値の較差の縮小を図ることが求められており、最大較差の大幅な縮小を図るためには現行の選挙制度の仕組み自体の見直しが必要となる旨の指摘をしました。

参議院は、平成一八年の公職選挙法の改正後も格差是正について検討を続けましたが、本件選挙に向けた較差の是正は見送られ、同二五年に施行される参議院議員通常選挙に向けて選挙制度の見直しを行うこととされました。平成二二年七月に本件定数配分規定の下での二回目の参議院議員通常選挙として施行された本件選挙当時の選挙区間における議員一人当たりの選挙人数の最大較差は一対五・〇〇になっていました。

2 法律論上の争点と先例的意義

大貫 二一年判決と同じ論点ですが、二一年判決後も抜本的な制度改正が行われなかったという事情の下で、参議院選挙における投票価値の平等についてどのように考えるべきかについても論点になります。この点判決は、平成二二年七月一一日施行の参議院議員通常選挙当時、選挙区間における投票価値の不均衡は違憲の問題が生ずる程度の著しい不平等状態に至っていたとしましたが、当該選挙までの間に定数配分規定を改正しなかったことが国会の裁量権の限界を超えるものとは言えないとしました。参議院の定数配分規定について違憲状態にあるとの判断を示した二つ目の判決と思われます（最大判平成八年九月一一日民集五〇巻八号二二三九五頁がはじめての判決）。

3 検　討

(i) 判決文の文言の違い

大貫　判決文を注意深く読みますと、二一年判決と二四年判決との間には、判断枠組みにかかる判示に微妙な違いがあります。二一年判決が言っている「社会的、経済的変化の激しい時代にあって不断に生ずる人口の変動につき、それをどのような形で選挙制度の仕組みに反映させるかなどの問題は、複雑かつ高度に政策的な考慮と判断を要するものであって、その決定は、基本的に国会の裁量にゆだねられているものである」という部分が、二四年判決では落ちています。これは国会の裁量に対する配慮をしたところです。これが落ちているということは、やはり最高裁の一定のスタンスの変化を物語っているというふうに考えてよいですか。

田原　多数意見を読む限り、変化してきているのではないかと私は理解しています。

大貫　なるほど。ちょっと答えにくいことですね。このように文言がいくつか消えているということは、決して意味のないことではなくて、重要なメッセージが含まれているとうことですか。

田原　私は反対意見の立場ですから、多数意見の形成に関与していませんけれども、最高裁の判決は先ほど申しましたように、その関与する裁判官全員が目を通して意見を述べます。しかもそのときには従前の判決との対比も含めて各自が見ていますので、多数意見が動いているということは、明らかに一定のサインを多数意見は出しているとご理解いただいていいのではないでしょうか。

大貫　なるほど、分かりました。これは非常に興味深いなと私自身は思ったのですけれども、二四年判決には「参議院は衆議院とともに国権の最高機関として適切に民意を国政に反映する責務を負っていることは明らかであり、参議院議員の選挙であること自体から、直ちに投票価値の平等の要請が後退してよいと解すべき理由は見いだし難い」と書かれています。これは最高裁の決然たる決意と読むことができますか。

田原　決意という表現はいかがかと思いますが、参議院の選挙の位置付けについて、少なくとも昭和五〇年代の多数意見の議論と、明らかに異なってきていることは読み取れると思います。判決を読む立場から見て。

大貫　お手元の資料の(α)〜(ι)と付したところが二

四年判決の抜粋で、これを読んでも明らかに先生のおっしゃるとおりで、昭和五八年判決（最大判昭和五八年四月二七日民集三七巻三号三四五頁）に対する言及が明らかに変わっていると思います。そういう読みをしてよろしいということですね。

二四年判決（五八年判決への言及部分）

（α）昭和五八年大法廷判決は、参議院議員の選挙制度において都道府県を選挙区の単位として各選挙区の定数を定める仕組みにつき、都道府県が歴史的にも政治的、経済的、社会的にも独自の意義と実体を有し、政治的に一つのまとまりを有する単位として捉え得ることに照らし、都道府県を構成する住民の意思を集約的に反映させるという意義ないし機能を加味しようとしたものと解することができると指摘している。都道府県が地方における一つのまとまりを有する行政等の単位であるという点は今日においても変わりはなく、この指摘もその限度においては相応の合理性を有していたといい得るが、これを参議院議員の選挙区の単位としなければならないという憲法上の要請はなく、むしろ、都道府県を選挙区の単位として固定する結果、その間の人口較差に起因して投票価値の大きな不平等状態が長期にわたって継続していると認められる状況の下では、上記の仕組み自体を見直すことが必要になるものといわなければならない。また、（β）同判決は、参議院についての憲法の定めからすれば、議員定数配分を衆議院より長期にわたって固定することも立法政策として許容されるとしていたが、この点も、ほぼ一貫して人口の都市部への集中が続いてきた状況の下で、数十年間にもわたり投票価値の大きな較差が継続することを正当化する理由としては十分なものとはいえなくなっている。さらに、（ι）同判決は、参議院議員の選挙制度の仕組みの下では、選挙区間の較差の是正には一定の限度があるとしていたが、それも、短期的な改善の努力の限界を説明する根拠としては成り立ち得るとしても、数十年間の長期にわたり大きな較差が継続することが許容される根拠になるとはいい難い。

田原　と、私は理解しています。

大貫　分かりました。

（ii）投票価値の平等の実現の仕方

大貫　田原反対意見は、参議院の選挙の仕組み自体を変えないことには、もはや投票価値の不均衡を解消することはできないとお考えでしょうか。

田原　それはそのとおりで、多数意見もそういう立場だと理解しています。二四年判決はね。ただ、それをどう変えるかについては立法府がご自分でお考えになることで、司法府が発言すべき事柄ではないと思います。

大貫　ただ、仕組み自体は変えなければいけない。

田原　変えないことには、どうしようもなくなっているというのが現状ではないでしょうか。

大貫　仕組みを変えないで、その中での弥縫策をやれば、それは違憲という可能性が非常に高くなってくる。

田原　私が在職していれば違憲の判断があり得るだろうと思います。

大貫　なるほど。最高裁の立場でも、多数意見のほうはどうなのでしょうか。仕組みを変えないといけないということは、かなりはっきり言っているわけですね。仕組みを変えないで選挙すれば、それは無効ということですね。

田原　そこは私の立場からは何とも言えないですね。

(iii) 選挙無効判決の効果

大貫　おっしゃるとおりです。分かりました。非常に興味深い先生のお考えですが、田原反対意見は、選挙が無効になる範囲を較差の程度によって決めることを提案されています。この構成は先生ご自身が引用されていますように、昭和五一年判決の岡原昌男裁判官等の反対意見と同じ構成だろうと思います。この点について、昭和五一年判決の越山安久調査官の解説（最判解民事篇昭和五一年度一四八頁）を見ますと、この構成を採用すると、投票価値の平等の判断基準が、特定のものを採用しないといけないのではないかと書かれています。例えば全国の有権者数を総議員数で除して得られる議員の一人当たりの全国平均有権者数と、各選挙区別の議員一人当たりの有権者数との比率という基準を採用しなければいけないのではないか、というようなことが書かれています。

質問ですが、選挙が無効になる範囲と投票価値の平等の判断基準の関係について、先生はどのようにお考えでしょうか。

田原　越山調査官が言っている形を、本当に取らなければいけないのかというのが気になるところで、この岡原裁判官ほか四名の反対意見というのは、結局、選挙無効訴訟について不可分説でなく可分説と説明しています。

大貫　そうです。多数説は不可分説。

田原　それで昭和五一年判決が初めて事情判決をしたわけです。他方で公選法の二〇四条の訴訟であると。選挙訴訟については従前から客観訴訟説なのです。岡原裁判官は可分説をお取りになっているときに二〇四条を引いておられるのですが、客観訴訟説を貫いたときに、そこの議論をどうされるのか岡原裁判官ほかの反対意見からは読み取れません。それで可分説と言うときに、では投票価値がほぼ平均ないし、いちばん少ない所の選挙民が訴訟を起こせば、従前の客観訴訟説はそれであっても無効になるはずなのです。

大貫　なりますね。

田原　そこを区分できるのだとおっしゃっていながら、その反対意見はその点に言及していないのです。それで私が今回、二四年判決で言及したのは、二〇四条の類推だということを言う以上は、当該選挙区の選挙しかその効力は及ばないはずで、そうすると区割規定が違憲だと。

大貫　無効になるのはここだけだと。

田原　という形になりますよね。

大貫　ええ、そうですね。ただ、定数配分規定が不可分ということで、訴訟が提起されればすべての選挙区の選挙が無効になるというのが今までの考え。

田原　少なくとも学界の主流の説としてはね。

大貫　そうだと思います。おそらく多数意見もそうだと考える。

田原　法廷意見は、それには言及していないのです。

大貫　ただ、事情判決を使うということは、そういう前提で考えている可能性があります。

田原　という可能性、要素は強いですし、少なくとも昭和五一年判決はそうですね。

大貫　最近の判決はちょっと分からないということですね。

田原　そこのところで、二四年判決の私の反対意見、あるいは高松高裁の事件に対しては、反対意見でなく意見としているのは、二〇四条の基準でいったときに、当該原告にその訴えの利益がありますかという形で問題提起したわけです。そうすると区割りは違憲無効だけれども、あなたは違憲無効をいう立場にないですねと。

大貫　なるほど。それは客観訴訟ということで乗り越えてきたのでしょうね。

田原　そこをどう乗り越えてきたのでしょうか。例えば、今までであれば最大較差の選挙区の方々が原告になっていたのですが、最小較差というか、いちばん較差の少ない所、例えば鳥取選挙区の方あるいは高知選挙区の方が、区割りは違憲だから、うちの選挙は無効だよという訴訟は今までなかったのです。

大貫　なかったです。

田原　ところが、それがきたときに従前の客観訴訟説は、それでも無効だと言うのですね。

大貫　無効だとなりますね。

田原　なりますね。それはおかしいでしょうというのが、私が今回、問題提起した点です。

大貫　なるほど。

田原　東京や神奈川は差がありますけど、高松は逆に法施行時の較差よりも小さいですから請求棄却でいいと。だけど結論は違うという意味で意見として述べていますね、反対意見でなくて。

大貫　なるほど。

田原　そういう問題提起をしたのは、たぶん今回、私が初めてのことですから、学界的に言っても。

大貫　そうですね。従来の客観訴訟説的な考えは、一つの筋は通っているのですけれども。

田原　しかし、あくまで二〇四条類推だということで、これは判例法として固まっているわけですから、そうすると当該訴訟で決まるのは、あくまで当該選挙区の被選挙人、当選者だけなのです。

大貫　そうですね。

田原　参議院の場合は、そうすることによって選挙無効であっても乗り切れますよとしたわけです。ところが衆議院の場合に、特に全選挙区で一斉に提訴となったときにどうなるか、私は一言も述べていません。だけど選挙無効の判決をする場合には、その射程距離、効力が及ぶ範囲についての一定の見解を示すのが義務だと思います。

大貫　従来、客観訴訟だとあくまでも言ってきたので、さっきのような結論になるわけですが、先生の結論だと主観訴訟的になりますね。

田原　なります。二〇四条類推である限りは当該選挙区しか効力が及ばないのですから。

大貫　確かにそこに一種の齟齬があることはありますね。客観訴訟だということで位置付けてきたわけですけれども、定数配分規定で無効になる範囲は、あくまでも提訴したそこだということも確かなのですね。

田原　そうなのです。

大貫　なるほど。岡原裁判官等の反対意見と先生のご意見をつなぎ合わせてみますと、選挙訴訟が主観化するような感じもするのですが、どうでしょう。ご存じのように選挙権というのは公務説と、いわゆる権利説とあって、権利説でいくと、あなたの主観的な権利がここで侵害されていると考えれば、特に投票価値が不平等になっている、あなたの選挙区にかかる定数配分規定だけが無効になる、ほかは関係ないというのは十分あり得ると思います。ただ、考え方の大きな転換の可能性がありますね。

田原　しかし、そこを乗り切らないと、無効判決を果たしてどこまで出せるか。

大貫　出せないですね。

田原　それと、もう一つは被選挙人、候補者同士が二〇四条で不平等であるとして提訴したときに、これは主観訴訟的な側面が全面的に表に出てきます。

大貫　おっしゃるとおりです。いわゆる当選訴訟ですね。これは主観訴訟だと言われているのです。

田原　そのときに、主観訴訟だと言われるのが選挙の無効でなく、投票の活動のどうこうだったら、まさにそのとおりですけれども、区割りがおかしいと言って候補者同士で争ったときにどうなるのですか。それでも主観訴訟と言うのですか。

大貫　これはなかなか大変ですね。無理があったわけですね。要するに、この選挙訴訟で定数配分規定の合憲性を論じるというのは、よく言われているのは、ほかに手段がないのでということでやってしまったので、本来ならば、これは主観訴訟だと、実は客観訴訟の器を借りた主観訴訟であるという理解がないわけではない。

田原　そうですね。だから、今申し上げた候補者同士が区割り規定の不平等を理由として争ったとき、そのときも二〇四条を正面からですけど、通常の選挙運動がどうのこうのと言うのではなくて、区割りがおかしいと。

大貫　区割りがおかしい。何でしょう、被選挙権が害されているということですね。

田原　それは二〇四条そのものみたいだけれど、本当に二〇四条そのものですかと。選挙人の起こす訴訟とどこが違うのですかと。

大貫　なるほど。

田原　そういう議論は、残念ながら全くされていないですね。

大貫　したほうがいいですね。先生の効力論というのは非常に魅力的で、確かに岡原裁判官は昭和五一年判決で言っているわけですが、こうでもしないと、永遠と言うのは言いすぎですけど、何回も何回も最高裁判所は事情判決というカードを切らざるを得ないことになりますね。そうなりつつあるわけですけれども。不平等状態にある選挙区の定数配分規定だけが無効になるのだと、これは魅力的です。

　ところで、ほかの可能性というのは裁判所で議論しているのでしょうか。ちょっと言いにくいでしょうか、例えば将来効判決とか。

田原　過去に寺田治郎裁判官ほか三名の補足意見で、そういうことをお書きになっていました（最大判昭和六〇年七月一七日民集三九巻五号一一〇〇頁）。今般も広島高裁で、一つ出ていますね（広島高判平成二五年三月二五日判時二一八五号二七頁②）。

大貫　将来効ですね、それは。

田原　それは、司法権の行使として果たして適切なのかと。

大貫　おそらくアメリカの裁判所だとやるのだと思います。

田原　それはエクイティーだからできるのでしょう。

大貫　おっしゃるとおりです。裁判所は実体権は確認しなければならない、しかし、それをどう具体的に実現するかは、つまり救済の仕方については、いわゆるレメディの問題で、裁判所のある程度の自由があるとするわけです。日本の裁判所はできないのですかね。

田原　エクイティー制度がない中で本当にできるのでしょうか。

大貫　こういうケースを見ますと、裁判所にそういう裁量があるという考えもあり得るかと思いますけれども。

田原　そういう意味での裁量に関して言えば、例えば仮の地位を定める仮処分なんかであれば、裁量の枠が非常に大きいですから、今おっしゃったようなことがあり得ると思いますけど、選挙訴訟にそのような仮の地位を定める仮処分のような考え方を持って来るというのは、ちょっと論理が飛んでいるのではないでしょうか。

大貫　そうですか。そうすると裁判所ができることは限られてきますね。

田原　それは仕方がないですね。

大貫　ですから、無効になる範囲について適切な構成をするしかないということですね。

田原　というふうに私は考えて。今回の私の反対意見の中で述べていますが、そこまであえて論及する必要があったかどうかというのはありますけど。他方、高松、その他で意見を述べる立場から言えば、それと同じレベルの議論ですので、請求棄却されるべきだというときには、あなたの権利は侵害されていないでしょうという立場、侵害されていないでしょうと言えば主観訴訟的な側面になりますけれども、あくまであなたの選挙区での、あなたの権利という認識になりますね。

大貫　ということになりますね。これは、定数訴訟を法的にどう考えていくかということで、重い課題ですね。

田原　だと思います。残念ながら学界で議論していただけていなかった。

大貫　そうですね。学界に対する不満は大きいですか。

田原　それは大きいです。

大貫　思弁的な議論が多いということですか。

田原　特に憲法についての学界の議論は理念的な議論で、裁判所に対する説得力がほとんどありません。

大貫　具体の実定法の解釈論にその哲学がどう下りてくるかということが、あまり描かれていないのでしょうか。

田原　それでは困るのです。

(iv) 五一年判決岡原裁判官ほか反対意見との違い

大貫　もう一点、昭和五一年判決の岡原裁判官等の反対意見を引用されていますが、選挙の効力に関しては私見と異なると書かれていたと思います。これはどういう意味でしょうか。

田原　今、少し申し上げましたとおり、可分説を採るときに、ほかの選挙区の選挙、差がある所だけ違憲無効だとおっしゃっているのですが、そのとき、それ以外で選挙人が訴訟を起こしたときに請求棄却になるのでしょうけれども、請求棄却になるべき論拠について何も触れておられない。可分説だとおっしゃっているけど、そこでの可分の根拠が何なのか。

大貫　その点については見解がないということですか。

田原　そこのところについての見解がない。一部無効という考え方なのです。

大貫　そうですね。たとえば、過小代表状態にある千葉一区選出の議員の資格を将来に向かって失わせる。

田原　反対意見の記載で言えば、「その法規についてなるべく憲法違反の範囲を拡大しないように解することが違憲審査の基本的な態度であろう」と。「一部の選挙区において生じた投票価値の不平等が、平均的な、中庸を得ている他の多数の選挙区のすべてについて直ちに違憲を来すほどの密接不可分な関連性があるとすべきかどうかについては、慎重な検討を要する」、こういう考え方ですから。

大貫　そうです。でも先生は共有されませんか。

田原　区割りの問題ではないのです。そういう意味で、このような法の一部無効という考え方ですから、それは私の立論とは違います。

大貫　なるほど。先生の立論とは違う。

田原　権利侵害という立場からの議論をしているわけですから。

大貫　岡原裁判官ほか反対意見よりは一層、その人の主観的な選挙権が正に侵害されていることに着目するわけですね。

田原　はい。これは一部無効ですから。

大貫　なるほど。岡原裁判官ほか反対意見は必ずしも、この人の主観的な権利が侵されているから、ここだけ無効になるというのではないのですね。「……平均的投票価値をもつ選挙区についても、他の選挙区において投票価値の不平等が生じたこととは関係なく、依然として憲法の理念に合致しているものと認めることができるのであるから、これらすべての選挙区について一律に違憲であると断定する必要は全くない……。」という議論ですから。

田原　立論が違うというのは、そういう意味です。だから結果的には一部の選挙区の無効の議論をしていますけれども、立論の根拠が違っているのです。

大貫　なるほど、これは非常に重要な違いですね。こうしてみると田原先生のお考えは理論的にかなり重大なものを含んでいるということになります。

田原　あとは学者の方が発展してくだされば。

大貫　憲法学者にお願いします。私は、こういう効力論とか大好きなので、考えてみたいなという気がいたしました。岡原裁判官ほか反対意見との違いもよく分かりました。

Ⅱ　国家賠償

大貫　それでは、次は国家賠償に関する事件二件についてお伺いします。対象は平成二〇年四月一五日判決と平成二五年三月二六日判決の二つです。二五年判決を中心にします。

Ⓐ偽装建築物建築確認事件

⑤最判平成二五年三月二六日集民二四三号一〇一頁（補足意見）（以下「二五年判決」という）

1　事案の概要

大貫　上告人は、京都府所在の土地に、ビジネスホテルを新築することを計画しましたが、本件建築物は、一級建築士の設計によらなければ新築工事をすることができないものでしたので、A一級建築士事務所の一級建築士を代理人として、京都府（被上告人）に所属する建築主事に対し、本件建築物の計画について、建築基準法六条一項の確認申請書を提出しました。その後上告人は、平成一三年九月一〇日、本件建築主事から、本件建築物の計画について建築確認を受け、中間検査及び完了検査も受けました。

平成一七年、本件建築物の構造計算を担当したB建築士によって本件構造計算書が偽装されていることが判明し、京都府は、本件建築物は震度六以上の地震により倒壊するおそれがあるとして、上告人に改修計画の作成及び改修工事の実施を要請し、上告人は実施しました。

上告人は、確認申請書に添付された構造計算書に一級建築士による偽装が行われていたことを看過してされた確認は国家賠償法一条一項の適用上違法であり、それによって改修工事費用等の財産的損害を受けたとして、京都府に対し、同項に基づき損害賠償を求めました。

2　法律論上の争点と先例的意義

大貫　本件における特殊性は、建築主事の違法行為による府の損害賠償責任を追及しているのが、虚偽の申請データを作出した建築士の委託者である、建築確認申請をした建築主（上告人）であることにあります。この点について、寺田逸郎裁判官、大橋正春裁判官補足意見は、建築主と、違法建築によって被害を受けた第三者とでは、建築主事の注意義務の内容・レベルに差異が生じて然るべきとしますが、田原補足意見は、本件で問われているのは、建築確認処分により適法であると認められた計画に係る建物それ自体の安全性の有無であり、その処分の対象となる保護法益の対象者は、建物の所有者、居住者、利用者であって、それら保護法益の対象者が、建築主であるか否かによって安全性を確保する注意義務の有無、程度の差異がでることはないとされていて、寺田、大橋補足意見とは対立しています。

法廷意見は、建築主事が職務上通常払うべき注意をもって申請書類の記載を確認していればその記載から当該計画の建築基準関係規定への不適合を発見することができたにもかかわらずその注意を怠って漫然とその不適合を看過した結果当該計画につき建築確認を行ったと認められる場合には、国家賠償法一条一項の適用上違法となるものと解するのが相当であるとしたうえで、本件では建築主事にかかる事情は認められないとして違法性が認められないとしています。なお、上記一般的な判示に引き続き、その不適合に係る建築主の認識の有無又は帰責性の程度、その不適合によって建築主の受けた損害の性質及び内容、その不適合に係る建築主事の注意義務違反の程度又は認識の内容その他の諸般の事情に照らして、建築確認の申請者である建築主が自らの申請に応じて建築主事のした当該計画に係る建築確認の違法を主張することが信義則に反することがあり得る旨判示しております。

論点は、田原補足意見と寺田・大橋補足意見の対立にみられるように、建物の建築主と、違法建築によって被害を受けた第三者とでは、建築主事の注意義務の内容が異なるのかどうか、です。最高裁が多くの判例で採っている国賠違法観念である職務上尽くすべき注意義務は、人によって異なるのかという論点に関して、一つの事例的判断を付け加えたものと言えます。

Ⓑ弁護士会接見拒否事件

⑥最判平成二〇年四月一五日民集六二巻五号一〇〇五頁（補足意見）（以下「二〇年判決」という）

1 事案の概要

大貫 広島弁護士会（被上告人）に設置されている人権擁護委員会が、受刑者からの人権救済の申立てを受け、調査の一環として被害状況を目撃したとされる他の受刑者との接見を求めました。これに対して刑務所長は、施設の管理運営上の理由等から上記申入れには応じられないとして、接見を認めませんでした。広島弁護士会は、接見を認めなかったことは違法であり、それによって自らの社会的評価等が低下したとして、上告人（国）に対し、国家賠償法一条一項に基づき、損害賠償を求めました。

2 法律論上の争点と先例的意義

大貫 最高裁は、次のように判示しました。旧監獄法四五条二項は、接見の対象となる受刑者の利益と施設内の規律及び秩序の確保並びに適切な処遇の実現の要請（以下「規律及び秩序の確保等の要請」）との調整を図るものである。受刑者との接見を求める者が、接見の対象となる受刑者の利益を離れて当該受刑者との接見について固有の利益を有している場合はあるが、旧監獄法四五条二項の規定が、このような受刑者との接見を求める者の固有の利益と規律及び秩序の確保等の要請との調整を図る趣旨を含むものと解することはできない。したがって、旧監獄法四五条二項は、親族以外の者から受刑者との接見の申入れを受けた刑務所長に対し、接見の許否を判断するに当たり接見を求める者の固有の利益に配慮すべき法的義務を課するものではなく、刑務所長が接見を認めなかったことには国家賠償法一条一項にいう違法ということはできない。

同じ加害行為（接見拒否）を前提としても、相手方によって保護法益が異なり、したがって注意義務の内容も異なるのか、あるいは、そもそも相手によっては注意義務を負わないのか、が論点となります。国賠の違法性観念の相対性に関わる論点について一つの判断を示したものと思われます。

3 検　討

(i) 国家賠償法における違法と、一般不法行為法における違法の関係

大貫　まず、少し前振り的な質問をいたします。論点的には、国家賠償法における違法と一般不法行為法における違法の関係です。国家賠償法において相関関係説は妥当しないかという質問です。

と言いますのも、田原補足意見では、一般不法行為法の影響を受けて国家賠償法の規定ができたのはそのとおりだが、国家賠償法は一般不法行為の特別法と位置付けられているから、その後の一般不法行為法に関する学説、判例法理の進展の影響を受けるのは当然であるとおっしゃっていて、これは結局相関関係説を採らないということでしょうか。

田原　必ずしもそうではないので、違法性のところでは相関関係説が当然影響することを前提にしております。

大貫　ああ、そうですか。大橋裁判官、寺田裁判官補足意見は、まさに相関関係説を正面から打ち出しているわけですけれども、田原補足意見は、相関関係説をここの場面では必ずしも採用していないと読めたものですから。

田原　というよりも大橋、寺田補足意見は、一つの客観的行為について、人的相対性を正面から認めようとしています。それは一つの行為が、例えばAさんの保護法益の関係では保護に値し、Bさんの関係では保護に値しないということは、一つの行為としてあり得るわけです。

大貫　そうです。

田原　建築確認処分行為というのは、人に対する行為ではなくて、確認申請行為という一定の客観的行為に対する対応であって、その違法性が被害を主張する人によって相関的に違うというのはおかしいのではないですかというのが、大橋、寺田補足意見と私の意見の最大の争点です。

大貫　争点がそこにあるのはそうだと思います。これからお伺いしていきます。

(ii) 建築主と違法建築によって被害を受けた第三者とで違法性（注意義務）が相対的か――問題のとらえ方

大貫　論点は建築主と第三者とで違法性（注意義務）が違うのかという問題だろうと思います。今、田原先生がまとめてくださったように、大橋、寺田補足意見は、建物の建築主と、違法建築によって被害を受けた第三者とでは、相

手方に対する注意義務の内容、レベルに差異があるのだということでよろしいでしょうか。

田原　という理解で本当に大橋、寺田補足意見を捉えてよいのかどうかというのはよく分からないのです。私の補足意見では、対物処分という表現をしております。大橋、寺田補足意見は、その対物処分として本当に捉えているのかどうなのか。対人的な処分として捉えるならば、建築主と第三者とで違ってくるのは当たり前なのですが、あくまで建築確認行為というのは、この建物の建築を確認するということであって、申請者がAさんであるかBさんであるかというのは、確認行為の関係では全く関係ないのです。

大貫　はい。それはそうだと思います。そこは非常に難しいなと思ったのですが、次のように理解していて、建築確認というのは、建物自体の安全性の確保をするものだと思っています。ただ、安全性の確保によって守るべき利益が何なのかが違うということなのではないかと思います。

田原　そこも大橋、寺田補足意見と私の補足意見との違いで、建物自体の安全性である以上、その建物に仮に確認が不十分なために一定の被害が出たと。そのときに、居住者が建築主であることと、あるいはそこにいたテナントが同じような被害を受けたときに、違法性のレベルでそこに違いが出てきますか。

大貫　おそらく出てこないと思います。建築確認をするときの明文の規定があって、それに違反しているかどうかは客観的には同じだと思います。適法に建築確認をすることによって守られる利益が、居住者であれば生命、身体、健康だと思います。建築主でそこに住んでいる人間であるならば、そういう利益が保護される場合もあると思います。ところが、ここで問題となっているのは、建築主固有の利益だと思います。そういう生命、身体の安全ではなく、自分の建物が安全であるということを保障してもらえる。一審判決の言葉を借りますと、財産権とか、そういう言い方をしています。そこの違いがあるのかどうかが論点ということだと思います。

田原　今おっしゃった例によったときに、建築主がそれを譲渡した。そうすると譲受人は保護の対象になるわけでしょう。

大貫　なりますね。

田原　そうすると、そこでは新規に保護法益が発生するのですか、それとも建築主が得ていた利益を承継するのですか、あるいは建物自体が安全であったという状態を引き継ぐのですか。譲受人の保護法益というのは、一体どこからくるのかという点です。

大貫　それは建築主から譲り受けるわけですね。そうすると、それは当然譲り受けた人間は、建物が安全であるということを保障してもらえる。

田原　そのときに確認行為が違法であったときの話ですよ。そういうときに譲受人は、確認行為が違法であったということを、どういう立場で請求できるのですか。ここは通常の不法行為と同じレベルで考えたときに。

大貫　最初の建築主から譲り受けた。最初の建築主であれば設計をさせて申請しますよね。そうすると、彼との関係でどういう場合に違法となるかというのは、相関的に決まってくると思います。建築主がそういう違反状態をちゃんとコントロールできたのか、できなかったのかということが入ってくると思います。譲り受けた人は、ただ譲り受けただけなので、そういう事情はないですね。

田原　私の補足意見には、設計士の不法行為責任を認めた最高裁判所の判例を引いて、それに対して大橋、寺田補足意見はその判例は関係ないではないかと言っています。譲受人に対しても不法行為責任を負うという判決でしたね。そうすると、譲受人がなぜ、どういう形で不法行為責任を問えるかというと、建物が安全であるということに対する不法行為責任ですね。

大貫　そうです。

田原　そうすると、そういう意味では、新規に発生というよりは、建築確認行為というのは、建物それ自体に対しての安全性を保障するという表現はよろしくないのですが。

大貫　いいと思います。建物の安全性を保障しているのですよね。おっしゃるとおりです。

田原　だから、建築主の財産権に対する保護というよりは、建物それ自体に対する安全性。そうである以上は、その保護対象は建築主であろうが譲受人であろうが同じでしょうと。私の論理で言うと、建築主が、自分が依頼した設計士が大きなミスをしたがゆえに、非常に危険な建物になって、自分自身が怪我をしたという場合は信義則なりの問題であって、違法性の議論ではないでしょうと。

大貫　そこがまさにポイントだと思います。そこは大橋、寺田補足意見は違うと考えます。

(iii) 建築主と違法建築によって被害を受けた第三者とで違法性（注意義務）が相対的か――法廷意見の法的構成

田原　そうなのです。

大貫　大橋、寺田補足意見は違うと考えますが、田原先生は同じだと考えられる。そこでお聞きしたいのですが、非常に重大な点です。法廷意見がどういう立場に立っているかなのです。大橋、寺田補足意見の立場なのか、田原補足意見の立場なのか。私の見るところでは、いま言われたような信義則の問題を最後に挙げていますよね。そこを見ると、大橋、寺田補足意見の立場ではないと思います。

田原　私は大橋、寺田補足意見というのは、補足意見ではなくて、意見として位置付けられる立場ではないだろうかと理解しているのです。論理としては、補足意見の枠を超えているのではないかと。

大貫　法廷意見はいかなる場合に建築主事の職務上の義務違背があるか論じた後に、「もっとも、上記イに示した場合に該当するときであっても〔「建築主事が職務上通常払うべき注意をもって申請書類の記載を確認していればその記載から当該計画の建築基準関係規定への不適合を発見することができたにもかかわらずその注意を怠って漫然とその不適合を看過した結果当該計画につき建築確認を行ったと認められ」、「国家賠償法一条一項の適用上違法となる」場合〕、建築確認制度は建築主が自由に建物を建築することに対して公共の福祉（建築基準法一条）の観点から設けられた規制であるところ、建築士が設計した計画に基づいて建築される建築物の安全性は第一次的には上記（一）のような建築士法上の規律に従った建築士の業務の遂行によって確保されるべきものであり、建築主は自ら委託をした建築士の設計した建築物の計画につき建築基準関係規定に適合するものとして建築確認を求めて建築主事に対して申請をするものであることに鑑みると、その不適合に係る建築主の認識の有無又は帰責性の程度、その不適合によって建築主の受けた損害の性質及び内容、その不適合に係る建築主事の注意義務違反の程度又は認識の内容その他の諸般の事情に照らして、建築確認の申請者である建築主が自らの申請に応じて建築主事のした当該計画に係る建築確認の違法を主張することが信義則に反するなどと認められることにより、当該建築主が当該建築確認の違法を理由として国家賠償法一条一項に基づく損害賠償請求をすることができないものとされる場合があることは否定できない」（傍線発言者）としています。最後の傍線部は、建築主と建物の居住者や周辺住民とで注意義務の内容は変わらないということを前提にしている。つまり、田原補足意見の立場に立った上で、右の引用で挙げている事情がある場合には、建築主は損害賠償請求が認められなくなることがあるとしています。つまり、これは端的にいうと、傍線部は、大橋、寺田補足意見のコースは採らないという趣旨かと私は読んだのです。大橋、寺田補足意見が、意見ではないかとおっしゃったのはそういうことですね。

田原　そういう意味です。

大貫　法廷意見は、田原補足意見の立場で書かれていて……。

田原　私のはあくまで補足意見として書いていますから、法廷意見を支持する立場で書いていますので。

大貫　そうすると、非常に重要な所だと思うのです。法廷意見を形成するときに、これは大橋、寺田補足意見の方向で構成しているのか。田原補足意見とは全く違うわけです。

田原　お二人の意見が私は「意見」だと。だから、補足意見ではないと。結論は一緒ですからね。

大貫　なるほど。これは重大ですよね。

田原　そこは意見ではないかと言ったときに、両氏は補足意見だと言われるから、ああ、そうですかということです。私は補足意見として書いていますから。私はほかでもしゃべっていますが、「補足意見」と「補足的意見」とを使い分けていますので。補足的意見は補足意見の枠を超えるとき。意見は民事で、例えば時効、損害論で意見を書いています。結論は一緒だけれども、論理構成は明らかに違うとき、これは意見になりますから。

大貫　そうですね。法廷意見が先ほどのような意味だとすると、大橋、寺田補足意見は意見ですね。

田原　ですから、人的相対性の議論という意見だと思うけれども、私の述べる補足的意見かもしれません。両裁判官の意見の結論が今回判決の結論に影響を与えるものでもありませんし、大橋、寺田補足意見の述べているところは、仮に、あってもなくても結論は変わらないというところですし、それに人的相対性の議論を仮に採った場合に、本件の結論が違うかと言えば、結論は同じですね。

大貫　ええ、おそらく同じですね。

田原　そういう意味では、補足意見というよりは、私が他の事件で使っている意味で言えば補足的意見。ですから、補足意見の枠を超えている一つの見解という位置付けになれば、補足意見として位置付けても構わないだろうと思います。

大貫　ただ、これは本当に理論構成上、鋭く対立しているのです。全く見方が違うのです。大橋、寺田補足意見もあり得るかなと思っているので、その立場からお伺いしたいのですが、田原先生の見解は保護法益が同じであれば注意義務が違うことはないでしょうと。それは私もそうだと思います。問題は保護法益が違うのではないかという考えに、大橋、寺田補足意見は立っているのではないか。

田原　それに近いですね。

大貫　ですから、繰り返しになりますが、大橋、寺田補足意見は、まず居住者や周辺住民であれば、建物が壊れたりして、生命、身体等に対する被害を受けない利益が保護されている。他方で、建築主のほうはそういうのではないのだと。建築主も住んでいればそういう立場に立つことはあります。ただ、建築主固有の利益というのは、安全であること。一審判決は財産権に対する保護だと言うのです。この建物（財産）は安全であると保障してもらえる。だから、利益が違うと大橋、寺田補足意見は考えている。ですから、注意義務が違うのです。こちらは生命、身体等だから、このぐらいの注意義務。建築主も第一次的に安全性を確保する義務を持っている。そういうふうに、立場によって利益が異なる。立場によってどんな利益がどの程度保護されているか、どういう注意義務を建築主事は負うのか、というのがお二人の考えです。

田原　それはおっしゃるとおりだと思います。ですから、先ほど少し申し上げた大橋、寺田補足意見の見解は、建築確認行為というのは対人的な処分の側面が高いと評価しているのではないでしょうか。だから、あなたの財産権だと。ところが、私は誰が申請してもという意味で、対物処分という言葉をわざわざ使ったのはそういう意味です。

大貫　分かりました。建築確認というのは、あくまで客観的に建築基準関係規定に適合しているかどうかだけで決まるのです。客観的なのです。その点は私も賛成なのです。

問題は、そのことによって何が保護されているかというのがポイントで、田原先生と完全に一致するのです。ここは違法性というか、建築基準関係規定に適合しているかどうかというのは客観的なのです。問題はそれによって何が守られようとしているのかというところだと思います。ですから、対物処分と言えば対物処分なのだと思います。しかし、対物処分によって守られている利益が違うのではないかということなのですが、それはどうでしょうか。

田原　そこでの安全という意味からいけば全く同じで、繰り返しになりますが、建築主の場合には、それを主張することが信義則上、許されないことがあり得ると。

大貫　なるほど。そういう形で捉えるわけですね。

田原　そこで拾うべきものではないだろうかと私は理解しています。

大貫　田原先生のご意見は分かりました。

田原　違法性としては一緒だと。

大貫　そうしますと、違法性はこの場合は、建築基準関係規定に違反しているかどうかだけで決まるのだということですね。そうすると、あとは過失ではないのですか。

田原　過失というよりも信義則でしょう。主張ができないということは信義則の問題です。

大貫　過失で処理したほうがクリアになりませんか。違法は違法だと。だけど、あなたはそういう立場にある。つまり第一次的に安全を確保すべき立場の建築主であると。

田原　だから、そのときに過失相殺的な形で言うのか、それともそういう過失がある人間が、そういう違法性を主張することが許されない。これは信義則にほかならないですね。

大貫　信義則かと言われれば、なるほど。信義則のほうがいいだろうという気もします。

田原　私はそう思います。そういう大きなミスを行う人間に依頼したあなたが悪いのだから、過失相殺よと。

大貫　それは十分あり得ますね。

田原　そういう理由もありますが、それよりは信義則上、そういう主張をするのは社会的に許されないよと言うほうが、少なくとも裁判実務の感覚から言うと理解しやすいということです。

大貫　これは鋭く対立しているのがよく分かりました。大橋、寺田補足意見は、それが違法性の問題になってしまうわけですね。

田原　そうです。

大貫　これは重大な構成の違いですね。

田原　違いますね。

大貫　言いにくいのですが、両方が補足意見ということはあり得ないですね。

田原　ただ、先ほど申し上げたとおり、そういう論理であっても、結論に全く影響はない。本件の場合に、大橋、寺田補足意見に仮に従っても、論理構成として多数意見というか、本件の場合は全員一致ですから、法廷意見の立場はあり得るという理解を、少なくともお二人はしているわけですから、だから、補足意見としてお書きになったわけです。論理としてあり得ないのであれば意見になりますから。

大貫　その立場はあり得ないわけではないと、私は思います。

田原　そのお二方は、そういうお立場だと思います。

大貫　なるほど。くどいようですが、やはり法廷意見は、素直に読むと田原説だということですね。

田原　私もそう思います。

(iv)　国賠訴訟における最高裁の違法観念

大貫　もし大橋、寺田補足意見の立場であれば、先ほど読んだところは違法性の問題になるはずですから。ならないとおかしいのです。よく分かりました。

そうすると、国賠における違法性概念は、最高裁の全部ではないのですが、大きな部分は職務行為基準説に立っていると言われており、必ずしも明文の規範に違反したことイコール違法だとはしないというケースが多いのです。そういうケースもあるのですが、職務行為基準説に立たない場合との使い分けはどのようになっているのか。私は一定の使い分けをしていると思っているのですがいかがでしょうか。

田原　私は国賠事件の関係もあって、国賠関係の文献を相当渉猟し、過去の判例も相当読みましたけれども、私の立場で言うべきかどうかという点はありますが、少なくとも従前の最高裁判例を通覧しても国賠訴訟における違法性に関して明確な基準を読みとれないと思います。

大貫　これもかなり重大なご発言です。

田原　国賠について場面場面で使い分けているとしか言えない。それで職務行為基準説が適切な事件はそれでやっていて、私自身は不法行為についてはご案内のとおり、大阪国際空港騒音訴訟も担当していましたから、あの事件で不法行為は相当勉強し、その判例批評（「判批」民商八七巻四号〔一九八三年〕五四五頁）も書いていますので。

大貫　まさにプロ中のプロですね。

田原　大昔ですので。書いていますが、それから今回、文献を追いかけてみたのですが、違法性論について、その判例批評を書いて以降、それほど大きな進展はないのです。私自身は客観的過失は違法性に吸収されるという議論が非常に理解しやすいなと思っています。最高裁の判例で過失論に触れてない判決が多数あります。

他方で過失論に触れている判決が数本ありますね。それは職務行為基準説によっても、あるいは準拠した法規自体が法令違反だという場合に。そういう場合に過失論が採られているのです。未成年者の接見拒否事件（最判平成三年七月九日民集四五巻六号一〇四九頁）が典型です。

大貫　そうです。私もよく分からないのですが、例えば、二〇年判決と照らし合わせると、ある明文の規範が保護の対象としている利益かどうかというのはものすごく大きいと思います。

田原　そう思います。

大貫　これは仮説ですが、例えば監獄法の接見について定めた規定が保護している利益が何なのか。この規定は被拘禁者の利益を保護していると言えると思います。ということであるならば、まずその規範違反を問うと。それで違法性が言えると。それは職務行為基準説ではなくて、明文の規範に違反しているから違法だ。だから、あとは過失を問う。

もう一つのケースは、例えば二〇年判決の事件ですが、要するに監獄法の規定は弁護士会の利益を保護していないわけです。そうすると、そういうときにはこの明文規範違反ということを立てるのではなくて、弁護士会の人権擁護活動に対する不文の配慮義務のようなもので注意義務が立てられるので、これが職務行為基準説的になるという理解は難しいでしょうか。

田原　職務行為基準説と言われている典型例は、無罪判決が即、違法にならないという議論ですよね。

大貫　そうですね。ですから、ある保護法益について明文の規範でちゃんと基準があるときには、その違反というのを最高裁は問うていると思うのです。

平成五年の奈良の過大更正事件（最判平成五年五月一一日民集四七巻四号二八六三頁）があります。あれは税法という明文の規範があったわけです。それに違反していれば違法だ、あとは過失だと学者が言っているのです。ところが、あの事件ではご存じのように慰謝料等が請求されているのです。税法違反の課税処分によって精神的利益を侵害されないという保護法益を税法は持っていないのだと思います。だから税法に違反しているからただちに違法だとはならないのだ、という読みができないのかということです。

田原　過大更正事件は取消請求で見直されているのですね。それによって少なくとも税務上の利得の問題は終わってきているのです。

大貫　そのとおりです。

田原　同訴訟で求めたのは慰謝料と弁護士費用とお客さんが逃げたという逸失利益と。

大貫　そうなのです。ですから、そういう利益を税法は保護していないわけです。

田原　税法は明らかに対象外ですよね。

大貫　ですから、職務行為基準説になるのではないかという仮説なのです。そこで別の注意義務が立てられるわけです。税法を適用していくときに、まずその税法どおりにやるというのは、相手の財産権に対する保護だと思うのです。ところが、相手が精神的ダメージを受けないようにする税法上の配慮義務などはないわけです。そうすると、不文の規範が立てられるという理解でよろしいですか。

田原　私は過大更正事件が、国賠訴訟の中で、学説において重視される理由がよく分からないのです。内容を見ますと、本当に慰謝料でしかありませんしね。

大貫　いや、これは意外に見過ごされているのです。あれがもし田原先生が言われたように、違法な課税処分を受けて、もう税金を納めてしまい、損害賠償請求がされたときは、また違うのではないかと思います。

田原　だと思います。

大貫　この場合には、税法に反するから違法だということになるのです。

田原　そのときに、本来なら還付請求、税務訴訟の訴えを起こせるはずで、それで期間徒過をして税務訴訟の訴えができなくなったときに、国賠訴訟として請求がされてきた場合であれば、あの判決は重要な判決だと思いますが、内容を見ますと、なぜ学説が重視するのという感じがするわけですね。

大貫　そうなのです。意外にそこが見過ごされていて、学者はあの事件でも、つまり税法に違反しているのだから、所得の認定は違法だ。だから国賠でも違法だ。あとは過失でやればいいと。私は必ずしもそうならないと思っていて、それは保護法益が違うのです。問題となっているのは税法の保護法益ではないと思うのです。

田原　取消訴訟ができなくなって、期間徒過してしまってので国賠請求だったら、まさに今言われたような意味での、正面から税法の議論になると思います。

大貫　なりますよね。そうしますと、だいぶ田原先生のお考えを引き出せてうれしいわけですが、判決に戻ります。法廷意見は、この場合の建築主の保護法益というのを必ずしも書いてないと思います。これはどうして書かなかったのですか。

田原　私の補足意見の立場であれば、建築主自体の保護法益の問題ではないと思います。

大貫　なるほど、書く必要性がないわけですね。

田原　と思います。大橋、寺田補足意見の立場であれば書かざるを得ません。

大貫　書かざるを得ませんね。一体どういう利益なのか。その利益の内容が居住者と違うのだから、違法性が違って然るべきだという流れになります。なるほど、保護法益を明らかにしないというのは、これは、多数意見が田原先生と同じ立場に立つことの一つの証拠ですね。田原先生の立場でいうと、保護法益というのは、あくまでも。

田原　建物自体の安全性です。

大貫　そうなのですね。これを書く必要性がないということは、法廷意見は、保護法益は建築主と第三者とで同じだと考えているわけですね。

田原　と、理解できる書き方をしていますよね。

大貫　しています。

田原　建築主も国民の一人だということまで言っているわけです。

大貫　言っていますね。そうすると、これは下級審の整理とは随分違っていますね。下級審はあくまでも建築主の利益を、私の言葉で言うと、安全であると保障してもらう利益、別の言葉では財産権と言っていますが、そういうことではないということですね。

田原　という表現は、法廷意見は使っておりませんから。

大貫　これは要するに下級審の整理は採ってないということですね。

田原　と、ご理解いただいていいのではないでしょうか。

大貫　これは重大です。下級審を見ると、なるほど、そうですね。建築主の建物に対する所有権とかという言い方をしていますね。例えば一審判決はそのような言い方をしていますね。例えば一審判決も財産権という言い方をしています。その上で下級審は、保護の対象になっていないという言い方をしたわけですね。

田原　最高裁の法廷意見は「個別の国民の利益の保護が含まれており、建築主の利益の保護もこれに含まれている」という言い方です。別の場合には「個別の国民である建築主が」という言い方をしています。

大貫　区別していませんね。

田原　はい。

大貫　そう読めるような書き方になっているわけですね。田原先生がおっしゃったように、大橋、寺田補足意見の立場だと、保護法益をちゃんと明らかにしなければいけないわけですね。田原先生のお立場だと明らかにする必要性がないということですね。だいぶ重要なことをお聞きしました。非常にクリアに分かりました。法廷意見の立場もよく分かりましたし、田原先生のお立場もよく分かりました。

（v）違法性、過失についての一般論

大貫　それでは続いて、違法性と過失についての一般論の抽象的な質問です。田原先生は「私見では、客観的な注意義務違反は、基本的には違法性の判断枠組みの中に吸収されるべきものと考えるが、国家賠償法一条における責任の有無を問うに当たって主観的な側面における過失の有無を検討せざるを得ない場合があることは否めず（最高裁昭和五五年（オ）第四〇一号同五七年一月一九日第三小法廷判決・民集三六巻一号一九頁、最高裁昭和六三年（行ツ）第四一号平成三年七月九日第三小法廷判決・民集四五巻六号一〇四九頁参照）、その場合の過失判断の基準について更に論議されるべき問題点が存するが、本件においてその点について更に論ずべき必要性を認めないので、これ以上論及することはしない」と述べています。「ナイフ一時保管事件」と言われているものと「未成年者接見拒否事件」と言われているものを引用されているかと思います。これを引用された上、過失の有無を検討せざるを得ない場合があることは否めずとお書きになっております。

①ナイフ一時保管事件（最判昭和五七年一月一九日民集三六巻一号一九頁）

大貫　私は、多少違うことを考えました。例えばナイフ一時保管事件だと、条文上は過失を別個に問うということは難しいケースではないかと思いました。

田原　ナイフ一時保管事件に関して言いますと、同事件の場合は過失を論じているわけですが、例えば付添人がいて「大丈夫だから、私が見ているから」と言った場合に、付添人もぐでんぐでんになっていたという場合にどうしますかと。そこで過失論が出てくる可能性があり得ます。あるいは一見したらしっかりした付添人がいて、「連れて帰りますから、任せてください」と言ったときに。

大貫　確かに重要な問題提起なのですが、銃刀法二四条の二第二項（「警察官は、銃砲刀剣類等を携帯し、又は運搬している者が、異常な挙動その他周囲の事情から合理的に判断して他人の生命又は身体に危害を及ぼすおそれがあると認められる場合において、その危害を防止するため必要があるときは、これを提出させて一時保管することができる。」）の当てはめをすると、今言ったケースは全てそこで考慮されるのではないかというのが私の考えです。

田原　その危害を防止するため必要があるとき、というところで付添人がいるときに、その必要性の認識について過失論が出てくる可能性がありませんかと。ですから、前半部分は違法性の議論ですが、防止するための必要性の有無というのは警察官の認識・認容の問題ですから、それは客観的な状態ではなくて、警察官の主観行為ですから。

大貫　そうですね。ただ、この条文を見ると、ちょっと強引なのですが、いわゆる危害を防止するための権限を与えている規定ですね。そうすると、通常こういう規定というのは、必ずある一定の危害が予想されて、それを避けるためにこういう手段を与えているわけですから、条文に、いわゆる過失の構成要素である注意義務は入ると思います。入らないとおかしいのです。

田原　一般的にはそうだと思います。私が例に挙げたような付添人がいるような場合をどのように捉えますかと。

大貫　それは必要性の判断でできませんか。

田原　必要性の判断。そうすると違法性に吸収されると。

大貫　そういうことです。

田原　私は、そこは違法性に吸収されない余地があり得るのではないかと。あくまで余地ですよ。

大貫　私のような考え方は成立しにくいでしょうか。

田原　要件事実にかかる要素は、私はあくまで客観的なものだと思いますから、その中に吸収されてしまうという議論も、もちろんあっていいと思います。理屈の上では両方が成り立ち得るのではないでしょうか。

大貫　なるほど。ナイフ一時保管事件で最高裁は、条文の当てはめしかしていないのです。当てはめだけで職務上の注意義務違反だとしています。判決文だけ見ると、二四条の二第二項の当てはめだけで最高裁は判断していている。過失のことなんて何も言っていないのです。それはなぜかというと、私の考えですが、二四条の二第二項には過失の要素も含まれてしまっている。だから、これで終わりだと。

田原　同判決の頃に学説はある程度出揃っていましたが、違法性と過失の議論が、学界的にどのレベルまで行っていたのでしょうかね。昭和五七年頃というと、まだあまり詰められた議論はなされていない。

大貫　かもしれませんね。

田原　平井宜雄教授などは、確か昭和四六年（『損害賠償法の理論』〔東京大学出版会、一九七一年〕）だったでしょう。

大貫　そうです。

田原　前田達明教授の説も（『不法行為帰責論』〔創文社、一九七八年〕、『判例不法行為法』〔青林書院新社、一九七八年〕）。

大貫　そうですね。そういう意味では、まだ十分議論が進んでいなかったということですね。釈迦に説法ですが、この事件は、実は行政法学界的にはこういう論点で出てくるのです。いわゆる権限不行使による国賠という枠組みで論じています。

田原　不作為でしょう。

大貫　ええ、まさに不作為の違法です。被告になった大阪府は、この条文には裁量の余地があると言ったのです。この条文の当てはめについては特に争っていません。当てはまっていても、保管することができると書いてあるから、裁量の余地がある。ナイフを取らなかったことは違法ではないのだという争い方をしたわけです。論点的には、そういう裁量の余地があるのか、というのが行政法学界の論点だったのです。

ところが、判決文を見ると、一切そういうことには触れていないのです。学説は裁量の余地があるとして、それがどういう場合に義務になるのかという議論をしているのです。最高裁は肩透かしのように条文だけで判断しているようにみえます。

田原　不作為の国賠訴訟というのは、結構ありますね。著名なのは狂犬病事件や薬害事件で、あれなどは不作為と言われても仕方がないだけの前提事実がありますよね。

大貫　あります。正にそのとおりです。だから、不作為と言っても条文が随分違うのです。例えば、スモン訴訟などでは、あのときは医薬品の製造承認の撤回が問題だったわけですが、あのときは撤回の根拠条文がなかったのです。条文がなければ解釈的にどういう場合に撤回が義務になるか論じていかなければいけない。ナイフ一時保管事件は、条文があるわけですから全然違うのです。

田原　スモンの場合で言えば、被害の重大性のほうからくる不作為の議論もありますので。

大貫　そういうことだと思います。

田原　だから、不作為の場合の不作為義務をどこで取れるかというのは、個々の事例での積み重ねしかないのです。例えば行政代執行で工事をすべきなのに、放置しておいて崖崩れが起こったときに国賠責任があるとかね。この類の事件ですね。

大貫　そうです。

田原　ナイフ一時保管事件がどういう位置付けになるのかというのは、ほかとの関係であまり議論されていないのですよね。

大貫　おっしゃるとおりです。田原先生のお考えは分かりました。条文に当たっても、いわゆる主観的責任要件である過失が残る。

田原　残る場面もある。通常はないでしょうけれども。

大貫　そうですね。でも、最高裁は過失には触れていないのです。

田原　そうですね。

②未成年者接見拒否事件（最判平成三年七月九日民集四五巻六号一〇四九頁）

大貫　あとは「未成年者接見拒否事件」について、田原先生のお考えをお聞きしたいのですが、やはり保護規範の問題である可能性があるように思います。

田原　通達行政で動いていたわけですから、それが間違っている、違法だという判断で、現場がその通達行政で動いていたことの違法性で国賠責任を問えるかと言ったら、これは過失がないという判断でやむを得ないのではないでしょうか。

大貫　そういう理解は十分可能なのですが、いわゆる職務行為基準説でやるなら、こういう定式化になると思います。通達でこう言われていた。だから、職務上の注意義務はなかったのだという言い方もできるはずなのに、ここはしていないのです。要するに、委任の範囲を超えていた規定なのだから違法は違法なのだと。それで押さえた上で、過失なしとしているわけです。なぜ、こうなるのか。

田原　やはり、違法な行為自体を、職務行為基準説だからといって適法化することはできないのではないでしょうか。明らかに委任の範囲を超えた法規の下で働いていた人間を。

大貫　そうですよね。ですから、そこで違法を取られるわけですね。監獄法の規定は、被接見者の利益を保護していることは間違いないですね。

田原　はい。

大貫　ということは、それを保護している規定に違反しているのだ、だから違法なのだ、あとは過失が残るだけだという理解ですね。

田原　だと、私はこの判決はそう理解していますが。

大貫　なるほど。だから、そういう定式化になったと。

田原　はい。そう思っています。

大貫　よろしければもう一つお聞きしたいのですが、明文の規定があって、誰かの利益を保護している場合、その人から国賠請求が出てきたとします。このとき過失というのはどう問題になるのかをお聞きしたいのです。私の理解では、ある利益を保護している明文の規定に反していれば、過失推定ということになり、過失なしになることは違法阻却みたいに考えられるものではないかと思っています。これは民法の瀬川信久教授の論文（瀬川信久「七〇九条（不法行為の一般的成立要件）」広中俊雄＝星野英一編『民法典の百年Ⅲ個別的観察（二）債権編』〔有斐閣、一九八八年〕五五九頁）に示唆を受けています。例えば接見を定めた監獄法の規定ですと、被接見者を保護しているのは間違いないと。だから、彼が訴えを起こしてきたときに、この規定違反ということで違法性は押さえる。原則それで国賠責任を負うのだと。例外的に負わない場合というのは過失がない場合だと理解したほうがいいのかもしれない。

田原　先ほど申しましたように、私自身は客観的過失は違法性に吸収されると思っていますから、その意味で基本的に違法だと。ただ、例えば国賠で過失責任を否定した弁護士の接見事件というのがありますね、当時の状況からすれば、検察官が接見拒否しても過失がないという。

大貫　接見場所がないとして拒否したケースですね。たしかありましたね（最判平成一七年四月一九日民集五九巻三号五六三頁）。

田原　事案は平成四年三月における検察官の接見拒否という案件にかかる判例であり、その後の判例の進展からすれば、今だったら明らかに違法性が認められ過失もありという事件ですが、当時の実務運用からいけば、そこでは過失がないのだという認容をしている判決があります。そうすると、それは違法性阻却ではなくて過失の議論に。

大貫　違法性阻却というのは、本当に比喩的な表現です。過失がないというのは、違法性阻却のように機能するのではないかという意味です。京大の潮見佳男先生の言われる保護規範で保護されている人が国賠請求をしてきたら、規範に違反していれば不法行為責任を負うのが原則なのだと（潮見佳男『不法行為法Ⅰ（第二版）』（信山社出版、二〇〇九年）三〇二頁）。

田原　そう思います。

大貫　違法性阻却は比喩なのです。過失がないということになったら、それは国賠責任を負わないということになるだけです。最高裁判決にもこういうケースがあるだろうと思います。保護規範に違反していたら、過失を簡単に認めるケースもあると思います。

田原　過失に触れていない判決はたくさんありますね。

大貫　そうなのです。それはそういう趣旨でよろしいですか。

田原　その辺りの整理になると、潮見佳男教授の専門領域だから、あまりしゃべったことをそのまま公表しますと、後で鋭い批判に曝されます。

大貫　いや、潮見先生の理解に非常に親近感を持っています。保護規範という視点で見ていくと、先ほど混乱しているとおっしゃった最高裁判決もある程度見えるのかなという気がします。

田原　類型化が本当にできるのかどうかというのは、膨大な判決があって、見てみなければ分からないので、何とも私自身はよく分からないし、それでしっかり整理されている文献があるかというと、必ずしもそうではない。西埜章教授の論文（『国家賠償法コンメンタール』（勁草書房、二〇一二年））などは結構整理していらっしゃるけれども。

大貫　正直言って、民法のほうが議論はちゃんとできていますね。

田原　それはそうです。

大貫　行政法学者はどうも法治主義の観点から国賠訴訟を見る傾向が強いのです。まず明文の規定違反を問えと言ってしまうのです。何かの規定があったら、必ずその違反を問う。先ほどの過大更正事件のようなケースも全部規定違反を問えと。保護法益が違うので、別の考えでいいわけですけれども。

田原　今はほとんどなくなりましたが、かつて自衛隊で安全配慮義務違反の裁判がたくさんありましたよね。安全配慮義務というのは国賠で認めて、例えば道路の側端で分列行進中に後ろから自動車に追突された事件とか、飛行機の墜落事故とかがあって、あそこで規定違反というのは一体何なのと言ったら、よく分からないのです。

大貫　分からないのです。ないのです。ないときには、いわゆる不文の注意義務規範を立てなければいけない。

田原　それも安全配慮義務ですね。

大貫　ですから、私は類型的に違うと思います。明文の規範があるときとないときと大きく分かれて、明文の規範がなければ職務上の注意義務を問うことになるに決まっているのであって、ただ、明文の規範があるときでも、保護規範でないときには不文の規範が立てられるというので、説明できるのかなと思います。

田原　ある程度はできるのでしょうが、それで本当に整理し切れているかどうかはよく分かりません。そういう意味で国賠に関して最高裁が一つの明確な基準を持っているかというと、よく分からないと言わざるを得ません。

大貫　それは正にお聞きしたいところです。裁判所としてはそれでいいわけですね。

田原　結局個別事案の救済でいいわけですから。

大貫　何も理論を立てる必要はないわけですから。

田原　過去の裁判例と齟齬しないように気を付けているというだけの話ですから。

大貫　そうですね。矛盾はしてないだろうと思います。理論を立てているわけではないですね。

田原　そうです。それを学者が分類して体系化してくれればいいのです。

(vi) 弁護士会接見拒否事件判決との比較

大貫　体系化できそうな感じもしないではありません。今回、二五年判決と二〇年判決を比較すると、保護規範的な考え方で、だいぶ整理できるのではないかという気がします。学者は必ず公権力発動要件欠如説と言って、明文規範の違反をまず言えというのですが、事例によって違うというのが本当ではないかなという気がしています。

二〇年判決は、旧監獄法四五条二項は、接見の対象となる受刑者の利益と、施設内の規律及び秩序の確保並びに適切な処遇の実現の要請との調整を図るものなのだとしています。だから、接見の対象となる受刑者の利益を離れて、受刑者との接見を求める者が有する、当該受刑者との接見についての固有の利益と規律及び秩序の確保等の要請との調整を図るものではないのだと。この「固有の利益」というのは、本件でいうと弁護士会ですね、人権擁護委員会の利益ということになりますね。

田原　はい。

大貫　つまり、これは言葉を換えると、弁護士会の人権擁護委員会が有する調査権に関わる固有の利益に配慮すべき義務はないのだということになるわけですね。

田原　はい、確かにそうです。

大貫　この条文からいうとですね。

田原　法益でいうとね。

大貫　保護法益ではないということだと思います。

田原　はい。

大貫　このように言い切ってしまっているのですね。

田原　はい。

大貫　これは、こういうふうになるのでしょうか。田原先生の補足意見を見ていると、ちょっと疑問に思った所なのでお聞きします。例えば、刑務所長が故意に、弁護士会の人権擁護委員会の調査権を妨げたというときに、法廷意見の立場からすると、保護法益ではないわけですから、違法にならないということになりはしまいか。ここは、どのように考えているか。私は、保護法益でないとまで言い切ったのは問題だろうと思っているのです。

田原　ただ、監獄法それ自体の保護法益。旧監獄法四五条二項自体が定める保護法益ではないということは、一応言わざるを得ないと思うのです。

他方で、弁護士会の人権擁護活動というのは公益活動であり、かつ別の被収容者の利益のために働いているときに、接見を拒否することによって、その被収容者の人権が侵害される。そうすると、別の被収容者、即ち被害者の人権に対する侵害行為の救済を間接的に妨害することによって、その被害者の権利を侵害する。弁護士会は、その救済申立てを受けて、その調査活動は公益活動としてやっているときに、それを故意に妨げることは、違法性を帯びる可能性というのはやはり残るのではないでしょうか。

大貫 それは旧監獄法四五条二項の保護法益の話ではなくて、何というか、これはなかなか名付けにくいのですけれども、刑務所長が、正に接見の許可制度の運用に当たって、四五条二項の保護法益ではないけれども、やはり一定の利益に対する配慮をすべき義務というのは出てくるのだということですね。

田原 被収容者を管理する者としての社会的な義務があるのではないでしょうか。

大貫 そうすると、仮定ですけれども故意で調査を妨害したということは当然違法になる可能性はあるのですね。

田原 例えば、人権擁護委員会のように、弁護士会の規約で定めている常置委員会、常に設けなければいけない委員会であり、そして弁護士は公益活動の一環として人権擁護活動をしなければいけないと定められている。そのような社会的な責務を負って行われている行為に対して、それを意図的に妨害する行為というのは、場合によっては違法性を持つことがあるのではないでしょうか。

大貫 なるほど。それはあり得て、国賠法上の問題になり得る。

田原 だから、違法性が強度であれば。

大貫 なりますね。

田原 と思います。

大貫 つまり、侵害の態様と保護法益との相関的な判断ということになりますか。

田原 はい。そうだと思います。

大貫 それは、直接的には四五条二項の話ではないということですか。

田原 そう思います。

大貫 それをどのように説明するかです。四五条二項から付随的に生ずる義務ということでしょうか。

田原 だから四五条の問題ではなくて、それ以外の公益活動に対する妨害行為ということだと思います。

大貫 なるほど。公的機関として、刑務所長として負っている不文の義務だということですね。

田原　はい。それで片方も公益活動として行っている。それを公務員として、意図的に妨げることが許容されるだろうかということだと思いますけれども。

大貫　なるほど。そうすると、いま私が申し上げたような、故意に妨害したときに国賠責任を負うかどうかは、二〇年判決とは全く関係ないということですか。

田原　射程外だと思います。

大貫　はい、分かりました。非常に重要なお話を聞けていると思います。

Ⅲ　明石海峡事件

⑦ 最判平成二二年一一月三〇日 判時二一〇二号三頁（補足意見）

1 事案の概要

大貫　平成一六年六月二九日、明石海峡航路屈曲部北側付近の航路外において、貨物船明和丸と巡視艇ぬのびきが衝突する事故が発生し、これにより、両船とも損傷を被り、ぬのびきの乗組員二名が頭部打撲、腰部打撲等の傷害を負いました。当時、辺りは霧により視程約一〇〇mの視界制限状態にありました。海技士である上告人（明和丸の船長）は、船長として本件事故当時明和丸の操船指揮を執っていました。高等海難審判庁は、本件事故につき上告人及びぬのびき船長を受審人として審判を行い、いずれに対しても、職務上の過失を認定し、戒告とする裁決をしました。上告人が、被上告人（国）に対し裁決の取消しを求めました。

判決は事実関係を認定した上で、本件事故は、上告人が職務上の過失により招いたものとした上で、本件事故の態様や上告人の過失の内容、両船舶に損傷が生じ二名の者が傷害を負ったという結果に加え、ぬのびき船長も本件事故につき職務上の過失が認められるとして戒告の裁決を受けていることとの権衡を考慮して、上告人を戒告とした本件裁決は適法としました。

2 法律論上の争点と先例的意義

大貫　上告人は、狭い水道である明石海峡の明石海峡航路外には海上衝突予防法（予防法）九条一項本文が適用され、船舶には右側端航行義務があり、ぬのびきが航路のすぐ北側を東に向かって航行していたことは同義務に違反すると主張していたのですが、判決は、この点は「予防法及び海交法〔海上交通安全法〕の解釈上の一問題たり得るものであるが、本件事故に至る経緯及び本件事故の態様にかんがみると、所論指摘の点が上記の判断を左右するものであるとはいえない。論旨は、原判決の結論に影響しない部分を論難するものにすぎず、採用することができない。」としました。

予防法九条一項と海交法四条、一五条との適用関係は、これまで争われてきた論点ですが、最高裁は、いま述べましたように、原判決の結論に影響しないとして、この論点には判断を示していません。したがって本判決は事例判断をしたに過ぎないものと言えます。

ところが、本判決には、田原裁判官と岡部喜代子裁判官の補足意見が付されています。法廷意見が判決の結論には影響がないとして判断しなかった上記の適用関係について対立する内容の補足意見が付されていることの意味が問題になろうと思います。合わせて、そもそも適用関係はいかにあるべきかも論点となります。

3 検　討

大貫　まず、当該事案の解決に関係がないにもかかわらず補足意見が二つも付いている意味なのですが、これは判例タイムズの解説（一三三九号四五頁以下）にあるように、海難審判庁及び海上保安庁に対してボールを投げ返していると。しっかりとこの点について明らかにしろ、ということでしょうか。投げ返したということなのかが、最初の質問です。むしろ明確でない論点だとすれば、ここで最高裁できちっと解釈を決めてやるということもあり得たかと思うのですが、そういう考え方は成立しないのでしょうか。

田原　私はこの事件の記録を読んでいて、特に巡視艇の過失について原判決は何も触れていない。海難審判庁でも触れていない。ところが、原告に関していえば、記録の上ではレーダー監視義務違反は明らかに認められる。それは定められた航路に違反しているかどうかに関わらない。そのときに、巡視艇のほうが、海上衝突予防法違反が認定され得る場合に、その双方の過失の議論というのが問題になり得るとすれば、本来は差し戻して、そこを議論させるべき事件ではないだろうかという認識で記録を読んでいました。

その関係で原判決の立論について見ていった場合に、私が補足意見で長く書いたように、少なくとも我々法律家が普段使うような意味での一般法と特別法の区分けができていない。それで、明石海峡航路というのは、狭い水道とはいいながら、幅が四キロメートルの水路です。そして判例タイムズあるいは判例時報のコメントにもあるように、学説としてはA、B、C、Dと四つの説が書かれています。そのうちのA説は成り立ち得ない。成り立ち得ないのはなぜかというと、航路の指定はあるけれども、中央部分にブイがあるだけで、外側にはブイがないのです。そうすると、A説というのは、指定された水路のほかに、両側に別々の水路ができるのだという説なのですが、外側にブイがないのに、計測はできるけれども、そこに新たな水路が設定されたという見解は無理でしょうと。

そうすると、あとはB・C・D説で、D説というのは予防法の適用はないという考え方です。それは一般法と特別法を考えたときにどうなるのか。予防法の特別法としては、海上交通安全法と、もう一つは港湾法です。港湾法の場合に、港湾法の適用対象外の所、港湾地区線を切っていますが、そこから先は完全に予防法の適用になる。そうすると本件の場合も水路指定した場合にその両側について、それが自由航行だという論理は条文をどのように読んでも出てこない。海上衝突予防法一〇条の条文を引いてきて原審では議論しているのですが、私の補足意見に書いたように、一〇条に関しては、日本国内では指定されていないし、それが指定されている典型的な所はドーバー海峡なのです。同海峡は幅が四〇海里あります。

それから私の補足意見に書いたように、我が国でも検討された所はあるのですけれども、それは太平洋から日本の本土へ接近する航路、例えば下田沖だとか、潮崎沖だとか、大型船が頻繁に通る所を指定しようかと検討されたことがあるだけであって、それがない所で考えれば、一般法と特別法の議論として、条文の中で考えるしかないでしょうと。

そして海難審判庁の記録を見ると、海難審判の申立人も保安庁の職員ですが、彼らは私が述べたような説に立っているのですが、審判庁も原審もそれを採っていません。

そして、原審判決に対して一般法律雑誌では議論されていないのですけれども、海上交通関係の本ではそれなりに議論がされている。ただ、残念ながらそこで議論している方は、いわゆる法律の専門家ではない方々が議論しているので、今申し上げたような一般法、特別法としての視点に立っての明確な議論はされていない。そうすると、それは論点としてはっきり取り出して、それで海上交通に携わっている方々が、そういう法律上の立場で整理されてきたものについて、あなた方はどう考えるのという意味で記載することに意味があるだろうということで、私は少し長めですけれども補足意見を書いたのです。

これは、少なくとも海上交通に携わっている商船大学だとか、海上保安庁だとか、そういう所の方々に対するメッセージとしては大きいと思います。普段はそういう類の本を読んでいませんので、その後、そういう世界でどういう位置付けで議論されているかは存じません。

大貫　背景がよく分かりました。岡部裁判官の補足意見は先生の補足意見とは違いますよね。もしボールを投げ返すのであれば、一つでないと。

田原　はい。

大貫　二つ並んでしまったわけですから、そこはうまく調整できなかったのですか。

田原　岡部補足意見はそれで頑張られるから、それで学界の批判を受けたらいいではないのと。学者の方々が、岡部補足意見というのを、理屈の上でどうお考えになるのと、法律論として。

大貫　私は田原補足意見が妥当だと思うのですが、これが並んでしまっているわけです。これはどういう影響があるのかというのがお聞きしたいところです。

田原　だから、それは学者の方々が自由に判断してくださったらと思っています。

大貫　なるほど。そうして見たら、かなりユニークな判決ですよね。

田原　そうですね。差し戻しませんでしたけれども、ただ結論で見れば、原告に過失、レーダー監視義務違反があるのは明らかな事案であって。それで相手方の過失の有無を議論するまでもなく、原告の過失は明らかで、科せられた処分の内容もそれほど重くないということであれば、棄却でもいいのではないか。当審として差し戻してまでしなければいけない事件かということです。

大貫　なるほど。あとは考えてくれと。そうすると、この補足意見というのは、先生の言葉でいうと補足的意見ということになるのですね。

田原　それに近いです。

大貫　特に法廷意見に付いている理由も結論も同じだとい

うあれではないですね。

田原　そうではないです。

大貫　法廷意見と関係ないということですね。

田原　だから、延々と書いているけれども、あくまで傍論です。

ただ、最高裁として、全く今まで決定例がないし、海上衝突予防法などというのはめったに最高裁へ来る事件ではありませんから、それについての一定の見解、少なくとも一裁判官が一定の見解を示したところはそれなりに意味があるだろうと。

大貫　なるほど。最高裁として、今述べられた意味を込めるということについて議論されているのでしょうか。

田原　特に、差し戻すかどうかというのはもちろん議論しています。差し戻すとすれば、田原説に乗ってやることになりますから。

大貫　そういうことですか。

田原　差し戻すべき理由として、相手の過失はどうなのという議論に。相手の過失があるかどうかというのは、正に予防法に違反して巡視艇が動いたところが議論になりますから。

大貫　そうですよね。私もそれを決めないことには、本来過失の有無は決められないだろうと考えました。ですから、田原説なら田原説に立って、どう航行すべきかということが決まった上でないと過失というのは論じられないはずなのではないかと思いました。

田原　ただ、上告人の監視義務違反は明らかだったのです。

大貫　明らかだったから、そこで処理ができたと。

田原　はい。レーダーを見ていたら分かったはずではないのかと。

大貫　法令の適用関係を決めないで、本来過失は語れないだろうと思いました。それなのにこういう判断をしたのは、今の先生の説明で分かりました。当初、私がこれを読んだときには、航法が決まっていない。要するに解釈が各々に分かれていたわけですね。

田原　はい。

大貫　航行する人間としては、相手方がどういう解釈に立ってくるか分からないと。だから、それはそういう前提で監視義務を負うべきだという趣旨なのかなと思ったのですが、それはちょっと違いますね。

田原　レーダーを注視していれば、もっと早く発見できたから。

のは明らかだということです。

大貫　そういう意味ですね。つまり、解釈が決まっていないから、解釈が決まっていないことを前提にした注意義務を働かせろということではないのですか。

田原　そうではないです。

大貫　過失は明白だということですね。

田原　はい。

大貫　なるほど。このケースでは、とにかく航法が本来はどうあるべきだということとは全く別個に、そもそも監視を怠っていることが問題だということですね。

田原　そこに船があるのが分かるではないかと。

大貫　分かりました。

田原　そういう事件です。

Ⅳ　混合診療事件

⑧最判平成二三年一〇月二五日民集六五巻七号二九二三頁（補足意見）

1　事案の概要

大貫　健康保険の被保険者である上告人は、腎臓がんの治療のため、保険医療機関から、単独であれば健康保険法上の療養の給付に当たる診療（いわゆる保険診療）となるインターフェロン療法と、療養の給付に当たらない診療（いわゆる自由診療）であるインターロイキン2を用いた活性化自己リンパ球移入療法とを併用する診療（いわゆる混合診療）を受けていました。ところが上告人は、当該保険医療機関から、単独であれば保険診療となる療法と自由診療である療法とを併用する診療（いわゆる混合診療）においては、健康保険法が特に許容する場合を除き、「療養の給付」の対象に当たらない診療である自由診療部分だけでなく、「療養の給付」の対象になる保険診療相当部分についても保険給付を行うことができないとする原則（「混合診療保険給付外の原則」）がとられているため、両療法を併用する混合診療を継続することはできないと告げられ、混合診療を断念せざるを得なくなりました。

上告人は、混合診療保険給付外の原則に基づく健康保険行政上の取扱いは健康保険法ないし憲法に違反すると主張して、被上告人（国）に対し、混合診療を受けた場合においても保険診療相当部分であるインターフェロン療法について健康保険法に基づく療養の給付を受けることができる地位を有することの確認（公法上の法律関係に関する確認訴訟）を求めました。

2 法律論上の争点と先例的意義

大貫 論点は、健康保険法八六条等の解釈上、混合診療保険給付外の原則がとられていると言えるかどうかにあります。肯定したところに本判決の意義があります。

3 検討

大貫 法廷意見はよく分からない。正直言って、複雑で精緻な一種の論文だと思います。

田原先生は、補足意見の一の所で、「法の規定は明確に定められるべきである」ということをはっきりとお書きになっております。そして、このようにお書きになっています。「法八六条は『混合診療保険給付外の原則』を定めたものと解するのが相当であるが、その解釈を導くに当たり相当の法的論理操作を要するのであり、また法の規定の文言上は他の解釈の余地を残すものとなっている」とまで指摘しながら、法は「混合診療保険給付外の原則」を定めている、と。恐縮ですが、ここまで言われるならば、法は「混合診療保険給付外の原則」は定めていないよ、という結論が出てもおかしくなかったような気もするのですが、その辺の背景事情をご説明いただけますか。先生は悩まれた上でこういう結論を出されていると思うのです。

田原 「混合診療保険給付外の原則」というのは、条文上はどこにも書いてないのです。ただ、少なくとも実務の上では一貫してそれで動かしてきていた。かつ、健康保険法の条文は、患者を名宛人とする条文ではなくて、保険給付機関である診療機関を名宛人としている条文なのです。そうすると、保険給付機関は保険給付以外のものをしてはならないという形で、裏から定めているのです。その辺りは大谷剛彦裁判官の補足意見で、表からではなくて裏から定めてであるという言い方で書いていますけれども、正にそうなのです。

その運用がどういう形なのかというのは、例えば証拠関係を見ていても、保険局長の国会答弁が解釈の指針として持ち出される。本来そういうことがあってはいけないのです。国会答弁が解釈の指針であると。やはり条文であり、それから規則であり、あるいはそれの省令でありという形で定められなければいけないものが、そういう運用がなされている。寺田意見の中にも書いてありますけれども、混合診療禁止の原則のバックグラウンドは一体何なのか。

大貫　それをお聞きしたいです。

田原　それは、寺田意見で書いていて、少なくとも平等だということが筆頭に出てくるのはおかしいということが書いてあります。

大貫　そうです、書いてあります。

田原　そこのところの捉え方の問題で、混合診療廃止について言えば、例えば民主党が政権を執るときに、混合診療廃止の原則を大々的に打ち出しましたが、しかし実行しなかった。今回自民党が政権をとるに当たっても、混合診療廃止の原則を打ち出しながら、やはり実行できていない。その場合に、混合診療というものをどう位置付けるのか。よく言われるのが、安全の問題が一番にくると。その後控訴審で主張が変わったということを寺田意見で書いていますけれども、よく訳の分からない民間療法をやって、それで保険の給付だけとるのはおかしいという捉え方で、安全面を言うならば分からないでもないけれども、そこをどう捉えますかと。

他方で平等というときに、お金がある人が保険給付外の診療を受けた途端に、全部保険給付を禁止するというのが本当に平等なのでしょうか。例えばマスコミ報道によれば、一か月一〇〇〇万円を超える治療費を支払われている方は、国内で数百名おります。五〇〇万円を超える治療費を払われている方が数千名おります。それは、いずれも保険給付ないしは混合診療が認められる診療です。それがますます増えていって、社会保険料をどういう形で負担しますかと。今は新しい治療が、治験医療から評価療養制度として採用されています。

それは、いずれも非常に高い費用がかかるものです。ある意味で平等は素晴らしいことなのだけれども、国家としての費用負担はどう考えますか。そこは、裁判所としては口を出せることではない。過去から混合診療禁止、保険給付禁止という原則が安全の問題を超えた上で平等という視点にも重点をおいて運用されてきたという事実が積み重なってきて、しかもそれは数十年にわたって行われてきました。

大貫　なるほど。

田原　そうすると、条文から直には読めないけれども、数十年にわたって行われてきたことが、条文から読もうとすると読めないわけではなく、そういう条文解釈が成り立たないわけではないときに、従来の運用を全面否定できますかということです。そうすると、寺田意見は意見だから、多数意見のように非常に複雑な解釈をしながら、読めなくはないということで落ち着かせるしかないのかなと。ただ、五名中四名までは意見なり補足意見を書いていますから、そういう意味で、裁判所としてはこのままでは困りますというボールは投げ返したつもりなのですが、その後のマスコミ報道等を見ていると、厚生労働省が条文を整理しようとする動きは全くないですね。

大貫　そうですね。よく分かりました。そうすると、これまで長年こういう建前で制度が運用されてきたということの重みというのが重要だということですね。もう一つ、いま先生がおっしゃったように、「混合診療保険給付外の原則」の制度趣旨の問題が関わってくると思います。これは、先生がいま言及されたように、寺田意見でかなり鋭く追及されているわけですけれども、先生ご自身は、この制度は本来どういう趣旨で運用されるべきだとお考えですか。

田原　超お金持ちが別に診療を受けると。保険を片方で受けながらね。それはお金持ちだからしようがないではないかと。

大貫　それは構わないと。

田原　例えば心臓移植は、お金のない人は受けられない。それは悪いことなのでしょうかと。

大貫　なるほど。そうすると制度趣旨としては、寺田意見がいみじくも二つ立てていると思うのですけれども、安全性・有効性確保論と公的医療平等論とを。寺田意見はかなりはっきりと、安全性・有効性確保論なら分かるとしています。

田原　私もそう思います。

大貫　そういう趣旨で理解したこの原則であれば支持でき

ると。

田原　はい。それでこの事件を扱うに当たって、やはり社会保険関係の文献をだいぶ買い集めてきて読みました。しかし、実際のところ正面から私が、あるいは寺田裁判官が疑問に思っているような所について議論されている文献はほとんどありませんでした。

大貫　そうすると、この点についても両裁判官は、実務にボールを投げ返したということですね。

田原　特に厚労省に投げ返しているし、政治家の方々は、少なくとも選挙のときには混合診療容認ということを政策で挙げていらっしゃるけれども。だけど、その後何も動いていないです。

大貫　少しきつい言い方ですけれども、ボールの投げ返し方としてうまくいかなかったということですよね。

田原　というよりも、制度趣旨自体に対して、やはり裁判所としてどこまで口を出せるかというと、これは政治問題ですから、私は寺田意見ぐらいまで口を出すのは、裁判所としてはちょっと行き過ぎかなと思ったのです。

大貫　そうですか。それで先生は必ずしもそこまで踏み込んでいなくて、むしろその一歩手前と申しますか、法の規定が明確に定められるべきであるということを強く押し出した。

田原　そこで議論をはっきりしてちょうだいよと。

大貫　そういうメッセージを投げた。寺田裁判官はそれよりもうちょっと先まで。制度趣旨をちゃんとさせろと。安全性確保論でないと、これはもたないのだよということをメッセージとして出した。

田原　はい。

大貫　なるほど。分かりました、非常にクリアになりました。語弊があるところはお許しいただきたいのですけれども、先生はやや無理をされて、「混合診療保険給付外の原則」を法が定めているのだと認定されたわけです。この背景は先ほどお伺いしました、長年にわたって制度がずっと続いてきているということが極めて大きい要因だということは分かりました。

プラスこういう事情があるのでしょうか。評価療養制度の適切な運用がなされているならば、それが支えているならば、この原則も何とか維持できるというお考えがあるのでしょうか。

田原　新しい治療方法について、混合診療を希望する医師等は、それは保険給付外だからそれをしたいとおっしゃるわけです。それが保険給付の対象、あるいは評価療養制度として入ってくるならば、そこで混合診療としての治療をちょっと待つだけの話だったらいいのではないでしょうかという意味で、そこを補足意見として書いています。

大貫　なるほど。これが「混合診療保険給付外の原則」を支える一つの柱だという理解になるのでしょうか。

田原　そういう形になろうと思います。やはり海外で認容されている治療方法が、国内での評価療養に入るのが遅れているという批判が、難病に苦しんでいる人たちからよく出ますから、それを評価療養として早く拾い上げることができるならばと。

大貫　そのようにできるならば制度を支える一つの非常に重要なものになり得るだろうということでお書きになられた。

田原　はい、十分になり得るでしょうと。

V　一級建築士免許取消処分事件

⑨　最判平成二三年六月七日　民集六五巻四号二〇八一頁（補足意見）

1　事案の概要

大貫　いわゆる耐震偽装事件に関係して、国土交通大臣は、一級建築士として建築士事務所の管理建築士を務めていた上告人X_1に対し、平成一八年に、一級建築士免許取消処分をしました。その通知書には、処分の理由として、次のとおり記載されていました。

「あなたは、……の建築物の設計者として、建築基準法令に定める構造基準に適合しない設計を行い、それにより耐震性等の不足する構造上危険な建築物を現出させた。また、……の建築物の設計者として、構造計算書に偽装が見られる不適切な設計を行った。このことは、建築士法第一〇条第一項第二号及び第三号に該当し、一級建築士に対し社会が期待している品位及び信用を著しく傷つけるものである。」

この一級建築士免許取消処分に伴い、北海道知事は、建築士事務所の開設者であった上告人X_2に対して、建築士法二六条二項四号に基づく建築士事務所登録取消処分（以下「本件登録取消処分」）を行いました。上告人らは、本件免許取消処分は、公にされている処分基準の適用関係が理由として示されておらず、行政手続法一四条一項本文の定める理由提示の要件を欠いた違法な処分であって、したがって、これを前提とする本件登録取消処分も違法な処分であると主張して、これらの処分の取消しを求めたものです。

2 法律論上の争点と先例的意義

大貫 公にされている処分基準の適用関係を示さずにされた建築士法に基づく一級建築士免許取消処分は、行政手続法一四条一項本文の定める理由提示の要件を欠き、違法であるかどうかが論点です。判決は、行政手続法一四条一項本文に基づいてどの程度の理由を提示すべきかは、当該処分の根拠法令の規定内容、当該処分に係る処分基準の存否及び内容並びに公表の有無、当該処分の性質及び内容、当該処分の原因となる事実関係の内容等を総合考慮してこれを決定すべきであるとした上で、本件免許取消処分に際して示されるべき理由としては、処分の原因となる事実及び処分の根拠法条に加えて、本件処分基準の適用関係が示されなければならないとしました。行政手続法一四条一項本文の定める理由提示の要請の程度を決定する要素を提示し、本件に関し、理由提示に当り処分基準の適用関係を示すべきことを判示したことが注目されます。

3 検　討

(i) 判決の規範の検討

大貫 多数意見は、前述のように、行政手続法一四条一項本文に基づいてどの程度の理由を提示すべきかは、同項本文の趣旨に照らして、①当該処分の根拠法令の規定内容、②当該処分に係る処分基準の存否及び内容並びに公表の有無、③当該処分の性質及び内容、④当該処分の原因となる事実関係の内容等を総合考慮してこれを決定すべきものとしています。

理由の提示の程度について、これまで最高裁は、「処分の性質と理由付記を命じた各法律の趣旨・目的に照らして決定すべき」（最判昭和三八年五月三一日民集一七巻四号六一七頁）ことを述べ、さらに、「いかなる事実関係についていかなる法規を適用して当該処分を行ったかを、申請者においてその記載自体から了知し得るものでなければならない」（最判昭和四九年四月二五日民集二八巻三号四〇五頁。最判昭和六〇年一月二二日民集三九巻一号一頁も同様）としております。

まず、いま私が引用したこれまでの最高裁判決の規範と本判決の規範の関係をお聞きしたいと思います。昭和三八年判決からは、本判決の四つのファクターのうち、①と③は導けると思います。昭和四九年判決も、①③④を前提にしていると理解できるのですが、これはいかがでしょうか。つまり、②の当該処分に係る処分基準の存否及び内容並びに公表の有無というのが、正に従来の最高裁になかった着眼点かと思うのですが、いかがでしょうか。

田原　これは、行政手続法が定められたことから入ってきた規範なのではないでしょうか。少なくとも青色申告の取消しを巡る事件の時代には、行政手続法自体がありませんから。そうすると、行政手続法が定められ、その中で処分基準、訓示規定ですけれども定めるべきだという形になって、それが定められたということであれば、今回の判決のような形で項目を挙げることは別に不思議ではないと思います。

大貫　細かい話なのですが、本判決は「この見地に立って建築士法一〇条一項二号又は三号による建築士に対する懲戒処分について見ると」ということで先ほどの四つのファクターの当てはめをしていると思うのです。ここでお聞きしたいのが、この当てはめで、本判決は「本件処分基準は、意見公募の手続を経るなど適正を担保すべき手厚い手続を経た上で定められて公にされており」と述べています。要するに、この処分基準を定める手続が慎重になされているということがわざわざ言及されているのですが、これは先ほどの四つのルールでいうと、どこに位置付けられるのでしょうか。突然の質問で恐縮ですけれども。

田原　基本的には②なのではないでしょうか。

大貫　処分基準の存否及び内容。内容ということなのでしょうか。

田原　内容です。

大貫　やはり、民主的な正統性を受けて定められているということも重要だということ。

田原　ですから、処分基準の公正さの担保というのが、意見公募によって確保されているということではないですか。

大貫　そうであるから、やはり処分基準に言及すべきだという方向で働くということですね。

田原　はい、そうだと思います。

大貫　そうすると、必ずしもこういう形で定められていない規定の場合には、ちょっとこれはマイナスに働くということになりますか。

田原　それがどこまでかということですけれども、例えば、単なる通達で基準だけを定めている、その通達を外部に公表している場合に、それがどこまで意味を持つかというようなこととの違いというのはあり得るのではないでしょうか。また、通達自体も公表していない場合と、公表している場合とでも異なると思います。

大貫　なるほど。この言及は、一定の意味は持っているわけですね。

田原　そう思います。

(ii)　審査基準について——本判決の示唆するところ

大貫　分かりました。

本判決の射程外だと思うのですが、申請に対する処分を行う際には、ご承知のように審査基準を定めることが義務付けられております。この適用関係も、理由提示で言及することが求められる可能性というのはあり得ると。

田原　あり得るのではないでしょうか。

大貫　先ほど先生がおっしゃったように、行政手続法が定められたことによって、正に処分基準に言及するというファクターがクローズアップされてきたという流れで見ると、審査基準も同様に考えられますか。

田原　審査基準についても、それが公表されている限り、拒否するときには、その審査基準に違反するという事実について理由の提示が必要であると思います。

大貫　なるほど。ただ不利益処分と違うのは、不利益処分は正に不利益処分ですから、その点で差は出てくるでしょうか。申請に対する処分だと利益を受ける処分ですから、その差は出てくる可能性はありますか。

田原　はい。ただ他方でその利益自体が特別ではなくて、国民一般が通常受けられる利益という場合であれば、やはり異なってきませんでしょうか。そこで要件、利益の種類や性質によって変わってくるのではないでしょうか。

大貫　なるほど。分かりました、本来当然貰える利益だというのが問題になっているから……。

田原　通常ならば営業許可とかの貰える利益のときにそれを拒否する。それから、よく国賠で濫用例で出ますけれども、パチンコ屋の開設を妨害するために公園を造ったり、というような場合は正にそういう事例だと思います。

大貫　なるほど。申請に対する処分であるから、不利益処分と比べて常に審査基準に言及しなくてもいいというふうにいくわけではないと。

田原　そう思います。

大貫　やはり、その処分の性質・内容によって変わってくるだろうということですね。

田原　はい。あるいはタクシーの事業免許についての裁判例は幾つもありますけれども、それなどもそうなのではないでしょうか。

大貫　これは予想の問題で、本判決の射程外であることは十分承知しています。

田原　そうだと思います。

(iii) 手続の瑕疵

大貫　手続の瑕疵について、これまで最高裁は、手続をやり直して、結果に変化があるか否かを理由付記の瑕疵については考慮してこなかったように思います。お聞きしたいのは、多数意見もそういう趣旨なのだろうかと。なぜお聞きするかというと、田原補足意見を拝読しますと、結果の変化は考慮しないということを明確に書いてあります。多数意見もそういう立場だと読んでよろしいのかどうか。

田原　あくまで補足意見ですし、他方で結果のことについて考慮すべきだという那須反対意見がありますから、それを踏まえれば考慮しないのは当たり前でしょうということを、本来なら補足意見で書くまでもなく、学説的には通説ですね。その中で、少なくとも那須反対意見のような意見というのは、ここ近年最高裁ではなかったはずなのです。

大貫　そうです。

田原　ところが、そういうことで表に出てきて、かつ岡部裁判官も賛成されて、二人も結果考慮説を主張していることは、少なくとも過去の最高裁の判例の流れからいったら、どう見てもおかしいので、普通ならば補足意見でここまで教科書みたいなことを書く必要はないのですけれども、書いたほうがいいのかなと思った次第です。

大貫　大変充実しています。

田原　かつ那須反対意見の場合は、例えば、判例法理の捉え方が私とは違っていて、引用された判例はいずれも税法事件ではないかと。ところが、行政法学界でも当然の通説だと思うのですけれども、少なくとも理由付記に関しては税務の事案だけではなくて、行政処分一般に関する完全に判例法理なのです。ですから、判例法理というものと、それから過去の直接の判例以外にその法理が及ぶかというところの捉え方が那須さんと私とでは明らかに違います。

大貫　違いますね。

田原　そうすると、やはり両裁判官の意見に対してはそこまで露骨に書いてという面はありますけれども、一種の教科書みたいなことをもう一度書いて、特に下級審に対してサインを投げたほうがいいのではないだろうか。最高裁の法廷意見は通説の立場に立っているということを示すためにも。

大貫　なるほど。それをはっきりさせたいと。

田原　通説の立場というのはこういうものだということを、わざわざ私の補足意見の前のほうで教科書の繰り返しみたいなことを書いています。それは下級審に対するサインだとご理解いただけたらと思います。

大貫　得心しました。ちょっと心配だったものですから。那須反対意見が、非常に今までの考え方と違っているので。よく分かりました。多数意見も、やはりそういう立場だと。従来の最高裁判決と同じ立場であると。

田原　藤田宙靖さんがおられたら、私はこんなこと書かないのですよ。書いてくださるから。

大貫　いやー、藤田先生が参加されたらどうでしょうかね。なるほど、分かりました。納得しました。これで最高裁の立場は全く変わっていないということがはっきり分かりました。

田原　補足意見というのは正にそうです。

(iv)　第三者の了知

大貫　田原補足意見は、「理由付記は、相手方に処分の理由を示すことにとどまらず、処分の公正さを担保するものであるから、相手方がその理由を推知できるか否かにかかわらず、第三者においてもその記載自体からその処分理由が明らかとなるものでなければならない。」（傍点発言者）と書いてありますけれども、これは必ずしも従来最高裁が言ってきたことではないと思うのです。申請者に、相手方において了知ということだったと思うのですが。

田原　いや、相手方ではなくて、やはり公正さを担保すると。本人が他の経緯から事実上理由を覚知していても、理由付記は省略することが許されないというのが過去の判例法理だったのではないでしょうか。

大貫　そのとおりです。先ほど読みましたように、理由付記の程度については、最高裁の判例は確立していると思います。ここだと思うのです。いかなる事実関係について、いかなる法規を適用して、当該処分を行ったかを申請者、不利益処分の場合は相手が変わりますが、申請者において、その記載自体から了知し得なければならない。これは確かにそのとおりです。記載自体から分かること。だから、何となく周りから分かるとか、そういうことでは駄目で、記載自体から分からなければというのは非常に明確なメッセージです。しかし、それは、その本人においてだと思います。ところが田原補足意見は、「第三者においても」と書いてあって、これはかなり重要な意味を持ってくると思うのです。

田原　公正さを担保するという言葉の内容は一体何なのかといったら、本人が分かるだけではなくて、他から見ても公正なのだということではないでしょうか。

大貫　他から見ても公正に見えなければいけない。

田原　はい。そうすると、公正に見えるということは、そこでの公正に見える相手方は誰かと言えば、申請者だけではなくて、不利益処分を受ける当事者だけではなくて、公正に行われているということが、その業界の方々からもよく分からなければいけない。そういう意味で第三者というのは、公正さを担保する者という位置付けで第三者という言い方を使っています。

大貫　これは、明らかに一歩進めたというか、従来の最高裁の文言上は必ずしも出てこない。

田原　確かに従来の判例の文言からは出てこないです。しかし、公正さの担保ということを演繹すればこうなりませんでしょうか、という立場から書いています。

大貫　なるほど、分かりました。この点は議論にはなったのでしょうね。

田原　いや、補足意見ですから。補足意見は当人の責任で書きますから。

大貫　ここは、そうしますと必ずしも多数意見が受け入れるかどうかは分からない。

田原　それは分かりません。やはり補足意見で、論理が飛んでいれば、他の裁判官も意見を述べますけれども、論理の整合性を持っている限りは、他の裁判官は意見を述べません。これはあくまで個人の責任で書きますから。

大貫　分かりました。これは、非常に積極的なご意見だと思います。

(v)　裁量基準の拘束性

これも非常に重要なことなのですが、田原補足意見は「行政庁が同法一二条に則って処分基準を定めそれを公表したときは、行政庁は、同基準に覊束されてその裁量権を行使することを対外的に表明したものということができる」として、これは裁量基準の一定の拘束性を導く重要なご議論だと思います。

ところが、他方で最高裁は、有名なマクリーン事件判決（最大判昭和五三年一〇月四日民集三二巻七号一二二三頁）で、全く裁量基準の拘束性を認めておりません。裁量基準に違反するかどうかは、当・不当の問題でしかありません。これは、田原裁判官の立場とは決定的に違っていると思います。他方で学説は鋭く対立しております。平等原則や適正手続の原則によって、裁量基準の原則的な拘束性を肯定する議論を展開しております。こういう議論状況で田原補足意見は極めて注目すべき議論だろうと思います。

お聞きしたいのは、この拘束力を導く理論的な構成というのはどういうものなのかということです。行政庁の、約束による自己拘束ということなのか、平等原則、あるいは適正手続の原則による拘束を導かれているのか、この理論的な構成をお聞きしたくお尋ねいたしました。これは、画期的な判示だろうと思っています。

田原　私自身は、それほど画期的なことを書いたつもりは全くありません。

大貫　これは画期的なのです。

田原　ただ、マクリーン事件判決は入管手続なのです。入管手続に関しては、少なくともマクリーン事件判決のときには何ら基準は定められていなかったですし、それ以後も最高裁は入管については法務大臣の裁量権を幅広く認めております。平成二一年に、入管手続の在留特別許可に係るガイドラインが改正されました。今は、在留特別許可をめぐる訴訟というのは、全体としては減ってきておりますけれども、入管の基準が定められて以降は、その基準の適合性が一審から争われております。各種の裁判例を見ていても、その基準との関係について、必ずといっていいほど言及しています。

ただ、それも特に難民認定法の場合であれば、一応の基準であって、羈束裁量ではないという考え方で法務省も外部に示したものですし、裁判例でもそれが羈束裁量だという判決はありません。ただ、濫用の判断の一つの基準として、裁判所が取り扱っているのは間違いないと思います。

大貫　そうすると、時代が変わったということですね。

田原　そこで、入管に関しても少し変わって、やはり濫用での基準でしかありませんけれども。

大貫　要するに法規と同じではないと。

田原　そうではないです。

大貫　東京地裁の判決にあったと思うのですけれども（東京地判平成一五年九月一九日判時一八三六号四六頁）、基準が定まっていたら、それをあえて適用しないということによって裁量濫用になり得るという言い方をした判決があったと思います。

田原　そうです。しかし、難民認定法の場合の審査の基準としては、家族がいる場合だとか、あるいは安定した生活を送っているだとか、幾つかの基準が定まっていたと思います。そういう意味では裁量権濫用を判断する上での、その基準が定められる以前に比べれば、裁判所としては濫用か否か判断する上での一つの評価基準的なものが出てきたといえます。ただ、それであっても羈束裁量でないのは明らかです。

大貫　ちょっとしつこいようですが、先生の「羈束されて」というのは、ちょっと緩やかな羈束だというように考えたほうがいいですか。

田原　建築士の場合であれば、基準が相当詳細に定められていて、かつ手続的に言えば、先ほど紹介があったように、意見も求めた上で定められているものですから、そうするとそれに関して言えば、平等原則というよりも、適正手続として自らが対外的に約束したのだと。

大貫　約束したのだから拘束性を持っている。

田原　拘束性を持つと。ただ、私の補足意見の中でも「例外があるよ」ということは触れてあります。

大貫　そうすると、羈束というのは法規と同じ固い拘束ではなくて。

田原　そうではないです。

大貫　特段の事情がない限り、自らが一定の手続を経て定めた処分基準には拘束される。

田原　はい。自らを拘束するということを対外表明している以上、拘束されて当然でしょうと。

大貫　当然でしょうと。ちょっとまとめますと、マクリーン事件判決の頃とはちょっと状況が変わってきているというのが第一点。

田原　そう思います。行政手続法が定められたのでね。

大貫　変わってきていますね。確かにマクリーン事件判決はあまりにも木で鼻を括ったような判決だろうと思います。

田原　最高裁の判例は、今なおマクリーン事件判決を引用しますけれどもね。

大貫　しますね。

田原　それは、入管手続というものの法務大臣の裁量性、あるいは外国人において入国・出国の憲法上の権利を持っているものではないということとの関係で引用しているわけです。

大貫　なるほど。必ずしも裁量基準の拘束性というところの文脈ではないのだと。

田原　そうではないです。大きな裁量権を持っているということの位置付けとして使っていますけれども。

大貫　なるほど。拘束性の所で使っているわけでは必ずしもないということですね。

田原　はい。

大貫　分かりました。第二点。適正手続の原則を使った自己拘束というお考えですか。

田原　と、私は理解しております。

大貫　十分あり得るというか、学界でも言われているところです。

(vi)　裁量基準の拘束性から、裁量基準に言及した理由提示の必要を導く？

大貫　それでは最後の質問です。これも学者的には大変興味をそそられるところなので、質問させていただきます。田原補足意見は、裁量基準の原則的な拘束性を導きます。固い拘束ではないということですね。特段の事情がない限りの拘束ということですね。

田原　はい。

大貫　こうして原則的な拘束性を導きますと、先生の言葉をお借りすると、結論としてこうなっています。「行政庁が不利益処分をなすには、原則としてその基準に従ってなすとともに、その処分理由の提示に当たっては、同基準の適用関係を含めて具体的に示さなければならないものというべきである」と。

田原　はい。

大貫　こういう論理を展開すると、むしろ理由提示に処分基準の適用関係を示すことは、裁量基準の原則的な拘束性によって根拠付けられるということになっているように思います。そうなると、この論理は正にいわゆる審査基準にももろに妥当してしまうことになりますが、いかがでしょうか。この論理は、先ほどの多数意見の論理とはちょっと違うと思うのです。裁量基準の原則的拘束性があるからこそ裁量基準に理由提示で言及しなさいという論理ですから。これは、審査基準にも波及するような重要な論理だと思うのです。

田原　私の見解を延長していけばそうなると思います。

大貫　むしろ、多数意見とは違うということになりますか。

田原　法廷意見は言及していないということですから。

大貫　こちらのほうがむしろ重要な論理だという気がします。

田原　ですから、基準を示すということは、自分で約束したのだから自ら守ってくださいよというだけの話なのです。易しく言えばね。

大貫　全く同感です。ですから、理由提示の際に審査基準にも言及すべきだとなる。

田原　事案は審査基準の事案ではありませんから、全く触れる必要はないのです。

大貫　事案は違います。ただ、先生のこの論理を発展させていくと、審査基準も同様のことになりますね。

田原　なり得ると思います。基準が明示されている場合には。

大貫　明示されている場合には裁量基準に原則的に拘束される。原則的に拘束されるのであるから、ちゃんと適用関係を示せというふうに論理がつながっていくということでよろしいですか。

田原　はい。

大貫　分かりました。私から伺いたいことは、以上です。長時間にわたり、どうもありがとうございました。

（平成二五年八月三日開催）

第二章

民事手続法改正に関与して

ゲスト

第1部　法制審議会民事訴訟法部会

伊藤　眞（早稲田大学教授）
秋山幹男（弁護士）
コーディネーター
始関正光（東京地方裁判所判事）

第2部　法制審議会倒産法部会

才口千晴（弁護士・元最高裁判所判事）
山本克己（京都大学教授）
コーディネーター
深山卓也（法務省民事局長）

第一部

民事訴訟法部会
法制審議会

Part 1

はじめに

始関　田原最高裁判事が古稀を迎えられるとともに、定年退官をされたわけですが、田原先生は最高裁判事になられる前、現行民事訴訟法の制定作業に最初から最後まで関与され、その後、倒産法の全面的な改正作業にも最初から最後まで関与されたというご経歴があります。今回は、現行の民事訴訟法典の制定作業（平成二年～平成八年）について、法制審議会の民事訴訟法部会で審議をされたわけですが、それに関与された方々に、当時は若かったので皆さん幹事だったわけですが、お集まりいただいて当時を振り返るとともに、現行民訴法が制定されて一五年経って、実務の運用はどう変わってきたか、あるいはその後も弁護士会、学会でも更なる改正の議論も盛んにされている状況ですので、そういうことについて、当時立法に関与した人間としてどうお考えになるかということも併せてご議論いただければということで、この座談会が企画されました。私は、当時、事務当局の一員として法制審議会の幹事を最初から最後までやらせていただいたというご縁で、田原先生から

Akiyama Mikio

1968年東京大学法学部卒業、70年弁護士登録（第二東京弁護士会）。日弁連民事訴訟法等改正問題検討委員会委員、法制審議会民事訴訟法部会幹事・委員、行政改革委員会情報公開部会専門委員、内閣府情報公開・個人情報保護審査会委員、筑波大学法科大学院教授などを歴任。主著に、『MEMOがとれない』（共著、有斐閣、1991年）、『コンメンタール民事訴訟法Ⅰ～Ⅴ〔第2版〕』（共著、日本評論社、2006～2012年）などがある。

Itou Makoto

1967年東京大学法学部卒業、2007年より現職。法制審議会民事訴訟法部会幹事・委員、同倒産法部会委員、同非訟事件手続法家事審判法部会委員、法制審議会（総会）委員などを歴任。主著に、『民事訴訟法〔第4版〕』（有斐閣、2011年）、『破産法・民事再生法〔第2版〕』（有斐閣、2009年）、『会社更生法』（有斐閣、2012年）、『法律学への誘い〔第2版〕』（有斐閣、2006年）などがある。

As a justice, as a law planner and as a practitioner

のご指名で司会をお引き受けした次第です。力不足の感がありますが、先生方のご協力により、何とか所期の目的が遂げられるようにしたいと思いますので、どうぞよろしくお願いいたします。

Ⅰ 民事訴訟法部会の審議全般を振り返って

1 審議開始についての弁護士会・学界の受け止め方

始関　それでは、最初に現行民事訴訟法典制定の民事訴訟法部会の審議全般を簡単に振り返りたいと思います。民事保全法が、国会の審議でかなり難航したわけですが、何とか一部修正の上、成立して、その次の民事手続法の改正をどうするかが話題になりました。当時、私は裁判所にいたので、その際の議論がどういうものであったのか全然分かっていないのですが、後に漏れ聞いたところによると、民事保全法の次には倒産法という意見もあったやに聞いており、そうした中で民事保全法制定についての法制審議会の審議が非常にうまくいったということを踏まえて、民事訴訟法の改正をやろうということになったということのようです。そのときの民事訴訟法本体の改正を民事保全法に引き続いて始めることについて、各界、特に弁護士会はどのような受け止め方をされたのでしょうか。

田原　民事保全法の改正自体には、私は直接関与しておりません。ただ、大阪からは河合伸一先生がお出でになって、それをバックアップする弁護士会の中の小さな委員会、約一〇名前後ですが、それを踏まえて河合先生がいろいろご発言しておられたことは存じています。

昭和の最後の頃から、第二東京弁護士会、あるいは大阪弁護士会等々で、民事訴訟の運用改革の動きがどんどん出てきていました。平成二年に民訴学会が高松で行われたときは、「弁論兼和解」のテーマでシンポジウムが行われ、その「弁論兼和解」を争点整理との関係でどう位置付けるかというのが重要な論点であるという状態でした。民事訴訟の実務の改善について弁護士会の中でも日を追って関心が高まっていたということです。また、東京、大阪以外でも、名古屋、福岡、京都といったところがいろいろな改革案を提言して、判例タイムズ(大阪弁護士会「民事裁判改善シンポジウム」判タ七五八号〔一九九一年〕八頁、八木一洋「福岡地方裁判所における民事訴訟の審理の充実・促進方策の実施状況について」判タ八一六号〔一九九三年〕六頁)やその他の法律雑誌に次々と掲載されていた状況もあります。そのように、弁護士会の内部から民事裁判の改善に向けていろいろ動かしていこうという動きが片方であり、他方でそういう流れを受けて、裁判所の内部でも運用改善に向けての協議が行われ始め判例タイムズにも種々の論稿(「座談会・民事訴訟の審理を充実させるための方策」判タ六九七号

coordinator

Shiseki Masamitsu

1980 年関西大学法学部卒業、84 年裁判官任官。大阪地裁、山形地家裁、東京地裁の各判事補、法務省民事局付、同参事官、同大臣官房参事官、同民事法制管理官、同大臣官房審議官などを経て、2011 年より現職。主著に、『一問一答新民事訴訟法』(共著、商事法務研究会、1996 年)、『一問一答個人再生手続』(共編著、商事法務研究会、2001 年)、『株券電子化』(共編著、きんざい、2008 年)などがある。

〔一九八九年〕四頁ほか）が掲載されていました。今から思えば、そういう大きなバックグラウンドが民訴法改正の後押しをしたのではないかと思っております。

始関　私は、民訴法改正がテーマに決まった後の平成二年八月に東京地裁から法務省に異動になり、民事訴訟法の改正作業を担当することになったわけですが、平成二年の秋から検討事項の審議が始まって、その冒頭で弁護士会の委員・幹事の皆様方が、確か条件が六つだったと思いますが、改正の作業を進めることはいいけれども、条件があるということで、そのときの雰囲気が非常に緊迫したものであったということが痛烈に記憶に残っております。その辺りの緊迫感というか、弁護士会の受け止め方は非常に厳しいものがあったのではないかと思っているのですが、その辺りはどうだったのでしょうか。

秋山　私は末席の幹事でしたので、そのことはよく覚えていないのですが、今、田原さんから紹介があったように、弁護士会として民事訴訟法の手続の改善をしなければならないという動きがかなり出てきていたことは確かで、それに合わせて法改正を検討しなければいけないことについては、正面から受け止めたのだと思います。他方で、手続を全面改正するということなので、それについての警戒感があったということで、開始に当たって弁護士会側が六点の指摘をしたということです。例えば国民の裁判を受ける権利を十分に保障する方向でなければいけないとか、迅速化を図ることがテーマではあるのだろうけれども、適正を十分に確保しつつ迅速を図らなければいけないといった点、憲法や民訴法が定める手続の諸原則を堅持し、職権主義に走るような改正であってはいけないといった点など、弁護士会としての法改正に臨む姿勢を明らかにしたということだったと思います。

田原　補足すると、弁護士会と法務省、あるいは法制審とは、過去には一貫してほぼ対立関係にあったので、刑法改正、少年法改正、特に少年法改正では弁護士委員を総引き上げしたという過去の経過があるので、そういう意味で法制審が動き出すことに対して日弁連全体としての警戒感がありました。

また、政府が立法提案するときには、いくつかの手続法では素案を固めてから立法提案する、審議会にかけるということが過去にありましたから、そうすると法務省はもう原案を持っているのではないかと。それを隠したまま審議会を始めるのではないかと、日弁連の一部にそういう観点からの強い警戒感がありました。それで、この六項目の申入れという形になったのだと理解しています。

始関　私が法務省に参ったとき、何一つ準備がされていなかったのですが、弁護士会がそのことをご理解くださったのはどのぐらい経ってからなのでしょうか。

秋山　検討事項、検討すべき項目を何にするかというところから議論を始めましょうということになり、その段階から、弁護士会側も意見を反映させていくことができることになりました。これは大変良いやり方でした。

田原　検討事項それ自体を検討する段階は、実は私はオブザーバー参加しか許してもらえなかったのです。弁護士会でもメンバーの人数が限定されたので、大阪から後に委員になった先生方は参加していましたが、幹事になった人間はオブザーバーで数回に一度しか出られないという状態でした。ただ、毎回のデータは、委員を通じて私どもも全部いただきましたし、その中で、ある意味では完全に白紙なのだと、そうすると、弁護士会サイドとしても立法案を具体的に提案しても良い雰囲気があるということが理解され始めて、日弁連のバックアップ委員会もそうですが、大阪の場合、大阪のバックアップ委員会が弁護士会として立法提案できる一つのチャンスではないかということで、非常に活発に活動し始めてくれました。

始関　民事保全法に続いて民事訴訟法本体の改正をすることについて、学界ではどんな受け止め方だったのでしょうか。

伊藤　私も今から比べると若くて、幹事として審議に参加しました。始関さんのご質問に対する私の考えは、後ほど申し上げますが、田原さんの古稀・最高裁判事退官記念論文集（『現代民事法の実務と理論』〔金融財政事情研究会、二〇一三年〕）に鈴木正裕先生が「はじめに」を書いていらっしゃって、その中で、法制審議会の部会、小委員会等で田原・秋山両氏が最も活発に発言した旨の記述があります。私の印象もそのとおりで、これは、お二方ご自身のご意見もあるし、弁護士会代表というのは不適切かもしれませんが、弁護士会における議論を背景にしたご意見もあったでしょうけれども、非常に活発な議論をされているのを、初めて法制審議会の場で伺って感嘆した記憶があります。

それはそれとして、学界において民訴法改正をどのように受け止めていたかについて一言申し上げます。ただいまお話がありましたように、弁護士会、裁判所がいくつかの点を中心として、改正について積極的な姿勢で臨まれていたことは、間違いなく事実であろうと思います。ただ、それは民事訴訟手続の中の審理の在り方等が中心で、全体を見ると、後からお話があるかと思いますが、例えば少額訴訟、民訴法二四八条、いわゆる損害額の認定に関する規定といったもの、また審理の在り方そのものについても、口頭主義の形骸化については、長く学界で議論され、先学の業績が積み重ねられてきたものです。そういう意味では、学界の立場からしても、民訴法全体について長い間、おそらく戦後四〇年ぐらいの時間の長さで積み重ねられた研究を背景にして、それを実定法の手続として仕上げたいという気持ちは多くの人に共通していたのではないかと思います。

2　五年の審議予定期間について

始関　ありがとうございました。審議の開始に当たって、審議期間を五年間とするという目標が立てられたわけですが、これについては関係各界はどのように受け止めていたのでしょうか。実は私が法務省に参る直前に、五年という予定にはなっているけれども、五年でできるとは誰も思っていないと、もしかしたら一〇年を超えるかもしれないと大先輩から言われた記憶があったのでお聞きするのですが、学界ではどうだったのでしょうか。

伊藤　民事保全法のさらに前に民事執行法の改正があって、これが大変な長期にわたって、担当者の方も非常にご苦労されたと聞いておりました（『民事執行セミナー〔ジュリ増刊〕』〔一九八一年〕四頁、園尾隆司「倒産法改正の見通しとその基本構想」金法一九七四号〔二〇一三年〕二〇頁参照）。民事執行法でそれだけの時間をかけたということを考えると、民訴法について五年でできるのかなというのが、疑問というか、皆さんの感覚ではなかったかと思います。

その一つの理由としては、先ほど田原さんがおっしゃいましたが、特に裁判所、弁護士会、学界といったグループの間に意見の対立があるような問題について、相互の信頼関係を前提にして、しかるべき案を作っていこうとすることが、その段階ではまだ一般的な雰囲気となっていなかったことも影響しているのではないかと感じています。

始関　弁護士会側はどんな受け止め方だったのでしょうか。

田原　五年間というご提案があったときに、提案をされた三ケ月章先生が民事執行法の立法作業についての反省を非常に強くおっしゃって、それだけの時間をかけることが今の時代には許されない、五年間でやりたいと。その代わり、弁護士会から推薦される委員・幹事は、途中交替はまかりならないとおっしゃいました。それだけの腹をくくって、日弁連は推薦してこいとおっしゃいました。

弁護士会では、従前は法制審の委員や幹事はある意味で名誉職として捉えられていました。名誉職を五年も独占するのは許されないという意見が一部にあった中で、当時の執行部が「分かりました、変えない」ということで走り出したのです。それでどこまでできるか分からないけれども、立法が終了するまでは委員・幹事は責めを負えと。それをバックにして、例えば大阪弁護士会でバックアップ委員会を作りましたが、バックアップ委員会のメンバーも、やむを得ない事由がない限り退任は許さないと。俗に「蛸部屋」と称していましたが、日弁連もそれに近い形で動き始めて、釘澤一郎弁護士が日弁連の民事訴訟法等改正問題検討委員会の委員を引き受けられました。同弁護士は日弁連の事務総長の経験者ですから、それだけの政治力を持った方が民訴法改正に向けて注力されたことは非常に大きな力になったと思います。

3 三ケ月章部会長の審議方針の功績

始関 いま既にお話がありましたが、三ケ月先生が委員・幹事に交替を許さないというのは、弁護士会だけではなくて、事務当局も裁判所も学者も、みんな交替させないとおっしゃられたと。もう一つは五年間でできるだけのことをやるのだと。五年間精いっぱい議論をしてできなければ、できないものは次の改正に譲るのだという態度を決められたとか、いろいろ三ケ月先生の工夫があったわけですが、そのお陰で、皆の予想に反して平成二年の秋から審議が始まって、平成八年一月には民訴法部会の要綱案が固まったと。検討事項と試案についての各界に対する意見照会が二回あって、それらに合わせて六か月を要していますから、ほぼ予定どおり、実質審議としては五年で審議ができたわけです。その理由を今私が申し上げましたが、それについてはどのように受け止めておられますか。

秋山 弁護士会側で、五年間と期限を切るのはまずいとか、そういう議論はなかったように思います。五年という期間を切ったということで、法務省側、事務当局側の意気込みが強く伝わったと思います。弁護士会も遅れを取ってはいけないということで、バックアップ体制をかなりきちんとしました。いま田原さんから紹介のあった日弁連の委員会は、民事訴訟法等改正問題検討委員会といいますが、いくつかの部会を設けて、月一回のペースで相当突っ込んだ検討を加えています。

4 中野貞一郎部会長代理の功績

始関 五年間メンバーが替わってはいけないと言いながら、途中で三ケ月先生本人が大臣になってしまわれて、代わって、その後は中野先生がそれまで準備会のメンバーになっておられなかったのに、突如、部会長代理をお引き受けになったのです。中野先生の中継ぎというか、そのご尽力、ご功績もすごいものがあったと思っていますが、その辺りを伊藤先生からお願いします。

伊藤 確か、小委員会の委員長も中野先生にお願いしたのです。いろいろな思い出があるところで、おそらく皆さんも共通の記憶があるかと思いますが、争点整理終了後の失権効について、その辺りに来ると、裁判所、弁護士会、学界、それぞれいろいろな意見があって、容易にまとまらなかったような状況がありました。そこで、中野先生も事務当局といろいろご相談された上でしょうけれども、法一六七条にみられるような提案をされて、部会としての意見がまとまる方向に持っていかれたというご苦労を、一例ですが、今でもよく覚えています。

5 審議における工夫と関係者の苦労

秋山 五年間の期限を定めたことに戻りますが、平成一五年の民訴法一部改正で導入された計画審理みたいなもので、期限を切って審議の計画をきちんと立てるということの良さが現れたというか、効果があったと言えるのではないでしょうか。

始関 期限を定めて、その間にいろいろな項目を審議すると、そのために毎回この回では何をするかを事前に決めて、事務当局が用意した資料についての審議は、必ずその回で何時間かかっても全部やってしまうというルールですが、これはおそらくこの民訴法部会で初めて導入されたルールだと思います。そのために今までの審議会と違って、各会議の審議時間も一時から原則五時まで、場合によっては六時、七時近くまでやったこともあったと思いますが、そういうことが他の部会でも行われるようになって、民事法全般につき計画的な立法が行われるようになりましたが、その先駆的な意味もあったのだろうと思っております。

田原　弁護士会では民訴法部会の弁護士会推薦の委員・幹事が増員されましたので、委員・幹事の意思疎通を完全に図らなければいけないということで、法制審の当日の朝、あるいは前日の夕刻六時から委員間での打ち合わせを毎回やっていました。そこで次の審議会でのテーマについて議論をし、それほど大きな齟齬がない形で日弁連委員・幹事の意見をまとめるという作業を行っていました。法制審の直前には、日弁連の全体のバックアップ委員会が必ず開かれて、そこで一定の議論がなされました。ですから、従前の法制審に日弁連から出ていた委員・幹事とは違う形でのバックアップ体制が一貫して取られたことは、審議の進行に非常に大きな機能を果たしたのではないかと思っています。

秋山　三ケ月先生がよく言っておられたのですが、反対するなら、あるいは疑問を述べるなら具体案を出せと、しきりにおっしゃっていました。私たちも委員・幹事の打ち合わせなどでは、なるべく具体案・対案を出すように努めたと思います。今、手元に弁護士委員・幹事の「検討事項案の修正意見メモ」というのがありますが、そういうものを事務当局に提出したりしていました。

伊藤　弁護士会は、そのように三ケ月先生の要求に応えて具体案・対案を提出されたことが多いのですが、学者はそういう習慣がなかったせいでしょうか、よく三ケ月先生に叱られました。無責任な意見を言ってはいかんとか、言うならちゃんと対案を持って言わなければいけないとか、それも今は懐かしい思い出です。

もう一つだけ、現在進行中の「民法（債権関係）」の改正では、比較法的な視点や基礎資料を重視されているように思います。民訴法の改正に関して、そういうことが表面的には出ていないのですが、これもご承知のように、「民事訴訟法典現代語化研究会」というものがあって、その成果は『各国民事訴訟法参照条文』（信山社、一九九五年）の形で取りまとめられています。

これは法制審議会の部会とは別の組織で、研究員も別だったかと思いますが、ドイツ、オーストリア、フランス、イタリア、アメリカ、韓国など、外国法の民事訴訟法の条文を逐一検討されて、おそらく事務当局ではそういうものも参考にされて、いろいろご検討になったのではないかと思います。

苦労の過程については、研究会の一員であった河野正憲氏が書いていらっしゃいますが（「座談会・研究生活をふりかえって——河野正憲先生に聞く」名古屋大学法政論集二二三号〔二〇〇八年〕五〇九頁）、そういったものを拝見すると、民訴法の改正についても、直接部会に提出された資料ということではありませんでしたが、比較法的な検討も十分踏まえられていたと感じております。

田原　その資料は私どもも全部いただきましたが、それを拝見すると、明治の民法を制定するときの法典調査会資料、それは非常に大部なもので、私はある機会に勉強せざるを得なくて見たことがあるのですが、それに匹敵するような作業で、あれは非常に貴重な資料だと思っています。

秋山　ここで、弁護士の委員・幹事の苦労話を少しお話しさせていただいてよろしいでしょうか。伊藤先生もおっしゃっているように、学者の先生方、裁判所、弁護士会とで、それぞれ意見の違うところが随分あって、それをどうやって調整して改正案としてまとめていくかということがありました。私たち弁護士委員・幹事の役割は、自分自身の見解をちゃんと述べるということもありますが、弁護士会側から出ている意見をきちんと法制審に伝えると。他方で、法制審の議論をきちんと弁護士会に伝えて、弁護士会側も理解をすべきところはできるようにするという役割で、いわば和解交渉に携わる弁護士の役割みたいなものがありました。そういう立場で、田原さんもいろいろ苦労されて、私も苦労したものですが、そこが非常に面白い点でもあり、難しい点でもありました。しかし、そういうやり取りの中で、かなり合意点が見つけられて、うまく改正案につなげられたのかと思います。弁護士会の中にもいろいろな意見がありましたが、我々も弁護士会側の意見をよく見据えて、これならいけそうかなということで、法制審で議論して、それなりのものを勝ち取って弁護士会に戻っていくわけですが、そんな話は聞いていないという強硬な意見が出たりして、だいぶ苦労をしました。ただ、その点は三ケ月先生も理解をしてくださって、私たち弁護士会側には非常に寛大な態度を示しておられました。学者の先生方には結構厳しいことをおっしゃいましたが、我々は三ケ月先生から見ればいろいろと難しい議論をしても、きちんと受け止めていただいたという感想を持っております。

始関　田原先生、その点について何か補足していただくことがありますか。

田原　いま秋山さんがおっしゃったとおり、三ケ月先生は実務家には優しかったですからね。それとともに、弁護士会側が立法サイドに積極的に関与しようとしているという熱意を感じていただけたことが、三ケ月先生のそのような姿勢につながったのではないだろうかと思われます。何とかできる範囲で立法したいという非常に強い熱意をお持ちでしたし、我々もそれに応えるべく動いていましたから、それが全体としてうまく機能した一つの原因かなと思っています。三ケ月先生の場合は、臨時司法制度調査会意見書（昭和三九年）に対する非常に強い消極的な側面での思い入れがありましたから、そのような形にならないためにはどうしたらいいかということで、非常に配慮しておられたことをしみじみと感じます。

始関　部会の審議を振り返ると切りがないのですが、時間の関係もありますので、中身に移ります。

Ⅱ　争点整理手続の整備と集中証拠調べ

1　争点整理手続の整備が行われた背景、問題意識

始関　現行民訴法は民訴法典全般にわたっての改正ですので、改正項目も多々ありますが、時間の関係もあって、その中のいくつか主要な改正点を中心にお話を伺いたいと思います。何と言っても、現行法の制定の中心的な改正点は、争点整理手続の整備とそれに対応する証拠収集手続の拡充にあったかと思います。まず、そのうちの争点整理手続の整備、それと併せた集中証拠調べの導入についてお話を伺えればと思いますが、冒頭に改正の契機ということで田原先生からも触れられたように、争点整理手続の整備が行われた背景、あるいは問題意識について、田原先生からもう少し先ほどの話を敷衍して述べていただければと思います。

田原　民訴法では、あまり活用されていなかった弁論準備手続を活性化するべく、昭和三一年に準備的口頭弁論の制

度（旧民訴規二六条）が設けられましたが、実際上は三年ばかりで実質破綻して、ほとんど使われないままで終わった経緯があります。その反省を踏まえて、五月雨式の審理をどう活性化していくか。その中で第二東京弁護士会、あるいは大阪弁護士会からいろいろな提案があり、他方、実務的には弁論兼和解、あるいは和解兼弁論が導入されて、それを訴訟手続法的にどう位置づけるのかが大きな話題になりました。特に公開との関係が問題になって、弁論兼和解は和解だから公開は要らないのだとか、弁論なのだから公開は不可欠だといった議論が、それなりに戦わされていたのです。しかし、実質的に争点をうまく整理するためにはどうしたらいいのかについては、裁判所も当事者である弁護士も必要性の認識はしていて、いろいろな組立てを考える上で、例えば裁判所は争点整理をする上で、当事者本人から直接話を聞きたいという非常に強い要求があり、かつ、その場合は非公開だと。他方で、弁護士会側は当事者に代理人が付いているのに、当事者本人から直接話を聞くのはおかしいのではないかと。代理人として主張すべきことを行うのが弁護士としての本務であると。それを、代理人を飛ばして本人から聞くという手続を認めるわけにはいかない。かつ、弁論である以上は公開が大原則であろうという議論が戦わされていました。

そういう議論を戦わせている最中に、裁判所はいわゆるラウンドテーブル法廷の導入を決めました。ラウンドテーブル法廷は、当初は大規模庁にしか入りませんでしたが、裁判所が予算を確保して、次々と各地に入り始めました。ラウンドテーブル法廷に実際に行ってみたら、それなりに機能するのではないかという弁護士の経験が広まり、それを踏まえながら妥協点がどこかに見出せないかということで議論が進みました。特に争点整理手続は弁護士会と裁判所とが最も対立した論点で、落ち着くまでは年単位で時間がかかりましたが、最終的にはまずまずの形で収まったのではないかというのが私の理解です。秋山先生もそこで非常に苦労されたお一人ですから。

2 弁論準備手続の創設の意義について

秋山　そうですね。弁論兼和解に対する弁護士側の非常に強い問題意識があって、弁論兼和解が立法化されるのではないかという危機感がありました。あるいは弁論準備手続が立法化されたら、弁論兼和解は本当になくなるのかということも議論されました。

（i）公開の問題

秋山　やはり公開問題が随分大きかったですね。弁論兼和解は弁論であるのに非公開の場で行われていたことが問題とされていました。そこで、弁論準備手続も弁論の準備と言いながら非常に重要な手続なので、公開するべきではないかということを弁護士会側はかなり強く主張しました。そして、議論の結果、傍聴を認めようと、その傍聴も、当事者が求めた傍聴に対しては、基本的に裁判所は許可しなければいけないというところで折り合いを付けたということです。そして、非公開の場で行うことが不適当な場合は公開の法廷での口頭弁論に戻すべきではないかという議論があり、それについては申立てがあれば、裁判所が相当と認めたときは戻すと、しかも、当事者双方が戻すべきだと言った場合は必ず戻さなければいけないという、裁判所から見れば、かなり厳しい案が採用されて、弁護士会側も了承したという経緯でした。当事者の対席問題もありました。弁論兼和解で問題になったのは和解なのか弁論なのか不明確で、当事者の対席でない所で弁論が行われているのではないかという問題があったので、対席を確保すべきということはかなり大きな問題でしたが、これはそれほど議論はされなかったのではないでしょうか。当然のこととして採用されたということです。あとは、書証の取調べを認めるかどうかが随分議論されました。証拠調べを弁論準備でやっていいのかどうかということで。

（ii）書証の取調べ

始関　今の書証の取調べですが、過去の準備手続の失敗は、証拠は全然なしで、主張だけを整理して、しかもその後に非常に厳しい失権効が付いているということで、いわば机上の空論の上に空論が積み重なって、争点が絞られるどころかますます拡散するということで、大失敗になったという歴史があります。書証と主張を突き合わせて真の争点を絞るという意味で、文書の証拠調べが極めて重要な意義を持っていたと思いますが、その辺りはいかがでしょうか。

伊藤　結局、理論的な視点から見ると、二つの流れがあったかと思います。一つは、お話が出た準備手続の失敗という歴史的な経緯があり、もう一つは、弁論に対する非常に形式的な理解です。例えば、公開主義、口頭主義、双方審尋主義といった原則を貫いて、いま始関さんが言われたことですが、そこで弁論と証拠調べの分離の原則というか、建前がある。したがって、弁論による争点の整理は、いたずらに主張が交換されるばかりで、さっぱり機能しない。そこで弁論兼和解という実務上の運用が出てきた。ところが、それは従来の弁論についての原理原則から見ると、いろいろおかしい問題を内包しているではないかという指摘があって、批判が噴出した。しかし、争点整理の実際上の必要性はいかんとも否定し難いものですから、いろいろ実務上の工夫がされたと、このような流れであったかと思います。

その辺りのことについては、山本和彦氏が編集された『民事訴訟の過去・現在・未来』（日本評論社、二〇〇五年）という本があります。これは、そんなに最近の本ではありません。法が施行されてしばらくして、その時点での状況認識や将来のことが主に書いてある書物ですが、その中で民訴法改正当時は最高裁事務総局の民事局におられたでしょうか、福田剛久判事が、今私が申し上げたような趣旨のこと、弁論と証拠調べの形式的な分離という建前と争点整理についての実際的な必要ということから、新しい争点整理の手続が構想される必然性があったと言っておられますが、そのとおりかと思います。

（iii）電話会議の導入

始関　弁論準備手続については、電話会議を導入したところも一つのポイントだったと思います。しかも、立法当初は電話会議ですることのできる訴訟行為の範囲に限りがあったわけですが、平成一五年の改正で電話会議で和解もできるという改正も行われ、電話会議が非常に充実してきています。その辺りはいかがでしょうか。

秋山　弁論準備に電話会議を入れたというのは、実際上は非常に大きなことでした。地方の裁判所で弁論があるような場合は、我々は一日がかりで、数分間の弁論のために通っていたわけです。それが、この電話会議のおかげで、出向かないで済むようになりました。これはかなり活用されています。当事者が遠隔地の場合はかなり有益です。

私などは、第一回期日は、差し支えがある場合は、答弁書を擬制

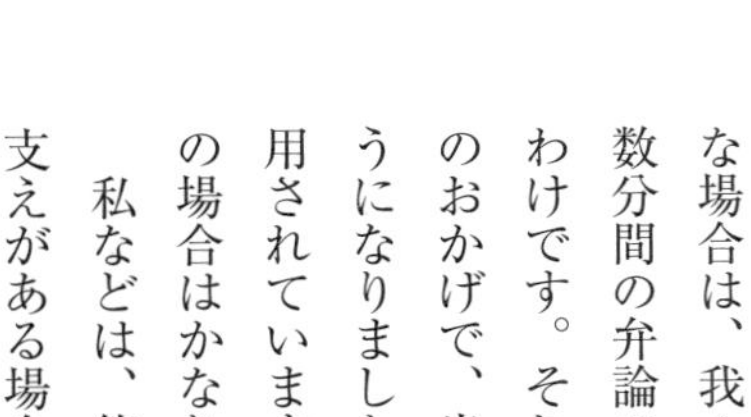

陳述して、弁論準備に回すことについては異議がないと申し上げて、第二回からは電話会議による弁論準備にしてもらって、争点整理は全部弁論準備でやって、人証採用決定も弁論準備期日でやってもらうことがあります。集中証拠調べは大体一日で済むので、そのときだけ出ていくということです。複雑で難しい事件ではそうもいきませんが、通常の事件はそれで間に合います。ただ、電話会議は、設備の問題でしょうか、音声が聞き取りにくいのと、誰がしゃべっているのか、電話で聞いているほうには分かりにくいところがあります。

田原　弁護士自体、あるいは裁判所を含めてそうした設備の利用の仕方に慣れていないという面があります。もう少し機能させればいいので、発言するときに名前を名乗ってからしゃべるとか、そこで名前を名乗らなかったら、裁判所が割って入って、「今どなたですか」とか、そういうことをきちんとやってくれればいいのですが、我々古い世代はなかなかそれをうまく機能させられないのです。ただ、私は任官するまでは大阪で弁護士をしていましたが、西日本、特に沖縄の事件や九州の事件で、飛行機で行って五分間の弁論で帰ってくるのはきついのです。ただ、複雑な事件ですと、面と向かって裁判所に求釈明すべきところは直接口頭で言わないと、書面ではなかなか裁判所に理解してもらえないことがありますから、そういうときは出向きますが、いま秋山さんが言われたように、それをうまく機能させれば、十分に使えると思いますが、私の任官前までの状態で言うと、なかなか適切に使いこなせていない。地方の弁護士は電話会議を利用する機会が少ないものですから、そこで議論がうまく噛み合わない。東京や大阪ですと、あちこち行きますから、電話会議をすることも結構あるのですが、その辺りは感じていました。ただ、それは七年前の話ですから、その後どこまで現場が機能しているかは理解しておりません。

始関　私の乏しい経験ですと、先ほど秋山先生が言われたように、第一回期日は答弁書擬制陳述、第二回から電話会議による弁論準備手続で、その後一度もお目にかからないで和解までできたというケースも何件かあります。その場合は、ご本人を弁護士事務所に連れてきていただいて、途中でご本人と電話で代わっていただいて話をしたといったこともあります。あるいは、不幸にして和解ができなくて尋問を行うことになって、そのとき初めて弁護士の先生ともお目にかかると。その尋問が一回の期日で終わって判決ということもありました。最近は、地方の先生方も随分電話会議に慣れてこられたのではないかと感じております。特段問題があるようには、今は感じておりません。

3 書面による準備手続の利用

始関　いま電話会議という話が出ましたが、電話会議によって事件を進行させようということで、書面による準備手続も併せて作られたわけですが、これはほとんど利用されていないような感じです。それはどこに問題があるのでしょうか。

秋山　それは必要性があまりないからではないでしょうか。私も経験はないのですが、聞いた話では、原告が勾留されている場合に、期日に毎回出廷させることは困難なので、書面による準備手続で書面交換を全部して、争点整理をしてしまうということがあるようです。証拠調べをどうするのかということがありますが。

あとは当事者双方が遠隔地の場合に、弁論準備では電話会議は双方欠席ではできませんので、この手続を使うことはあり得るのではないでしょうか。

始関　田原先生、最高裁でご覧になっていて、書面による準備手続で手続が進行していたようなケースはございましたか。

田原　見たことがありません。多くの事件は、一審の訴訟手続記録を最高裁判事が自ら見ることはほとんどありません。よほど進行が遅れている事件や、超多忙でないときは一審記録もパラパラと見るので、そういうときに弁論準備で、例えば二〇回も弁論準備をやっているような事件だと、一体何をやっているのだろうかと気になりますから、見ます。そういうときぐらいなので、実際に事例があったのかもしれませんが、直接見た記憶はありません。

始関　書面による準備手続は書面と電話会議だけで、実際に来てもらうことができないところがやや硬直的で、そこが使いづらい原因になっているのでしょうね。

伊藤　電話であっても、口頭であればニュアンス的なものは伝わってくるはずなのです。ところが、純然たる書面だとそれが伝わりにくくて、その辺りが使いにくいというか、争点整理の目的に照らして、十分機能するか疑問があるというところではないでしょうか。もっとも、始関さんがおっしゃったように、うまく組み合わせてやれば決してそんなことにはならないのですが、そういう気がします。

4　準備的口頭弁論の利用

始関　現行民事訴訟法典の争点整理手続としては、弁論準備手続と書面による準備手続のほかに準備的口頭弁論も導入されたわけですが、これも法が定めたような形での明確な準備的口頭弁論はほとんど行われていないように思われます。そういう理解でよろしいでしょうか。

田原　私はそう理解しています。

始関　ただ、実際に法が定めた形での明瞭な形での準備的口頭弁論は行われていませんが、弁論準備手続に付することができないような純然たる合議事件のような事件の場合には、実質的には準備的口頭弁論というか、争点整理のための口頭弁論が行われている所はあると思いますが、その辺りはいかがですか。

秋山　もちろん、口頭弁論でも争点整理はしなければいけないので、やっているわけです。わざわざ準備的口頭弁論にしなくても、普通の口頭弁論で争点整理はできますし、証明すべき争点の確認も、しようと思えば当然できます。また、準備的口頭弁論では結果の要約書面を出させることができますが、通常の口頭弁論であっても、できないことはないので、わざわざ準備的口頭弁論にはしないのかなと思います。ただ、争点整理を強く意識して口頭弁論をやろうというときには、この手続でやることがいいのではないでしょうか。

それから、準備的口頭弁論の終了後に新たな主張や証拠を出した場合には、相手方が求めた場合には、準備的口頭弁論終了前に提出できなかった理由を説明しなければならないという民訴法一六七条の規定は、通常の口頭弁論には適用されません。その辺の効果が違うということはあるかもしれませんが、あまり強い効果ではないので、あえて準備的口頭弁論に付そうという動機にはつながっていないのかもしれません。

田原　準備的口頭弁論という制度が導入されたバックグラウンドは、例えば大規模な公害訴訟、あるいは当事者が非常に多数にわたるような事件で、弁論準備が手続的に困難な事件をおおむね想定していたのではなかったかという記憶です。今も大規模な訴訟はありますが、他方で四大公害訴訟のような類での訴訟類型は、今はあまりないので、ああいう類の事件であれば準備的口頭弁論は十分機能するのだとは思います。

5　弁論準備手続の運用状況

始関　話を戻すことになりますが、弁論準備手続は先ほど来お話があったような理念、背景に基づいて手続が整備されたわけですが、その運用状況、改正の理念が最近あまり活かされなくなってきているのではないかというご指摘もあるように思われます。その辺りについてはいかがでしょうか。

田原　それはほかの座談会でも申し上げましたが、最高裁判事として、毎年五月の憲法週間に各地の裁判所を視察します。私は六年半で、全部で本庁二一か庁、一〇支部を回ってきましたが、そういう中で現場の第一線の裁判官からは弁論準備が機能しないと、代理人に釈明しても、「ボス弁に聞かないとしゃべれません」とか、あるいは「分かりました。次回にその点についての準備書面を出します」とか、昔の五月雨式弁論に近い状態が見られているようで、最高裁の民事局も非常に強い危機感を持って、その活性化のためにどうしたらいいか検討をしています。裁判官の研修でも、そういうことがテーマにされています。

ほかの座談会でも話したのですが、弁論準備手続の期日として、三〇分の時間を取っていたら、出頭した代理人がしゃべれないと言っても、「調書記載もしないから、とりあえずあなたがいま考えていることをしゃべりなさい」と。極端な言い方をすると、三〇分間の時間を取っているなら、その間を監禁しろと。論点をお互いに議論してみて、そこで議論すれば、仮に次回に準備書面でと言っても、少しは深まった形で持ってこられるはずで、それを単純に「分かりました」と言って調書記載していたのでは、昔の五月雨式弁論そのものなのです。残念ながら、そういうものが散見されますし、先ほど少し言った、一審で審理に非常に時間がかかっている記録を見ると、調書記載が「続行」としか書いていなかったり、しかもその「続行」としか書いていないのは、私が弁護士登録したころの口頭弁論期日の調書です。弁論準備手続を再度機能させるにはどうすればよいのかということを感じられます。

もう一つ、民訴法の改正をしたときは弁護士会も熱気に燃えていました。現在はその熱気がほぼ消失してしまったので、なぜ弁論準備を導入して、なぜ弁護士会が熱心に取り組んだかが、現在第一線で訴訟活動をしている弁護士に十分伝わっていないと思われます。それに取り組んだメンバーは、団塊の世代でいま次第にリタイアし始めているのです。弁護士会としてもそれをうまく承継できなかった裁判所も、本当に第一線で活躍した方々は、いま高裁の部総括レベルになってしまっています。地裁の部総括にしても、そのころは若くて、さらに特例判事補、あるいは若い中堅の陪席判事クラスに改正の理念が十分に伝わっていないということを非常に強く感じます。結局、法改正は、大正改正もそうですし、先ほどの準備的口頭弁論もそうですが、熱気が冷めると動かなくなるのです。そうすると、常時それを動かすためにも、エネルギーを注入し続けなければいけない。そのエネルギーをどういう形で注入していくかということだと思うのです。

始関　今の点についてですが、争点整理手続の整備と併せて、現行民訴法では準備書面等の提出期間も規定を置いたわけです。それに従って、大体次回期日の一週間ぐらい前を提出期限と定めて、出されたものを事前に裁判所と相手方当事者が十分吟味した上で、期日に議論ができるようにしようという発想だったと思うのです。この期限が守られないことが増えてきているような感じがするのですが、いかがでしょうか。

秋山　私自身の感想は、期限が守られないケースもありますが、おおかた守られているという感じがしています。そこは裁判所がきちんといつまでに出してくださいと期限を明示することが重要で、かつては新民訴になっても裁判所が期限を明示しないことがあり、期日の直前にならないと書面が提出されないことがありました。裁判所が提出期限を定めれば、大多数の代理人はそれを守るのではないでしょうか。一日ぐらい遅れることはあるかもしれませんが。

田原　ただ、全国を回っていると、平成八年民訴がまだ施行されていない地域がそこそこあるので、そういう所ではほとんど守られていません。そうすると、当日に書面が出てくると、裁判官が相当な嫌みを言っているらしいのですが、当事者はなかなか守ってくれないようです。

秋山　嫌みを言っても駄目ですか。

田原　平成八年民訴が施行されていない地域は、全国的に見れば一か所や二か所ではないというのが、全国各地を回った上での感覚です。それを、どううまく活性化させていくか。裁判所にいたときにも、常に言っていたのは、地方の部総括レベルをもっとレベルアップさせないと、うまく機能しないということを強く感じます。

秋山　提出期限の問題もそうですが、訴訟の進行は、当事者だけに任せていたらなかなかうまくいかないので、争点整理の司会者たる裁判官が適切に指示なりをすることが大事ではないでしょうか。司会者が、「いつまでに出してください」「次回は、原告が出したこの論点について、被告がちゃんと反論してください」と、ひとこと言うだけでもだいぶ違うのかなと思います。

先ほど弁護士の問題が挙げられましたが、弁護士の意見を聞くと、裁判官が争点整理に熱心でないという声も聞きます。記録を丹念に読み込んでいる非常に熱心な方もおられます。両極に分かれているのかもしれません。

田原　それと、現場を回っていると、裁判官が非常に多忙だと言うのですが、手持ち事件数はかつてに比べればうんと減っているわけです。多忙だと言って、最高裁で下級審の判決を見ていて、「争点」としていろいろ書いてあるのですが、何でこれが争点なのか。間接事実のさらに間接事実でしかない。そういう事実を捉えて争点だと言っている。そういう事件を担当している若い裁判官に聞くと、「当事者が一生懸命頑張って主張していますから、そこを判断するのが裁判所の責務だと思います」との回答です。重要な間接事実ならともかく、最終結論に影響がない、だけど、頑張っているから争点だと。極端な例を挙げれば、離婚事件で、いつ浮気したか、浮気した事実は争いないと。いつ浮気したかは、慰謝料算定のうえでの一つの事情とはなっても本来争点ですらないですね。そういうところを長々と認定したりしている。結論に影響すべき争点と当事者がこだわっている争点とをどううまく切り分けるか。代理人が無理な予備的主張をたくさんしてきているときに、それをどう切り取りするか、予備的主張のさらに予備的主張まで上がってきているのを、結論との関係で本当の争点を絞りませんかという整理が、特に若い裁判官の場合に十分にできていないと感じます。本来の争点でないところを細かく認定するものだから、長い判決になるし、細かな認定をするから、本来の判決の結論に影響のないところで間違った認定をしてしまったりして、当事者が不満を言って控訴してきたりするのです。

そうすると、争点とは何かということを、裁判官の研修の中でもっと詰めて検討しなければいけないのではないか。いわゆる要件事実論ですが、要件事実プラス結論との関係でどこを争点と捉えるか。その争点整理を数回の弁論準備で詰め切ればいいのですが、長い書面の交換をしてしまうから間延びした審理になるというのを、六年半の裁判官の経験の中で非常に強く感じています。今も若い裁判官との勉強会を組織するようにしていて、その中でそのような情報発信を一生懸命していますが、十分に理解してもらえていないという感じがしています。

始関　伊藤先生、何か弁論準備手続についてコメントはありますか。

伊藤　本来は、弁論準備手続は双方向的というか、裁判所も含めて三方向的ですが、三者間の情報交換を可能にして、かつ実質に踏み込んだ、形式的な主張ではなくて証拠と関係づけられた主張の整理をすることが目的だったと思うのです。制度発足後、しばらくそういうことが生きていたように思いますが、今のお話を聞いたり、私が接する少ない情報でも、それが生かされていない例が多くなっている感じがします。

また後に触れられるかもしれませんが、最近、民事訴訟法の再改正を求める意見が強くなって、その中で事案解明協力義務や早期開示義務、当事者照会の拡充などいろいろなことが言われているのは、いま申し上げたような実態が共通の認識としてあるのかという気がします。ただ、これは司法制度の問題もあって、手続法の改正だけで状況が改善できるかどうかは難しいところかと思います。私としては、裁判所と弁護士会などとの協議に基づく自主的規律形成によることが望ましいと考えているのですが。

6 進行協議期日の創設の効用

始関　話を少し変えて、現行法ができるときに、争点整理手続の中で、法律ではなく規則で定められると決まったわけですが、「進行協議期日」の制度が定められました。この期日は非常に使い勝手がいいというか、汎用性があって、有益に機能していると思うのですが、この辺りはいかがでしょうか。

秋山　私の体験では、社会の関心を集めている事件で、公開法廷で進行しなければいけないような事件について、口頭弁論期日と進行協議期日を交互に入れていくことを、二、三の事件で体験したことがあります。このような場合は、かなり有効に進行協議期日が使われていると思います。公開法廷では口頭弁論をやって、次回の予定の細かいことなどは膝を突き合わせた進行協議期日で確認をする。あるいは、今後の立証計画の聴取とか、大事件だと傍聴人もいたりして、当日の法廷の持ち方、傍聴券をどうするとか、どういう大きさの法廷を使うとか、そういったことまで打ち合わせるのが進行協議期日であるということで、非常に有効な使われ方かと思います。

ある事件では、口頭弁論をやってすぐ、その日に進行協議期日に切り替えたこともありました。また、ある事件では一か月に一回ぐらい期日を入れて、口頭弁論期日と進行協議期日を交互に入れていくということもありました。

始関　進行協議期日の使われ方として、大きな事件での使われ方は秋山先生がいま言われたとおりだと思いますが、小さな事件の場合は、ちょっと現場を見てほしいというときに検証はなかなか大変で、昔は事実上見に行くということでしたが、この期日ができて、進行協議期日として指定して現場を見にいく。場合によっては、そのとき専門委員を選任して、専門委員も一緒に現場に行っていただいて、建物の瑕疵や朽廃状況等を見に行くといったことにも使われていて、非常にいろいろな使われ方ができる便利な期日だと思います。

伊藤　弁護士会は随分警戒的でした。それで今のような形になったのです。そういう意味での警戒感、あるいは使われ方に対する危惧みたいなものはなくなったのですか。

秋山　検証をやらないで、事実上の検証で済ませてしまうということですか。そういう危惧は常に持っているのではないかと思いますが、民訴規則九七条の進行協議期日の規定は、口頭弁論における証拠調べと争点の関係を確認するとしており、この範囲に収まるものであればよろしいのではないでしょうか。例えば、鑑定事項を決めようという場合、あるいは検証をどうやるかを決めようという場合に、進行協議期日で現場に行って協議するということは、当然あっていいと思います。

田原　私自身は、弁護士時代の最後の一〇年ほどは特別な事件以外は弁論に出ていませんでした。ジュニアパートナーが全部仕切っていたので、私自身が進行協議期日を経験したことはありません。ただ、記録等を見ると、例えば専門訴訟、知財訴訟や医療事件で、鑑定するに先立って鑑定事項の詰めや難しい用語についての説明といった形でそれなりに使われていて、当初、弁護士会が危惧していたような形での使用はないという印象を持っています。いま始関さんがおっしゃったような現場を見に行くとか、特に検証になると非常に大がかりになりますし、それだけのことをする意味があるのかという場合、例えば境界確定の事件であれば、一回現場を見たほうが図面などは頭に入りやすいのです。その場合は、進行協議で図面との関係について双方代理人から説明を聞くと。この図面のこのラインはこの木の所ですとか、そういう形でそれなりに使われていて、その使用に関して少なくとも私の耳に入っている限りでは、弁護士会側から大きな抵抗があるとは聞いておりません。当初の想定とは違う形ではあるけれど、それなりに使われているのかなと理解しています。

7 集中証拠調べの定着状況

始関　次に集中証拠調べについてお話しいただければと思います。これは、それまでの五月雨式審理を改善するものとして非常に大きな意味があるわけですが、現行民訴法の規定としては「証人及び当事者本人の尋問は、できる限り、争点及び証拠の整理が終了した後に集中して行わなければならない」という一八二条の規定が一条入っただけで、これを規定したときには、現在のように集中証拠調べが一般的に行われるというところまで本当にいくのだろうかという疑問があったように思うのです。ここは非常に法改正の効果があったような感じがしますが、いかがでしょうか。

田原　私は任官する前に集中証拠調べを経験していますし、民訴法の改正作業に入る前に、大阪地裁で一部の合議体で集中証拠調べの実験をし始めており、その経験をした代理人からそれなりに成果があったと弁護士会の内部でも報告されていました。それを踏まえて、これは使えるのかなというのが、立法過程での私どもの認識です。ただ、使うためには双方代理人において相当の準備が要ります。他方で実際にやってみると、二人目の証人になれば前提事項の尋問は全部省略できますから、三〇分を予定していたけれども二〇分で済むといったことを経験してきました。

私が任官する前に、少し大きな事件だったのですが、丸一日証人尋問に充て、双方代理人の全体の持ち時間だけ決めて、数名の証人尋問を全体で何時までには収めようということで、無事やり切った理想型の事件もありますので、そういう経験をした弁護士がそれぞれ各地へ散っていく中で機能し始めていったのかなと思っています。今は相当幅広く定着していると思います。ただ、残念ながら、一部ではまだ定着していなくて、「とりあえず証拠調べをしてください」と言って、証拠調べをしてから次の争点が出てきて、「もう一回争点整理しましょうか」という事件がないわけではありません。

秋山　私の経験では、すべての事件が集中証拠調べです。証人が多い事件では二日間になることもありますが、基本的には一日で終了します。これは民事訴訟手続に劇的な変化をもたらしました。法制審で審議しているときは、まだ集中証拠調べが行われていなかったので、具体的にイメージがつかめなかったので、ここまでできるという感じはありませんでした。集中証拠調べをやることによって、これだけ訴訟手続に要する期間が短縮されるとは思いませんでした。これは裁判所が覚悟を決めて、運用に踏み切られたからだと思います。これはかなり定着していると思います。

私も、今週、また一〇時から五時まで集中証拠調べがあるものですから、このところその準備に追われて大変ではありますが、今の手続の現状は、争点整理はある程度じっくりやると。争点整理が終われば二か月、短ければ一か月ぐらい先に集中証拠調べが入りますから、それが終われば、次はもう判決です。ちょっとした事件ではその間に最終準備書面を提出する期日を入れてもらうこともありますが、争点整理が終われば、判決は目前ということになったのは、本当に大きい効果だと思います。

田原　その集中証拠調べが成果を上げるについては、陳述書の役割が非常に大きいと思います。当初、弁護士会側は陳述書に対して非常に抵抗的でしたし、書面で心証を問うのかと。当初は、その陳述書の出来があまり良いものはありませんでしたが、集中証拠調べと一セットになって、しかも集中証拠調べをやるときに、「主尋問は陳述書のとおりです」という尋問はだんだん姿を消して、本当に必要な部分は主尋問でも聞くことが行われ出して、そういう意味では弁護士全体の尋問技術がレベルアップしてきました。当初の弁護士会が反対したような形での陳述書が使われていたのでは、今の集中証拠調べの成功はなかったと思います。その点も立法当時の私たちの想定を超える形で、うまく機能しているのではなかろうかと思います。

8　失権効

始関　では、この程度にさせていただいて、争点整理手続の失権効について、少しご議論いただければと思います。

現行民訴法の制定の審議の際には、争点整理手続に失権効を設けるのかどうか、設けるとしたらどのようなものを設けるかが、最後の最後まで議論の対象として残りました。過去の準備手続の失敗というか反省に立って、あまり厳格な失権効を設けるのは妥当ではないだろうというところは、当時の民訴法部会のメンバーの意見は一致していたと思います。では、どうするのかということについては、最後の最後まで意見が分かれた、結局は説明責任というか、そういう形で規定が設けられたわけですが、最近の立法提案をみますと、ちょっと生易しすぎるのではないか、もっと厳しい失権効を設けるべきではないかという提案もされているようですが、この辺についてはいかがでしょうか。

秋山　検討事項の審議の最初の段階では、特に学者の先生方から「失権効のない制度などというのは、民事訴訟手続ではない」という発言が随分出され、我々としては非常な危機感を持ちました。弁護士としての実務感覚からすると、準備手続の失敗もさることながら、やはり実際の手続を考えると、失権効などが付いたら、怖くて訴訟ができない。何でもかんでも出さなければいけないようなことになって、プレッシャーが強すぎるということで反対したわけです。随分議論がされましたが、最終的に先ほどおっしゃったような形で落ち着きました。

実務をやってみて思うのですが、その後、民訴法が改正されて、裁判所からも「訴訟は裁判所と当事者の協働作業である」という言葉が随分出されるようになって、そういう雰囲気の中で、民事訴訟が進行しています。双方の納得の下でやっているということを考えると、失権効の制度を入れなくてよかったというのが私の実感です。

田原　改正作業が行われている頃は、五月雨式審理の経験を持っている弁護士ばかりだったわけです。そうすると、五月雨式審理のときには、証拠調べをしてから新しい争点が出てくることが、それほど稀ではなかったわけです。そのときに争点整理で全部固め切って失権効を入れることに対しては、現場の弁護士は非常に強い危機感を抱きました。かつ、その当時を今から思い起こせば、控訴審が、正に続審というよりは覆審に近い運用になっていましたから、控訴審になって、時機に後れた攻撃防御方法だとして却下されることはほとんどなかったわけです。そういう時代に一挙にそれを改革しようとすれば、それは抵抗されます。ですが、弁論準備が先ほど少し形骸化しているというお話をしましたが、他方で控訴審が、特に東京、大阪などでいろいろ意見はありますが、一回結審がなされるのがほとんどになってしまって、本当のやむを得ない事情のない限り、控訴審の段階で新たな主張が事実上認められることがなくなってきました。そういう状態になっていますから、弁論準備手続で失権効を入れてまでやっておかなくて、かえってよかったと思います。その中で出るべきものは出るし、他方で弁論準備の段階で出し損なったけれども、真にやむを得なかったら、もちろん新たな主張もできるということになります。

それと失権効を入れないお陰で変な予備的主張を削ることができるという面もあろうかと思います。結論的には結果オーライだろうと思っています。学者の先生方からは、たぶんご批判はあるのでしょうが。

伊藤　たしか部会の議論の中で、今の話の関係で、弁護士会から来ておられる委員は、失権効について消極的な立場から、そういうものが導入されると、出すか出さないか分からないような主張も洗い浚い出さなければいけなくなるとおっしゃったら、裁判所側から来ている委員は、そんな情ないことがあるのかという趣旨の発言をされた記憶があります。十分な情報を把握しており、合理的な行動をされる代理人であれば、失権効をいう必要もないし、そんなものを意識することが、かえって桎梏になることがあると思います。学者的な言い方をすれば、すべての代理人弁護士を想定した規律を設けるとすれば、そういうものがあったほうが緊張感がある訴訟運営になるのではないかと。趣旨としてはそんなことだったと思います。ただ、次の話題であるディスカバリーとの関係を考えると、失権効が独り歩きすることに対する危惧は理解できますね。相手方の持つ情報はもちろん、自分の依頼者が有する情報も完全には把握し切れないという場合もあるようですから。

Ⅲ　証拠収集手続の拡充

1　ディスカバリー手続の創設が見送られた理由

始関　時間もだいぶ押していますので、争点整理手続のことはこの程度にしまして、もう一つの大きな柱であった証拠収集手続の拡充にお話を移していただきたいと思います。証拠収集手続の拡充については、当初は、アメリカに倣って、あるいはイギリスの制度も参照して、ディスカバリーというような手続を導入してはどうかという議論もあったわけですが、最終的には、そうではなくて、文書提出命令の拡充であるとか、あるいは当事者照会制度の導入というような形で落ち着いたわけです。こうなっていった経緯について、ごく簡単にご説明いただければと思います。

田原　証拠収集方法の拡充というのは、弁護士会側で強く望んでいたところであり、かつ、それが十分にできないがゆえに、模索的な立証が行われたり、主張として本来の筋から離れた主張が行われていたと言えます。それをいかにして解消するかというのが大きな論点でした。その中で、一部からは、アメリカのディスカバリー制度の導入が主張されていたわけですが、しかし、同制度について勉強すればするほど、我が国にそれを導入することのメリットというのはどこまであるのかと。ディスカバリーにかかるコストとの兼合いを考えたときに、それをそのまま日本に持ってくることは多分難しいだろうというのが、少なくとも私の認識であり、弁護士会全体でも、ディスカバリーは無理であろうというのは大きな流れだったと思います。

ただ、その中で、イギリスのディスクロージャー制度、すなわち関係資料の目録の提示レベルまでだけでも何とか実現できないかというのは、私自身も比較的後半まで粘っていたところなのですが、それに対して少なくとも産業界からは非常に強い反発があったということを踏まえて、どこで収めるかというところで、結局、文書提出命令の中に一部文書の開示の制度を導入する辺りで何とか落着させたというのが、ディスカバリーについての私の理解です。

伊藤　今おっしゃったとおりです。アメリカのディスカバリーそのものを日本に移植するというのは、そもそも基盤となる制度や司法関係者の仕事の仕方も違いますし、ありえないことだと思いますが、一般的な意味で早期に事実や証拠の開示を求めるという意味でのディスカバリー的な考え方というのであれば、先ほども少し言及しましたが、最近の再改正の議論の中でも一つの柱になっているところですから、これからの課題としても検討され続けているというのが、正確なところかと思います。

2　当事者照会制度の導入

(i)　制度導入の趣旨等と運用状況

秋山　質問状の制度を、特に大阪弁護士会、田原先生などが中心になって提案をされましたね。それは当事者照会制度として制度化されました。

田原　その当事者照会なども、いま伊藤先生がおっしゃったような意味での、ディスカバリーを補完するものという形で提案をしたのですが、残念ながら、その利用頻度は非常に低い状態となっています。それについては、あちこちで議論もされていますが、最終的には、裁判所が関与することをやめたということで、求釈明とどれだけ違うのかという辺りが、一つあるのかもしれません。

もう一つは、訴提起前の事前開示制度で、平成一五年改正で、新しい制度として導入しましたが、これも利用頻度が非常に低いのです。私は、その時点以降は現場の実務に携わっていませんので、なぜそれだけ低いのかというのは、本当のところは理解できていないのです。

伊藤　それは、結局のところ、当事者ないし当事者の利益を守る立場にある代理人にとってメリットがないからですかね。日本でもこういうものは制度としてはそれなりにあるのですが、今おっしゃった当事者照会や類似のものについてあまり利用されていないということは、それだけの費用と手間をかけて、利用する意味が薄いということですか。

秋山　当事者照会は、弁護士会側が提案して、いろいろ紆余曲折はありましたが、現行法の一六三条のような形でまとまった。これが利用されていないということが随分問題になっていて、弁護士会側でもアンケート調査をしたりして確認していますが、私の感じでは、これは使われていないわけではない。たくさんは使われていませんが。田原さんもどこかでおっしゃっていますが、訴え提起前の弁護士間のやり取りで、ある程度出てくる。それから、当事者照会を利用しなくても、弁論準備の中でいろいろやり取りをする中で明らかにさせるということもあります。当事者照会を使うのは、私の感じでは、相手も当然出すべきものと考えるような事項についてであろうかと思います。裁判所で弁論準備手続の中で出してくれと求めるまでもなく、直接相手方に照会すれば回答がなされ、それをもとに準備書面が書ける。そのようなときに使うことができるものではないかと思います。相手が出したくないようなものは、弁論準備期日でのやりとりや文書提出命令の申立てなどで提出させることになるのではないかと思います。

(ii) 裁判所が関与しない手続として導入された経緯・理由

始関 当事者照会制度については、日弁連での改正提案、それから二〇一二年一二月に出された学者と弁護士の研究会による民事訴訟法の改正提案の中でも、先ほど田原先生がお触れになられた、裁判所が関与しないというところに問題があるのではないかということと、制裁がないというところに問題があるのではないかということで、裁判所に関与させる、制裁を設けるという提案がされております。この辺は、現行法を作るときにもさんざん議論がされて、しかし、どちらも取り入れられなかったわけですが、その辺についての当時の議論をどなたかにご紹介いただければと思います。

伊藤 そのままの形ではないにせよ、アメリカの制度が参考にされたことは間違いないので、アメリカでは、一定の場合における制裁が用意されている。また、紛争が生じたときにおける裁判所の関与も想定されているということで、そういう形での当事者照会についての機能を確保しようという議論があり、それが結局は実現しなかった理由は、法制的なことは別としても、実質論として言うと、いま秋山さんがおっしゃったように、そういうものがなくても機能するだろうし、また、それで機能しないような場面であれば、そこにあまり拘っても意味がないので、先へ行って、文書提出命令の中立てという形で訴訟の道筋に乗せたほうがいい、そんなことだったように記憶しています。

始関 先ほど田原先生もおっしゃいましたが、当事者照会の議論をしていたときに、そこで問題になったのは、裁判所が関与して行う釈明権の行使との関連だったと思うのです。裁判所が関与するということになると、釈明権の行使とどのように棲み分けるのかということが問題になって、当事者照会で答えなければ、答えなかったということを一つの事情として裁判所に提出し、さらに、答えてもらいたいときは釈明権の行使を裁判所に求めて、裁判所が本当に必要だと思えば釈明権を行使する。そういう形で処理するのが、法制的にも整合性が高いしスムーズなのではないかという議論であったように記憶していますが、いかがでしょうか。

田原 それと、裁判所が関与することを拒否されたいちばん大きな理由は、争点整理の準備のためというときに、争点整理が十分に進んでいない中で、争点整理の準備のために必要かどうかをどうして判断できるのだというところだったと思います。ただ、今お話があったように、当事者照会をして回答しなかったとの事実を、場合によってはそれを弁論の全趣旨に使うという方法もあり得るわけですので、そのような形のものとしても一定の機能はするのではないかということで、裁判所が関与することを拒否されることに対して、最終的には弁護士会としてやむを得ないということになったという記憶なのですが。

秋山　理論的には、当事者照会というのは、こちらに主張・立証責任がある情報を相手方から入手するという手続です。そこに主眼を置いたものですね。釈明権の行使というのは、釈明を求める相手方に主張責任がある場合ということになりませんか。

伊藤　釈明の対象には、そのような限定はないのではないですか。場合によっては、釈明の結果として出てくる資料を、釈明を求める側が自分の主張立証責任を果たすためのものとして使うこともあれば、相手方の主張立証責任を果たさしめるために釈明を求めることもあるでしょう。

秋山　ただ、裁判所が、釈明命令という形で権限を発動するときには、命令の相手方にとって、当然、訴訟に出すべき情報であるということが前提になりませんか。

始関　証明責任は真偽不明の場合に、どちらが不利益を被るかということであって、釈明権の発動要件とは直接関係しないのではないでしょうか。事案を解明していくために必要な事項については、それを明らかにしないと先に進めないということであれば、証明責任のない相手方に対して、裁判所が釈明権を発動するということもあり得るのかと思っていたのですが。

伊藤　あり得ると思います。

秋山　この当事者照会制度は、そういう意味で、自分が主張立証しなければいけない事項について、相手方から情報を入手することができることを明確にしたという意味があると思われます。

(iii)　当事者照会制度があまり使われない理由と今後の実務のあり方

始関　先ほどご紹介したような法改正の新たな動きもあるわけですが、他方では、当事者照会制度があまり使われないのは、使っていないだけであって、使っている人は使っているし、もっと工夫の仕方もあるのではないかというような議論もあるようです。その辺、田原先生いかがでしょうか。

田原　私は在任中に全部で五〇〇〇件を超える事件を見てきているはずなのですが、少なくとも在任中に当事者照会の記録を見た覚えはないのです。ただ、当事者照会をしても、それがそのまま弁論に上程されるとは限らないわけですので、記録にないからといって、使われているかどうかというのは、また別問題かと思います。

秋山　私は当事者照会を受けたことがあります。書籍による名誉毀損事件で、当該書籍が版を重ねているのですが、いつ各版を発売したのか、それぞれの部数を言えということでした。それはもちろん答えられることですから答えました。そういったことに使われている。それは、法廷で準備書面で釈明して、相手から聞くということも可能なのですが、そこまでするまでもなくできることなので、当事者照会で質問したのだろうと思います。

伊藤　そういう類のことだと、当事者照会という手続をとらなくても、任意に聞いて答えてくれるものであれば、それで済むことですよね。制度化されている手続に乗っていると答えるほうも答えやすいということですかね。

秋山　そうです。制度があるから、やりやすい。こちらも、答えなければいけないと思うので、答えるわけです。

伊藤　皆さんのお話を伺っていると、最近の立法提案のように、それを拡充し、強化して、場合によっては制裁まで設けるというのは、あまり合理性がないということになりますかね。

田原　それで本当に機能するのかという感じはしますね。この提案をされた方々が、ご自分が実際に当事者照会をどの程度使ったことがあるのか、その結果どうであったのかという辺りの情報が、いまの立法提案の中でほとんど触れられていませんので、ちょっと理念に走っているのかなという印象は持っています。

秋山　ただ、何らかの制裁がないから、使わないのではないかという考え方があるのです。日弁連は、裁判所が回答を促すことができるという案を示していますが、それがあるだけでも違うのではないかという考え方によっています。それから、日弁連の改正試案のもう一つの提案は、当事者照会で文書の写しの交付を求めることができるようにしようということです。そういうことでもう少し使う動機が増えるというか、使いやすくなるという考えのようです。

田原　ただ、そういった情報は、弁護士法二三条の二の照会によっても、それなりに資料は入手できていますので、それとの関係をどう考えるかという問題はあろうかと思います。

3 デポジション類似の制度導入の立法提案について

始関　いま当事者照会についてご議論いただいたのですが、最近の立法提案の中では、アメリカのデポジションに相当する、陳述録取書とか、供述録取書というような制度の提案もされています。また、日弁連の提案と去年の学者グループの提案は若干違うところもありますが、デポジション類似の制度の導入の提案はされています。これも、現行民訴法典を作る際の検討事項の段階では議論になったけれども、試案の段階で落ちたという経緯があるわけです。それは、冒頭に田原先生からもお話がありましたが、コストパフォーマンスに対する問題意識があったかと思います。その点を、もう少し田原先生に補充していただければと思います。

田原　デポジションの制度自体は、ある意味で機能し得る要素はあろうかという気はしていたのですが、他方で、公証人法に認証制度が入りましたよね。そうすると、陳述書を作って確定日付を取っておけば、ある意味で使える。そうすると、それはデポジションという形で制度化すること、しかもチャージをかけてやることとどれだけ意味が違うのかという辺りのことは、一つ議論になろうかと思います。

ちょうど民訴法の改正作業をしていた当時、アメリカでも訴訟遅延が大きな問題になっていて、裁判官ＯＢの方々が、いわば私的法廷を開いて、そこでの証言録取書をそのまま証拠に使うということが一部で行われていたという報道に接したことがあります。日本でも、訴訟遅延ならば、場合によっては弁護士会が主宰して、いま申しましたような形で証言録取をして、それを証拠に使うという方法もあるのかなという気が片方ではしていました。しかし、ちょうど民訴法改正の動きと相まって、訴訟促進が一様に図られるようになっていき、そのような制度を設けなくてもそれなりに機能すると。現在では訴訟促進が図られ、昨年現在のデータですと、対審の事件での判決で一一か月以内に終わるという状態になっています。そうすると、そのような制度を設けるメリットがどこにあるのか。そういうことを、私自身は今思っています。

秋山　まだ公表はしていませんが、日弁連の民事裁判委員会は、陳述録取書制度の試案の骨子を作っています。これは、自分が通常アクセスできない第三者や相手側の人について陳述を録取する制度を設けるべきだという提案です。争点整理のかなり早い時期に、文書では入手できない部分を人の陳述で入手できれば、争点整理がより容易になるだろうということです。

田原　証拠保全ですか。

秋山　文書については文書提出命令がありますね。それから、当事者照会で情報については質問ができるのですが、争点整理段階で、人から供述を入手する手続が何もないので、それをやるべきではないかということです。ただ、これについては弁護士会内部でも大議論があります。訴訟弱者にとって非常に不利ではないか。お金がある人に有利な制度になるのではないか。それから、嫌がらせのためにこれが使われるということがあるのではないかということで、賛否両論で議論がされています。濫用を防止するために、裁判所の許可にかからしめるとか、時間を制限するといった提案がされています。アメリカのデポジション制度の問題点については、かなり浸透しているとは思うのですが。

伊藤　そういう意味では、今使われている陳述書とは目的が違うのですよね。

秋山　違うのです。

伊藤　ですから、陳述書に代わるものであるとか、逆に、陳述書でできるから不要という話とは違いますね。

秋山　相手側の人から陳述を得るということです。

伊藤　ただ実際に、それが制度化された場面を考えると、かなり運用が難しそうですね。

秋山　そうですね。アンパイアがいない、当事者だけでやるということですので、うまくできるのかなということがあります。

始関　そこで、学者グループのご提案では、公証人がアンパイアをやるというご提案なのですが。

田原　裁判官ＯＢの公証人はともかくとして、そうでない公証人のほうが圧倒的に数が多いわけですから、その方々が民事訴訟の手続に則ったアンパイアができるかと言われると、私のような現場を知っている人間は、ちょっとクエスチョンを抱いてしまいますね。

伊藤　いま秋山さんがおっしゃられたように、賛否両論があって難しいところだけれども、提案の趣旨は理解できるのです。それが非常にうまくいく場合を想定すれば、一種の証拠保全的なものにもなるし、相手方が人の記憶という形で持っている情報について、早期にそれを保全して、場合によっては自らの主張を組み立てるために使えるという意味はあると思うので、ここは、これからの議論をお願いしたいと思います。

秋山　日弁連の案は、陳述録取書を証拠に使うことを認めると、裁判所で人証調べが行われなくなってしまうのではないかという懸念があるので、原則として証拠には使えないという前提での提案です。弾劾証拠など以外には使えないということです。

始関　そうなると、尋問を受ける側の人としては、二回受けるということになって、それは、とりわけ完全な第三者だと、その人の負担をどう考えるのかということになりますよね。導入するのなら、むしろそれをそのまま使うほうが、尋問を受ける側にとってはいいかと思いますが。

4　文書提出命令の要件・手続の整備

始関　議論は尽きませんが、現行の民訴法典の制定の際の証拠収集手続の拡充のいちばんの中心となったのは、文書提出命令の拡充ですので、そちらに話を移したいと思います。

(i)　文書提出命令の要件の一般義務化の意義・効用

始関　文書提出命令については、これまでの一号から三号までの提出義務はそのまま維持して、それにプラスアルファとして四号を設けて、一般義務化をするということで、これも法制審議会で最後の最後まで議論がされたわけですが、何とか審議会としてはまとまったわけです。

しかしながら、国会ではこの点が非常に問題になり、当時の厚生省の薬剤エイズの公文書の隠匿問題が、ちょうどこの民訴法改正法案が国会に出された時に、大問題になっていたのと合わさって、公務員の証言義務の除外事由と平仄を合わせる形で起案された公文書についての文書提出義務の適用除外事由が国会で大きな問題となり、一時は法案自体が成立しないのではないかというところまで行きましたが、最終的には文書提出命令の要件についての修正がされて、公文書については、四号による一般義務化の対象から除外した旧法の規定のままとして、その部分については行政情報公開制度の検討と並行して総合的な検討を加え、新法の公布後二年以内を目途として更に見直すということになり、この見直し条項を受けて平成一三年の改正が行われることになったわけですが、こういう形で国会でも一応の決着がつくまでは、いろいろと弁護士会の内部は相当の動きがあったやに漏れ承っていますが、その辺りについてお願いします。

田原　文書提出命令の拡充自体については、弁護士会として前向きだったわけですが、幾つかの修正、公文書の問題が出てきたときに、その改正案ならば旧法のほうがましだという意見が執行部の一部の中から非常に強硬に出てきて、そうした内容をその当時の弁護士会内部の会報で発言した理事者もいます。

我々法制審で第一線で仕事をしている立場から言えば、旧法のほうがましだなどという理解には全くなりませんので、それなりに大きな前進であるし、あとは運用、実際にどううまく機能させていくかということです。それこそ三ケ月先生のおっしゃる「立法は妥協だ」という観点に立った中で、ぎりぎりどこまで粘れるかということで、強硬派の方々との間でそれなりに厳しい内部の議論というか、せめぎ合いがあったのは事実です。最終的にそのせめぎ合いの中で、一歩前進であるのは間違いないという意見が多数を占め、また公文書については先送りということでたどり着けたというのが私の理解です。もし、当時の理事者の中の強硬派の意見が通っていれば、今日の文書提出命令の判例法の展開はなかったと思われます。

(ii)　平成一三年改正

始関　その結果として平成一三年の改正になったわけですが、ここで公文書についての取扱いが、その間に情報公開法ができたということも踏まえて整理がされたわけです。その後、これによって最高裁の判例もいろいろ出て、文書提出命令は旧法下のときに比べると、要件としては非常に拡充されたということだろうと思いますが、この一三年改正についてはいかがでしょうか。

秋山　平成八年改正の際に、弁護士会は、文書提出義務の一般義務化については、基本的に前進だと受け止めたのですが、最終的に要綱案としてまとまった公務秘密文書の部分は、公務員の職務上の秘密に関する文書については、最終的に監督官庁が承認しないものは提出しなくていいことになりました。

それについては、民事訴訟法部会の大勢は、学者の先生を含めて、実際上は反対でした。でも、やむを得ずということで、その要綱案を法制審としては承認しました。弁護士委員・幹事や弁護士会は反対しました。一番大きなのは裁判所の判断権がないということでした。監督官庁が承認しないことについて、裁判所がその是否を判断できないということでは非常に問題ではないかということで反対でした。インカメラ手続からも除外されていました。日弁連は国会に働き掛けをし、国会ではそのまま通らず、その部分はやり直せということで、公文書だけは一般義務化しないで従来のままとして、二年を目途に案を練り直せということになったわけです。民訴法部会に戻されて、再度審議をしました。当時、政府の行政改革委員会が情報公開法要綱案をまとめる作業をしていましたので、それとの整合性を検討して現在のような法案になりました。公文書についても一般義務化し、新法で改正された公務員の証言拒絶事由（一九一条）に該当するものは提出を拒絶できるが、それ以外は全部提出しなければいけないことになりました。

私事で恐縮ですが、民訴法部会が要綱案の審議をしていた平成七年三月に、政府が情報公開法を作るために、行政改革委員会に行政情報公開部会を設け、私に委員になれという話があって、私は民訴法部会の幹事もやっていたものですから、兼任では申し訳ないと思ってためらったのですが、民訴法部会の先生方が、「行ってこい」と言ってくださったので、そちらにも行って、たまたま情報公開法要綱案の作成にも関わりました。そして、民訴法案が国会から差し戻され、民訴法部会で公務文書の文書提出義務についての議論が始まったときに、私は情報公開法との整合性についてをテーマに報告をさせられました。具体的なことは省略しますが、それで整合性を確保するように、民訴法の公務文書の文書提出義務についての改正案が作成されました。

私は、従来から情報公開制度のことに関わっていたので、民訴法の公務文書の文書提出義務について、平成八年改正で先ほどご紹介したような議論を法制審でやっていることについては、大いに違和感がありました。政府が一方では、行政情報は国民に説明義務があり公開義務があるとし、情報公開法による不開示処分は裁判所の判断の対象としようとしているのに、民訴のほうでは、裁判所が全く手出しができないということで、あまりにも落差が大きいと感じていました。

始関　そのようにして平成一三年の改正ができて、文書提出命令の拡充がひとまとまりのものとしてできあがったわけですが、その後の最高裁判例の積み重なりもあって、文書提出命令という制度は、非常に機能するようになったと理解していいわけですね。

田原　それは、おっしゃるとおりだと思いますし、証言拒絶に関する裁判例（最判平成一八年一〇月三日民集六〇巻八号二六四七頁）がありましたね。それによって、証言拒絶の範囲について、最高裁としての判断が比較的明確に出されて、それが文書提出命令の証言拒絶事由に該当する文書というところへの限定解釈に入ってきましたし、かつ単純なおそれではなくて、具体的なおそれでなかったら駄目だという第二小法廷決定（最決平成一六年二月二〇日判時一八六二号一五四頁）とか、そのような積み重ねがあって、少なくとも平成八年改正は我々立法に携っていた者が想定していたよりも、非常に使い勝手がよい制度になったのは間違いないと思います。

もう一つは、あとで問題になるのでしょうが、許可抗告制度によって文書提出命令についての判断が最高裁に上がってくるようになり、その結果、判断の統一が示されるようになったことも大きいと思います。

伊藤　経緯はおっしゃったとおりで、判例法理が形成・確立されて現在に至っています。特に自己利用文書と公務秘密文書、加えて、刑事事件記録関係のものが判例法理の中の三本柱になりますかね。

それに対して先ほども他の所で言及があった最近の改正提案では、例えば自己利用文書の概念はやめるとかいった提言もなされて、この辺りは私自身はそういう提言に共感を覚えるところがありますが、国民が司法制度に何を期待しているかという価値観を反映する辺りだと思いますので、現行法の下で形成されている判例法理の内容を検証しながら、今後も議論を続けてほしい気がいたします。

(iii)　最近の立法提案について

始関　自己利用文書を拒絶事由から除外すべしという立法提案がご紹介されましたが、これについては、それを除外してしまって、プライバシーあるいは営業秘密の中で全部処理し切れるのかどうかについては、弁護士会内部でも議論があるようですね。

秋山　弁護士会内部でもそういう指摘はあります。ただ、日弁連は二〇一〇年一月に文書提出命令制度の改正要綱試案を出していまして、その中で、自己利用文書の提出除外と刑事関係文書の提出除外を削除すべきだという提案をしています。

伊藤　他方、先ほどのジュリストの増刊（三木浩一＝山本和彦編『民事訴訟法の改正課題』〔二〇一二年〕）の中では、参加者の中から、本当にそれで大丈夫なのかという危惧の念も表明されていますよね（同書二〇五頁における村田渉発言、二〇八頁における森脇純夫発言）。

始関　刑事関係文書の話も出ましたが、刑事関係文書については、平成一三年の改正のときに、最後まで非常に議論があったように承っております。弁護士会もそうですし、裁判所も刑事の関係の方々は、刑事は刑事独自の開示のシステムがあるので、それを飛び越えて民訴で文書提出命令を出すことについては、非常に拒絶感が強くて、平成一三年改正になったと思うのですが、その辺りはいかがですか。

秋山　その法制審議会でも、平成一五年の一部改正のときか、その後でしたか、弁護士会などが改正の意見を述べて、一応審議をしましたね。しかし、刑事関係の方々などの強い反対と、法務省や刑事裁判所が刑事関係文書も文書送付嘱託などに応じるようにするという発言で収まっているわけですが、その後も日弁連が改正案を出したりしているということで、今後も議論は続くだろうと思います。おっしゃるように、自己利用文書という概念での除外事由が全くなくて、本当に大丈夫かという議論があることは確かです。

それから、刑事関係文書についても、従来弁護士会内部では、それを除外するのは問題であるという議論がほとんど一致していたように思うのですが、今回日弁連が改正案をまとめる際には、少年事件などをやっている弁護士から慎重論が出ています。

伊藤　刑事訴訟の記録で、秋山さんがおっしゃられたように、出すべきものは出すというのが一つの論拠になっていましたが、これは公開されているのだから引用しても構わないと思いますが、「出すべきものと思われるものでも出てこなくて、困るのだ」という趣旨のことが指摘されていますので（三木＝山本編・前掲書二〇八頁における菅野雅之発言）、問題はあるのではないですかね。

秋山　私自身もそれを体験しているものですから、それについて書いたことがあります。法制審では、実際に文書送付嘱託を裁判所がすれば刑事記録の送付に応じると最高裁の刑事関係者とか法務省も答えておられましたが、民事裁判所が文書送付嘱託をしても、実際に出てこないケースが幾つもあります。

田原　確定記録の閲覧制度についても、最高裁の判例（最判平成二一年九月二九日刑集六三巻七号九一九頁）が出ていますが、ああいう事件がなぜ上告審まで上がってくるのかな、認めて当然だろうという事案について、上告審まで上がってきたりしていますから、刑事の方々の公開に対する拒絶反応というのは結構強いものがあると思います。他方で、被害者が記録閲覧できる制度ができていますから、それはそれなりに機能しているのは間違いないと思います。

Ⅳ　損害額の認定

始関　それでは次の話題に行きたいと思います。判決の関係ですが、判決の関係では損害額の認定について、民事訴訟法の二四八条に、「損害の性質上その額を立証することが極めて困難であるときは、裁判所は、口頭弁論の全趣旨及び証拠調べの結果に基づき、相当な損害額を認定することができる」という規定が設けられたわけです。この規定が設けられるまでには法制審議会民事訴訟法部会の内部でもいろいろな議論があったわけですが、でき上がったこの規定は相当に利用されているようですが、どんな利用状況なのでしょうか。

田原　この提案がされたのは、火災事故に遭ったときに、保険金の請求をする場合、個別の被害明細目録を出さなければなかなか認めてくれないという実務の下で、それをどう乗り切るかという問題意識です。そうすると一般家庭なら、おおよそこんなものがあるだろうというのが認められるのではないか。それの個別立証は、特に全焼していれば、まず不可能に近いという下で、その壁を乗り越える方法として何か制度を作れないかという弁護士会側からの提案を踏まえて、いろいろな議論の末、ここへ落ち着いたと理解しています。

ただ、立法提案の動機はそういうものでしたが、その後の裁判例で当初想定していた以上にそれなりに使われています。例えば、私が関与した第三小法廷の事件で言えば、砕石場の砂利採取に伴う損害賠償請求で、原審が棄却したのを二四八条で計算できるはずだと言って差し戻したりしています（最判平成二〇年六月一〇日判時二〇四二号五頁）し、それなどは少なくとも立法時には視野に入っていなかった事案です。高裁の裁判例でも、比較的よく使われていて、この条文を入れたことによって裁判所の裁量という面が非常に強いという問題は残るのですが、損害があることが明らかだが、立証は極めて困難な類の事件において十分に機能していて、改正民訴法の新しい制度として、少なくとも立法に関与した立場からいえば、想定を超える高い機能を果たしているというのが私の理解です。

伊藤　この規定については、ご承知のように、ドイツ法において、もう少し広い守備範囲の規定があって、それを踏まえて学界でも古くから議論がありました。なぜかというと、田原さんがおっしゃられたように、損害の発生の証明はできている。しかし、損害賠償請求権のもう一つの発生原因事実である損害額の立証はできていない。これで請求を全部棄却してしまうのは、司法に課されている役割からは、どう見てもおかしいというのが共通の認識だと思います。そういうことがあり、またドイツ法の制度も踏まえて議論が一定の方向に向かって、この規定ができた。そして最高裁の判例はもちろんですし、下級審の裁判例も相当数あります。その中で、先ほどご紹介があったように、最高裁の判例で、一定の事案に関しては、この規定を適用して損害額を認定しなければいけないという規範化までいっているという意味で、やや大げさな言い方をしますと、適正な紛争解決の目的を実現するために、民事司法が果たすべき役割あるいは期待される役割という意味では、法二四八条の立法とその後の運用は、非常に高く評価されるべきものだと感じています。

Ⅴ　少額訴訟手続の創設

始関　この程度でよろしいですか。それでは、次の話題に行きたいと思います。現行民事訴訟法の制定の際のもう一つの大きな柱というか目玉として、少額訴訟手続の整備が行われ、その後の改正で、その対象範囲が広げられました。これはアメリカのスモール・クレームズ・コートの制度などを参考に、少額の事件を経済合理性のある形で解決するという理念のもとに設けられたわけです。これを実行するために相当、簡易裁判所のご苦労があるようですが、創設の理念に沿って順調に運用されているという理解でよろしいのでしょうか。

秋山　確たることは言えませんが、よく利用されているのではないかと思います。私自身も、ごく僅かですが、被告側で利用したことがあります。一期日審理で、終結後、直ちに判決ということで、非常に簡易ではありますが、迅速な判断が示されるものです。

田原　司法統計を見て、私などはもう少し利用頻度があってもいいのかなという感じで見ているのですが、ここしばらくは新受件数が頭打ち状態になっていますね。それがどこに原因があるのか、よく分からないのですが、ただ当事者本人による駆け込みの制度としての機能は果たしていますす。施行後それほど間がない時期に、たしか東大の大学院生が本人訴訟を提起して、その経緯をジュリストに投稿した事案があります（早川吉尚「身をもって知る民事訴訟法」ジュリ一〇五七号〔一九九四年〕七一頁）。その事案は少額訴訟手続ではないのですが、その論稿を見ていますと、少額訴訟手続は、そこに記載されているようなことがより集中してなされることを目標にしているものとして理解すればよいといえ、その論稿をある意味で感心しながら読んだことがあります。簡易裁判所の裁判官あるいは受付事務の書記官は相当苦労しているようですが、国民に開かれた裁判所という意味では、この制度の導入は非常に大きな意味のあったものだと考えています。

伊藤　これは冒頭に申し上げたことの例ですが、具体的には小島武司先生が、少額訴訟手続について、一九七〇年代から、いろいろな論文を発表されて（小島武司「少額請求部設置の提唱（1）（2・完）」判時六八四号〔一九七二年〕一〇頁、六八六号〔一九七三年〕一〇頁。小島武司『訴訟制度改革の理論』〔弘文堂、一九七七年〕一五九頁所収）、それが全体の空気を盛り上げることに役立って、制度化が実現したという意味で、私の立場からすると、学説が立法に果たすべき役割を具体化した一つの例ではないかと思います。

今お話を伺っていますと、その利用がもう一つ伸びていないという現実があるのだとすると残念ですし、理由が何かというのが関心があるところです。

秋山　知らないということもあるのではないでしょうか。

立法された当時は、こういう制度ができたということが、非常に広く報道されましたね。

伊藤　そうですね。いろいろなＡＤＲについても、また、日本司法支援センター、いわゆる法テラスについても、潜在的利用者の認知度をいかに上げるかが、関係者の一番の関心事ですが、そういう意味では裁判所が積極的な認知度の向上を図るのは難しいのですかね。

田原　ただ、頭打ちで、平成一七年に二万三五〇〇件余の新受事件があったのが平成二四年には約一万六〇〇〇件余になり伸びが止まっているというより減少傾向にあります。他方で我が国全体における司法制度の運用、利用の問題なのですが、一般調停にしても事件数は今は減ってきています。特定調停は別格ですが、ほとんど量がありませんから、個人再生手続のほうに行きます。一般調停も全体としてはちょっと減ってきています。

　地裁のワ号事件も過払いがピークのときは二四万件弱まであったのが、今は一六万件台まで落ちてきています。そういう司法制度全体の利用をどう捉まえるのか、あるいは国民の方々がどう理解して司法を利用しようとしているのかというのは、裁判所に六年半もいたものとしてもよく分からないという感じで、本当は法社会学の方々の世界のことだと思います。

伊藤　菅原郁夫さんなどが中心で本にまとめられた『民事訴訟利用者調査』（商事法務、二〇一二年）に随分詳しいものがあって、それを見ると、利用した人は何を民事司法に期待しているかというのは、回答やその分析で分かるのです。紛争がなければ結構なのですが、紛争があっても、どういう理由で利用に至らないかというのは、なかなかつかみ切れないところですね。

始関　その辺は、法社会学的な検討を更に進めていただく必要があるところでしょうかね。

伊藤　そう思います。

Ⅵ　最高裁に対する上訴制度の整備

1　改正の経緯

始関　それでは別の話題に行きたいと思います。現行民訴法制定時の改正点の非常に大きなものの一つであった最高裁に対する上訴制度の整備です。具体的には上告事由の制限と判決手続の上告受理制度、その反面として、決定手続について許可抗告制度が導入されました。それから決定による上告棄却制度の導入という改正も行われたわけです。これらは非常に大きな最高裁に対する上訴制度の見直しなので、私ども事務当局にいた人間としては、果たして、その改正は実現するのだろうかという不安があったわけですが、大きな反対もなしに、国会でも文書提出命令に議論がほとんど集中したということもありますが、最高裁に対する上訴制度の整備については特段反対もなく改正が実現したことについては、弁護士会の委員・幹事のご尽力は非常に大きなものがあったのではないかと推察していますが、その辺について、可能な範囲でお話しいただけることがあればお願いします。

田原　上告制限に対しては、弁護士会は当初は猛反対の立場でした。他方で弁護士会の委員会で定年でお辞めになった弁護士出身の元最高裁判事の方々にお越しいただいて、審理の実情、実態、事件に追いまくられている状況を、お二方から数時間ヒアリングさせていただいて、現行のままで本当にいいのか。当時は「忘れた頃の最高裁判決」などと総理から言われるような状態でしたし、現に私も上告代理人になったような事件で、年単位で待つのは当たり前というところがあって、それをどう乗り越えるかという中で、日弁連の一部には、旧大審院のように裁判官を増員すべきであるという意見が、そこそこ強い力を持っていました。

ただ、その頃、ほかでも少し書きましたが、山本和彦教授が、フランスの制度改正で、フランスは上告制限をする代わりに、破毀院の裁判官を増やしたら、人数に合わせたぐらい事件も増えてしまったということがあったとどこかで書いておられました。また、憲法裁判所として、どう機能をさせるのかという視点に立つときに、やはり、大連合部判決などというのはなかなかできるわけがないわけですから、それと同じように考えたときに、憲法裁判所として十分機能させた上でというと、少なくとも議論するのは、今の一五名が限界だろう。かつ超多忙な最高裁の実態、破棄率の中身等々を見た場合、裁判所として一定の機能するシステムを考えるべきではないだろうかということで、あるとき、ちょうど「中間試案」の前でしたか、ジュリストの座談会（「民事訴訟法改正の中間展望」ジュリ一〇二八号〔一九九三年〕八頁）で休憩時間に竹下守夫先生などとお話ししているときに、刑事の上告受理制度的なものを民事に導入することができるならば、それなりに機能するのではないかということを述べ、竹下先生からは、私から正式に提案をするように言われたのですが、私の立場上、それはできませんと述べたことを覚えています。

最高裁判事経験者の方々から、全く空っぽの法廷で次から次へと判決を言い渡しているという実態をお聞きし、あれは判決ですから、署名、押印をしますので、署名が乾くまで、広い判事室の床が埋まっているというようなお話を聞きますと、合理化できるところは合理化すべきではなかろうか。ただ、受理制度を設けた場合に、裁量になりますので、本当の上告理由だけだと最高裁は本来破棄しなければいけない事件、事実認定の違法を理由として処理しなければいけない事件もたまにあります。そんな事件までも審理されなくなってしまうのではないかという強い危惧感が片方にはありました。そこは審議の過程で、ある意味で裁判所に対する信頼というか、実際の運用でそうはならないと思われるという裁判所出身の委員・幹事のご発言を受けて、おおよそこういう枠組みでという形で議論をしたというのが私の理解です。

2 改正の意義

始関　田原先生は実際に最高裁判事になられたわけですが、改正の実効性と言いますか、意義についてはどのように感じですか。

田原　ほかでも書きましたが、上告と上告受理の並行申立てが相変らず多いのです。本当の上告理由のある事件などは非常に限られているわけですから、理由不備、理由齟齬と書いてくるのですが、判例法理からいったら、理由不備、理由齟齬などになるはずのない事件について、上告受理申立理由と全く同じことを書いている。ただ、毎年若干減ってきていますが、受理制度ができたお陰で、事件の処理、進行が早まっているのは間違いありません。旧法の下であれば、本当のごく僅かのミスであっても上告を受けて破棄しなければいけないという事案はあり得るわけです。一〇〇〇万円の請求で、一〇万円余の計算ミスがあるというのであっても、旧法なら、それは取り上げなければいけませんが、上告受理制度の下であれば、法令の解釈に関する重要な事項を含むものと認められないということで不受理にすることは構いませんし、実際の運用でも、今申し上げたような事件であれば不受理という扱いになっています。

他方で、高裁の部総括からは、最高裁は時々事実認定に手を入れて破棄していますから「最高裁が事実認定に手を入れるのか」と言ってさんざん文句を言われています。しかし、事実認定に最高裁が手を付けなくなってしまうのではないかという弁護士側の危惧に対しては、そのような実例を積み重ねることによって、ほぼ払拭できていると思います。

それと決定処理ができることになって、署名の量が激減していますから、事務の合理化という意味で非常に大きな利便があります。誰もいない法廷で判決することもなくなりましたから、これも非常に大きな合理化で、事件処理の全体からいえば、大きな成果があったと思います。

ただ、上告制度の関係で、始関さんがおっしゃった以外に一点、三ケ月先生が代理人強制、弁護士強制主義を絶対採用したいとおっしゃっていて、他方で弁護士会選出の委員・幹事は絶対嫌だと申し上げて、それが一つの大きな対立点になりました。

弁護士会側が拒絶したのは、刑事事件ならば国選の義務化は人権擁護で仕方がない。民事の場合だと、弁護士強制になると、クレーマーの方々も弁護士強制を受けなければいけない。そのときの代理人として選任される弁護士とクレーマーとの対立はそれなりに厳しいものがありますので「それで弁護士強制ですか」と言われると、弁護士として現場で働いている者としては、現状でちょっと処理し難いというのが、弁護士会側が弁護士強制に反対した一番大きな理由です。

伊藤 今の田原さんのお話で部会のときのいろいろな状況が思い出されます。弁護士強制についても、正におっしゃったような弁護士会側の意見があって、なるほどそうだなと思う反面、本当に上告審までそれでいいのだろうかという思いもして、今後の課題ということになったと思います。

それから、最高裁に対する上告制度が旧法と全く大きく違ったというのは、制度としてはそのとおりで、それはそれで、その効果はあったとは思いますが、これも田原さんがご指摘のように、上告受理と上告の申立ての両方ともやることは、現実には代理人としてはなくならないのでしょうね。これは私が申し上げるようなことではないのですが、どういう解決の方法があるかというのは難しいですね。

秋山 事案にもよるのだろうと思います。全く上告が成り立たないようなものであれば、差し控えると思いますが、ひょっとしたらと思う事件ですと、両方申し立てざるを得ないことがありますね。

私自身は上告事件が随分多いのです。上告するのではなくて、されるほうです。大体そういう事件は不受理、上告棄却で終わるのですが、これが非常に短期間です。最高裁に記録が到着してから三、四か月で、半年ぐらいまではほとんど全部結論が出るので、ここは旧法時代と全く違います。そういう意味で、事件の決着が早まっているということがあると思います。

他方、法制審では、弁護士の滝井繁男委員などが、個別救済が後退しないかと随分心配されておられて、そういう発言をされていたと思います。その後、滝井委員は最高裁判事になられましたが、最高裁はかなり積極的に取り上げて判断しています。審理が非常に早くなっている一方で、そういう個別救済にも積極的であるということで、負担の軽減になっているのか、なっていないのか、結局どうなのでしょうか。

田原　今、最高裁で係属して二年を超える事件は本当にごく僅かです。死刑事件とか、争点が非常に多岐にわたる複雑・困難な民事訴訟とか。原審判決も頁数が多くて、それを整理し、争点整理をし、調査官報告書を上げるのに時間がかかる。ただ二年を超える事件は、二年を超えそうになると調査官の上席から、どうなっているかという問合せが担当調査官に入りますから、それで審理予定が出てきますので、二年を超えることはまずありません。

他方で早期審理されているのは、明らかに上告理由はなく、かつ受理申立理由もない、単なる事実認定に対する不満という事件ですと、最高裁はあくまで法律審ですから、その立場で見れば、早期に処理ができます。そのような事件を早期に処理することによって、他方で、本来集中的に審理しなければいけない事件のための時間を確保することができますので、上告受理制度というのは、全体として最高裁本来の機能を果たさせる意味では機能しているのではないだろうかと思っています。

3　許可抗告制度

始関　許可抗告はいかがでしょうか。

伊藤　これは非常に大きな意味がありましたね。先ほども話が出た文書提出義務や執行と倒産の関係、決定形式でされる裁判については、従来は、抗告審である高裁の判断が分かれていて、法的安定性が危惧される状況がありましたが、この制度ができて、しかも最高裁や原審がそれについて積極的な運用をされて、判例法理のうちのかなりの部分は許可抗告に基づいて出た判例ですよね。そういう感じがします。

田原　毎年、判例時報に上告審の実情について詳細な報告が出ますが、その中で許可抗告の事件は、ほぼ全件についてコメントが付いていますので、あれをご覧になれば、一部の例外はありますが、許可抗告制度の全体としては非常にうまく機能しているのではないかと思っています。

始関　一部の例外とおっしゃったのは、高裁が許可するという制度になっていることから、本来、許可するのにふさわしくないような事件を高裁が許可してしまって、最高裁としてはそれに判断を示さざるを得ないという問題ですね。

田原　許可すべきではない事件を許可し、他方で許可しなければいけない事件を許可せずに終わっている事件が時としてあります。許可すべきではない事件を許可していると、最高裁にとってはそれなりの負担になりますから、高裁として許可抗告制度の趣旨をちゃんと理解して運用してほしいと。そのことは判例時報の中でも毎年のように指摘されていることです。

他方で、高裁で不許可となり、特別抗告として不服の申立てがなされる事案が時々ありますが、特別抗告としては判断のしようがありません。本来の許可抗告で最高裁にくれば、意見の一つも言いたいという事件がなかったわけではありません。

秋山　判決言渡期日を告知することを、規則一五六条に入れましたね。これは意外に大きかったと思います。

田原　大きかったですよ。

秋山　改正前は、最高裁の判決の言渡期日は、口頭弁論期日を開いた場合以外は告知されなかったわけです。これが告知されるようになったのは、国民に親しみやすい司法という意味では非常に大きかったのではないかと思います。最高裁の規則制定諮問委員会で、最高裁の幹事の方と私たち弁護士幹事がこれはやるべきではないかと話し合いましたが、すんなりと規則に入りました。

私が担当したマクリーン事件で、最高裁の大法廷判決がありましたが（最大判昭和五三年一〇月四日民集三二巻七号一二二三頁）、口頭弁論が開かれなかったので、言渡期日が告知されませんでした。たまたま地方の裁判所に出張していたら、事務所から裁判所に電話があって「今、新聞記者からいろいろ電話が入っています」ということで、初めて知ったのです。そういうことがなくなったということは、実際問題として大きなことではないかと思います。

Ⅶ　新民事訴訟法制定時点で改正されなかった事項

始関　それでは別の話題にいきたいと思います。現行民訴法をご審議していただいた時点で、いろいろ議論されたけれども、結局改正されなかった事項について、その後改正されたものがありますので、そのすべてを取り上げることはできませんが、若干のものを取り上げてご議論をいただければと思います。

1　非公開審理の導入

始関　一つは、非公開審理の導入です。プライバシーとか、営業秘密を守るために、非公開審理を導入すべきではないかというのは、現行民訴法制定の際の法制審議会の議論の中でも、学者の委員の中から非常に強いご意見がありましたが、弁護士会から非常に強い反対意見があって、導入に至らず、結局は訴訟記録の閲覧制限だけが導入されました。その後の改正で、民訴法本体ではありませんが、人事訴訟法、それから不正競争防止法などに審理全部ではありませんが、尋問等の公開停止という形で規定が設けられるに至ったわけです。これについては特に弁護士会での反対意見の急先鋒を務められた秋山先生にコメントをいただければと思います。

秋山　これは私が急先鋒というよりは、弁護士会が非常に強く反対しました。平成二年当時、非公開審理や秘密保持義務というのは非常に衝撃的だったわけです。民訴手続に一般的にそれを導入しようということで、もちろん要件を絞ったりするのでしょうが。弁護士会の中でも、特許訴訟をやっている人たちからは必要ではないかという声もありましたが、弁護士会全体としては、それはとても受け入れられないということで、我々もだいぶ危機感を持って議論をさせていただき、最終的には導入されなかったということです。

しかし、その後、人訴の改正がありまして、私も法制審の人訴法部会の委員でした。そこで当事者尋問等の公開停止の規定が入ったわけです。このときも弁護士会としては反対で、私も反対の意見を述べさせていただきました。最終的には、人事訴訟事件では、かなり重大なプライバシーに関わる事項が審理され、公開の法廷で尋問されるとなると、提訴を断念せざるを得ないことがあり、裁判を受ける権利を奪うことになるということで、公開を停止できる要件を絞ってやるということで、最終的には弁護士会も了解する形で立法化されました。人訴法部会では相当な議論がありました。憲法学者の方の意見もお聞きしました。憲法の規定により、公共の福祉に関する事項でなければ公開停止にできませんので、なぜそれに当たるのかという議論もしました。

ただ、実際の運用ですが、東京家裁が人訴の運営について、『東京家庭裁判所における人事訴訟の審理の実情』(判例タイムズ社、二〇一二年)で、実情を紹介しています。公開停止したものは一例しかない。ということで、かなり厳格な運用がされているのではないかと思います。当事者のほうも、公開停止を求める人は、それほど多くはないのではないかと。これは推測ですが。

田原　ただ、不正競争防止法のほうでは、それなりに使われているのではないですか。

秋山　特許法にもありますね。特許法と不正競争防止法。

田原　不正競争防止法とか、特許法のときは弁護士会は反対したのですか。

秋山　法制審の民訴法部会で問題になって実現しなかったものが、特許法改正などで実現しているのですが、それは法制審にかからないからです。

田原　かからないですね。弁護士会がどういう対応をしたかというのは、私は情報を取れていなかったのですが。

秋山　私も申し訳ないですが知りませんでした。

伊藤　私、特許法の改正については多少の関与を致しましたが、弁護士会から公開原則との関係での反対はなかったように記憶しますが。

秋山　多分、弁護士会側では、特許訴訟などに関わる人しか関心を持たなかったのではないかと思います。

伊藤　そうですね。

田原　よくああいう規定が入ったなというのが私の実感でして、それで弁護士会が反対していたような記事を「自由と正義」でも見たことがないのです。

伊藤　もちろん憲法の原則があるから、それ以上に出ることはできないわけですが、人訴とか、特許、不正競争関係の事件、事件類型に応じて特別の規定を設けることには一定の合理性があるのですが、通常の民事訴訟で、憲法のことは別にして、実質論として、公開原則を堅持しなければいけない状況いうのはあるのですかね。今の日本の訴訟審理を見て、やはり公開でないと裁判の公正が確保できないということでしょうか。

秋山　そこは、私たち弁護士の身に染み込んだものではないのでしょうか。

伊藤　民訴法改正時のいろいろな議論を思い出しますと、訴訟指揮などに対する危惧があることは疑いがないのでしょうか。

秋山　やはり、裁判の過程が人目に晒されなければ、問題のある裁判官が出た場合に歯止めが効かないというか。そういう理念的なものだと思います。

始関　ただこれは理屈で考えると、人事訴訟法、不正競争防止法、特許法、そういう枠の事件だけについて公開停止の規定があって、それ以外の事件でも同じような状況が生じる場合はあると思うのですが、その場合については何ら規定がないというのが、法制的に本当に良い状態なのか、というのが、昔、法制的なことに関わっていた人間としては、ちょっと気にはなるところです。

伊藤　人訴とか知財関係訴訟というのは、適正な審理を実現するためというのが、公開を制限する規定を正当化する理論的な根拠です。いま始関さんがおっしゃったように、通常の民事訴訟でも、特定の当事者本人尋問とか、そういう局面で必要があるというのは否定はできないのですが、そこは憲法八二条二項の枠内で考えるということですね。

秋山　かつて、薬害エイズのような訴訟で、公開法廷でやるとなると提訴できないのではないかという議論がありました。しかし当時、事件を担当していた弁護士たちに聞くと、それは工夫してやるからいいのだと。公開停止よりは、工夫しながら公開の場でやるほうがいいという意見だったと思います。公開法廷では名前を言わないとか、証言の場合は衝立を立てたりするとか、そういうようなことで対応できるのではないかと思います。

田原　刑事事件でも、公訴提起はともかくとして、公判になれば被害者甲乙で審理したりしていますからね。そういう一定の工夫をすることはできると思います。

2 団体訴訟とクラスアクション

始関　それでは次の話題にいきたいと思います。現行民訴法制定のときに、議論になった事項の一つとして、多数当事者訴訟の扱いというのがあり、その中で団体訴訟とクラスアクションの導入ということも議論されたわけです。しかしながら、審議の結果、団体訴訟については、実体法で処理すべき問題であろうということになり、また、クラスアクションについては、アメリカ法の制度ですが、非常に弊害もあるという指摘があり、反対意見が非常に強くて、これも結局は導入されなかったわけです。

その後、団体訴訟については消費者契約法の中で、一定の消費者団体に請求権が認められて、差止請求訴訟を起こせるという規定が設けられました。また、現在も継続審議になっていますが、「消費者の財産的被害の集団的な回復のための民事の裁判手続の特例に関する法律案」というものが国会に提出されております。これはクラスアクションそのものではないのですが、二段階訴訟といいますか、適格消費者団体が多数の消費者の財産的被害の回復のための損害賠償義務があることの確認を求める訴訟を起こして、その後に個別訴訟をするという法律案が出されているという状況です。

このように、法制が進展しているわけですが、ここで伊藤先生からコメントをいただければと思います。

伊藤　これも広い意味での価値観ですかね。その価値観の対立が背景にあり、民訴法改正に関連する問題としては、選定当事者に関して選定者を募るための広告が議論され、これは価値観というよりは、法制的な難しさがあって、結局、一般的な制度としては見送られることになりましたね。お話があったように、現在、法案が提出されている消費者被害に関するもの。これは、団体訴訟ともクラスアクションとも異なる仕組みですが、個別的実現が実際上困難な消費者の請求権の実現を目的としていると理解しています。その意味では、民事訴訟法改正当時の議論とも水脈がつながっているということでしょうか。もっとも、消費者被害の範囲をどこまでのものとして捉えるのかということになると、立場の違いがあって、現在の法案はご承知のとおり、一定の範囲を画していますね。

秋山　田原先生、選定当事者の議論のところで、まさに広告の案を、先生方は大阪のほうから出されましたが。

田原　「この指止まれ」というやり方ですが。それは結局多数の消費者被害者をどのような形でまとめるかということです。大阪弁護士会のバックアップ委員会の議論の中でもクラスアクションについては概ね消極的でした。その一つには、クラスをどう構成するかという問題があります。例えば、大阪の弁護士が関与した事件でも、同じ被害者集団でありながら、被害者ごとに、ある意味で思想的な対立を背景として、いくつかのグループごとの訴訟が起こされている事案に関与している弁護士がいました。典型的には水俣の訴訟、あるいはスモン訴訟であり、こういうものを一つのクラスにまとめるのは不可能だろうと。どちらの代理人を選びますかと言っても、そうすると二クラスできてしまうわけですから、本来のクラスアクションでは考えられないことですね。そういう実情を踏まえると、アメリカ流の制度をそのまま持ってくるのは無理ではないかというのが現場の弁護士、かつそのような事件に関与していた、あるいは現にしていた方々の意見です。そうすると、クラスアクション制度に代わるものとして、いま新しい提案が出されていますが、それに近い形で被害者、少額消費者被害者を、どのようにして集団として構成するかについて検討し、提案したのが、「この指止まれ」方式です。それを自由にやったらいいのではないか、裁判所が関与することかという辺りが、法制審でいちばん問題になったところです。裁判所が関与してくれれば、広告費用も安くなるし、一般紙に広告を載せるとなると、そのコスト負担は誰がするのだというところで、大阪弁護士会の提案としては裁判所の関与を求めました。裁判所が関与する限りは、変な訴訟集団ではない、詐欺集団ではないということは、一応推定を受けられるはずですから、そういう辺りがこだわった最大の理由です。しかし、裁判所の関与ということになると、手続的にもいろいろ難しい問題があります。

伊藤　裁判所による広告ができるということを、法制審に弁護士会委員の案として出したのですかね。

田原　はい。

秋山　それに対しては、裁判所がそんなことをするわけにはいかないと。裁判所の中立性が損なわれるということで反対意見があったわけです。

ただ、今回の特例法案を見ますと、裁判所が官報への公告をすることについては、裁判所がそんなことはできないみたいなことは言わないわけですね。

伊藤　その法案の基礎になる考え方を検討したときには、

そういう指摘もありましたが、結局、第一段階目の訴訟を追行する主体を一定の適格消費者団体に限定し、その結果を踏まえて、第二段階の訴訟に移行するという形で、一定の合理性は担保されているだろうと。確かそんなようなことで合意が得られたのだと思います。

始関　現在提出されている法律案では、一段階目の訴訟があって、そこで適格消費者団体が勝訴して、金銭の支払義務があるということが確定して、その後に裁判所が公告するから、裁判所の中立・公平性は害さないということになるのではないでしょうか。現行民訴法制定の際の法制審で審議されていた案というのは、まだどちらが勝つか全く分からない段階で、裁判所が公告するという案だったので、裁判所側には非常に抵抗感があったのではないかと思うのですが。

秋山　分かりました。立法は問題なく国会を通るということでしょうか。

伊藤　通ってほしいと思います（注：その後、「消費者の財産的被害の集団的な回復のための民事の裁判手続の特例に関する法律」〔平成二五年法律第九六号〕が成立した）。

秋山　そうすると、かなり重要な制度が実現するということですね。

田原　ただ、それでどの辺りをターゲットにするのか。それが鶴岡灯油訴訟みたいな類の事件だったら、ある意味ではよく分かるのですが。それ以外、どういう類の事件、かつ被告に支払能力がなければ意味はありませんので、実質的には詐欺集団の事件では使えないのです。執行不能に陥りますから。

秋山　対象外の損害というのが、かなり広いのですか。

伊藤　そこは議論の対立がありました。どこまでを取り込むかというのは。民訴法改正のときの三ケ月先生のお言葉を借りれば、妥協なしには立法ができないということでしょう。

秋山　逸失利益、人身損害、慰謝料が除外されているようです。

始関　結局、多数の被害者が出た事件というのは、それが社会的に問題になって、訴訟を起こそうという段階では、もう倒産処理しなければしようがないようなものがかなりあります。そういうものに実際は使えないということになるのでしょうね。

秋山　仮差押えができるようになっていますが、差し押さえるものがなければね。

おわりに

始関　お話は尽きませんが、予定の時間をかなり超過しておりますので、最後に今日の座談会のまとめとして、一言ずつお願いいします。

秋山　こうやって振り返ってみますと、平成八年の改正は、その後の改正も含めて、かなり大きなものであったと思います。現在、制度の見直しとか、新たな提案とかありますが、私は、これまでの改正によって、そして実務の運用によって、現在の民事訴訟手続は、かなり改善されていると思います。非常に迅速になりましたし、中身も充実しているのではないかと思いますので、それをちゃんと評価し、堅持した上で、新たな提案なり、改善を考えるべきではないかと感じています。

伊藤　一言付け加えるとすれば、実務的な問題とはあまり関係がないのですが、いちばん最初の検討事項の段階で、例えば、給付、確認、形成という訴えの類型に関する規定を整備するかどうかが問題とされました（法務省民事局参事官室編『民事訴訟手続の検討課題』〔商事法務、一九九一年〕一〇頁）。結局、これは、研究者の側の力不足のためであったかもしれませんが、その後は検討が進行せず、ご承知のように、現行法でも、旧法と同様に、証書真否確認の訴え（民訴一三四条）と将来の給付の訴え（同一三五条）の規定だけが置かれています。しかし、理論の立場から言えば、将来、そういったことを根本的に検討して、例えば、外国人が見ても違和感がないような訴訟法体系や基本的な概念の整備ができればよいと思います。最近、そういうことを誰も言わなくなったものですから、あえてその点を付け加える次第です。

田原　民訴法改正の全体としては、三ケ月先生が想定された目標をほぼ達成できたのではないかと思います。本日のテーマには取り上げられませんでしたが、例えば、管轄規定の見直しなども、これによって運用がうんと楽になりましたし、特に合意管轄に対する制約ということによって、ある意味で消費者被害的な、例えば保険訴訟であれば従前は全て東京でやらなければいけないという約款が入っているときに、そうでなくても構わないという規定が入ったのは、現場レベルでいうと非常に大きな意味を持っていると思います。

ところで積み残された課題としては、これは発言すると抵抗を受けると思いますが、日弁連の五〇単位会で意見書を全部取りまとめたときに、四〇数単位会までは、一定の制限を付すことを前提として、訴訟費用の敗訴者負担制度の導入に賛成していたのです。それを踏まえて、訴訟費用研究会が設けられて、その実現を動きかけたら、日弁連が猛反対をしたと。ところが実際、裁判官として、事件を見ていますと、こんな酷い訴訟は敗訴者に費用を負担させるべきだろうという事件がそこそこあります。それに応訴する手間を考えたときに、応訴費用を敗訴者に負担させない、弁護士チャージを含めて訴訟費用に入らない費用を考えると、乱訴を防止するという意味では、そのような制度はやはり導入されてもよかったのではないかと思われます。

日弁連が猛反対しましたが、日弁連はそのときに各国の訴訟費用制度を実際にどこまで調べていたのかと。研究会では、例えば英国の制度が詳細に調べられていますし、アメリカの場合でも、準備書面を出すたびにチャージを払わなければいけないとか、いろいろな制度を一通り勉強しました。日弁連は、反対運動をしているときに、それによって提訴者の権利が損なわれるという主張をしたわけですが、研究会でのその対策もいろいろ考えられていたわけです。あれだけの反対で潰れてしまって復活は難しいのかもしれませんが、少なくとも、資本主義国家の中で全体的に見れば、費用負担の問題というのは、本来は避けて通れない課題です。最高裁の昭和六三年判決（最判昭和六三年一月二六日民集四二巻一号一頁）が不当訴訟の範囲を非常に限定していますので、その結果、実質的に言いがかりに近いような訴訟でも、被告は提訴者に弁護士費用を請求できないということになっています。それらの点について、これは将来の課題としては考えなければいけないのではないかと思っています。

始関　限られた時間で、また拙い司会でありましたのに、先生方の的確なご発言により、現行民訴法典の制定の過程を振り返っていただくとともに、また、現在の運用状況についてもご議論いただき、さらに、現行民訴法制定後にされた改正や、日弁連や学者グループの最近の立法提案につきましても、現行民訴法制定の際の法制審議会における審議内容を踏まえたコメントをしていただき、民事訴訟手続に関わる研究者及び実務家の皆さんにとって非常に有意義なご議論をしていただけたと思います。争点整理手続の運用状況についての田原先生の厳しいご指摘などは、私も運用に携わる者の一人として反省し、改善に努めなければいけないところがいろいろあると思いながら承っておりました。どうも今日はありがとうございました。

（平成二五年九月八日開催）

第二部

法制審議会倒産法部会

Part 2

はじめに

鼎談の趣旨及び倒産法部会の調査・審議の経緯

深山　私から最初に少し話をさせていただきます。最高裁判事に就任されて六年半、多数の意見を述べられて、学会・実務界から注目されていた田原さんが、この度退官されました。本日の鼎談は、法制審議会の倒産法部会の委員として、倒産法制の見直しの議論に中心的に参画された田原さんの「法政策論」を明らかにすることを目的として、当時同じ部会に所属して調査・審議に参画した才口さん、山本さんにお出でいただき、当時の議論を振り返るとともに、あの議論がどういうことだったのかという現時点における評価を話し合おうということで設けられたものです。

議論の仕方としては、倒産法部会の様々な調査・審議の過程で、田原さんが特に積極的な発言をされた幾つかの論点を取り上げて、それに纏わる諸々の思い出であったり、当時の議論、あるいは現時点での評価をそれぞれのお立場で順次話していただければと思っています。最初に少しだけ、法制審倒産法部会の調査・審議の経緯を私から説明します。

Yamamoto Katsumi

1982年京都大学法学部卒業、84年司法修習修了、96年より現職。主著に、「倒産法上の相殺禁止規定(1)(2)」民商89巻6号、90巻2号（1984年）、「弁論主義のための予備的考察」民事訴訟雑誌39号（1993年）、『破産法・民事再生法概論』（共著、商事法務、2012年）などがある。

Saiguchi Chiharu

1961年中央大学法学部卒業、66年東京弁護士会登録。東京弁護士会副会長、中央大学法学部客員講師・教授、司法試験考査委員、日本弁護士連合会倒産法制等検討委員会委員長、法制審議会倒産法部会委員、最高裁判所民事規則制定諮問委員会委員、最高裁判所判事などを歴任。現在TMI総合法律事務所顧問弁護士。

As a justice, as a law planner and as a practitioner

平成八年一〇月に法務大臣から法制審議会に対して、「破産・和議・会社更生等に関する制度を改善する必要があれば、その要綱を示されたい。」という諮問がされ、一〇月二四日には第一回倒産法部会が開かれて、部会長に竹下守夫先生が選任されました。この諮問に明らかなように、当時は倒産五法と言われていましたが、五つの倒産手続全体を一括して見直すことを前提として、最初の頃は事務当局である法務省は、概ね五年程度で倒産法制全体についての見直しの成案を得たいという目標をお話ししていたような記憶があります。

その後一年程かけて、まず倒産法制全体の見直しに当たって、改正を検討すべき事項をピックアップしようではないかということで、平成九年一二月に「倒産法制の見直しに関する改正検討事項」を取りまとめて公表するとともに、事務当局の補足説明を付けてパブリックコメントを実施しました。平成一〇年一月から六月ぐらいまで六か月をかけてパブリックコメントを実施しましたが、その間、法務省民事局の担当者は、民訴の文書提出命令に関する規定の改正作業という別のことをやっていました。

半年経った平成一〇年七月から、再度、倒産法部会の活動が再開されました。もちろんパブリックコメントの結果を踏まえてということで始まったのですが、平成一〇年九月に当時の中村正三郎法務大臣から倒産法部会に対して、中小企業の倒産が激増しているので、一括した見直しではなくて、まず中小企業向けの再建型倒産手続の整備を一年を目途に検討するようにという指示が出され、報道もされました。それで急遽、法制審議会の検討のスケジュールが大きく変わり、倒産五法を一括して見直すのではなくて、個別の手続を一個一個見直すことに転換しました。その後一年ということだったので、平成一一年八月に「民事再生手続に関する要綱」を法務大臣に答申するに至り、一二月には民事再生法が成立しました。

平成一一年八月に「民事再生手続に関する要綱」を答申した後、やはり一年ぐらいかけて、個人債務者の民事再生手続の特則と、国際倒産法制の整備に取り組みました。この両方を並行して検討し、平成一二年九月には「個人債務者の民事再生手続に関する要綱」と「国際倒産法制に関する要綱」の二つの要綱が答申され、その年の一一月にはいずれも民事再生法の一部改正法と、外国倒産処理手続の承認援助に関する法律という形で法律になっております。

その後、平成一三年に入ってからは、会社更生法と破産法の検討を同時並行的に進めることになりました。当初から会社更生法のほうが少し早く仕上がり、破産法は更に一年ぐらいかかるだろうと言っていましたが、平成一四年九月に会社更生法は要綱まで辿り着きました。破産法は、この時期に中間試案を出してパブリックコメントを行っています。そして、会社更生法は平成一四年一二月に成立いたしました。破産法についての要綱の答申は平成一五年九月でしたが、破産法は、国会のいろいろな事情があって、翌

coordinator

Miyama Takuya

1978 年東京大学法学部卒業、81 年裁判官任官。東京地裁判事補、函館地家裁判事補、東京地裁判事、法務省民事局参事官、同官房司法法制部長、東京地裁判事などを経て 2012 年より現職。主著に、『一問一答民事再生法』（共著、商事法務研究会、2000 年）、『一問一答新会社更生法』（編著、商事法務、2003 年）などがある。

年五月に成立しました。

最後の特別清算は、平成一六年から調査・審議を開始し、一年弱で結論は出たのですが、六月には会社法の立案に合わせて平成一七年二月に答申をして、会社法と一緒に成立しました。このように、倒産法制の見直し作業は、平成八年一〇月に始まり、平成一七年六月に最後の立法が終わったのですが、法制審議会倒産法部会だけで見ると、平成一六年の特別清算の要綱の答申が最後ですから、八年の活動であったことになります。

Ⅰ 監督官庁による申立て

深山 概ねこのようなタイムスケジュールで進んだ八年間の歩みをこれから振り返ります。まず最初に取り上げる論点は、民事再生法と会社更生法で問題になった監督官庁による手続の申立権の付与をどうするかという点です。この問題は、手続の入口の所なので最初に取り上げたわけですが、監督官庁に申立権を与えるかどうかということは、改正検討事項においても、「新再建型手続」と当時は呼んでいましたが、再生手続の申立権者に監督官庁を加えることの当否が問われていたということで、倒産法制の見直しの当初から一つの論点と意識されていました。

他方で、会社整理には通告制度がございました。これはあまり合理的な制度ではないということで廃止の方向の議論が随分あって、それならば監督官庁に申立権を与えることを別途検討したらどうかという関連性もあり、再建型の倒産法制である民事再生、会社更生それぞれの立案過程で問題になりました。

田原さんは、多数の抵当証券購入者の被害者が生じた大和都市管財事件という有名な事件、これは平成一二年に破綻をして、平成一三年四月に近畿財務局長の通告によって大阪地裁で会社整理の開始決定がされた事件ですが、その管理人に選任されましたが、破綻したのが平成一二年、その手続を始めたのが平成一三年四月ですから、民事再生法の検討が終わり、会社更生法を検討している頃にそういうことがあったわけです。私の記憶では、民事再生のときにも議論になりましたが、民事再生はとにかく一年でやるという、法務大臣からの非常に強い指示があって、難しい問題は先送りすることが多々ありましたが、これもその一つで、民事再生のときには議論になったけれども、すぐには監督官庁の申立権をどういう仕組みで、どういう要件で認めるかというところの議論が煮詰まらず、会社更生を見直す際にもう一回議論しましょうと言っているうちに、大和都市管財事件が起こったような気がしています。

　この事件を契機に、法制審の審議の場でも、田原さんがその経験も踏まえて制度の導入の必要性を非常に強く主張しました。これは田原さんだけではなくて、偶然ですが、倒産法部会に参加していた金融庁の関係官もたまたま近畿財務局に勤務していたことがあって、この関係官からも強く同旨の主張がありました。裁判所も、通告制度を廃止することとの一つの兼ね合いもあって、こういうものがあってもいいのではないかということを主張されたように記憶しています。

　法制審の議論を私のほうでザッとまとめれば、監督官庁の申立権が必要な場合があることについてはあまり異論はなかったのですが、どのような場合に監督官庁に申立権を認めるかというところが非常に議論になって、最終的には公益的な事業とか、多数の消費者を相手にするような事業に限定して監督官庁の申立権を認めるのがいいのではないかということで検討を進め、その業種を限定する適切な切り口としていろいろな案が出ました。しかし、なかなか良い案ができずに、結局、「金融機関等の更生手続の特例等に関する法律」のように、個別法における監督官庁の権限規定のほうで書いてもらう以外にないのではないかということで、一般法である倒産法のほうで監督官庁に申立権を与えるのは断念したという経緯だったような気がしています。

　だいぶ皆様にも思い出していただいたと思いますので、当時の思い出話、あるいはその後の印象など、どんなことでも結構ですので、ご発言いただければと思います。

田原　深山さんからご紹介のあったとおり、大和都市管財の会社整理事件は近畿財務局長の通告によって始まっています。後に聞いたところでは、裁判所は商法三九八条の管理命令を出すことを前提に、抗告される可能性をも踏まえて、相当慎重に審理されたとのことです。そして開始決定と同時に管理命令が発令され、私が会社整理の最初にして最後の管理人に選任されました。

　あの事件の場合、後に国賠訴訟で国が負けているように、その通告自体が遅かったというのは、その後の社会的事実なのです。ああいう事件では、個々の債権者は詐欺の被害者であっても当面は配当を貰っているところから、個々の債権者が問題にすることはありません。そうすると、誰かが引き金を引かなければいけないけれども、引き金を引く手段がない。それで監督官庁たる財務局では調べているうちに、こんな法律があるではないかということに気が付いて、監督官庁としての通告を行うということで裁判所に相談し、裁判所のほうも即、管理命令を出せば、会社更生に近い形で、彼らによる詐欺の連鎖を止めることができるということから始まったわけです。

　その前の豊田商事などもそうですけれども、そのような消費者被害型の事件等を見ていると、誰かが引き金を引けるチャンスがないと難しい。オウムの場合もそういう面があります。オウムは国の中立てになりましたけれども、そういう形で、どこかで消費者被害型を止める手立てが要るのではないか。ただ、ジュリストの研究会でも私はしゃべっているはずですが（伊藤眞ほか編『新会社更生法の基本構造と平成一六年改正〔ジュリ増刊〕』〔二〇〇五年〕三〇頁）、深山さんがおっしゃったとおり、適正な規律が設けられませんでした。

　抵当証券の場合であれば、金融商品取引法で抵当証券業者に対する監督官庁による監督上の処分の規定が設けてありますが、倒産法の中に設けることはやはり困難だというのが当時の議論であり、私あるいは金融庁側の関係官も倒産法の中に規定を設けるべきではないかと主張をしていました。しかし皆さんの納得をいただけるような倒産法上の規律を設けることはできなかったということで、倒産法としては諦めざるを得なかったというのが私の記憶です。

山本　私の記憶では、そういう消費者被害型の事業活動をストップすることを、倒産法が受けなければいけないのかどうかという議論もしたと思うのです。必ずしも倒産処理手続の開始事由があるとは限らないので、倒産法が受けるのではなくて、やはり法人の組織法の問題ではないかという議論もあったのです。結局のところ、会社法八二四条の解散命令ができ、一般法人法でも同じような規定を置くことになったわけです。それに加えて、先ほど深山さんがおっしゃった個別の業法上の規律を組み合わせたほうが、もともとよかったのかもしれません。

倒産法部会では、大和都市管財事件の関係で財務省は何をやっているんだ、裁判所は何をやっているんだというように、マスコミの報道が燃え上がっていて、倒産法で応急的にでも受けなければいけないのではないかという議論だったのだけれども、やはりそれにはやや無理があったのだと思います。

田原　特に議論したのですが、解散命令を出したからといって、即、倒産手続に入れないのです。だから、そこのところは一つの問題で、解散命令を出した上で、そこで監督官庁として管理人、あるいは株式会社の場合であれば清算人をどう選任するか。職権で選任して、それが破産の申立てをするという形で、どうしてもワンクッションが必要なのです。

山本　当時の解散命令だとうまくいかなかったのが、会社法では八二五条で保全処分として管理命令を出すことができるようになりました。私が申し上げているのは、新会社法でそういう手当てがされたということです。当時は、おっしゃるとおり無理だったと思います。解散命令自体の要件も限定的でしたから。

深山　保全の問題の手当てがなかったですからね。

1　倒産事件処理における東京と大阪の違い

才口　大和都市管財事件が話題になり、田原さんが頑張ったのですが、当時の倒産事件のバックグラウンドを思い起こす必要があると思います。倒産事件処理の東京と大阪との差です。温度差と言うか裁判所の取扱いの違いです。東京地裁では、倒産事件は民事八部（商事部）と民事二〇部（破産部）に分かれますが、大阪地裁では第六民事部が両方を扱う。

後でもお話ししますが、倒産弁護士の有志が東西倒産実務研究会を発足させて、両地裁の差異などを検討し、風土や文化、気性・気質などにまで深掘りしたことがあります。私は、法制審に関与する前は、日弁連の倒産法改正問題検討委員会の委員長を務め、東京と大阪の事件や処理の差などの調整をしましたが、当時、大阪の田原さんなどが主張している問題点について、東京の関係者は身につまされて捉えていなかったのです。特に、監督官庁との関係については、田原さんのように掘り下げていなかった。

それが法制審の場で問題提起され、田原さんが力説するものだから、周りがこれはただ事ではないということで再認識したのです。大阪では当時の倒産弁護士が処理すべき喫緊の課題だったのだろうと思います。それは、大阪弁護士会はかつて大阪を席巻した整理屋の征伐をやっていることにも遠因があります。その実績と田原さんみたいな強力な倒産処理弁護士がいたことの成果です。これは、風土や文化、気性・気質などの違いによる東男には分からない京女的部分です。

余談ですが、東西倒産実務研究会では、倒産事件処理の差異の分水嶺は何処かなども話題になりました。結局、「関ヶ原」辺りであろうということで決着しました（笑）。

深山　何となく倒産法部会で普通に議論するときの会社のイメージは、一生懸命経営してきたけれども、倒産したので何とか再建したい、あるいは再建の可能性があるのでそれを活かしたいというものでした。もとより倒産企業ですから、最後はいろいろバタバタして、少しやりすぎたり、問題を起こすことはままあるけれども、最初から詐欺商法により金を回しているだけで、将来必ず破綻する会社というようなものを念頭に置いた議論というのは、そんな会社のことを考えてもしようがないということもあって、他の場面ではほとんどされていないのです。

このときは、そういう悪質なというか、非常に多数の国民に迷惑をかけるタイプの会社・企業についての倒産手続のあり方というか、倒産の引き金をどう引くのかみたいなことが珍しく問題になって、そういう話になると、関西は、詐欺的な企業とか詐欺的な脱法行為などが関東よりも進んでいる面があるような気がします。

才口　そこまでは申し上げません。

山本　確かに豊田商事もそうだし、末野興産もそうだし、何か怪しげなものは大阪に本社がある案件が多かったですね。

才口　その後も田原さんは同種の事件に実力を請われて関与されましたが、東京の倒産弁護士には違和感のあった事件であったことは間違いない。そうかと言って東京の方は品が良かったかというと、そうでもない。

深山　これは、私が学生時代に大学の講義で聞いたことですけれど

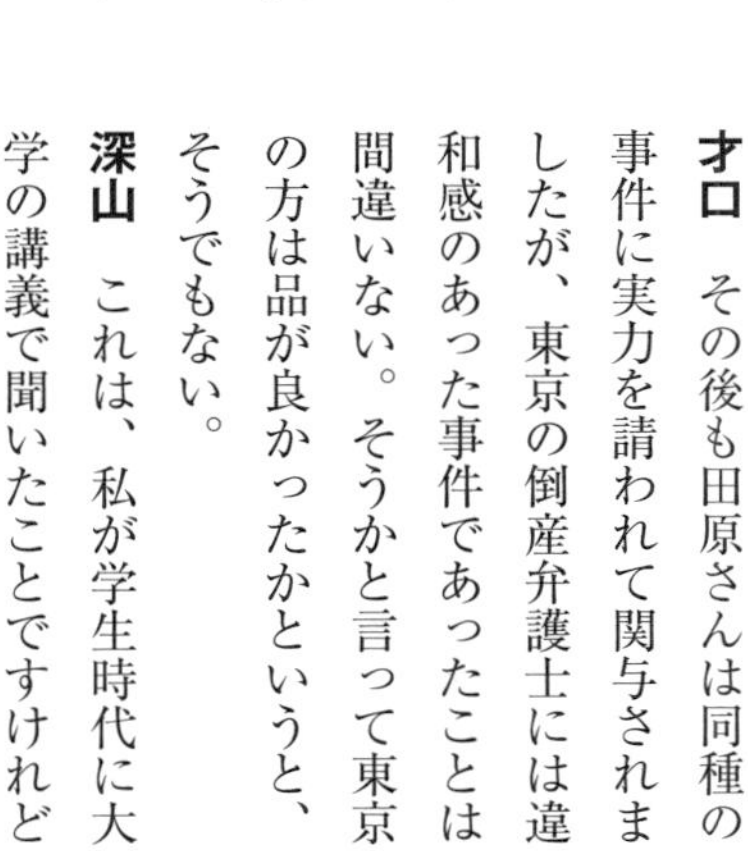

も、執行妨害の手口はほとんどが関西で開発され、大体関西の事件屋、整理屋辺りが考え出したことが広まっていって、関東でも使えるものはみんなが使うようになるというのですね。

2 大阪弁護士会の整理屋対策

才口 改めて触れますが、大阪弁護士会や倒産弁護士が跋扈した整理屋を征伐した経過や顛末は、今の若い弁護士や関係者には分からないですね。言わば、化石となった歴史的事実ですから、その辺は田原さんに大いに語っておいてもらうのがいいと思います。

田原 整理屋の話は、松嶋英機弁護士の古稀記念論文集『時代をリードする再生論』（商事法務、二〇一三年）の中で、整理屋が跋扈した時代ということで、少し抑えぎみですけれども、ある程度紹介はしています。

才口 あの程度のものではなかったね。

田原 もちろん違います。

才口 弁護士会が立ち上がり、田原さんたちがみんなで征伐した。

山本 その世代の方は、そろそろ第一線を引きつつありますから、記録に残しておいたほうがいいのかもしれませんね。

才口 田原さんは若いが私の時代は今や終わりつつある。

田原 大阪でいえば、実際に経験しているのは、私、佐伯照道弁護士、宮崎誠弁護士という二〇期、二一期までですね。それと、そのサブの弁護士が集会その他で若干経験している。

才口 当時、弁護士会や倒産弁護士はあそこまでよく闘ったと高く評価したのです。それを契機として、東西倒産実務研究会が発足し、その実態や原動力は何なのかなどの検証をしたのです。

深山 関東の側から見ると、そういう疑問を持たれたわけですね。

才口 要するに、その根源は何かを検討したのです。大阪の「ど根性」とか「商人性」などと高邁かつ真剣に議論した。ところで、当時、延べ何人ぐらいが事件に関与し、どうやって征伐したのですか。

田原 前述の松嶋さんの古稀記念に書いてありますけれども、私どもの事務所だとか、あるいは大江橋だとか、あるいは北浜だとか、そういう所が順次独立し始めていて、当時、破産管財人の受け手がなかったから、若手弁護士の所へ裁判所が持ってきた。そうすると、中間配当できるような事件ですから、喜んで飛びついた。中間配当したら報酬をくれますからね。事務所経営の基盤が整っていないので、早く報酬を欲しいから必死になってやります。それらの事務所は、大体若手の数名での共同事務所でした。私の事務所であれば四名、大江橋は三名、北浜も三名の、創立から間もない各事務所が中核的になってやり始めたというのが動きです。

深山　今は皆さん大事務所のトップになっていますね。

才口　田原さんをはじめとする大阪の大事務所の基盤は、あの頃に築いたもので、弁護士会でも高く評価されました。

深山　しかし、その頃は、ある程度の企業規模の、それこそ整理屋が介入するぐらいの企業規模の破産管財人の引き受け手が少なかったのですか。

田原　これも松嶋さんの論文集に書いていますが、私が最初に受けたのは登録五年目なのです。配当事件だけれども、管財人のなり手がないから誰かいないかといって、私の友人、管財人代理をしていた弁護士が、たまたま裁判所へ行ったら相談を受けて、「田原、お前やってみろよ」「やろうか」と言って受任して、一年で中間配当していました。交通事故のピークの時期ですので。

才口　駆け出しのいちばん忙しい時期ですね。

田原　他にやることはいっぱいあるし。借地借家法の事件も、わんさかあるから。一人の手持ちはイソ弁でも一〇〇件を超えている時代ですから、そうすると、管財事件みたいに、いつ報酬をくれるか分からないし、数字なんて普段いじっていないし、そんな事件をなんでやらなきゃいけないのという時代ですから。

山本　そうですよね、着手金がないですよね、管財事件は。

深山　東京でも、その頃はやはり破産管財事件の受け手は少なかったのですか。

才口　少なかったというより、東京の破産管財事件は非常に時間がかかり、時間をかければ、その時間によって報酬が割り増しになるという取扱いだったのです。そのため、時間稼ぎをする管財人もいた。大阪の第六民事部のやっている破産管財事件とは違うことが分かり、中間配当も早くやったほうが報酬になるという大阪方式に改める契機となったのです。

田原　松嶋さんの論文集に統計数字も入れて書いています

が、東京自体は、その頃でも取下げ率がべら棒に高くて五割を超えていました。私は一九六九年にイソ弁になっていますが、ボス弁から破産を教えられたのは、破産というのは申立てをしたら、親戚・知人が集まってなんとかお金を持ってくる。あれは宣告まで持っていくものではないのだと。統計数字を出していますが、一九七四〜一九七五年頃までは、全国の取下げ率は五割を超えていました。

深山　そうですね。

田原　特に東京のほうが取下げ率が高かったです。

才口　その頃、東京では倒産事件は破産や再建を含めて裁判所の手続で強権的に処理するより、私的整理でするほうが得策であるとする有能な弁護士が出現したのです。ご存知の清水直先生とその門下生です。清水さんは、独特の説得力で、途中まで法的手続で進めていても、最後は和解すなわち私的整理で処理するというやり方で多くの事件を処理した。

山本　かつては、金融機関の側も、整理の王道は私的整理であって、裁判上の倒産処理というのは特殊整理だという位置付けでしたよね。金融機関向けの法的な倒産手続を扱う本には、題名が「特殊処理」となっているものもありました（堀内仁ほか編『特殊整理――会社更生・破産等〔第二版〕』〔金融財政事情研究会、一九八二年〕）。

才口　そうです。

山本　裁判上の倒産処理は究極の手段であって、普通は取るものではないという認識だったのでしょうね。

才口　その頃、東京の倒産弁護士は、法的整理派と私的整理派の二派に分かれていました。私は、何か後ろ盾がないと不安な性分ですから、どちらかというと法的整理派だと言われているようです。

山本　そうですか。

才口　今でも清水さんは多くの私的整理の事件を処理しています。

山本　独特の才能をお持ちですからね。

3　倒産法改正作業前の実務界、学界の状況

深山　これまでのお話に出たような東京、大阪における倒産処理の実情は、倒産法改正作業に向かう時期に変化していったのでしょうか。

田原　それについて申しますと、私が管財人を引き受けた最初の頃というのは、商事・倒産部の部総括というのは決

してエリートコースではなかったのです。ところが、破産事件が、昭和五〇年代末に、いわゆるサラ金破産、そして免責という手法を福岡地裁が最初に始めて、その頃は東京の破産部の部総括は、そんなものは許されないという立場でした。破産申立て免責を認めたのは、福岡が初めてで、それから間もなく、大阪が始めて、東京は二年遅れなのです。免責等をすることによって、いわゆるサラ金の強引な取立て、子供の学校まで押し寄せていくというサラ金業者の強引な取立てを、それが破産手続によって防げるということで、破産申立事件が激増してきました。

そうすると、倒産部の部総括は、テキパキと迅速に処理する人物でなければ務まらないということで裁判官の人事の入れ替えが行われました。篠原さんほか三名の司法研究報告（篠原幾馬ほか『破産事件の処理に関する実務上の諸問題〔司法研究報告書三五輯一号〕』〔一九八五年〕）で、相当詳細な分析がなされて、それによって破産実務がガラッと変わっていきました。司法研究報告ですから、全国の裁判官にも周知されるようになって、その後破産手続の重要さがさらに増していって、裁判所も真剣になり、それからサラ金破産の激増、と言ったって、当時はまだ年間で数万件までいかないレベルでしたけれども、その後の二五万件と比べれば。だけど、万件単位というのは、当時の裁判所の容量からいったら大変なことなのです。そこで、本格的にいろいろな研究がされていき、その成果の積み重ねが今回の改正につながっていったのだと思います。

深山　そうですね、私自身は平成八年に倒産法改正作業が始まるというので、倒産事件を担当していた裁判官から法務省民事局に来たわけですが、平成二年に民事訴訟法改正に着手するときも、関係各界において、この時点で倒産法改正を検討してもいいのではないかという議論があったと聞いています。このように、平成二年当時、既に倒産法制見直しの機運が熟しているのではないかという議論があったというのは、その前、昭和六〇年代から平成にかけての頃に、昭和五〇年代以降の破産事件の激増を踏まえたいろいろな改善とか改革が、実務界や学界の関心もひいて進展していたということですかね。

山本　そうですね。新堂幸司さんのグループが、消費者倒産の立法のための研究会をやられていて、その成果として、ジュリストに改正試案が出ていましたから（消費者破産研究会「消費者破産の問題点——その実態と改善立法試案」ジュリ八〇一号〔一九八三年〕一三頁〕、学界のほうも、あの時点では、むしろ倒産法改正が先だという考え方の人がかなり多かったのではないかと思います。私は、その頃はまだ駆け出しでしたので、はっきりしたことは分かりませんが。

才口　会社更生もありますから倒産と一括りにするわけにもいかない。当初の倒産法改正の主眼は、激増した破産や悪質な事件の緊急処理にあったのです。先ほども話しましたが、東京地裁は大阪地裁と違って倒産事件処理は商事部と破産部に分かれている。民事八部（商事部）は、更生管財人の人選に非常に苦労し、弁護士会の役員や倒産弁護士の有力者に管財人候補者を打診して人選していました。片や民事二〇部（破産部）は、誰を選ぶかより管財人のなり手と大型・国際的事件の人選に苦労していたのが実状です。ここは倒産事件を第六民事部で一括処理する大阪地裁とは大きく違っていたと思います。

深山　東京地裁破産部でいわゆるゴルフバッグ事件という一大不祥事が生じたのも昭和五〇年代でしたね。

田原　私は最高裁判所からの出張で海外へ出掛けたときに、「日本の司法に汚職はないか」と言われて、「あの事件以降ゼロです」と言ったらみんなびっくりします。

深山　確かにあれ以降、聞かないですよね。

田原　ないですよ。

深山　あの事件などがあって、田原さんが先ほど触れられた司法研究がされるに至ったということですね。

才口　そのころ、東京地裁民事八部は管財人の粛正をやりました。更生管財人の人選に苦労していた頃に一部の管財人グループがたらい回しで管財人を引き受けていたのを改善したのです。当時、野﨑幸雄判事が部長で大鉈を振るいました。その頃、私は駆け出しの若手倒産弁護士で、「若いのにやらせたらいいんじゃないか」ということで初めての管財人に指名されて以来、倒産事件に関わり合いを持ち今日に至っています。破産部の事件とその粛正事件はその後のことですね。東京地裁の粛正は、商事部の管財人の粛正と破産部の裁判官の粛正の二つがある。当時の管財人も、もうほとんどが故人になられました。

深山　死者の名誉毀損にはならないでしょう。もっとも、昭和五〇年代以降、あるいは平成にかけて増えたのはなぜか破産事件のみですよね。

才口　そうです。

深山　私は、平成六年から東京地裁民事八部にいましたが、その前の時期、すなわちバブルがはじけるまでとはじけた直後の時期は、全然会社更生事件がなかった。

才口　そうでしたね。

深山　それで、当時、民事八部では、書記官も含めた会社更生事件の事務処理のノウハウをどうやって伝承するかが問題となっていました。二年や三年の間、本格的な申立てがないと、職員の事務処理のノウハウや、担当する若手の主任裁判官のノウハウが伝わらないですね。一方、破産事件はずっと多かったです。

才口　その頃から破産部は非常に勢力を拡大したのです。深山さんがいた頃の八部の危機と、昨今、事件が少ないという八部の危機と似ていますね。

山本　なるほど。

才口　裁判所の組織論を別にして、倒産事件を八部と二〇部でそれぞれ処理するので大阪の第六民事部とは起こる現象が異なるのですね。

田原　そうです。

才口　両方処理するのは大変だから第六民事部の部長にはなり手がいない。

深山　昔はですね。

4　監督官庁の中立権の必要性

深山　監督官庁の中立権について、本来は今でも議論があってしかるべきだけれども、他方で、先ほど最終的に整理したところと同じですが、各業法なり、会社法の整備なりで、再度こういう議論をしようという雰囲気は、実務界、学界を含めてあまりないのではないかと思うのですけれども、それはそういうことなのでしょうかね。

田原　一つには、消費者グループは弁護士のグループとして、ある程度団結して活動力を持ってきて、それで消費者被害型の事件については取りまとめて申立てができるという体制が、少なくとも大和都市管財事件の頃に比べればはるかにできているということが背景にあるのではないでしょうか。

深山　そうですね。債権者が申立てをすることができず、監督官庁が最後の伝家の宝刀を抜かざるを得ない場面があるというのが、当時の議論の前提だったのが、法的に相応の手当てがされたことに加えて、債権者申立てのノウハウが広まってきたということで、大きな論点に今はなっていないということでしょうね。

Ⅱ　再生債務者及びその中立代理人たる弁護士の地位と責務

深山　次は、民事再生法で主として議論された「再生債務者及びその中立代理人たる弁護士の地位と責務」という論点です。民事再生法の検討過程で、当初の和議のような和解型の手続というイメージから、ＤＩＰ型の再生手続へという方向に途中から議論が流れていって、民事再生法の有名な条文ですが、三八条二項の公平誠実義務の規定が設けられ、手続開始後は、いわば一種の機関としての再生債務者が公平誠実義務を負うのだということになりました。

　ただ、これはもともと分かっていたことですが、原理的には、再生債務者は、従来と全く同じように、財産の管理処分権と事業の経営権を持ちつつ、総再生債権者に対して、公平誠実義務を負うという、やや矛盾抵触しかねない、非常に微妙な地位に置かれることになります。そこで、再生債務者としてどのような行動を取るべきかという問題が生じます。

　それに関連して、中立代理人である弁護士として、どういうアドバイスなり活動をすべきか。弁護士倫理のあり方についても、法制審の場で随分議論がされました。その後のいろいろな文献を見ていると、現在に至るまで、再生債務者の行動原理といいますか、手続に入ってからの行動のあり方、あるいはそれを補佐すべき中立代理人の補佐のあり方、あるいは代理人としての行動のあり方というのは、様々な論稿も出ていますし、議論になっているように思います。

　再生手続はずっとこれまで使われてきていますが、そういうことも踏まえて、法制審での議論は、今どういう意味を持つのかということについて、どなたからでも結構ですからご発言いただけますか。

才口　法制審において抽象的な「公平誠実義務」如何について、このぐらい白熱した議論をしたことはなかったのではないですか。学者の先生も熱心に発言されましたが、所詮はＤＩＰ型、デター・イン・ポゼッションで遂行するので、債務者は善良なる者かなど、あるいは悪性の者かとか、性善説や性悪説まで飛び出すような始末でしたから、大変でしたね。

　ただ、機関としての再生債務者に権限を与えて会社を立て直すという論法を取る限り、避けて通れない矛盾した地位ですから、その明文化と網羅性に苦労したのです。

1 中立代理人弁護士の倫理

才口 本日、当時日弁連が作成した「民事再生手続と弁護士業務Q&A」（冊子）を持参しました。予定した最初のタイトルは「弁護士倫理Q&A」でしたが、当時の会長のご意見により改め、平成一四年三月一四日、「日本弁護士連合会　民事再生法に関する倫理問題検討ワーキンググループ」として発刊・配布しました。執筆者は倒産法の改正を下支えした錚々たる人物です。私が座長を務めていますが、民事再生法の施行前に早期定着を期待し、運用に誤りなきを期して作成したものです。

みんなで暗中模索し、中立代理人の職務と役割は何か、監督員との関係はどうなるのか、裁判所との関係はどうか、報酬はどうなるのかなど手探りで作り出した冊子です。

当時の久保井一匡日弁連会長は、「冊子は倒産関係の弁護士だけに配ればいい」とのご見解でしたが、法制審の激論の経緯を踏まえて施行後の展開を予想し、全会員配布を実現させせました。製本や送料の折衝にも紆余曲折があり、苦心惨憺の末に刊行できた指南書です。

しかし、手前味噌を並べるにしては雑駁な内容で、倒産弁護士はおろか多くの弁護士には理解が難しかったのですが、当時としては時宜を得た警鐘の書であったと確信しています。昨今の倒産事件を巡る代理人等の倫理感の欠如、不始末や狼藉振りを見ればなおさらです。是非とも書棚に眠っている労作をもう一度ひもといていただきたい。

田原 再生手続の申立て、特に法人の場合であれば中立代理人が付くわけですけれども、開始決定になった際に、再生債務者の地位を法的にどう評価するかという理屈の問題にもなりますが、一応、第三者的な地位になって機関になるというときに、中立代理人が一般的にはそのまま代理人を務めるわけです。そうすると、再生債務者の中立代理人の立場と、開始決定後の第三者的な機関性を持つ再生債務者の代理人とを、本当にそのまま継続していいのか。そのときに善管注意義務の問題だとか、あるいは報酬の問題、再生手続開始決定後の報酬というのは、共益債権化されるわけですが、それを中立代理人がそのまま貰えるのか。

特に和議の時代の場合には、東京では和議事件があまりなかったわけですが、大阪で和議事件を多数手掛けておられる方などは、中立代理人として受任して着手金を貰います。開始決定時に報酬を得て、それから、和議条件が認可されるまでは月給制とか、あるいは認可されてなんぼという報酬形態で貰っておられた方が比較的多かったのです。それが民事再生手続で同様にやることが、弁護士倫理上許されるのか。あとは守秘義務、例えば否認権対象行為を申立代理人として知っているときに、弁護士倫理の問題として再生手続開始決定後に、それをオープンにすることが許されるのか、許されないのか、公平誠実義務からいったら、言わなければいけない。そうすると、それを言わずにいることが、弁護士としての懲戒事由に該当するのか否かという類のことが、このパンフレットを作るときに非常に大きなテーマで、本当に手探りでした。

類似のものとしては、確かにジュリストの研究会のときにも少ししゃべっていますが（伊藤眞編集代表『民事再生法逐条研究——解釈と運用〔ジュリ増刊〕』〔二〇〇二年〕五六頁）、会社整理は法人申立てではなくて取締役申立てです。ところが、開始決定後は、法人の代理人として同じ弁護士が動くのです。そこに矛盾した面があるのですが、残念ながら会社整理の場合のその代理人の位置付けについての文献は、ほぼ絶無に等しかったものですから、全くの手探りで検討を始めました。才口さんからご紹介いただいた「冊子」の作成過程で、少なくともある程度の粗ごなしの議論ができましたので、それはその後の民事再生事件が非常に増えていく過程の中では、裁判所が監督員、あるいは中立代理人に対して、一定のアドバイスをする上での資料としては、それなりの機能を果たしたのではなかろうかとは思っています。

才口　補足しますと、民事再生法を定着させるために、田原さんはじめ、我々が手分けして全国の単位会を回って研修会を開いたり、テレビ会議をやって流布宣伝に努めましたが、周知徹底するのはなかなか難しかった。一番難しいのは民事再生の申立てをするときに何が問題なのかの認識が倒産弁護士のみならず弁護士一般に欠如していた。

債務者や中立代理人、あるいは事件に関係する多くの専門家らが随所に登場し、事件屋まがいの様相を呈することは、立案当時からある程度予想できたことです。しかし、倒産事件の中心的な担い手である弁護士を擁する日弁連は不祥事発生を見越しての対応策を取っていない。弁護士倫理をめぐる一般論とともに、倒産事件を巡る報酬の問題は喫緊の課題として弁護士会が解決しなければいけないと思います。民事再生法を利用して金儲けをしようなどという風潮はもってのほかで、弁護士の倫理感はいささか劣悪な状況にあります。

2 濫用的会社分割と民事再生

山本　そうですね、新設分割プラス民事再生開始申立てというパターンは、民事再生に対する信頼性を大きく揺るがしているのだろうと思うのです。会社法改正であそこが立法的に解決されるのはまだ先ですが、あれは今度出るのですか。

深山　今度の会社法の一部改正で、立法的な手当てをします。本年（平成二五年）秋の臨時国会に、法務省民事局としては一部改正法案を提出したいと思っています。

山本　それができれば。

深山　最高裁でも判例を出されたので。詐害行為取消しの対象になるということ自体は解釈として明らかになっているけれども、基本的な会社法の手当ては、まだ法案がこれから国会へ出るということです。

山本　私も、ある事件の債権者側の代理人から、民事再生事件の記録を見せてもらったことがあります。これでよく裁判所が認可したなというか、開始したなというような事件でした。本当に優良な部門は新設分割で設立会社にすべて移転させて、不採算部門だけ分割会社に残して、そこで民事再生申立てというパターンだったのです。裁判所は、そのときはまだそれが悪質だということについて、必ずしも認識はなかったのでしょうね。むしろ一時期再建は絶対善だというような認識が弁護士側にもあったし、倒産処理事件を担当する裁判所にもあったので、その手の事件が再生計画認可までいっていたようです。しかし、少なくとも大阪の第六民事部の裁判官からは、もう認識が改まったと聞いています。

3 申立代理人弁護士の報酬

才口　その原因の一つは、弁護士報酬の規程が改正されたということにあります。

山本　そうですか。

才口　弁護士報酬規程が独禁法違反だということで、報酬の上限が天井知らずになり、その結果、報酬の上下限に歯止めが効かない時代になったのです。

深山　会社更生であれば、報酬額というのは裁判所のコントロールの下にあるわけですよね。

才口　そうです。

深山　民事再生はＤＩＰですから、しかもずっと連続してやることになると、誰からの制約も受けない、もちろん理念的には、再生債権者がチェックをして、報酬が過大であればいろいろな権利行使をすべきだということは言えますが、日本の再生債権者の一般的な意識からして、手続の公正さを事細かく、特に代理人の報酬までチェックするというのは、現実問題としてはなかなか難しいということがあります。才口さんが言われたように、青天井というか、チェックしたり、牽制したりする勢力がないまま、高額の報酬が支払われる事例があるのではないかと言われているようです。私は、見たわけではないですけれども。

才口　それが現実です。

田原　報酬の関係で言えば、例えばバブル破綻期の事案で極めて大規模な金融債務破綻者の破産管財人は刑事弁護人の報酬の一部を返戻させましたし、ブラックマンデー後の倒産事件で高額の報酬を受領していた事件や、また、住専関係の大規模な破産事件の管財人も刑事弁護人の報酬の一部を返戻させました。やはり、刑事事件は、弁護士会の報酬規程が廃止される前から報酬規程ではノーチェックなのです。それらの事件で、これはなんぼなんでも高すぎるだろうという場合は、管財人が権限を行使した実例が現に三件あります。

深山　東京でも、管財人がそう言って、一種の和解ですけれども返戻させたというケースは、そうしばしばあったかどうかはともかく。

才口　ありました。

深山　何件かあったのを私も聞いたことがあります。

才口　程度を超えているものは、チェックされています。しかし、貰ったものは返さないし、返還の強制もない。綱紀・懲戒でしばしば問題とされるところです。

山本　一応、ＤＩＰのアイディアというのはアメリカ法から来ているのですけれども、アメリカ法で中立代理人に対抗する勢力として、債権者委員会があります。それに相当するものが日本法に欠けていて、本来は監督員にそこを埋めてもらわなければいけないのだけれども、監督員はそういう点では機能しなかったところがあるのではないですか。監督員の働き全般を否定するつもりはありませんけれども、同じ村の人がやっていることが若干影響しているのではないかという気がしなくはないのです。

才口　現実にいくら貰ったということは分からないが、貰い方にも問題があります。所詮、ＤＩＰ型の手続は報酬も野放図になるのです。会社更生にＤＩＰ型を採用した頃から、問題が現れました。

山本　そうですか。

才口　中立代理人として報酬を貰い、その後管財人になって報酬を貰う。報酬をめぐる弁護士倫理は人心は地に落ちたと言っても差し支えないと思います。

4　再生債務者の公平誠実義務

山本　ちょっと別の話ですが、民事再生法三八条二項で、公平誠実義務を再生債務者に課すことによって機関性を明らかにするというアイディアは、多分私が民事訴訟法学会の特別シンポジウムでこの部分を担当し、そこで提言したのが最初なのです（山本克己「新再建型手続における倒産実体法の考察」ＮＢＬ六六四号〔一九九九年〕一九頁以下参照）。しかし、このクレジットを私だけが独占すべきものではなくて、当時、田原さんが京都大学の大学院の専修コースの非常勤講師だったか客員教授だったかどちらか忘れましたが、教えに来ていただいて、私と共同で、倒産法の改正をにらんだ「倒産法」の授業をやっていただきました。

才口さんが最初のほうにおっしゃったように、倒産法部会で甲論乙駁で大変な状況になっているのを収める手はないか、というようなことを授業の合間に二人で相談しました。そこで二人で考えついたのが、当時特別清算の清算人に課せられた公平誠実義務というのをここへ持ってこようではないかということだったのです。民事再生法三八条二項ができるに当たっては、実は田原さんも最初の言い出しっぺの一人であるということだけ、ちょっとメンションさせていただきます。

才口　法制審において、京都学派といいますか、田原・山本グループは、画期的かつ刮目すべき議案の提案をされました。

深山　そうです。いろいろな所が、他にもありますけれども。

才口　片や東京グループはメンバーが多いだけにちょっと的外れのことが多かったりした。

山本　債権を担保目的物とする更生担保権の場合の供託の

話も、二人で相談した覚えがあります。

才口　そうですね。

深山　この論点は後では出てこないですけれども、議論の末、非常に変わった形で決着しました。しかし、この論点も田原さん、山本さん以外に誰も問題提起しなかったですよね。

田原　そうです。やはり、東京は和議事件が少なかった。他方で大阪は和議事件の数があって、その中でいろいろなことを実際に体験していて、それを乗り越える手段が何かないかと。

才口　そうそう。

田原　そうすると、民再法は和議に代わるものとして、和解型から変わりましたけれども、基本的に和議に代わるものとして考えていきますから。

才口　そのとおりです。

田原　だから、そこのところの違いだと思います。

才口　経験が豊富なのです。和議法は評判が悪く、別名「詐欺法」と呼ばれていた時代に、率先して改正の気運を高め、実践励行したのが関西です。知恵も関西のほうが何段階も秀でていたと思います。

深山　特別清算にああいう規定があったというのは、従来の我が国の倒産法の伝統としては、あまり注目もされておらず、ポツンとした規定でした。しかし、あの規定の趣旨は、特別清算人は単なる清算人とは異なり、総債権者に対して公平誠実義務を負うということであり、そのことは、特別清算があまり使われておらず、対税型の使い方も多い中で、皆さんが注目していたわけではなかったけれども、言われてみれば再生債務者にも当てはまるということになりました。再生債務者の機関性を明らかにするのに、ああいう形で抽象的な義務規定を置くことが、あまり違和感なく最終的に受け入れられたのは、それはもちろん先行して特別清算の規定が存在したからです。

田原　特別清算については、才口さんと多比羅誠さんの共著で商事法務から『特別清算手続の実務』（商事法務研究会、一九八八年）が出ています。

才口　私たちが刊行した理由は、通常清算とは違う条文で良いものがたくさんあるが、それが本来の形で利用されていなかったことに着目したに過ぎません。今になって考えれば、生命力のある非常に良い条文がたくさんありました。山本さんや深山さんに指摘してもらい、もっと勉強して書き込んでおけばと悔やまれます。

深山　特別清算というのは、戦時立法だという面もあるけれども、いろいろ考えて作ってあります。

山本　そうですね、あの頃はイギリスの会社法を勉強する人が、ようやく立法に影響を与えるようになってきた頃なのです。

深山　あれは、イギリスの影響を受けていると言われる条文ですね。

田原　そうですね。一橋大学教授だった田中誠二さんが導入の音頭をとられましたね。

深山　そもそもトラスティなどという概念は日本にはないわけです。

山本　そうなのです。だから、ある面のやっつけ立法だからこそ、通常の法制局審査だと絶対に通らないような条文が特別清算のところにあったというのが、今回法制局審査を割と通りやすくした原因です。

深山　それは、そのとおりです。

才口　そもそも特別清算は余り世間に知られていない不思議な手続でした。そこに私たちは着目したのです。解説書や参考書はなかったので、多比羅さんと二人で手探りで刊行した実務書です。

山本　そうでしたね。

才口　そこに書式なども付け、その一部に間違った書式があり、そのまま引用されて、裁判所からクレームが付いたこともありました。

深山　東京地裁民事八部でも、一時期、特別清算を活用しようという動きがありました。特別清算を対税型に使うのは、それはそれでいいけれども、本来型の使い方でも、的確な企業については非常にうまい解決をもたらすということで、才口さんたちが本を書かれた頃は、八部でも一生懸命宣伝をしていたのです。

田原　だから、一時期事件が増えたのです。

才口　通常清算でも弁済禁止ですが、特別清算手続では、必ず弁済禁止の保全命令が出されます。しかし、通常清算の場合には、裁判所の関与がないから、弁済などが放任され、清算人は何をやってもいいということの建付けとなっているのが現状です。

深山　一応、清算人にも特別清算申立義務があるのですね。

才口　義務はありますが、多くは申立てをしません。

深山　それは、なかなかやらないですけれども。

才口　現状は、何とかごまかして、清算を結了しているようです。

深山　そういうことで、話はもともと再生債務者申立代理人の弁護士の地位とか倫理という問題だったのですけれども、また最初のお話と同じようにいろいろな問題に波及してしまいました。今も、当時議論したとおりというわけではないですけれども、やはり考えなくてはいけないことは、実務上いろいろな形で生じているということなのでしょうね。日本法に馴染みがないというのは間違いのないことで、特別清算の規定を持ってきて、三八条二項を作りましたけれども、あれはよく分かったと皆さんが言ったわけではなくて、侃々諤々してこういう形で、こういう考え方でやろうということで始めて、早や一〇年以上経つわけです。それでは実務界、あるいは一般の経済界で、その再生債務者の地位についての理解が広まったのかというと、まだ難しくて、現象的にはやや問題と思われるような事案も生じ続けているということなのではないでしょうか。

才口　DIP型の宿命であり、古くて新しい問題です。認識を新たにしないと、経済界を含め、裁判所のみならず法曹界そのもの、ひいては弁護士の地位にも影響してくるような本質的な問題だろうと危惧しています。

田原　任官する前に私は次のようなことを書いたことがあるのです。先ほど才口さんがおっしゃったように、整理屋だとか、そういう類の方々と直接接触したことがない弁護士が、今は倒産事件の第一線を担っているわけです。彼らは、そういう人たちと接触したことがないから、倒産事件の本当の怖さを知らないのです。もし知っていれば控えるであろうことをやってしまうということを耳にします。立法というのは常にそうなのですけれども、一〇年経つと錆びてきますので、時々研がなければいけないのだろうと思います。

深山　制度を活用することを超えて悪用する人は、制度がだんだん広がっていくと必ず出てきます。改正作業に関与した人間が思ったイメージの手続の使い方とは全然違うことを考える人がいるのです。それがビジネスと結び付いて、先ほど山本さんが言われたように、民事再生法の評価を大分落とした嫌いはあるような気がします。

才口　今回このような企画を設けられたことに敬意を表します。私たちは今や新倒産法制の行く末に思い巡らせなければいけない時期になりました。新倒産法制が早期に定着して一段落したものの、随所に綻びや弊害が出てきました。そろそろ見直しの時期になり。改正の気運は東京や大阪の弁護士会に芽生えています。

そこで、法務省の担当官である深山さんにお願いですが、債権法改正もさることながら、そろそろ倒産法の改正にも目配りしてほしい。新倒産法の立案に参画した者として欠陥を抱えたまま手続の運用を推進することに危惧を抱きます。

Ⅲ 再生債権の確定

深山　次の話題に移ります。次は民事再生法だけの問題ですけれども、再生債権について、実体的な確定の制度を入れるかどうかという点です。これも弁護士会を中心とする、その必要はなく、和議と同じでよいのではないかという意見と、研究者を中心として、やはり実体的確定力を入れなければ信頼性のある倒産手続にならないのではないかという意見が対立し、これは民事再生法の検討が始まった当初の段階で非常に激論になった覚えがあります。実体的な確定を手続に入れると、当然のことながら、手続がある程度重くなりますので、手続の円滑な進行を阻害する。中小企業を念頭に置いた手続で、そんな重い手続でいいのかというような意見であるとか、実体的な確定を入れると、失権効ということがワンパッケージで考えられるわけです。失権効を導入すると、今度は、こういう中小企業の再建手続では多くの零細・中小の債権者が失権してしまって、妥当な結論にならないのではないかという危惧も出たりして、非常に激論になったような記憶です。

結局のところは、債権の確定手続については、できるだけ簡素なものにするということで、手続的な工夫はそれなりにした上で、実体的な確定の手続を入れたわけです。振り返ってみると、あれだけ激論をしたけれども、今となってみればそんなに問題はないというのか、あるいは和議も良かったという話になるのか、その辺りはいろいろな見方があると思うのですが、いかがでしょうか。

山本　「倒産実務家」対「学者」という対立図式があったとおっしゃったのですが、正にそのとおりで、私なりにその原因は何かというと、民事再生法に対するイメージの違いだと思うのです。つまり、倒産実務家の方は和議法の改正であるという意識がかなり強かったと思うのです。ですから、和議債務者は通常の行為以外はできなくなるという規定をもう一度民事再生に入れようかとか、そういう提案をされたりしていました。そういうのは、やはり和議法の改正だという意識が強かったからなのです。

ところが研究者側は、会社更生法の簡易版を作るのだという意識のほうが強かったと思うのです。かつ学者としては、観念的には和議は詐欺に通ずると、先ほど才口さんがおっしゃいましたけれども、その原因の一つは、負債の総額が明確でないのに、和議条件を作ること自体が詐欺なのだという認識であったので、確定が必要なのではないかという発想が強かったのです。それで、かなり議論が対立したのではないかという印象を持っています。

才口　結論的には実務家の思い入れも反映されてうまく収まったと思いますが、田原さんの評価はどうでしょうか。

田原　妥協の産物として、最後は自認制度という、これも当初では全く考えてもいなかった案が出てきました。あれによって全体として落ち着いたのではないでしょうか。

才口　そうですね。

田原　もし自認制度がなければ、やはり非常に重たい制度になったと思うのですが、自認制度を設けることによって失権が相当程度、防げる形になりました。

山本　自認の制度では、申立代理人の役割が大事です。この制度が機能するためには、申立代理人が誠実に債権者のために働いてくれないと困るわけです。債務者のことだけ考えていれば自認などしないで、放っておけばいちばんいいわけですから。

才口　債務者が自ら、債権調査をするというのはＤＩＰ型手続の宿命です。そこには、再生債務者の資質や良心、そして倫理感などが浮上し、これに関与する弁護士の資質やあり方が問われる。

田原　それと、本来の監督員の機能とは違うのですが、実務上、東京も大阪も債権調査に監督員を補助させていますね。法的根拠として何があるのかよく分からないのですけれども。そして監督員が補助することによって、その自認制度はそれなりに機能していて、民事再生手続に関する裁判例を見ていても、債権の存否をめぐって大きく争いになったり、あるいはその結果、再生手続自体が破綻するような裁判例は見ておりませんので、結果としてはそれなりにうまくというか、良い妥協点を深山さんは見付けてきてくれたと思っています。

山本　あれはびっくりしましたね、自認債権の制度が提案されたときは。

才口　民事再生法が早期に定着し、債権調査の係争事件はほとんどなかった。和議法に代わる民事再生法が世間に認知されて倒産法の一角を占めることができた大きな要因です。

1　簡易再生、同意再生

山本　それとの関係で、簡易再生手続の案件が少ないというのはどういうことなのですか。

深山　それは、我々が当初思っていたよりも、かなり迅速な手続運用を本体の再生手続でするようになったからでしょうね。実体的確定を入れたことにより手続が重くなって遅くなるから、もっと簡略なものをということで簡易再生を導入したのです。

山本　そうですね。

深山　それが、一般の再生手続があれほど迅速に進むようになると、僅かな期間しか違わないということになってしまったのです。

田原　当初は再生手続はそれなりに重いものと考えていました。それで東京、大阪は比較的早く二週間ぐらいで再生手続開始決定を当初はやっていました。遅くとも一か月以内、地方によっては三か月と。従前の会社更生と変わらないような期間をかけて再生手続開始決定をしている所がありましたので、そういう所であれば簡易再生は必要だったのでしょうけれども、全国的にほぼ半年以内ぐらいの間に、一週間から二週間で再生手続が開始されるようになりました。そうすると、簡易再生をやるメリットというのはほとんどないということになります。

山本　やはり倒産処理弁護士ネットワークなどができて、全国的にある種の実務の平準化に寄与したことも関係しているのですかね。

才口　民事再生手続そのものが簡易な手続でしたから、それ以上の簡易性はあまり必要ではなかったのでしょう。

深山　結局、簡易再生に馴染む事件というのは、債権者の数はそれほど多くなくて、債権債務の関係がはっきりしているというものです。同意再生に至っては正にそうですけれども、そういうものは本体の民事再生でやってもスッとできてしまうのです。もちろん事案によっては非常にたくさんの債権があったり、額が争われている債権が多数ある事案もあり得るのですけれども、そういうものは誰も簡易再生でやろうとは思わないので、結局のところ、的確なタイプのものは本体でやってもあまり変わらないということでしょう。

山本　簡易再生の手続をとるぐらいならば、本体で普通にやったほうが早いということですね。

深山　そうです。

才口　民事再生法が主眼と唱えた「簡素・迅速・予見可能」の要件が満たされた。

深山　当初の運用のインパクトが非常に大きかったと思うのです。立案した側からすると、簡易再生、同意再生は、最後の段階で非常に苦労して作ったので、もうちょっと使ってほしかったのですけれども。しかし、本体のほうがかなり迅速で、そちらのほうが使い勝手がよければ、別にごくごく例外的にしか使われないということであってもそれはそれで良いのですね。

山本　そうですね、簡易再生の多数決要件をめぐって部会の議論が紛糾しましたね。

田原　そうでしたね。

2　民事再生手続の運用の定着

才口　倒産弁護士や弁護士会の努力もさることながら、裁判所にもだいぶ協力をしていただきましたからね。

山本　それは、当時の園尾隆司部長（東京地裁）と森宏司部長（大阪地裁）が全国的に宣伝をしてくださいましたものね。

才口　制度の早期定着は裁判所及び担当裁判官、書記官の協力なしにはできなかったと思います。

深山　うん、再生手続の仕組みは、和議から切り換わったわけですけれども、大規模な裁判所が頑張ったことも大いに貢献して、それ自体の理解は非常に早く進んだのではないですか。ただ、先ほど言ったような精神といいますか、再生債務者のあり方みたいな、やや理念的な問題についてはいろいろあるでしょうが。

私は、長い間続いた和議の伝統がありましたから、再生手続の定着にはもっと苦労するのではないかと思っていたのですが、従来の和議をたくさんやっていた弁護士はもちろんこれを使いますし、そうでない若い弁護士もこれを機に再生手続を勉強して申立てをやってみようという人が増えています。良いことばかりかどうかはいろいろあると思いますが、少なくともそういう若い人から見ると、再生手続は初めからそういう手続なわけですから、あまり違和感なく定着した感じがします。

田原　そうですね。

才口　早期に定着したかどうかについてのエピソードをお話しします。私が最高裁判事に着任したのは平成一六年一月です。初任・末席当初の裁判官会議の雑談で、某判事から「誰だ、民事再生法を作ったのは。俺のゴルフ場の会員権が紙くずになった」と冗談交じりにお叱りを受けました。もちろん田原さんの就任前のことですから、批判を一身に受けてその場を収めました。

もう一つは、第一小法廷の債権の優先・劣後の事件で、民事再生法は未だ定着していないから、民法の一般原則が優先するという意見がありました。これにもう一人の判事が同調したものですから、私はいささか腹にすえかね、定着の程度のみならず一般法と特別法の議論にまで及び法廷意見を導いたことがあります。この事件では実務感覚云々ではなく、法制審議会で裁判所委員ともども真剣に議論し、制度の定着に奔走した者として少々がっかりしました。

深山　民事再生法が成立した後の早い時期に、田原さん、才口さんと、再生法の立案当時最高裁事務総局民事局の第一課長であった林道晴さんとで『民事再生手続の運用モデル』（法曹会、二〇〇〇年）という本を出されましたが、この本によって、東京、大阪といった大規模地裁の運用が他の地裁にも広まったのではないでしょうか。

山本　大抵の地裁は経験がないですから。

才口　あれは、タイムリーに刊行された良い本でした。裁判所がモデルを想定して定着にもいろいろ協力してくれました。田原さんと私がたまたま名前を連ねたのが良かったのかな。

山本　あれは法曹会が版元でしたね。法曹会は売る気がないと言って、随分田原さんが怒っておられたのを覚えています。

才口　そうですか。でも結構売れましたね。

田原　やっている弁護士に売ろうと思って、裁判所内の本屋などに置くように求めたのですが、置かせてくれないのです。

深山　ちょっとマイナーな出版社だから。

才口　出版社の問題ですか。モデル書の格付けではなかったの。

山本　今は法曹会も随分変わりましたね。法科大学院ができて実務家向けのテキスト、特に総研のテキストが今は大学生協でも平積みになって売られていますから。
才口　確かに法曹会は変わりましたね。
山本　一般法人化されたことも大きいのでしょうね。

Ⅳ　個人再生手続

深山　次は、個人再生手続の導入についてです。「改正検討事項」においても、個人（自然人）を対象とする新たな倒産処理手続として、当時は、「個人債務者更生手続」と呼んでいましたが、破産を回避して経済生活を再建するために新たな倒産手続を導入することが提案されていました。しかし、民事再生法の制定に続いてこの手続について検討する過程では、弁護士会内部でも様々な意見があったようですし、倒産法部会の審議においても、弁護士会と金融界出身の委員との間で厳しい意見の対立があり、担当した始関正光参事官も苦労されたところです。
田原　民事再生手続の立法過程で、これは法人を対象とする作業でしたから、そのときに消費者グループから既に中間試案その他で、検討事項として個人の再生手続、すなわち破産でない形で債務整理をするアメリカ連邦倒産法第一三章手続との類似の制度は入れられないかということが非常に強く主張されていました。しかし、法務大臣の要請を受けて、再生手続、まず法人を仕上げるのが先で、それが終わったときに、次に個人をどうしてくれるのだというのは消費者委員会から非常に強い申し出がありました。
　始まったのが平成一〇年一月ですから、ちょうど個人破産事件がピークに向かって激増している時代で、確か平成一六年がピークで二五万件を超えたはずです。それで、特定調停という形で個人の債務整理を処理していたのですが、その当時、特定調停のピークは三〇万件を超えました。そういう時代を背景として、個人の再建型の手続を何とか仕組まなければいけない。その中で、どういう形のものを作ることができるかということで、民事再生法が固まりましたので、それをどこまで利用できる形にし得るか、そして、これはまたその後の破産免責の制度とも絡むのですが、将来の破産の免責制度を見据えた上で、どういう制度構築ができるか、この辺りが一番の大きな問題でした。

消費者グループは、今の形のものよりも、もっと免責の幅を広げるような形のものを提案してきていました。他方で、家を残したままで再建できるようにと、住宅ローン、住宅債権の特別条項というものも何とか入れてほしいと主張されていました。これは従来の破産では考えられないし、特定調停でも到底考えられない。しかし、バブルが弾けた後の住宅ローンの負担というのは、サラリーマン世帯にとって非常に大きな問題になっており、そういうものを仕組むことへの要請が強く、かつそういうことを全部ひっくるめながら、どこに落ち着けたらいいのかということで、迷走をした記憶があります。

仕組みとしては小規模個人再生、これは発想としては法人でない小規模事業者を念頭に置いて作ったものだと考えています。それ以外に、給与所得者再生という、これは正に定額の所得しかない人を対象とする、そういう二つの仕組みに収斂していったのですが、その収斂していく過程では、日弁連の消費者委員会グループの要請をどう受け止めるのか、彼らは要請はするけれども、法的な体系は組み立ててくれないということを法制審側、あるいは日弁連のバックアップ委員会でどう吸収して、弁護士会提案としてまとめられるところまで持っていくかというのが、弁護士会側の委員や幹事にとって最大の難関だったと記憶しています。

オロ　消費者委員会グループの急先鋒は後に日弁連の会長を務めた宇都宮健児弁護士です。彼が民事再生手続の個人再生問題に登場するについては経緯がありました。

個人再生手続を含めた民事再生法が制定されるには倒産法制の綿密な検討の歴史と、それぞれの時代を画する多くの弁護士が関与しています。その歴史の流れの概要は次のようなことです。

濫觴は、昭和六一年に発足した東西倒産実務研究会にあります。幹事が田原さん（大阪）と松島英機さん（東京）で、高木新二郎さん、清水直さんを筆頭に私以下の新進気鋭の弁護士がメンバーで構成され、学者では伊藤眞先生、谷口安平先生らが参加していました。その後、亡くなった三宅省三先生が中心となって東京三弁護士会合同の倒産法制研究会ができ、桃尾重明さん、瀬戸英雄さん（一弁）、上野正彦さん（二弁）たちがメンバーでした。一方、大阪は、東西倒産実務研究会のメンバーである今中利昭さん、家近正直さんを中心にして田原さんはもちろんのこと佐伯照道さん、宮崎誠さん、四宮章夫さんたちが積極的に活動していました。

その間、私は東弁副会長、司法試験考査委員、日弁連倒産法制等検討委員会委員長を務めた後、平成一〇年に法制審議会倒産法部会委員になり、桃尾、上野、田原委員、瀬戸、四宮幹事とともに日弁連のバックアップ委員会の意見を踏まえて約六〇回にわたる審議に参画し、新破産法の改正を見届けて平成一六年一月に最高裁判事に就任しました。

先ほどの田原さんお話のとおり、民事再生法の立案は、その対象を法人を先に審議し、平成一〇年当初から検討事項審議の段階において消費者委員会等から強い要請のあった破産によらない個人再生の審議に入りました。当時個人破産件数が急増しピークに達していましたので消費者委員会の要求はきびしさを増しました。その急先鋒であったのが宇都宮さんです。破産に代わる個人再生の立案は時代的要請であったもののその理論構成等についてこれといった名案もないため、われわれ弁護士会の委員や幹事は宇都宮さんたちとのせめぎ合いの中で思案をめぐらしたのです。

まず個人再生担当の弁護士委員の人選では、企業法務や国際倒産に堪能な桃尾さんにお願いしました。私は宇都宮さんと同じ東弁で、彼も副会長を務めていますので気心を知った仲です。加えて消費者委員会の有力メンバーは東弁が多数を占めていましたから、あえて担当を避けて一弁の桃尾さんにお願いしたのです。その桃尾さんが一生懸命に取り組んでくれ、資料等も整え、真っ向から対立した個人再生の問題に決着をつけてくれました。宇都宮さんも桃尾さんに敬意と感謝を表しています。立案の決め手は生活保護基準でしたかね。

田原　桃尾さんは生活保護基準を定めた文献を通読しておられました。免責の基準金額をどうするかとか、その辺りが消費者委員会の主張が非常に激しかったのですが、残念ながら消費者委員会のグループはその類の本を読んでいませんでした。やはりそこまで読みこなした上で議論しますから、担当した始関参事官は、もちろんそこの辺りを精読していましたので、それを踏まえて提案してきたときに、その提案がそれなりの合理性があるということを消費者委員会に対して説得してくれたのです。そこまで企業倒産をやっている連中が勉強しているのだったら任せようかということで、消費者委員会関係のグループが、ある意味で理解を示してくれたのです。

才口　もう一つ、消費者破産が急増して破産部は大変な時期でしたから、当時の破産部の園尾隆司部長が宇都宮さんたちの要求をできる限り取り入れ、併せて消費者問題専門の弁護士を破産管財人に選任するなどして友好関係を築くことに協力してくれたことも大きな要因でした。

田原　消費者委員会関係のグループの中に対立があって、宇都宮さんは法的倒産手続をとることに対しては消極で、彼の事務所は基本的に消費者倒産も全て私的整理でやっていたのです。大阪のグループは、小松陽一郎弁護士という、もともと知財の弁護士ですが、消費者関係にも熱心で、大阪は彼らを中心として法的手続でやることが正当であるということでやっていました。大阪と東京の間で非常に大きな対立があって、消費者委員会関係のグループ同士でシンポジウムをやっても、そこの対立が解けないという状態が長く続いていたのです。

その中で、始関参事官がたまたま大阪に出張してきたときに、大阪の当時の倒産委員会の委員長の安木健弁護士などと接点を持って、大阪のほうはそれでまとまると。東京のほうは、大阪がまとまったことを前提で考えてくれということでボールを投げたら、才口さんがおっしゃったように、東京の消費者委員会関係のグループの各弁護士も破産管財人を現にやり始めて、「破産手続もまあ、捨てたもんじゃない」ということを少しは理解していると。それで、全体的に収まっていったというのはあります。

深山　非常に貴重な話で、今となっては誰もよく分からない経緯ですよね。

田原　個人再生手続をまとめる上では、弁護士会側では桃尾さん、安木さん、大阪の消費者グループの力、それと始関参事官の行動力に負うところが大きいですね。

才口　私と桃尾さんは同じ一八期で古くからのゴルフ仲間であったことも幸いしました。個人再生の立案の立役者は桃尾さんであり、制度定着の功労者も桃尾さんです。

深山　桃尾先生は、東京地裁民事八部時代からお付き合いがあり、よく知っていました。ものすごく英語が達者で、国際的な倒産実務に強い方であり、実際の事件における仕事ぶりも知っていましたから、あの巨大な国際企業ばかり相手にしている桃尾先生が、どういう経緯で消費者倒産の担当になられたのか今日のお話を聞いて分かりました。

才口　渋る桃尾さんを懸命に説得しました結果であり、それ以外に何もありません。蓼科でゴルフをやりながら「君しかやれる人はいない。俺がやったら宇都宮さんと喧嘩になるから」と頼んだら、「分かった」と言って、最後に引き受けてくれたのを思い出します。

山本　今のは債務者側の対応の話ですが、貸金業界がちょうど転換期で、日栄事件があって、政治家が業者側に付けない状況にあったということも、立法を促進した理由ではないですかね。それと二種類の個人再生手続を併存させる案が良かったのですかね。

田原　自由選択にするかどうかも、大分もめましたからね。

山本　そうですね。業界の力が弱まったということもあって、再生手続前置でないと破産免責を認めないという案も消えてしまいましたからね。再生手続前置にしていたら政治的に紛糾してしまったかもしれなかったのですが、本当に絶妙のタイミングで法制審の審議が進んでいったなという感じが今でもしています。

田原　アメリカの制度導入であれば、再生手続は前置になってしまいますから。

山本　ちょうどアメリカ法が前置に変わった直後でしたからね。

才口　消費者委員会グループにとっては魅力があったのです。破産ではなく個人再生、こんな魅力的な制度はない。

山本　破産者というラベルが付かないだけでもね。

才口　彼らにとってのメリットが歴史的な産物となったという感じがしますね。

深山　当時、再生手続を前置にするかどうか、あるいは、両方の手続の自由選択を認めるかについては、モラルハザードが起こるのではないか、債務者側の手続の濫用が起こるのではないかという危惧がありましたが、今、振り返ってみるとどうでしょうか。先ほど、再生手続の一部は使われ方によって批判を招いてきた面があるという話もありましたが、個人再生については、そういう類の話というのは、あまり聞かないのではないですか。

山本　全く聞いていないですね。

才口　適用を受けた個人再生債務者は大方満足しています。

田原　それと、弁護士会で、本来の再生手続に比べてはるかに密度の濃い研修をやりましたから、相当それは効いたと思いますし、この制度を壊したら、弁護士会全体の信頼を壊すということを言いまくりましたので。

才口　それと山本さんがおっしゃったとおり、破産では特定の職業に就けない場合があるが、個人再生ならセーフでしょう。救済の道としてタイムリーで、かつメリットがあった。

山本　まだ会社法が改正されていませんでしたから、取締役だと、やめざるを得ないということでしたから。

才口　保険の外交員とか、破産では駄目な職業がたくさんあります。

山本　警備員などもそうですね。

才口　利用価値があり、利用の実績もあったのです。

深山　今は破産も落ち着いてきてしまっているので、個人再生の中心は小規模個人再生になっていますが、手続的規律は通常の再生手続よりちょっと複雑で、しっかり勉強しないと使いこなせない部分があるので、濫用する以前の問題があるという気も正直言ってしますね。

山本　始関さんの個性もあって、条文がメカニカルになっていますね。

田原　あれは松下淳一さんがどこかの座談会のときに、「これをそのまま読んで分かる法曹というのは、ものすごくレベルが高いよ」と。あんなの分からないですよ。

才口　正しいやり方を書いているマニュアル本どおりやらなければ駄目だった。

田原　だから、マニュアル本がしっかりしたものが出ましたから、それを守っていればあまり変なことにならない。

深山　始関さんの個性もあるかもしれませんが、もともと最初に再生手続を作ってしまって、その特則という形で規律を作らざるを得なかったという由緒来歴もあるのです。条文が複雑になり、準用などになってしまうというのはそういうことでしょう。そうならざるを得ない面はあったのですね。

才口　でも、順調に制定されたのではないですか。

山本　私には経緯が全然分からないので、もしご存じだったら教えていただきたいのですが、審議の比較的早い段階で、住宅ローンについて担保権消滅請求の制度を入れようという原案が事務当局から提示されて、私は反対したのです。反対意見もあるよということを議事録にとどめるためだけのつもりで反対したら、次の回から原案からその提案が消えて、今のリスケジューリングの仕組みに変わっていたのですが、あれはなぜだったのでしょうか。

田原　覚えていないけれども、担保権消滅の資金調達が住宅ローン債務者にできるのだろうかということがあります。

山本　全銀協はもちろん反対していました。

オロ　強行に反対した。

山本　ちょうど住宅ローン債権を流動化することを考えていた頃なので、担保権消滅請求を入れてしまうと大きなリスク要因になることもあって、全銀協は反対していたのです。学者では反対したのは私だけで、山本和彦さんや松下さんは、賛成だと言っていたのですよ。

オロ　議事録から消えたということは知らないですね。

山本　議事録ではなくて、次の回の審議資料から、消滅請求が消えていたのです。

深山　推測ですが、事務当局の立場からすると、頑張っても理がないと思った提案は、大体消えてしまうものです。もしかしたら、全銀協がもう絶対に駄目だと言っていたのかもしれないですね。

オロ　利害のある組織の委員は審議の合間にいろいろ根回しをしますね。

V　営業（事業）譲渡

深山　個人再生についてはこの辺りにして、次の論点に移りましょうか。次は、民事再生、会社更生における営業譲渡、事業譲渡と言っても同じですが、その規律です。これは弁護士会、あるいは経産省の研究会などから、倒産処理の過程で営業譲渡を活用する実務上のニーズが非常に強いのだということで、営業譲渡についての規律を設ける、あるいは明確にする。特に計画前のものも含めて明確にしてほしいという要望が非常に強くあって、民事再生ではご案内のとおりで、裁判所による営業譲渡の許可制度が入り、更に株主総会決議による承認に代わる代諾許可の制度も設けられました。会社更生でも、計画によらない営業譲渡の規定を整備して、計画前の営業譲渡について、今まではっきりしていなかったところをはっきりさせてルール化しました。

ただ、この営業譲渡の仕組みをどうするかということについては、できた制度もそう単純ではありませんが、議論に非常に時間を費やした記憶がありますし、会社更生の営業譲渡についても、最後の最後まで甲案と乙案というように分かれて、もともとの発想として株主総会決議が必要という前提で再生と同じように簡素化する道に行くのか、それとも、もともと管財人の管理処分権限でできるものに株主の利益との調整のための制度を何か付加するのか、そういう発想の違いがある二つの案が最後まで対立をして、今の形になりました。議論としては非常に複雑な経緯があった論点だと思いますが、今から振り返ってみて、あるいは現状の利用状況などを踏まえて、何か当時のあの激論はどうだったのかという辺りのことについて、お話しいただければと思います。

山本　激論の中身を大分忘れているのですが、人的要因としては、再生法のときには会社法の学者が部会に入っていなかったのが、更生法のときには江頭憲治郎先生と岩原紳作先生が部会にお入りになり、特に江頭先生が株主の地位を蔑ろにしていると。倒産村は何なのだということで、かなり強行に反対されたと記憶しています。審議会の正式の発言ではありませんが。

才口　審議の場では言えませんし、言いませんね。

山本　休憩時間か何かに商法担当の参事官を捕まえて、そういうことをおっしゃっていたのを現認したことがあります。再生法では割と、すんなりとニーズだけで動いたのに、更生法では、会社法の考え方というものが、より鮮明に反映されていますよね。再生法の場合は即時抗告でというのに、こちらは提案段階から異議を述べろという形に変わっています。その二つをどう説明するかというのも、学者にとっては悩みの種なのですけれども、違いが生じたのには人的要因があったのではないかと思います。理屈の問題ではなくて、事実の問題としてはそういうことなのではないかという気がしますね。

田原　昭和四二年の改正では、そこの辺りは全く問題になっていないのですが、営業の一部譲渡のようなものが扱われ始めたのが平成になってからなのです。

確か平成五年に私が更生管財人に就任した太陽鉄工という更生事件がありました。本来型の企業の更生事案で、更生計画案の作成に二年ぐらいかかりましたが、印刷機製造部門が更生会社としては維持できないという状態で、更生計画認可までに、それを何とか営業譲渡で処理できないのかということで、株主総会を開くか開かないかというのは大分悩んで、裁判所とも相談し、結局、許可だけで譲渡したことがあります。それに対して、債権者からは何のクレームもなくて、かつ、その部門の債権者にとっては、更生債権としては残るけれども、次の取引が譲渡先のところで継続できますから、彼らにとっては更生会社でクローズされるよりはいいということで、実務的には処理できたのです。しかし、株主総会決議はいったい必要なのかと言うと、文献を読んだけれども全く分かりませんでした。

その後、スポンサー型の事件が増えてくる中で、スポンサーとしてはもう引き受けないが、それなりの一定の収益力を持っている事業部門があり、そういうものを切り離したいという需要が出てきて、実務家サイドとしては計画外の営業譲渡を是非入れてほしいという要望が出てきた。かつ、その後、無効訴訟でも起こされたら、これはたまったものではありませんから、安定できるような形での新システムができないかというのが、民再のときに実務家側から強く要望したところです。それで、システムとして甲論乙駁があったけれども、民再の場合は今、山本さんがおっしゃったように、それほど大きな抵抗なくまとまったというのが経過です。

山本　基本的には、倒産事件における営業譲渡はいつの段階でもよいという考え方です。破産後に裁判所の許可で営業譲渡をしたが、異論はありませんでした。

才口　昔の更生事件は、債務超過の場合ばかりだから、株主の地位なんてどうでもよかったのですよ、ある意味で。

山本　破産後も生きている営業はたくさんあります。

才口　いやいや、そうではなくて、株主の利益にこだわるという点です。ところが、理屈の上で考えれば、別に債務超過は何も開始要件に入っていません。現に新しい更生法の下では足利ホールディングスなどは資産超過会社で更生をやりましたから、そういう可能性を考えると、やはり株主の地位はちゃんと考えないといけない問題として、少なくとも理屈の上では存在していたのです。ただ、弁護士の先生方は債務超過事件に慣れておられるので、かなり強引な意見があったと記憶しています。

山本　私もそのように勉強をしました。

才口　それが、会社法の先生方からすれば、債務超過でもないのになぜなのか、ということになるわけです。その上、現在の会社法学では債務超過でも株主の権利はあるのだという考え方も有力なようです。

山本　江頭さんの発言、おぼろげながら思い出しました。

才口　そういうことで、相当抵抗があったのですよ。ということで、再生法よりは、株主保護寄りの手続になったのだという感じがしますね。

田原　しかし、山本さんがどこかで書いておられたと思いますが、株主の権利を認めたと言ったって、実質認めていないのと全く同じでしょう。拒否権を与えたという意見と、行使なんかできっこないという意見で。

深山　だから、三分の一がノーと言って、ひっくり返した特別決議みたいなことになっていました。

山本　消極的決議だというようなことを書きましたね。

深山　それは典型的な株式会社を考えると、実現不可能だと商法の先生方から言われて、それはそのとおりだと思うのですね。ただ、上場企業みたいなイメージの会社以外だって更生手続を使うので、例外的にであれ拒否権が発動される場合はあり得るのだろうと思うのですが、ちょくちょく拒否権を発動されるということを前提とする必要なんか全然ないと私は思っていたのです。非常に特殊な会社でしかうまくいかないのではないかというけれども、それはうまくいくというのは、拒否権が発動されるのはいいことだという前提に立った議論です。しかし、そのような議論の前提自体が良いか悪いかをよく考えなくてはいけないので、「さすがにこれは」という目に余るケースでノーと言えれば、管財人の管理処分権限の一環として本来できるはずのことなのだという出発点を採る以上、それでいいのではないかと思っていたのですが、この出発点自体がそもそもいかがなものかということだったのですね。

確かに民事再生では、債務超過の場合でも裁判所の代替許可が要るとなっているのです。つまり、債務超過の場合だって、株主の特別決議をする権限は無視できないのだという前提に立っているのに、会社更生における株主の取扱いはあまりではないかということなのでしょうね。

山本　甘いところと甘くないところとが両方あって、その組合せで均衡がとれているのかもしれないのですが、理屈の上で説明するのはすごく難しいと思います。

田原　ただ、三分の一の拒否権が行使されるような事件ならば、そもそも実態的に見て裁判所の許可要件を満たしているのだろうかと思われます。

深山　相当数の株主がおかしいという意思表示をすれば、裁判所も、拒否権まで届かなくても、濫用的な営業譲渡であることを察知する契機になりますね。ただ、私がよく分からないのは、会社分割の濫用は有名な話ですが、営業譲渡が再生とか更生で濫用されているという話はないような気がしますが、どうでしょうか。

田原　私が債務者代理人をやって、東京高裁で認可決定取消決定を得た事件などは営業譲渡の濫用事件で、鬼頭季郎さんが取り消した事件がありました（東京高決平成一六年六月一七日金法一七一九号五一頁）。

深山　ありましたね。あれはそうでしたか。

田原　あの事件では、債務超過が本当に立証できているのか、査定でガサッと資産の評価を下げているのではないかということを私どもは主張して、鬼頭さんはそれを受け入れて再生計画の認可決定を消してしまいました。

才口　先ほど深山さんがおっしゃった営業譲渡の目に余るような事案は、形を変えて会社分割にしていますね。

深山　会社分割は、特別なルールは何も置いていないですよね。

田原　そうなんですよ。うまいところに気付いたなと私は思うのだけれども。

山本　今、開始後の会社分割はありますか。

才口　それはないと思います。事前にやり、それを得意な分野だとしている人もいます。

山本　それは、よく存じています。でも、大阪では少ないと言われています。田原さんがおられるから、そういうアドバイスをしている連中が怖くて来ないのではないかと言われているのですけれども。

深山　ただ、それは既にビジネスモデルとして売り込まれており、うちに来てくれればこういうことで、こうやってあげますよというのを。

山本　出版までしていますからね。

才口　よろしくありませんね。

田原　出版もしていますし、インターネットでも簡単にアクセスできるようですね。

才口　元東京地裁民事八部の難波孝一部長は、会社分割について警鐘を含めて論考を著しています（「会社分割の濫用を巡る諸問題」判タ一三三七号〔二〇一一年〕二〇頁）。

論客判事の難波さんとしては、選挙の「一票の格差」の高裁判決はもっと踏み込んで判示しても良かったと思います。

山本　外的な要因としては、確か大倉産業がこの頃に、優良部門を破産手続後に営業譲渡したんじゃなかったですか。それが、日経新聞で随分取り上げられたのです。竹下部会長も、再生法の時には、その例を引き合いに出されていたと記憶しています。そういうこともあって、割とすんなり行った感じですね。

深山　調べてみると、当時、倒産手続における営業譲渡の活用というのは日本では少なかったのですね。その後、もちろん隆盛を極め、今また会社分割に代替されてしまっているのかもしれませんが、倒産法の改正以後、営業譲渡が非常に増えたことは間違いないです。今や営業譲渡が一つの選択肢になるというのは、どんな倒産手続をとっても常識になっています。

才口　配当原資が増えるのだから構わない。しかし無制限にはできない。

山本　叩き売りでないということを誰が評価できるかという問題、それをクリアすればね。

田原　それと営業譲渡に関しては、連合から、ドイツは労働者の承継法がありますので、それを日本の倒産手続の営業譲渡に入れろという主張が非常に強行にあって、それで労働者の意見を聞くという制度になりましたね。

深山　営業譲渡そのものにおいて労働契約上の地位がどうなるかについて幾つも説があって、営業譲渡があっても原則は承継されない、逆に原則は承継される、あるいは特約が付けばどうだとか、労働法の世界で多岐に解釈論が分かれていて、そのどれかを前提とするわけにいかなかったということもあって、いちばん労働者寄りの説だったら何の立法的手当てをしなくても問題ないのだけれども、逆の説でいくと、全く労働契約上の地位についてはどのように扱ってても良いことになってしまうので、手続関与として意見聴取をするということで落ち着いたのですね。

山本　ちょうど年金のポータビリティが云々されていた時期と重なっていましたから、あの当時、営業譲渡に対する連合の警戒感というのはすごかったですね。

深山　国会の審議でも、営業譲渡のところは随分質問されました。連合の危惧感を反映した議員からの質問もたくさんあって、営業譲渡のところは、一部の文言を変える修正をしましたね。

Ⅵ　否　認

深山　営業譲渡はこのぐらいにして、次のテーマです。これは、民事再生、会社更生、破産と全ての手続に存在する否認です。この否認権については、平成九年の改正検討事項の当時は非常に限定された見直しをする前提でした。具体的に挙がっていたのは、否認権の行使方法について、否認の請求の方法を全ての手続に入れたらどうかということ。これは会社更生に倣うというだけの話です。また、危機否認について、若干の見直しをしたらどうかというので、危機時期の前倒しの議論、債務者の行為に限らないで危機否認ができるという考え方をどうするか、相殺をどうするか。さらに、立証責任の問題で、内部者の立証責任の転換を図らないと不合理ではないかという程度です。

これらは古典的に言われていた学界の議論を反映した問題意識にとどまっていたのですが、実際の検討は、民事再生のときには倒産実体法は基本的に先送りせざるを得なくて、否認の手続について見直しがされたほかは、民事再生固有の問題として監督委員に否認権の行使権限を認めた新たな仕組みが入り、それに伴って、複雑な参加とか引受けの規定なども入ったということがありましたが、実体的な見直しは専ら平成一三年以降の破産法と倒産実体法の見直しのときにされました。もともとは先ほど言ったような危機否認を中心に、手続的にも実体的にも、少し広げて使いやすくするという程度のことだったと思うのですが、その後の議論は使いやすさもさることながら、否認による取引の萎縮効果とか、否認リスクを事前に回避できるような予測可能性をどう高めるかということに重点が大きく変わって、その結果、実体的な要件も効果も大きく見直されるということになったのはご案内のとおりです。

この点については、田原さんも山本さんもいろいろな論文も書かれています。私は直接の担当者ではなかったので、審議会の中でボーッと議論を見ていただけですが、当時の議論を振り返るとともに、今の時点での評価等もお話しいただければと思います。

田原　なかなか思い出せないのですが、いちばん最初、改正検討事項のときに考えていたのは、深山さんが挙げられたとおりなのですが、それが法体系を全面的に組み直すということになった、それのもともとのエネルギー源は何だったのだろうかと。学者側は論点を出されたのでよく分かるのです。しかし、それを金融界を含めて、「じゃあ、それでいこうか」と。日弁連も「それでいいじゃないか」と。そういう否認体系の全面見直しですよね。そのエネルギーの源はどこだったかというのは、いまだによく分からないのです。

山本　そうですね。私が最初のほうで申し上げた民訴学会の特別シンポジウムの準備の際に、私は報告の担当者でしたので、東大の研究会で検討事項を踏まえた意見を述べたのです。その際に、当時の破産法の否認の要件構成は、行為の時期による要件構成であるが、行為の種類による要件構成に変えるべきだと申しました。これは学者の中では昔から割と有力な見解なので、そういう話をしたのですが、霜島甲一先生から、「山本君、君の言うことは分かるけど、そんなことやっていたら立法まで二〇年かかるよ」と言われたのです。ところが、たった三年ぐらいでできてしまったのですね。なぜそうなったのか、私には分かりませんが、行為の種類による要件構成に完全に変わってしまいましたね。

田原　その点についての立法事実があったかといったら、立法事実としては特段なかったと思うのです。

山本　ただ、やはり支払不能要件との絡みが、いちばん大きかったのではないかという気がしますね。いわゆる偏頗行為否認については、支払不能要件から入っていくのが正しいのだというのが学者の間では相当に有力な見解であって、法務省の担当参事官がそれに共鳴してくださったようでした。支払不能要件でいくのだとすると、それを狭義の詐害行為ないし財産減少行為にはもってくることができないわけです。その結果、分けざるを得なくなってきたのではないかなということだろうと思うのです。これは根本的に否認法を変えるというか、一つの立場に完全にコミットする立法ですから、大きい学説の対立のあるところなのに、よく思い切ってやったなと思います。しかし、その原動力が何だったのかよく分からないところですね。

田原　それとともに、民法学者が法制審にいましたからね。それは当然、詐害行為取消権の効果に響くのですが、民法学者から詐害行為に響くから、それに反対だというご意見は出なかったのです。

山本　詐害行為について通説だと言われているものが実は通説でなかったということが、あのときに分かったのだと思うのです。つまり、判例があるからもう諦めていたのが、見直していいのだとなると、倒産法部会でやったような議論を債権法でもやるべきだというように変わってきたような感じがします。確か鎌田薫先生が、部会でそのようにおっしゃったと思いますね。

田原　しかし、あの時点では、まだ債権法の改正については、頭出しも何もない時代ですからね。

山本　要は解釈論として、通説だと言われているものを、少なくとも要件設定の部分では変えるべきだというようなことをおっしゃったような気がします。一六一条ができた外的な要因としては、その当時、遊休不動産を、何らかの仕組みで売却して、流動性を高めて有利子の固定負債を減らすというのが、当時の企業のニーズとして大きかった。ところが、不動産の買い手が日本にいなかったのです。それで、自ずから外資系の企業やファンドが買い手として登場するわけです。そして、彼らは、倒産リスク、倒産法が開始した場合のリスクを織り込んで価格交渉をしてくるわけです。そうなると、判例を前提とする限り、とても買い手が付かない、あるいは売り値が下がってしまうということがあって、もう少しリスクが予見可能でないと駄目だという議論が出てきました。それが一六一条という新しい構成要件に結実したのです。もっとも、実は、判例法上、萌芽はあったと思うのですが、新しいものができたわけです。

田原　思い出しましたが、当時、事業再生研究機構という任意の研究会が動き始めていまして、伊藤眞さんや多比羅さん、それに私なども理事になり、会社更生の財産評定などはそこで議論していたわけですが、その中で不動産の流動化に従事している人たちは倒産法のことをほとんど知らなかった。他方で、倒産法に携わっている弁護士は流動化のことを知らなかった。そういう状態の下で、事業再生研究機構で、確か複数回、共同研究会をやって、否認リスクというものが付いている限り流動化は極めて困難であると。それとともに、今、山本さんがおっしゃったように、流動化しないことには買い手はつかないと。そうすると、世の中の需要があるのにどう対応していくかということについて研究する必要性の共通認識が形成されました。外資を相手にするならば英訳する必要があるところ、これまでに判例で形成されてきた否認の法理というのは、これは英訳するのは極めて困難である。もっと透明性のある法制度でなかったらそれは難しいと。そのような議論がバックにあったような気がします。

山本　全国倒産処理弁護士ネットワークの創立に向けた、第ゼロ回の会議は福岡でやったと思うのですが、私がこの部分を担当して、このようになりましたよという話を壇上でさせていただきました。そうすると、フロアから「なぜ、こんなものを入れたんだ」という意見が相当に強い口調で出されました。それで、シンポ終了後のパーティーで、

「あれは外資対策です」とご説明すると、「ああ、そうか」と、それだけ納得していただけました。

才口　日弁連の検討事項に対する意見書の否認権に関する部分は、雑駁というか核心に触れていません。「否認権行使を前提とした保全処分の制度を新設すべきである」というのみでしょう。

深山　そのような議論が意見書に入っていましたけれども、それ以外の要件等については触れられていません。

才口　認識がなかったというか検討の暇がなかったということです。

深山　だから、日本的には故意否認、危機否認などの運用で、透明性は甚だないものの、一応、判例理論でこういう場合はこうなる、こういう場合はこういうリスクがあるということが分かっていて、それでも何となく業界的にはこんなもんだろうとなっていたのが、見直しということで改めて振り返って考えてみると、あまりに不透明ではないか、事前の予測可能性がないではないかということで、大鉈を振るわざるを得なかったのですかね。

山本　もう一点、私がよく覚えているのは、危機否認の危機時期の前倒しの議論です。前倒しの必要性を否定する人は学者の部会委員・幹事にはほとんどおられなかったと思うのです。しかし、私は反対したのですよ、前倒しに反対だと。そうすると、ある委員の先生から、「こんなことを言うのは、民訴学界広しといえども、山本だけである」と言われて、「ああ、自分は特異なのか」と思っていたら、平成一六年の改正では、前倒しは跡形もなく消えていたのです。なぜなのかよく分からないのですけれども。

深山　弥縫策というか、そういう面はあったことはあったのですね。

才口　その程度の認識はあったということかな。

山本　支払不能要件を入れることにさえ全銀協が猛烈に抵抗していたのに、前倒しなんてもってのほかで、もう無理だという判断だったのでしょうね。

田原　それとやはり前倒しを考えるとき、理論的には日数が算定不能なのです。

深山　前倒しをしたらいいということ自体はあまり争いがなかったようですけれども、もともとの改正検討事項でも、確か「六〇日」、「九〇日」、「六か月」と三つの案を出していましたね。そのこと自体が、前倒しなのに何で期間が違う提案が出てくるのかというのが。

山本　説明できなかった。

深山　それぞれ主張する人がいたということで、決め手がないのですね。

田原　アメリカに倣ったとかいうような議論はありましたけれども。

山本　アメリカでも純粋に前倒ししているわけではなくて、支払不能を推定するだけなのです。ところが、検討事項の前倒しの提案は、推定などを抜きにして、九〇日以内にやった行為は全部、否認できますよという整理だったのです。ドイツ法の期間設定は、支払不能を理由とする否認は、申立ての何日前までの行為しか対象にできないという、否認権を制約する要件なのです。それをどうも読み間違えて拡張規定だというように読んでいた人が研究者側にも結構いたように思います。私がおかしいと言ったのは、実体的に否認できる根拠はどこにあるのかということを申し上げたかったのです。

それはともかくとして、全てにわたってそうですが、倒産法改正というのは絶妙のタイミングだったなという感じがしますね。社会的な倒産に対するニーズが激変する中で、いろいろな利害関係パーティーのニーズが顕在化して、それによって立法の道筋が平成八年当時、あるいは平成九年当時に考えていたのと比べて大きく動いたなという感じがしますね。

先ほど申し上げましたが、私と田原さんが京大の大学院で共同授業をしていた頃に、三洋証券は潰れるわ、山一證券は潰れるわ、拓銀（北海道拓殖銀行）は潰れるわ、長銀（日本長期信用銀行）は潰れるわという時代でしたのでね。基本的には、倒産法改正というのは、個人倒産を何とかすればいいのではないのという程度の話で始まったのが、全然違うような形になってしまいました。

田原　それと、否認について、勉強してきたものですと、倒産法理としてはそれなりに落ち着いていて、改正に向けての立法事実はなかったのですが、新規に勉強しようと思うと、旧法は本当に分かりにくかったので、これだけすっきりしたら、倒産法を勉強する人は否認のところの勉強は楽になったと思いますよ。

深山　それはそうですよね。

才口　同感です。

深山　詐害行為への対応と主観的要件が交錯しているような感じで使ってしまっていて、解釈が拡張してしまっていたので本当に分かりにくかったですね。

田原　それとともに、この立法の検討を始めた頃に、こんな提案をしていた学者は誰もいなかったのですから。

山本　そうですね。やはり先ほど言ったような外的な要因があって、みんな一生懸命あの短期間のうちに何か解を見つけなければいけないというので。

深山　破産なり倒産なりの手続に入ってから、後から振り返って過去の悪しき行為を是正するのが否認であると、みんなそう思っていたのが、事前にどのぐらいの否認のリスクがあるかが分かるようでなくてはいけないという、ものの考え方が大分変わったのですね。

田原　おっしゃるとおりだと思います。

山本　あの頃に日本経済を主導していた金融機関の力が完全に地に落ちてしまって、そこで代わりに来たのがアメリカ系のファンドだったというのがいちばん大きかったでしょうね。

1　法務省内部の議論の状況

深山　もともと改正検討事項では乏しい内容であった否認について、最終的に現行法のように改正がされたのは驚くべきことですが、この間の経緯について、担当参事官であった小川秀樹さんに聞いてみたところ、次のようなことでした。

「法制審で倒産実体法の調査審議をスタートさせるに先立ち、平成一三年四月から参事官室の新しい担当者内部で、改正の方向について全体的な議論を始め、否認についても、改正検討事項にとどまらず、あらためて、これまでの学者の議論や各種立法提案、法務省で開催していた倒産実体法の研究会の成果等を素材にして幅広に検討しました。担当者として、倒産実体法のうち、大きなテーマになると考えたのは、当然のことながら『租税債権・労働債権の優先順位』と『否認と相殺』でしたが、後者については、弁護士会（管財人側）の考え方に対する全銀協の強い反発が存在したし、改正作業が進むにつれてそれが更に強くなることも予想されました。

内部的な検討の場での担当者（堂薗幹一郎さん。最大の功労者であることは言うまでもありません）の報告は、非常に充実していて、様々な意見の対立を踏まえた上で、旧七二条一号と二号との関係が混乱していて理論的に一貫していないことを批判するというものでした。とりわけ、そのことにより判例が偏頗行為（本旨弁済）の故意否認という方法を認めたことを問題視し、かえって取引の安全を害しかねない状況があると指摘するものだったと記憶しています。

参事官としては、全銀協の反発を和らげるためにも、一方に偏しない、全体としてバランスのとれた内容にすることが重要であり、改正検討事項のように単に危機時期を前倒しするかどうかの議論をするだけでは最終的に改正までたどり着くのは困難と考えました。そこで、この機会に理論的に一貫して法制審の委員・幹事に対しても説得力を持つとともに、偏頗行為の故意否認を認めないことで全銀協にも一定の理解を得るという観点から、『対象となる行為を区別して条文を明確化する』（このような考え方の重要性は、中西正先生や山本克己先生が指摘されていたと記憶しています）こととし、さらには、危機時期の前倒しの議論への対応のためには、やはりこれも理論的には一貫した『偏頗行為否認は支払不能基準による』という方針をとりました。これらの方針を更に進め、その後詐害行為否認のうち適正価格売却について特則（一六一条）を設けたり（これについては、私個人としてもかねてから判例理論への疑問があったので、堂薗さんの意見に飛びついたのですが、沖野眞已先生が、後記①も含め、民法に『手を突っ込む』ことに寛容だったことが大きかったと思います）、同時交換的行為を否認の対象から外すことの明文化（一六二条一項かっこ書）のように否認リスクを回避するための方法も取り入れました。この方向は、時代の流れにマッチして、全銀協からも弁護士会からも、そして学者からも支持されたと思います。

もっとも、否認はこの方針でなんとか改正までたどり着けるとしても（支払不能基準の採用については『不明確だ』と主張する全銀協との間で苦労はしましたが）、不安材料として残ったのは、①理論面での民法（詐害行為取消権）との関係と、②実際面での相殺制限への影響の二点でした。前者は意外にスムーズに行ったものの、後者が、予想どおり最後まで苦しむテーマとなったのは、ご承知のとおりです。」

山本　検討事項から大きく離れたため、極めて理論的な、本当に理論的な条文構成になりました。

田原　非常にすっきりした形になって、それで日弁連も何の抵抗もなく受け入れて。

才口　すっきりさせてもらったのですから受け入れたのは当然です。

山本　私の同僚の労働法学者に、「労働基準法の解雇規制の条文はなぜあんなに込み入ってわかりにくいんだ。それに引き替え、倒産法の否認の条文は……」と申しますと、「倒産法は理論倒れじゃないのか。使いにくくなるんじゃないか」とか言われたことがあります。しかし、私は必ずしもそうは思いません。小川さんが随分頑張ってくれて、本当にすっきりしたという感じがしますね。

2　否認権行使の手続的規律

深山　手続的なルールも民事再生のときに変えて、監督委員の否認権行使については、山本先生に大分言われたこともあって、最後、非常に複雑なルールになりました。これは私の単なる心配ですが、この制度は動いているのですかね。

山本　どうなのでしょうね。

深山　抗弁ごとに主張権者が違ってるとか。

山本　どうするんですかということは言いましたけれども、こうしたらよいと言うことは言わなかったと記憶しています。事務当局の原案を初めて見たときには、びっくりしました。

深山　しかし、あれで混乱したというのは、そんなに聞かないので、あまり事件自体がないのですかね。

山本　再生の場合はそんなに否認のニーズはないですから。

深山　もともと再建型の場合に、否認というのはそんなにめったには。

山本　それはよほどの場合だけですよ。

田原　大体、和解できますから。

深山　三年を超えたらどうしようかということも随分議論したのですが、あれも、三年を超えて手続が終わってしまって、否認だけが宙ぶらりんになって、当然終了で終わるとか、そういう例はあまり聞かないのですが、ないのでしょうね。

才口　三年というのは効果的でしたね。

田原　だけど、あれはきつかったですよ。私はその事件をやりましたからね。上告審まで三年で、ぎりぎり滑り込みました。

深山　それは上がりましたか。

山本　大阪の高橋ビルの事件でしたね。

深山　要するに、裁判所にも迅速処理要請みたいなものを出したのですか。

田原　相手方がＲＣＣでしたから、迅速処理には抵抗しなかったので。

深山　反対に早くもらおうということで。

山本　ＲＣＣ自体が時限の組織に近かったですから。

田原　だけど、それでも上告審まで行きましたからね。それで、ぎりぎり滑り込みセーフ。

深山　でも、やればやれるのだからすごい。三年ではどんなに急いでも無理ではないかという話も当時はありましたね。

才口　最高裁在任中に事件は係属しなかった。

田原　なかったですね。

才口　やはり三年が効いていますよ。

Ⅶ　担保権消滅請求

深山　次です。これも三つの法律全部になりますが、担保権消滅請求です。言い方は少し違いますが、ほぼ類似の請求、担保権の消滅の制度が、再生法にも更生法にも破産法にも設けられました。導入の趣旨、目的はそれぞれ違っていたわけで、再生法の場合には、その事業の再建に不可欠な財産を確保するということから始まった話ですし、更生は、もともと担保権変換と、田原さんが言っていたもので、更生の場合には担保権の付いた財産を使うこと自体には何の問題もないわけですから、別の担保に変換することができないかと。特に営業譲渡するような場合に、別の担保に変換することによって無担保の資産として営業譲渡しないと営業譲渡先が受け取らないというようなことで、もともと議論を始めた。破産法については、これは私が直接担当したわけではありませんが、別除権のある財産について任意売却と組入れの組合せを実務上やっているものに、担保権者が承諾しない場合に、一定の手続を経て、承諾なしに消滅させることができないかと。こういうことで、出発点は違っていますし、制度も細かな点は随分違いますが、名前は非常に似たような三つの制度が入っている。担保権者の取扱いというのは倒産法制における永遠の課題で、いつの改正でも非常に難しい調整が必要なのですが、今回の、全体を通じての担保権の取扱いをどうするかということは、多々問題になり、その一つの結実として、この三つの制度ができたということだと思います。

民法学者の方からいろいろな議論があり、金融機関から反発があり、思い出すといろいろなことがありましたが、いま振り返ってみてどうなのか、あるいは、当時の議論についてどんなことだったのかということで、どんな点からでも結構ですが、お話いただければと思います。

山本　一点だけ補足しますが、破産法の担保権消滅は、組入れの問題と、もう一つ、「判子代」をどうするかという問題があって、後者のほうが問題としては大きかったのではないかと私は思っています。当時の金融機関が置かれた状況から、下位の抵当権者で、競売をやっても絶対配当が出ないのに、登記の抹消に応じる以上はいくばくかを払ってくれというような要求が、結構大手の銀行ですらしていたという状況がありました。

才口　当時、判子を押さなかったのは東京では城南信用金庫です。判子代は要らないと。上位の担保権が判子代で順次消えていくから、最後に債権の大半を回収できる。頑固で堅実な信用金庫で手こずりもしたが感心もした。金庫の伝統の経営方針なのです。

山本　ねばり勝ちで。

才口　城南信用金庫は、ゴルフ場経営などにもいっさい手を出していない。

山本　判子代の話は、田原さんや佐伯照道さんに教えていただきましたので。

才口　金融機関でも、そういうところがあったのです。

田原　政府系の金融機関が、そうでしたからね。なかなか判を押さなかった。

深山　判子代の問題というのは、我が国の本当に根強い慣行だったのですが、今は全くないですから。

田原　若干払って、和解して売りますから。

深山　例えば破産の担保権消滅は使わないで、昔ながらの和解を出すときでも。

田原　頑張るのだったら、消滅を使うよと。

深山　と言うと、昔から見ると、ごくわずかな涙金の和解で、じゃあ、もういいですとなるのですね。

才口　担保権消滅制度が実現したというのは、現場に長けていた田原さんの功績ですよ、本人から一言あってしかるべきと思います。

田原　これが東京から出ずに大阪から出たのは、先ほど申し上げたとおり、大阪では、和議を実際に活用していたからです。和議で活用しているときに、後順位の担保権者が頑張って、実勢価格を遥かに上回る担保権の評価を求めてくる。それを呑んだら事業の再生は極めて困難である。そういう中で、その実勢価格を弁済提供することによって担保権を抹消してしまって、その上での無担保状態、ないしは、それを了解してくれた担保権者の間の長期弁済計画で、何とか処理ができないかということが、和議に携わっている弁護士にとっては非常に大きな問題でした。私自身も和議の申立代理人を何回もやっていますし、大阪の場合はピーク時では年間に三〇件を超えた時代がありましたから、そういう経験をしている弁護士にとって、制度をいじるなら何とかしたいと。それで、山本さんにも加わっていただいた判例タイムズに連載した研究会で、一つずつ頭出しをして、その上で、大阪のバックアップ委員会の中で何とか形あるものにしようよと。形あるものというのは、単に言うのではなくて、立法提案としてまとまるようなものを何とか作れないかということです。

大阪の場合は、民訴法のときからそうでしたが、バックアップ委員会の中に勉強が好きなメンバーが結構いたのです。そういう立法提案を含めて、条文化することまでを含めて勉強が好きなのです。彼らが研究会で、ああでもない、こうでもないという作業を繰り返していく中で、たたき台が出てきても、これはこんな欠陥があるではないかということで内部の集団討議によって潰していきますから、少しは形になって耐えられるものができてきて、それを日弁連に持ち込んで、日弁連のほうでも「大阪でそこまで熱心に言うのだったら、いいじゃないか」ということで、法制審のほうに提案していただいたというのが経過です。民再に担保権消滅制度が入ったものですから、ほかにも似たようなものを入れても構わないではないかと。結局、民再で実現したのがいちばん大きかったと思います。

山本　あの段階では、全銀協もかなり抵抗していたと思うのです。深山さんがその調整を図られていたのですが、よく全銀協が呑んだなという感じはします。

深山　民事再生でこれを入れるかどうかについて、弁護士会から最初に提案があったとき、審議会で全銀協は憲法違反だと言っていました。また、民法学者からは、不可分性の原則に抵触するのではないかとも言われました。しかし、ニーズはよく分かるのです。どういう仕組みにして、どういう手続的な保障をすればいいのか。当時の類似の滌除をはじめとする代価弁済などいろいろな制度を詳しく検討して、不可分性と言うけれども、不可分性というのは、ある限定された範囲でしか保証されていないではないかと考えました。

山本　そもそも消除主義が、不可分性の例外ですから。

深山　類似の制度に立ち返って議論をするということでは、いま債権法改正の担当参事官をやっている筒井健夫君、彼は東京地裁の執行部から法務省民事局に来たので、この問題を内部で検討するときには、彼の専属管轄として、三つぐらいある類似の制度について、文献があるものを全部読み、それで、憲法違反とか不可分性の原則違反で制度を潰されない仕組みと説明を彼に考えてもらった上で、担当者内部であれこれと議論をしました。法制審議会に出した議論は、ほんの一部ですが、そこに至るまでは非常に大変でした。全銀協への説明も、法制審議会でもしましたが、それ以外にも相当な時間をかけて、どう考えて、どうなっていって、運用したらどうなるかということも含めて説得した覚えがあります。しかし、もともと担保権の制約はないという前提でできている民事再生法で、一定の要件の下で担保権を消すという担保権消滅制度ができたわけですから、会社更生では、もともとは担保権変換という形で進んだ議論ですが、担保権を消滅させてお金に換える仕組みは、比較的検討しやすかったのです。

才口　再生に収斂され、大義名分が立った。

田原　その再生自体が、大臣要請まで含めて、速やかに法を作れと。企業を再建するための手続を整備しないと駄目だと。そうすると、担保権が企業の再建の最大の支障になるということが大きかったでしょうね。

山本　ネーミングについて若干問題がありました。いま伺っていると、破産までうまくたどり着けたのは同じ名称にしたからだという面もあるのでしょうが、民事再生法が施行された当時は、中小の信金、信組から、「うちの大事な担保権を消滅させるとは何事だ」というので、随分問題になりましたよね。

深山　信金、信組の理事長などが反対の文章を書いて、公表したり。

山本　それは単に理解不足だったのですが。それで、確か更生法のときに、その話があったから名前を変えようというので、特別換価というのがいいのではないかと私が発言して、部会としてはそれでいきましょうということになったのに、法制局を通らなくて戻ってきて、やはり担保権消滅になってしまったのでしたよね。

深山　「消滅」というのが非常にドラスティックで、金融界から見ると、せっかく倒産のために設定した担保を消滅させるような倒産手続とは、一体何を言っているのだと。

山本　そこは、前二つは「特別換価」、後者についても、「担保権消滅」ではなくて、消除を伴う任意売却だということを表す別途の言葉を作ったほうが良かったと思うのですが、ただ、あの立法時においては、これにしたことが良かったのかという気がしてきました。

深山　当時はまだ民法の滌除があった時代ですからね。

才口　滌除の字が難しいし内容も理解しにくい。かみ砕いて制度化された感じがします。

田原　でも、やはり滌除に類似した制度なのです。

深山　みんな担保権消滅になったために、あとから勉強する人にとっては、担保権の消滅事由は分かりやすくなった面はありますね。

田原　これは、導入して良かったと思いますよ。

1　担保権消滅請求の申立ての実情

山本　そうですね。民事再生法施行当時に倒産事件を担当しておられたある裁判官が、「これはけしからん制度だ、これがあるせいで、どれだけ手続の処理が遅れるか、申し出られたらどうなるか考えているのか」と、随分怒っておられたのですが、それほど申立件数はないんじゃないですか。結局、再生債務者側に交渉上の有利なポジションを作るというのが大事なところですね。高橋宏志さんは、「伝家の宝刀だ、キュッと抜いてピカッと光らせるだけで、ずいぶん力があるのだ」と、いろいろな所でおっしゃっていました。正にそういう働きをしていると理解してよろしいのでしょうか。

田原　そう私は理解しています。文献（村木洋二「東京地裁における破産事件の運用状況」曹時六五巻八号〔二〇一三年〕二三頁）によれば、東京地裁では破産法施行後平成二四年末までで、申立件数は三二件にとどまっており、平成二二年は一件、平成二三年は〇件、平成二四年は二件しか申立てがありません。

才口　余り行使されていないのではないですか。ちらっと見せるだけでいいのかどうかの問題もありますが。

山本　解釈論上は、在庫商品がどうかとかいうような議論が少し出ていますね。

深山　もともと倒産手続が担保権を扱うときには、典型的な抵当権のようなことを念頭に置いて議論はしますが、最後どこまでいろいろな担保に波及できるのかというのは、いつでも問題になるのですね。

山本　中止命令との関係になりますが、いわゆるサイレント型ないし営業循環型の集合債権譲渡担保が、甲論乙駁で難しい問題になっています。

才口　集合物担保もありますからね。

深山　当時、法制審で、非典型担保は、実体法のルールが解釈論なのに倒産法で手続を置くといってもそれは限度がありますということを一〇〇万遍言ったような気がします。置ければ置いてよかったのでしょうが、とても、ちょっと。

山本　無理ですよ、あの制約された時間では。それだけのことをしようとすれば、民法学者に対するサウンディングをいっぱいしないと先に進めないですしね。

田原　不動産譲渡担保に使えるかとか、そんな議論がありましたが。

山本　確か、ジュリストの座談会でも、リースはどうなるのだということをやりましたね。

深山　当時は、まだリースが隆盛を誇っていた時代でしたから。今はもう、税務上の取扱いが変わってしまいました。

山本　税務会計上の扱いが変わってしまいましたからね。オンバランスになってしまいましたから。

深山　あの当時は、あれほどリースについて議論したということが、今は何か不思議な感じがしますね。

山本　隆盛を誇らなくなってから、民法改正というのも皮肉な感じがします。

才口　民法改正はリースだけの議論ではない。

深山　担保権の消滅請求は、このような評価ということでよろしいですか。

2　破産の担保権消滅における対価の配当手続

田原　破産のときに問題になったのは、担保権を消滅させたら、その対価の配当で、当初は、裁判所側は配当するのは嫌だと、管財人でやれと主張されていた。弁護士のほうが、配当手続というのは難しくて、到底、弁護士では無理で、執行部の書記官事務の経験がなければ到底無理なのだということを申し上げて、最終的には、裁判所も、それもそうだということで納得を得られたのです。実際の配当事件はそれほどありませんが、実際の執行事件での配当のところを見ていますと、あれは普通の管財人の能力では到底無理です。

山本　マルプラクティスを起こしそうですね。

深山　確かに、裁判所ですら間違うことがあるのですから。

才口　配当手続は技術的な分野で、経験がないと間違いが多い。

山本　上告審とか控訴審に来ている配当異議訴訟の配当表を見たら、びっくりするようなものがありますよね。大阪や東京は特化していますから、書記官も裁判官も熟練になっていますが、それ以外は、ほかの事件をやりながらやっておられるから。

才口　東京でも配当表を間違え、管財人が報酬を減額あるいは返上した例もありました。

山本　執行配当は、もっと難しいですからね。

3　破産の担保権消滅における組入れ額

深山　破産は破産で、随分金融機関と最後までもめて。

山本　そうですね。組入れや対抗措置のところで随分もめました。

田原　五％ルールも、もめましたね。

山本　何％にするかというのを。

才口　結構真剣な議論をしましたね。何か消費税率の議論だったような気がします。

山本　五％か一〇％かで、随分もめましたね。私は、分からないから、勝手に決めてくださいという感じでしたが。

才口　金融機関は何を基準にして考えたのですか。

深山　いや、それは分かりません。

才口　銀行金利か民法の法定利息か何かを根拠にするのでしょう。

深山　いや、そうではないのではないですか。

田原　我々のほうでは、仲介手数料プラスとか、いろんな根拠を出したりしたお陰で、日弁連は、一定の提案をしたわけでしょう。金融界のほうは、具体的な根拠を示さずに反対していた。

深山　せめて一〇％と。しかし、一〇％か五％かの決め手はないのですよね。それから、これも田原さんが言っておられましたが、額が小さいのと大きいのとでパーセンテージを変えるなら、それは一つのやり方だけど、こういう類の手続だと、一つに決めざるを得ないですよね。そうすると、大きな額のときの五％と小さな額のときの一〇％というのは、計算的にはほとんど同じようなことになってしまうので、なかなか決め手がないのですね。でも、これも大激論になりましたが、最後は収まったということで。

山本　全銀協も、全部いいところを取れるとは思っていなかったので、ほかで実が取れていたのではないですかね。

田原　これも含めて、一〇年も経ちますが、倒産法の改正全体としては、非常に良かったのではないですかね。

才口　制度として画期的な定着ですよ。

山本　それを含めて、全体として、あの限られた年数で、全部を刷新したわけですから。

才口　拙速ではないが短期速成の立案ではあった。

山本　それは仕様がないですよ、人間の頭で考えつくことには限界がありますから。でも、あの限られた時間で、あれだけの人的資源しか投入できない状況で、ここまでやれたというのは、すごいことだと思います。

才口　倒産法部会の結束力と委員・幹事の個性は強力だった。詳しくは後にお話しします。

深山　それと、タイミングですね。

山本　経済動向との絡みでね。

才口　タイムリーに大臣発言があったりしてね。

深山　平成二年というのはバブルの崩壊する直前ですから、平成二年から民訴ではなく倒産法の改正をやっていたら、倒産法の様相は全然違ったでしょうね。担保権に踏み込むとか、そのような話にはならなかった。

才口　そうでしたね。

山本　会社更生法の鈍重さに対処するのと、個人倒産関係の手続を整備して「おしまい」ということになっていたかもしれませんね。

Ⅷ　倒産犯罪

深山　最後に、民事関係ではないですが、これも激論になりました倒産犯罪の客観的処罰条件を残すかどうかという議論を取り上げたいと思います。

倒産犯罪については、民事再生の検討過程で一旦、議論を少ししましたが、とても時間がないということで先送りになって、結局、破産法の改正の最終段階で本格的な検討がされました。法務省といっても、この部分については、実質は刑事局が考えていました。客観的処罰条件の廃止という提案、これ自体は、刑事法の世界では従前からごく常識的に語られていたことで、非常に古くさい法制度の名残だから、我々も当然廃止されるのではないかと思っていたのです。刑法学者の委員・幹事もこれを支持しましたが、弁護士会出身の委員・幹事の皆さんが極めて強く反対をされて、結局のところ、竹下部会長が部会の委員・幹事の全員から意見を聞くような形になって、最後は今のような形で存続することになりました。こういう、ある意味では変わった経緯をたどったものです。

才口　弁護士会の委員が変わっていたということですか。

深山　いいえ、変わった経緯をたどったということです。

才口　その経緯をお話しします。

弁護士会委員・幹事がこぞって異議を唱えたのは、法務省刑事局と刑法学者が倒産犯罪の客観的処罰条件を廃止して倒産犯罪を厳罰化すると主張したのに対して時期尚早と反対したのです。

当時の日弁連の会長は本林徹さんで、弁護士全体の利害に非常に神経質になっていた時期です。日弁連の倒産法改正の委員長の多比羅誠さんから、会長が「才口や田原に任せておいて大丈夫か、場合によっては日弁連として反対表明の記者会見をするから」と発言しています、との情報を得たので、急遽、私と田原さんで作戦を練りました。

当日は、まず最初に、刑事局の高崎秀雄さんが蕩々と厳罰化を主張したのを受けて、田原さんが開口一番「牽強付会」と反論の火蓋を切ったのです。ところが、刑事局は我々の仲間である倒産弁護士の複数の者からの「確かに倒産弁護士は倒産直前にいろいろあこぎなことをする」という趣旨の録取書などを根拠に一歩も引かないため、真っ向対立になり、形勢が不利になった。そこで、今度は私が「倒産法部会は永年、真剣かつ友好的に審議を続けてきたのに何で最終段階に至って結束と友好に水を差すような提案をして対立するのか。本日審議を強行して結論を出すのであれば、弁護士会メンバーは全員、即刻、本会議から退席する」と啖呵を切ったのです。一瞬、会場が騒然となりましたので、すかさず「本件の最終判断は部会長の人格と識見を信頼して一任する」と言って着席しました。確か、暫時休憩の後、部会長が事態収拾のために継続審議にしてくれました。

その後、私と田原さん、瀬戸さんが深山さんにお願いして、刑事局の懐柔を図ったのですが、深山さんから、「なにせ法務省の本流は刑事局ですから」などと言われてがっかりした。

深山　それは確かに。

田原　刑事局が本丸ですからね。

才口　一方、本林会長には法曹三者の友好関係や新法制定の影響などを説明して記者会見を取りやめてもらい、刑事局と再三協議の結果、次回の審議会において、倒産犯罪の規定の改正は新破産法の改正まで先送りということになったということです。

その後、任官したため最後の審議には関与していませんが、倒産犯罪全体を見直し、客観的処罰条件を廃止せずに、事件を類型化して規定したのですっきりした形になりました。

最後の審議会では高崎さんが約四〇分、蕩々と演説をして刑事局は矛を収め一件落着になりました。

田原　結果的に客観的処罰条件が残ったので、刑法の西田典之さんが何のために法制審に行っていたのかと言って非常にお怒りなったということを聞いています。ただ、理論的にはよく分かるのです。刑法の佐伯仁志さんがしゃべったと思いますが、ちょうどその頃、倒産事件処理に絡んで、弁護士が逮捕・起訴されて、一審無罪で、高裁で罰金刑、上告審は上告棄却した事件がありました。同事件では、私は長い反対意見を書いていますが、逮捕・起訴には他の目的があったというのを一審判決は認定して無罪にしているわけです。そういう点から濫用される危険性に対する危惧がありました。それから金融界のほうに、これは私どもも手回ししたのですが、詐害行為が全部立件されてしまうよと。あと、確か、その前後だったと思いますが、福島で医療過誤を理由に医者が逮捕・起訴された事件があり、最後に無罪になった。そうすると、客観的処罰条件がなかったら、下手したらお巡りさんが動き出しかねない。お巡りさんが動き出すというのは、やはり詐害行為は全部それに該当しますから、否認該当行為で。そうすると、普通の経済事件が刑事事件になる危険が常につきまとってしまう。そういう制度は倒産犯罪として、破産になった上で追加されるのはやむを得ないけれども、破産になる前に立件されたら経済活動が非常に混乱するということを金融界から出席している方々にお話したら、彼らも、それはそうだということで、金融界は、弁護士会がこうして動くことには何ら反対はしない、賛成して積極的に動くわけではないけれどもという形になりました。
私は刑事事件もやっていましたから、その立場から言うと、構成要件としてははっきりしているのですが、捜査権がいつでも発動されるというのは経済活動にとって非常に怖いと。現場レベルの警官が立件しようと思ったらできてしまうわけですから。ということが、私が反対した一番大きな理由です。理論的には西田さんがおっしゃっているように、法務省の言っていることは、そのとおりだと思うけれども、弁護士会が頑張るのはここにあるのだと。それで法体系が少々歪んでしまってもいいではないかということを申し上げ、後は、竹下先生にお預けして、竹下先生に部会長としてまとめていただいたというのが経過です。

才口 後日談ですが、審議会の打上げ会で西田先生に「弁護士会メンバーの作戦勝ちだ」と言われ、最高裁に行ったら、同僚となった古田佑紀判事が法務省刑事局で厳罰化に関与していたことが分かりました。

深山 これは、もともと、平成一四年ぐらいでしたか、担保・執行法の見直しというのがあって、そのときに刑罰もいじったのです、強制執行妨害罪の法定刑を重たくするといった改正が実現しています。そのときに既に倒産法部会がありましたので、執行犯罪の強化を担当した高崎さんが倒産犯罪の見直しも担当したのです。執行犯罪の強化をするに当たって、高崎さんは、日弁連の暴対の関係の人たち、それから、一部の倒産関係の人たちに随分ヒアリングをして回っていました。

才口 綿密かつ多数のヒアリングをしていたのですよ。

深山 そうです。

才口 録取書か何かを根拠にしていました。

深山 高崎さんは、検事ですけれども民事にも興味を持って執行法や倒産法をものすごく勉強し、その上、長い間執行犯罪や倒産犯罪の見直しに関与して、いろいろな人からヒアリングもしていました。

才口 ヒアリングを受けた人の中にはバックアップ委員会のメンバーもいました。

山本 そうなのですか。

深山 民暴と倒産の関係の随分たくさんの弁護士からヒアリングをして、懇切丁寧に立法事実を積み重ねてきていたのです。

才口 深山さんに「なかなか簡単にいきませんよ」と言われた意味がよくわかりました。

深山　高崎さんは、極めて理論に強くて頭のいい人なので、彼に蕩々と理屈を言われると、なかなか反論は難しい状況でした。

山本　彼は刑法学者の間でも有名ですよ。

才口　やはりそうですか。

山本　高崎さん、佐伯さん、刑事訴訟法の酒巻匡さんは東大の学部の同期なのです。

才口　同期ですか。

山本　ええ、酒巻さんとは学生時代から友だちですし。高崎さんは、酒巻さんに対して、「君は学者になるのか。自分は検察官になって立法をやる」と言って任官したらしいです。

才口　田原さん、当日だんだんに形勢不利になって、学者の先生まで「ごもっとも」などと言わされたのには、いささかまいりましたよね。

田原　倒産の学者の方、皆さん、ごもっともと言っていたと思う。

山本　私は反対しましたよ。

深山　客観的処罰条件については、司法試験の短答レベルの知識としても、懲戒主義の残渣だとか言われている古臭い制度で、実行行為のあとから処罰するかどうかを決めるなどというのは、近代刑法の原則に反するみたいなことを言われていましたからね。

山本　学生時代にですか。

深山　そうです。

山本　私は、二六五条については反対しなかったのですが、二六六条については反対しました。理由は、偏頗否認について倒産処理手続開始決定の遡及だ、リレーションバックだと説明しているわけですから、民事においても、倒産処理手続さえ開始しなければ何も悪い行為にはならないのです。手続が開始して初めて回顧的に否認できる行為になるわけです。その観点からすれば、民事法がそうなのに、なぜ刑事法で、倒産処理手続が始まる前から可罰的な行為になるのかというのが分からないというように反対しました。

才口　深山さんのご尽力もさることながら、今も田原さんとよく話すのですが、倒産法部会の部会長が竹下先生だったということが幸いでしたね。人格、識見そして先見性を備えられた先生で、あの方でなければ収めきれない部分は随所にあり、新倒産法制の早期成立に貢献されました。

田原　これなども典型例ですね。

深山　結局、弁護士会と刑事局、刑法学者との侃々諤々の大きな対立になってしまって、竹下先生が、「では、ほかの委員・幹事の皆さんはどうですか」ということを一人ひとりに聞いていって、やはりここは、まとめさせてもらえればこうならざるを得ないということで、今の形になったのですよね。

田原　でも、客観的処罰条件が残ったことによって倒産犯罪が増えたわけでは全くありません。しかし、理論的にはおっしゃるとおりということです。

才口　確かに、高崎さんの言っていることも間違ってはいない。

山本　金融機関とか、業界団体などでも危ないのがいっぱい出てきますから、やはりそちらのほうも心の中で支援してくださっていたというのがあったのではないですか。

深山　そうですね。だから、経済界の人はどちらかといえば見直しに消極的で、今のままでいいのではないかということを言われたのですね。

才口　竹下先生との対話で思い出すことがあります。弁護士会の委員・幹事は多士済々で個性豊かな人が多かったので、午後に開催される審議会に先立ち午前中に弁護士会の意見を集約して臨むのですが、しばしば突然異なる意見を述べる人がいました。その時、先生は「弁護士会の意見はどちらですか」とやんわりお聞きになる。その都度「両論とも正論です」と言い訳をしました。また、「誰だ、味方に後ろから鉄砲を撃つやつは」と言われたり、田原さんが私に何とかしろと言ってきましたが、あなたの足下の話ではないかと言ってお茶を濁したこともありました。

山本　議事録は関西弁が残っていましたから。大阪の弁護士会はどうですかと振られて、「○○委員」あるいは「○○幹事」の発言が関西弁だったら特定される可能性があります。そういう意味では、私の発言も特定が容易ですね。

才口　載せてもいいのではないですか。もっとも、議事録を読んでいる人は方々にいるのですね。私の判事就任の記者会見の翌日の朝日新聞の朝刊の「ひと」の欄に、先ほどお話した退席発言をとらえて、「けんか上手でもある」と評されました。

深山　それは、大体分かりますよ。

才口　そうですか。

深山　実は、最初の頃の議事録は発言者名は非顕名でしたが、発言者が分からないように加工していました。

田原　そうです。民訴と民再はそうです。

深山　関西弁だと発言者が分かってしまうので、一生懸命に標準語に直したりしていたのですが、馬鹿くさくなってしまって。

山本　月二回になってしまいましたから。月二回でそれをやるのはつらいですよね。

深山　もっとも、ごく初期の議事録は公表されていないのです。平成一二年ぐらいを境に議事録を公表するようになったんです。

山本　情報公開関係ですか。

深山　いいえ、法制審議会として議事録の作成ルールを変えたのです。

田原　私の持っている記録は「永久秘」になっています。

深山　民訴とか初期のものは「秘」と押してあります。

田原　しかも「永久」と書いてあります。

才口　「永久」ですか。倒産法部会の侃々諤々の白熱した議論は法制審議会の議論として珍しいのではないですか。でも「永久」では、もう駄目ですね。面白かったと言えば面白かったけれども。

深山　法務省で何か新しい立法テーマについて法制審議会を立ち上げるとなると、最終的には大臣が任命することになりますが、事務当局でどういう分野の人たちに入ってもらうかを検討します。しかし、今は、法制審議会の委員の数は二〇人以内という縛りがあります。大昔は特段の縛りはなく、五〇人とかでしたね。

才口　約五〇人です。

深山　今は、二〇人以内という縛りがあって、なおかつ、法律の専門家ばかりだと、基本法の検討のあり方としておかしいという批判が国会等からされていますので、いろいろなバランスを考えて割り振っていくことになります。

田原　委員が二〇名でしょう。

深山　幹事は別です。ただ、委員と幹事は、幹事のほうが年寄りというわけにはいきません。幹事は、委員を補佐する立場なので、大体五〇代から上を委員とし四〇代、三〇代の人が幹事と、こうなるわけです。

そういう意味では非常に制約があって、どういう分野の委員を何人とするかは非常に難しいところがあったのですが、結果として、いま才口さんが言われたように、倒産法部会は、研究者のみならず、弁護士会・裁判所や、連合とか経団連、全銀協といった実務界も含めて本当に能力と意欲のある人が集まり、しかも、一緒になって新しい倒産法制を生み出そうという雰囲気で長い間お付合いいただいたので、大きな成果が上がったとすれば、その人選あるいは人的な要素は大きいと思います。

田原　それと全銀協が。今の債権法改正では委員を一年ごとに変えているでしょう。あのときは変えませんでしたから、あれが大きかったです。

山本　石井眞司さんと川田悦男さんでしたね。

田原　石井さんが途中から川田さんに代わって、結局、川田さんが最後までやったから。あれはやはり大きかったです。川田さんと全体的な信頼関係ができ、そうすると酒を飲みながら胡座話ができるようになったので。

深山　そうですね、全銀協は、ご案内のとおり当番制になっていて、会長行から各種委員を出すというのがルールで、会長行が一年ごとに代われば委員も差し替えるのがそれまでの慣例だったのを、やめてほしいということで、お願いに行った記憶があります。次の会長行に行って、この立法はここまできているから是非同じ委員で続けてほしいというお願いをして、当時、それを全銀協は呑んでくれて、異例の扱いをしてくれたのです。

田原　それを民訴法のときに三ケ月先生が蛸部屋で、「脱退、まかりならん」とおっしゃって、倒産法のときも同じことで日弁連はやろうということになった。日弁連の役職者の一部からは、田原が一五年も名誉職である法制審の幹事・委員を独占するのは許せないと言われました。

才口　東弁にもおられました。話は変わりますが、倒産法部会は竹下先生と相談し、深山さんに協力していただき、「同窓会」を開きましたね。

深山　そうでしたね。

才口　平成二三年一〇月七日に開催し、六一名が出席し盛会でした。委員・幹事延人数は百余名ですが、約六割の出席ですから倒産法部会はいかに結束力が固く、それぞれの思い入れが強かったかが分かります。

Ⅸ　今後の倒産法制の立法のあり方

深山　最初に少し話が出ましたが、弁護士会を中心に倒産法の更なる見直しという議論があり、学界でも、全員かどうかはともかく、一部の人からは、そろそろそういう時期ではないかという声があります。今日の話はもう終わってしまった立法過程を振り返ったのですが、これからもまた倒産法の見直しというのはあり得るわけです。そこで、田原さん、才口さん、あるいは学界に身を置く山本さんなどは、新たな倒産法制の見直しという最近の議論についてはどう思われますか。

山本　先ほど田原さんがおっしゃったように、明らかに不備があたったところのマイナーチェンジは必要なのですが、ただ、最近の立法論はそれを超えています。平成一七年までの倒産部会は非常に良かったのです。つまり、出ておられる倒産実務家の先生方が、反対側の人の利益もよく分かって議論されていたのです。ところが最近の弁護士会の提案はどうも、債務者側の意見しか出なくなってきていて、ちょっとまずいかなという気がしてきます。だから、やるとすれば、かなり弁護士の人選に気を付けないと、倒産村の理屈だけで立法を進めるというような形になりかねないことを、私は危惧しています。

才口　私は新倒産法の制定と改正とをほぼ終えた時期に任官し、約五年の任務を終え、平成二〇年九月に退官して弁護士に再登録しました。帰去来の感懐は弁護士及び弁護士会が大きく変貌したことです。倒産村は相変わらず盛況で若手倒産弁護士が活躍しています。ただ倒産弁護士の気質や事件処理の仕方が変わり、短期速成の新法にしては首尾よく定着したものの随所に綻びが出で来たので、見直しあるいは改正の時期に来ていると思います。しかし、これに対応する弁護士と弁護士会の状況はいかがかということです。

山本　それはそうですね。

才口　まず弁護士増員に伴って弁護士業務が変化し、倒産弁護士が増えました。ご指摘の全倒ネットも、田原さんとは一〇〇〇人程度を予測していたものの現在では四五〇〇人を超える大所帯になり、消費者問題中心の弁護士もかなりいます。仄聞するところでは弁護士会の選挙にもネットが活躍したとのことです。弁護士の増員に伴って弁護士会の行政も変わりました。単位会もさることながら日弁連の変貌は目覚ましい。当然、都市と地方の弁護士会の格差が大きい上に日弁連の組織は肥大化し、かつ機能不全の状況にあります。

具体的には、新倒産法制皮切りの民事再生法の議案を上程したときの趣旨説明は五分、審議一〇分と驚くべき実態です。当時の小堀樹会長は旧知の仲でしたから議案審議・決議の要領を教えてもらい、初回は、民事再生法の概要を中心に簡単な趣旨説明で終え、次回に実質的審議をお願いしました。その結果、次回の実質的審議では一、二の質疑に応答して無事可決してもらいました。確か、疑義は和議法との差異と再生債務者の地位に関連した弁護士及び弁護士会の対応であったと記憶しています。理事会の状況は、理事の机上に渦高く議案の記録が積まれ、理事各位の顔も見えない有り様ですからご想像ください。同日の家裁関連の議案は時間オーバーで審議打ち切りとなりました。

最近の日弁連は弁護士の増員に伴い職域拡大に必死で神経質です。当然のこととは言え、しばしば法案に反対し、クレームを付け、弁護士会声明を出し、記者会見をします。他の法曹二者から協調性を云々されているのみならず案件処理が遅滞している。

退官して五年経過した現在、退官直後に弁護士会は変わったと感じた以上に変わっています。民法改正という大きな課題を抱えた時期に倒産法改正はできるのか、また時宜を得ているかいささか疑問です。

深山　改正作業も平成八年から平成一六年までやって、終わってから一〇年ぐらい経ってみると、そのときにさんざん議論したことはたくさんあり、その議事録も、公表されているものは平成一二年以降ですが、全部読むことすらできないような量です。ですから、若い人たちが立法に興味を持ち、自分も倒産弁護士としてやってみたら、ここが使いにくい、こんな制度ができたらいいということはいろいろあると思うのですが、それを制度化するためにはいろいろな検討をしなくてはいけなくて、既に八年間で、相当検討をした内容を是非踏まえてほしいと思います。これは法務省の側から見ると、世の中が変われば、前に制度化できなかったものをもう一回議論しても一向に構わないですが、若い方の書いた論文で既にされた過去の議論を知らないで、ほとんど同じような提案がいくつも出てきているというのは残念だと思います。

もっとも、実務上の不都合や立法のミスとまでは言わないにしろ、もうちょっと考えておけばよかったみたいな、細かな見直し事項が相当数溜まってきている時期にあることは、そのとおりなのではないかと思います。ですから、現在、法務省民事局では債権法の見直しという大変な課題に取り組んでいますが、債権法の見直しの先の時期もありますし。その時期に何をするかというのは債権法の見直しと並行して考えておいても一向に構わないので、現在弁護士会を中心に盛り上がっている倒産法制をもう一度見直すという議論には何も否定的なイメージを持っていないですし、むしろいずれは必要になるということだと思っています。

田原　そして、本来なら若い人の動きを収めにかからなければいけない人が、積極的になっているのが気になります。

それで、債権法の改正で詐害行為の条文が動きます。そうすると、その関連からみて否認の規定を場合によっては少しいじらなければいけないかもしれません。それとともに、今、喫緊に手続法的に問題があるところなどは整備法で改正できる限度が精一杯だろうと私は思っています。そういうことを若い人に言うのですが、せっかく勉強したのだから論文を書きたいと言うのです。

いま深山さんがおっしゃった倒産の問題は、実は民訴法も一緒です。「インターロガトリー、どういうふうにしたらいい」とか「ディスカヴァリー、どういうふうにしたらいい」とか、二〇年前にさんざん議論した話をその当時の文献を読みもせずに居丈高に言って、「それ、君、どうかと思うよ」と言ったら、「田原さんは、何も知らない」とか「アメリカは素晴らしい」とか、「アメリカへもう一回調査団を派遣しなければいけない」というようなことを言う日弁連の有力者がいるものだから、本当に困ったことだなと思っています。

才口　田原さんほど理論的でもないし、私ほどファジーでもない。その中間を行って要領よく仕上げようとしても難しいと思います。田原さんの言うとおり、まず現状と不都合を若い倒産弁護士に認識してもらい、その結果を踏まえて必要不可欠な部分を改正するしかない。余計な蒸し返しはやめるのは当然ではないですか。

深山　経済事情とか経済社会のあり方がどんどん変わっていく。それに伴って新しい課題が生まれ、見直しが必要になる。このこと自体は倒産法の性格からして当然のことです。特に再建型の倒産手続については今の経済社会の中で生き残っていくための手続ですから、経済環境が変われば見直したり新たに考えなくてはいけないことがあるというのはそのとおりだと思うのです。しかし、平成八年からあれだけのエネルギーを投じてでき上がった今の倒産法制を前提として、更なる改正を考えるわけですから、是非、若い人には、昔の議論も昔の話だと言わないで勉強してもらって、提案を切り分けてもらうと説得力が増すと思うのです。

山本　それと、今の弁護士側での改正論議は、これは別の機会にも言ったことがあるのですが、多くの場合、こうなったらいいよで終わっているのです。やはり、どういうふうに条文にしたらいいのか、民法のどこと関係しているのか、そういうことを考えた上で提言をしてほしいのですが、こんな条文があったらいいというような提案が目立つわけです。田原さんや才口さんが条文にするためには、どれだけのエネルギーを割いてきたかということが、分かっていないとしか思えません。

才口　私と田原さんみたいな関係が良かったのかなと思います。私と田原さんはいわば倒産法改正の戦友です。弁護士会委員・幹事間のコラボレーションみたいなものが大切で、なかなか適格者を得られない状況にある。たまたま二人とも最高裁に入りましたが、別段、倒産弁護士が選任の要件ではなかったと思います。特に田原さんは刑事も民事も、空港訴訟もやっています。倒産村だけが重用されたのでもない。昨今著明なのは原子力村です。

田原　才口さんの日弁連の倒産法改正について方針をまとめていただいた力は非常に大きいので、それを民訴法のときには、釘澤一郎委員長で、委員に馬場英彦さんがおられて、馬場さんは日弁連の事務次長の経験者だったから、日弁連の委員会を政治的にまとめる上で非常に尽力していただきました。倒産の場合も、私は大阪ですから動けませんから、やはり才口さんが理事経験者として、日弁連の理事者にどういうポイントで声を掛ければいいかとか、日弁連の委員会の中でどういうガス抜きをすればいいかとか、そういう意味で非常にご尽力いただいた。結果、日弁連の全体委員会も、それほど大きな対立もなく、実質二〇名ぐらいがバックアップとして機能してくれました。やはり日弁連のバックアップ委員会というものが全会組織でできていて、それが分裂せずにまとまっていたというのが、倒産法改正の上で日弁連が何とかしのげた原因だと思います。その関係では、一定の政治的な行動ができる方が東京におられた。それが大きいと思います。

才口　大阪の有力な理論家は新幹線でビールを飲んで来るものだから、理論が白熱して困った。

田原　別にビールを飲もうが飲むまいが、私は変わらないから。

才口　確かに。本会議に入る頃には醒めておられました。

おわりに

深山　これまで三時間にわたって倒産法部会における調査・審議の過程で論点となった事項を中心としてさまざまな議論をしてきましたが、この鼎談の最後に、今日の議論全体を振り返って、それぞれの参加者から一言ずつ感想を述べていただければ幸いです。

山本　既に何度も申しましたが、倒産法部会に関わった感想としては、時代が倒産法制の全面改正を後押ししてくれたことが、最も印象深い事柄です。また、個人的には、部会の内外の議論を通じて、研究者として得がたい経験ができたと思っています。この経験は私の貴重な財産なのですが、宝の持ち腐れにならないよう、リタイヤするまでにできるだけ多く学界に還元していかなければならないと、今日の議論を通じて、改めて感じた次第です。

才口　新倒産法制の改正作業に関与し、ほぼ仕上げの段階で任官してその定着振りや問題点を客観的に見る機会に恵まれたことは幸運でした。倒産法は実体法に根差す訴訟法とは違い非訟事件法であるとはいえ、短期間に仕上がったのは時代的・社会的背景もさることながら、倒産法部会委員・幹事の個性と熱意、そして結束力の成果であると確信しています。また本鼎談の内容には化石的部分と倒産法改正の実態など本音を吐露した部分が混在していますが、後学のために史実としてご理解願えればと思います。

時代を先取りした倒産法も経年劣化を生じ、歪みや不都合を改める時期に来ています。是非とも新進気鋭の知恵と器で、時代のニーズにマッチした最新倒産法を目指して不断の努力を傾注されんことを期待します。

田原　深山さんの名コーディネートにより、一五年余前の立法過程での諸議論が想い起こされました。それにつけても、その立法作業に関与した私自身が述べるのもいかがかという面がありますが、実質六年余の短期間のうちに、かつ、法制審議会のメンバーはそれぞれ多忙な本業に従事しながら、よくこれだけの大改正をなしとげることができたと、振り返ってみて驚きます。

立法の内容については、一連のジュリストの研究会等で詳細な検討が加えられていますが、立法過程の裏話部分についてここまで踏み込んだ座談会等は、本稿が初めてだと思います。もっとも、本日の座談会の発言のうちにも、未だ公表をはばかるとして原稿段階で割愛された部分もあり、更には、座談会で触れることもできず、その公表は関係者のほとんどが亡くなられた後まで待たざるを得ない事柄等もありますが、それはさておき、本日の座談会が、倒産法制の立法史を研究される方、更には、将来の倒産法改正作業に対して、何がしかの寄与ができるものとなったことをありがたく思います。

皆様方にはご多忙の中、長時間お付き合いいただきましたことに深謝致します。

深山 最後に、私からも一言感想を述べて、本鼎談を終わりたいと思います。不慣れな司会で、鼎談の目的である田原さんの「法政策学」を明らかにすることにどの程度成功したかは、はなはだ心許ないのですが、法制審議会倒産法部会で長い間激論を戦わせた田原さん、才口さん、山本さんとこうして長時間にわたって部会における議論を振り返る機会を得たことで、法改正作業においては、時間的な要素と人的な要素、すなわち、それがどのような社会経済の状況の下で行われたかということと、それにどのような人たちが参画したかということが重要であると痛感させられました。改めて田原さんをはじめ、参加者の皆さんの倒産法改正作業に対する貢献の大きさを感じた次第です。いずれ倒産法の更なる改正作業も行われることになると思いますが、それが適切なタイミングで、適切な人たちの参画を得て行われることを期待しています。

（平成二五年八月四日開催）

第三章

民事裁判実務を考える

ゲスト

第1部　裁判官の視点から　園尾隆司（東京高等裁判所判事）

第2部　弁護士の視点から　清水正憲（弁護士）

コーディネーター
山本和彦（一橋大学教授）

第一部

裁判官の視点から
——倒産法と倒産実務を中心に

Part 1

Ⅰ 対談の趣旨

山本　それでは、田原睦夫先生と園尾隆司判事による「民事裁判実務を考える」の第一部の対談を始めさせていただきます。この対談の趣旨は、田原先生がこのたび最高裁判所判事を無事ご退任されたわけですが、申し上げるまでもなく田原先生は倒産実務について深く通暁され、また倒産法の改正におきましては法制審議会倒産法部会の委員として、最初から最後までその改正を見守られ、改正後の実務において弁護士会において中心的な立場で関与されました。さらに、その後、最高裁判所において、倒産法に関係する問題、様々な判例の進展にも関与されてきたということです。

　園尾判事についてはご紹介するまでもないことですが、倒産法改正の前後において、東京地方裁判所の民事二〇部、破産再生部の部総括判事として、倒産法の改正の議論にも法制審議会の委員として関与され、とりわけ最初に制定された民事再生法の実務を東京地裁において担われ、恐らく園尾判事でなければこうはならなかったであろうと思われ

coordinator

Yamamoto Kazuhiko

1984年東京大学法学部卒業、2001年より現職。法制審議会倒産法部会幹事、同民事訴訟法部会幹事、同国際裁判管轄法制部会幹事、同非訟事件手続法家事審判法部会幹事などを歴任。主著に、『フランスの司法』（有斐閣、1995年）、『民事訴訟審理構造論』（信山社、1995年）、『よくわかる民事裁判〔第2版補訂〕』（有斐閣、2008年）、『国際倒産法制』（商事法務、2002年）などがある。

Sonoo Takashi

1972年東京大学法学部卒業、同年司法修習生、74年裁判官任官。東京地裁判事補、札幌地裁判事、東京地裁判事、最高裁事務総局民事局長、静岡地裁所長などを経て、2009年より現職。主著に、『民事訴訟・執行・破産の近現代史』（弘文堂、2009年）、『条解民事再生法〔第3版〕』（共編著、弘文堂、2013年）などがある。

As a justice, as a law planner and as a practitioner

るような、いろいろな実務的な新たな試みを行い、当時、「朝令暮改」ではなくて「朝令朝改」とご自身が言われていたわけです。要は民事再生の現在の実務を確立されるに当たって、当初から関与されてきたということで、現在の倒産実務を語るに最もふさわしい裁判官ではないかと思われます。

このお二人の対談によって、倒産法改正が何を成し遂げたのか、倒産法改正以前の実務と改正後の実務の変容、そして倒産法改正から一〇年前後の時間が経った現在の実務を、お二人はどのように見ておられるか、そして、さらに将来この倒産実務が向かうべき方向がどのようなものかということについて、時間の許す限りお考えを伺えればという趣旨です。

Ⅱ　倒産法改正以前の実務と改革の動き

山本　まず、倒産法が改正される前の実務の状況、今では既に若い読者はそもそも知らない部分もあるところだと思いますので、その辺りについてのお話をいただきたいと思います。これは弁護士の実務の観点から田原先生が松嶋英機弁護士の古稀記念論文集『時代をリードする再生論』（商事法務、二〇一三年）で、倒産法の改正の前の問題として、「整理屋の時代と弁護士の倒産実務」というテーマで論文をお書きになっておりまして、整理屋の跋扈が生き生きと描かれています。田原先生はこの論文では、西、大阪では整理屋が跋扈する。東、東京においては非常に不透明な私的整理が行われている。いずれにしても裁判所の倒産手続が十分機能していないということを、統計等を用いながら分かりやすく説明していただいているわけです。まずはこのころ、田原先生が最初に実務に就かれたころの倒産処理の状況、それからどういう問題点があったのかという辺りからお話をいただけますか。

1 倒産法改正以前の弁護士実務
——整理屋の跋扈等

田原　今、山本さんからご紹介がありましたように、松嶋英機弁護士の古稀記念論文集で書かせていただき、従来から問題意識は持っていたのですが、書いてみて実際に統計を整理してみて、「ああ、ここまでひどかったのかい」というのが実感です。極めて露骨な言い方をしますが、少なくとも昭和四〇年代の倒産部の部総括というのは、決してエリートではなかった。通常部で一寸という方が主にやっていて、その後、論文にも書きましたように、倒産事件は非常に滞留していて、私がなぜ倒産事件を数多く受けたかというのは、その論文を書いてみて分かったのですが、弁護士にとってもあまり魅力ある仕事ではないというところから、弁護士のほうもあまり積極的に受任しない。

その中で、積極的に処理していますと、裁判所にとっては非常にありがたい人間が出てきたと。すると、当時、大阪に関して言えば、私とほぼ同世代で共同事務所として独立する事務所が幾つかありました。それで、早期処理することによって、中間配当で報酬がもらえるというのは若い弁護士にとっては魅力的であって、働けばそれなりの成果が現れるということで取り組み始めました。

もう一つは、サラ金地獄の問題が表面化したのが昭和五〇年代の後半なのですが、そのサラ金対応で破産手続を利用するかどうかについては、実は東京と大阪とでは大きな温度差がありました。最初サラ金の処理で破産手続を利用することを認めたのは福岡なのです。福岡でやって、それから半年ぐらいで大阪でやって、東京でそれを処理し始めたのは田中康久部総括判事のときで大阪のほぼ二年遅れでです。東京では、そういう処理はちょっと異常だというような感覚が強かったようです。しかし、いわゆるサラ金破綻で破産処理ができるという中で、裁判所もいろいろな工夫をし始めて、例えば免責について、相対的な免責だとか一部免責だとか、そういう実務の工夫が行われ始めて、かつサラ金問題が社会問題になっていましたから、それに裁判所としても積極的に取り組まざるを得ないこととなりました。

もう一つは、大阪で言えば整理屋が跋扈していた下で、それを許すのかと。裁判所のお話は園尾さんにしていただいたほうがいいのですが、基本的には裁判所の姿勢が大きく変わったのは、東京、大阪で倒産事件を取り扱っておられた篠原勝美判事ほか三名による『司法研究報告書』（法曹会、一九八五年）で詳細に検討されて、それによって一つの方式が確立されて、それから裁判所の姿勢が大きく変わったと言えます。かつ、裁判所の姿勢が変わったことによって、弁護士の執務対応も変わっていったということで、倒産処理自体が影から表の舞台に出てきたと言えます。

そのころから東京も大阪も、倒産部の部総括が非常に社会的にも重要な位置付けになるのだという認識が持たれて、東京の場合で言えば従来は、会社更生法を担当する民事八部はいわゆるエリートと言われる人が担当していましたが、破産法を担当する民事二〇部に関しては必ずしもそうでなかったと巷間言われていました。大阪も倒産法を担当する第六民事部にエリートと言われている人々が配属されていたかというと必ずしもそうでなかったのが、やはり人的な面から補充をせざるを得なくなったということが大きいと思います。それが一つです。

もう一つは、昭和四〇年代の山陽特殊製鋼に始まる会社更生事件等々の中で、特に東京地裁で顕著だったのですが、当時の東京地裁の会社更生事件の実務は、今から言えば考えられないほど保全管理人や更生管財人の実務処理の内容や、資金繰りにまで口を出していました。それは、一方ではそれを担当する弁護士の能力の問題があったのかもしれませんが、他方で後から振り返ってみて、当時、更生事件を担当しておられた弁護士の方々はやはり倒産実務のトップクラスの方々でしたから、それでそこまで裁判所が関与することが本当に必要だったのかというと疑問に思えます。

もう一つ、私が平成五年に初めて更生管財人を担当して、そのときに過去の裁判所に対する更生管財人の報告書の事例を見てみて、こんなもので裁判所が本当に分かるかという程度の報告内容で、資金繰りにしても、少なくとも弁護士自体がどこまで理解しているのかというような数字を羅列してあるだけ、という状況の下で、裁判所はある意味で積極介入してきたり、事案によっては管財人が現場に行くよりは裁判所に報告に行く時間のほうが長いとかいう形だったのが、私が更生管財人になって、私は従来の書式を完全に変えてしまいました。月例報告も普通に平易に読んで分かる報告書というように、完全に変えてしまいました。大阪もその後はそれが定着しましたから、そういうことを経て裁判所と現場を担当する管財人との間の信頼関係が培われていったのかなという感じで、大きな流れとしては見ています。

2 倒産法改正以前の裁判所実務

山本 今、裁判所のお話もいろいろ出ましたが、裁判所から見てその辺りはどうだったのか、園尾さんお願いします。

園尾 私は裁判官として倒産事件に比較的長く関与してきました。まずは初任の東京地裁判事補の三年目、昭和五二年のことですが、民事八部で三か月間、会社更生事件を中心に担当しました。平成五年にも八か月間でしたが、民事二〇部で破産事件を担当しました。その後、平成一〇年から一五年まで五年間、民事二〇部で破産・民事再生事件を担当しました。したがって、三〇年前、二〇年前、一〇年前と倒産事件を担当してきたことになります。

裁判所の倒産事件担当職員にとってバイブルと言われる文献が二つあります。一つは三ケ月章先生の『会社更生法研究』（有斐閣、一九七〇年）、特にその中で「会社更生法の司法政策的意義」は、倒産事件に携わる裁判官に繰り返し読まれてきました。もう一つは、田原先生が大阪側の事務局長として関与された東西倒産実務研究会の『東京方式・大阪方式　倒産実務研究シリーズ』（以下、「東西倒産実務研究」という）です。これも繰り返し読まれてきました。

東西倒産実務研究の中で、東京地裁の実務の運用が集中砲火を浴びて蜂の巣のごとくになっています。その内容は今、田原先生からご指摘があったとおりです。その点について、東京地裁にいた者はどのように見ていたかをお話しします。先ほどの松嶋英機先生の古稀記念論文集の中で、田原先生は、「私が整理屋らしい整理屋を見たのは、一九八七年に和議を申し立てたときが最後です」と言われています。ところが、私が平成五年（一九九三年）に東京地裁民事二〇部で勤務していた当時、これは田原先生が大阪で整理屋らしい整理屋を最後に見たといわれたときよりもっと後の時期なのですが、整理屋らしき者がかなり激しく裁判所の破産事件に関与してきていました。整理屋の大物といわれている者が、一〇円の債権届をして債権者集会で大演説をするという場面にも出会いました。平成一〇年（一九九八年）に、二度目に二〇部に勤務したのですが、このときにも整理屋とおぼしき者が債権者集会に大変激しく関与してきていました。田原先生が東西倒産実務研究の中で言われていた整理屋の行動様式、すなわち、債権者集会で監査委員を選任しろと騒いで、自らの仲間を監査委員に選任させるという手口は、平成一〇年になっても東京に残っていました。私たちが担当した事件の中にもそのような動きがあり、東西倒産実務研究を皆で読んで対処しました。どうやったかというと、債権者集会に出席する債権者は回を重ねるごとに減っていきますから、数回目の債権者集会で、監査委員にそのような者を選任する動議が可決されることになります。そうすると、裁判官はその文献で研究しておりますから、直ちに「この決議は一般の債権者の利益に反するから執行を禁止する」と宣言して戻ってくる。そういうことを東京では平成一〇年にもやっておりました。ですから、東京と大阪では、整理屋の活動に相当な開きがあったのではないかと思います。

日本の弁護士数はその当時一万人前後で安定していましたが、大阪はうち一割五分、一五〇〇人前後なのに対して、東京には全国の半数に上る五〇〇〇人がいました。そのような弁護士数の中で、東京には倒産関係に堪能でない人がたくさん倒産事件の申立てをしてこられていました。東西倒産実務研

究を見てみると、大阪では錚々たる弁護士が倒産事件の申立てをしていて、裁判所に下手な申立てはできないという意識が強くあり、裁判所も申立代理人を信頼できるという関係があったように見受けられるのですが、正直言って東京ではそういう関係が成立していません。五〇〇〇人の弁護士の態勢ではそうなります。私はこれまで三九年間裁判官をやっており、東京で民事事件を担当する期間も二〇年間に上りますが、東京で民事訴訟をやっていて、同じ弁護士に二度行き当たるということはほとんどありません。

そういう状況でしたから、東京では監督を重くして不正勢力の排除を図らざるを得なかったということが、監督強化の原因だったのではないかと思います。恐らく皆さん信じられないと思うのですが、私が民事再生事件を担当していた当時、民事再生事件を本人が東京地裁に申し立ててきたことがありました。書式は司法書士に習って本人が申し立てる。そういうものもあるものですから、かなり厳重な監督をしていたことは間違いありません。東京と大阪ではそのような環境の違いがあるのではないかと思います。裏返していうと、裁判所の倒産事件の処理という面では、田原先生がおっしゃられたように、大阪がかなり先に進んでいたということは間違いないと思います。

東西倒産実務研究の中で非常に印象に残っていることがあります。それは田原先生のおっしゃられたことで、「整理屋の跋扈は破産管財の実務が適正に行われていなかったことの反映にほかならない」ということです。田原先生のお話の中にあるのですが、大阪では整理屋に対抗する関係上、中間配当をできるだけ速く、しかも配当率をできるだけ高くして実施して、それによって任意整理とそれほど変わらない速さで配当ができる。そういうことを示すようにしていると発言されているのです。田原先生は、整理屋どもが第一回でどの程度配当しようとする事件かということを管財人は頭に入れて、第一回配当をやることが必要であるということも言っておられます。

こういう内容を私たちは繰り返し読んで、そこまで考えてやっておられる、我々はどうしていくかということを研究しました。整理屋跋扈時代の東京地裁の実情はそんなところだったように思います。

田原　整理屋跋扈時代について少し付加しておきますと、青木雄二さんの書かれた漫画の『ナニワ金融道』というのがあります。同書に出てくる話は、実は実際の状態の七掛け程度に抑えて書いてありますので、それは決して大げさではありません。そういう中で私どもは仕事をしてきたわけです。ですから、後ほどまたお話があるかもしれませんが、彼らと向き合うのは弁護士にとって当たり前の話。警察の援助なんて原則として求めません。

ところが、これも後ほど出るかもしれませんが、例えば大和都市管財という抵当証券にかかる大量の債権者の事件がありまして、その事件は全国規模でしたので、大阪が本社ですが、東京や名古屋にも大きな拠点があり、私は旧商法三九八条の管理人になり、全国一斉に執行に入りました。大阪は、私は警察の援助を求めませんでしたが、東京や名古屋で執行を頼んだ弁護士は、執行官を補助にして、かつ執行官に警備要請して、お巡りさんを連れてきてくれるよう私のほうで手配してくれと言ってきました。何でいるのと思ったのですが、「そうでなかったら、私たちは行かない」と言うから。

そこの差は非常に大きいですね。大阪だったら管理人に選ばれたことを執行官が債務者に送達しますと、執行官送達された途端に、私は管理人として全権限を持ちますから、社員に対して、もう動くなと指示し、そして、コンピュータを動かされますとデータが全部消却されるおそれがありますから、補助の若い弁護士に「全部、電話回線、切ってしまえ」などということを平気でやりますからね。部屋の中に入って送達が終わったら、もうお仕舞なのです。そのときに、何でお巡りさんの援助が要るのと。そこの感覚の違いは、東京で倒産業務をおやりになっている方との違いです。もっとも、大阪でも私が実際に整理屋と対峙して処理したのは、せいぜい一九八〇年代後半のころまでですが、その違いは大きいと思います。

園尾　その当時、東京では、任意整理に堪能な立派な弁護士さんがたくさんおられましたが、その人たちの多くは、裁判所にはあまり事件の申立てをされませんでした。その人たちは、任意整理の中で、今、田原先生がおっしゃったと同じように、非常に立派な活躍をされていて、整理屋も恐れをなしていました。そういう著名な先生方が私的整理をされると、整理屋はよく知っていますから手を出さない。しかし、そうではない方々に対しては整理屋が関与するということがあって、弁護士間で相当な違いがあったように思います。その結果、東京地裁民事二〇部の破産事件や和議事件には倒産手続に堪能な弁護士があまり申立てをしてこられない状況になっていたのです。慣れない方が中心に申立てをしてこられる中での倒産事件の処理では、裁判所と申立代理人との間でちぐはぐなところがたくさんありました。ただ、東京には何しろ全国の半数の弁護士さんがおられますから、これをうまくリードしていくのは非常に大変で、それが後の倒産法改正後の運用においても大きな研究テーマになったという状況があります。もっとも、今後弁護士数が全国的に増加してくると、東京の経験が生きてくると思います。

3 東西倒産実務研究会の意義

山本 なるほど。今もお話がありました東京と大阪の運用の違い、和議の件数なども随分違ったというお話を伺っていますが、東西倒産実務研究会のお話が今、出まして、これは全国レベルで倒産実務のレベル、水準を上げると。それからまた東西の倒産処理の運用の違いをある程度平準化していくと。そして、その後の倒産法の改正につながる非常にエポックメイキングなお仕事だったのではないかと思います。裁判所から見てもそういうことだったと思うし、我々学界から見てもそういうことは非常に強く感じたので

すが、この研究会の辺りのお話をお願いします。

田原 その研究会の発足はある意味でたまたまなのですが、高木新二郎先生と、当時、大阪で倒産事件を比較的多く手掛けておられた今中利昭先生とがどこかの会合でお会いになって、大阪と東京の違いがあまりに激しいので、一度議論してみようよということで始まりました。東西倒産実務研究会で全部で三巻の本(『和議』『会社更生・会社整理』『破産・特別清算』〔商事法務、一九八八〜八九年〕)を出していますが、最初に出た和議の本の中で、高木先生が巻頭言に書いておられますが、当初は三回ぐらいやろうよと言っていたのが、やり始めてみたら一〇回かかってしまった。かつ、そこに学者の先生で青山善充先生、谷口安平先生、伊藤眞先生に加わっていただいて、そこで実際の有り様のままを踏まえた議論をして、その上で学者の先生方のご意見を聞くと。我々弁護士も少しは勉強していって、法律論的な議論をしましたから、その中で、なぜ東西で違うのか、それが理論的にどうなのかという辺りの相当深まった議論が行われ、延べ一〇回行われたかと思いますが、一回当たり大体四時間から五時間。その後、飲み会がありますので、飲み会もまた法律論や実務処理を話題に二時間以上はやっ

ていますから、延べで言えば七、八時間やって、その中で、東京と大阪で倒産実務に携わっている弁護士同士の信頼関係が一挙に深まりました。そうすると、お互いに分からないところを研究会以外の場でも話せるようになりました。

それと学者の先生方が加わられて、先般の私の古稀・退官記念論文集の出版会（二〇一三年六月一五日）のときに谷口安平先生が、あの研究会は本当に勉強になったと。あの当時は谷口先生の『倒産処理法』（筑摩書房、一九七六年）が珠玉の書だったのですが、実は実務を知らずに書いてあると。それは多分、実務を谷口先生にお教えできるだけの弁護士はいなかったと思いますから。そういう点で一挙にレベルが上がるとともに、何が問題点になるかというのが論点として浮かび上がってきたことは大きいと思いますね。それが倒産の実務の改善、延いては再建型手続や和議が十分に機能していないことに対応する、その後のバブルが弾けた後での新たな立法へのつながりになっていきました。

東西倒産実務研究会のときには、立法論までは議論せず、運用の中でどう改善できるかという議論にとどまっておりましたし、また弁護士も立法論に口を出すほどの力がありませんでしたから。

4 実務における改革の動き

山本　そこでの動きが実務を改革していく大きな原動力になったということは確かだと思うのですね。具体的な実務改善の動きは、弁護士会の中ではどのような形で行われたのでしょうか。

田原　弁護士会としてはなかったと思います。弁護士会の場合は委員会で動きますから、そういう関係での委員会が組織されたわけではありません。そこで論議されたこと、あるいは本が出されたことは、裁判所にも影響しますから、裁判所と倒産事件を担当する弁護士との協議会、これ自体は相当古くから年に一度、悪く言えば形式的に行われていたのが実質化し始めてきたということが言えると思いますし、先ほど紹介しました司法研究などを踏まえた形で、裁判所も、事件が増加傾向になっている中で、運用改善のためにどう工夫するか。特にその後の激増期に比べれば、倒産部の裁判官の数は決して多くありませんでしたから、その中で新受事件が急激に増えていく。そういった類の事件への対応、これはお互いに協議しながら改善していかざるを得ない。大阪の場合も裁判所との協議が行われ、東京では裁判所からニュースが出始めたのは、もう少し遅れてからですかね。だから、ああいう形でお互いの理解が深まっていくと。それらの理解の深まりが周辺の大都市、東京で言えば埼玉であり千葉であり横浜、大阪で言えば神戸、京都、こういったところに広がりという形で、全体に波及していったのではないでしょうか。

山本　東京は、先ほどのお話だと、倒産弁護士としてかなり有名な人は、どちらかといえば私的整理に力を入れておられて、必ずしも裁判所との距離は近くなかったような印象を受けたのですが、そのような状況は、だんだん変わっていったということがあるのでしょうか。

園尾　裁判所からみて尊敬に値する東京の弁護士さん方が東西倒産実務研究会に出ておられますが、このような立派な弁護士さんが東西倒産実務研究の中で、東京地裁の手続は使いにくいと考えておられたことが述べられています。その結果、東京では、倒産手続に堪能な弁護士さんが裁判所の倒産事件を使うのに制限的になられたと思います。しかし、東西倒産実務研究の迫力がありますのは、研究会のメンバーである倒産手続に堪能な弁護士さんが裁判所の運用を直ちに変えようとはしておられなかったことです。あそこまで東京地裁民事二〇部の運用が蜂の巣のように批判されていながら、それを直ちに裁判所に言ってくるようなことはせず、じっと見守ってくれていました。それが素晴らしかったと思います。東西倒産実務研究会では、恐らく一年後、二年後にこうするということを目指すのではなく、一〇年、二〇年先のことを考えて、また、実務運用の改善ばかりではなく、法改正もにらんで、非常に大きなところで議論をされたと思います。ですから、あれほどまでに東京地裁の運用を俎上に載せて厳しく批判しながら、一切、裁判所にここを変えてほしいというような細々したことを言ってこられなかったわけです。それがかえって迫力があって、後にこれはよく裁判所として考えなければいけないという力を生み出したと思います。そういう意味で印象的な研究会であり、今の運用を作り上げる上で非常に大きな力になったのです。

5　倒産法改正の原動力

山本　なるほど、よく分かりました。今のような形での実務に問題があり、しかしそれを改善する動きが実務の側から出てきて、先ほどの田原先生のお話、それが大都市、東京、大阪から始まり、さらにその周辺の都市、地方にも広がっていくと。

そういう動きの中で、倒産法を改正すべきではないかというご意見が出てきて、実際の改正の動きにつながっていくわけですが、この改正に向けた原動力のようなものはどこから出てきたかということなのです。我々から見て、民事訴訟法を改正して、次は何にするかという議論の中で、確か仲裁法の改正も議論としては出ていたと思うのですが、実務のニーズというか、改正する必要性が大きいのはやはり倒産の分野ではないかということで、次は倒産法をやろうと、民訴法部会としてはそういう方向に向かったと思うのです。やはりそれは倒産弁護士の方々の力がかなり大きかったということなのでしょうかね。

田原　というよりも、やはり社会のニーズではないでしょうか。倒産法の改正の検討が始まったのは、民訴法の改正の目処がついた平成八年、部会が始まったのは一〇月ですが、その準備会は確か夏に行われたと思うのです。その準備会に私はどういう立場なのかよく分かりませんが、参加しておりますが、その当時は既にバブルが弾けて、その中で特に平成三年から五年にかけて、大きな倒産案件が次々に出てきて、従来の会社更生法はともかくとして、和議法では到底対応ができないという状態が続いて、例えば破産などにしても、従来考えられていたような倒産処理システムでは到底処理が不可能であるという状態でした。

その後の話になりますが、最高裁が大型倒産処理のためのソフトを開発して、ちょうど大和都市管財のときだったのですが、平成一三年でしたか。「ソフトをちょうど開発したところだから、田原、それを使え」と言われて、そのソフトを開いてみたら想定債権者は一五〇〇人だと。大和都市管財の債権者一万八〇〇〇人というような時代、それはもう少し後ですが、そのように超大規模な事件が次々生起するのに、旧来の法システムでどうするのという問題があったと思うのです。そうすると、抜本的に見直さざるを得ないではないか。特に和議法は、世の中で詐欺法と称されていましたが、私は詐欺法とまでひどいとは思っていませんでした。だけど、やはり従前のままでは機能しない。会社更生にもっていくのはいかがかと。だけど、和議では処理不能、あるいは私も前述の松嶋さんの古稀記念の中に書かせていただいていますが、それなりに大きな事件を和議で処理したことがありますが、ものすごいエネルギーが要りますから、それを支える法的手続が要るのではないかということは我々も感じていました。それで、平成八年の夏に法務省で準備会が開かれたところで、その辺りは触ってみざるを得ないのではないかということを申し上げたと思います。ただ、当時は民訴法は五年間目標で六年でやりましたから、立法作業をする以上は一蓮托生で倒産法の全法体系を一緒にやろうということが前提で、平成八年一〇月から始まったのですが、ご案内のとおり、政治の世界からそんなことを言っていられないから早く再建型手続を作れと言われて、民事再生法が一番最初に動き出しました。あの当時は私ども立法に携わっている人間としては、「めちゃを言うんじゃないよ。一連の法改正じゃないか」という意識があったのです。

私はもう既にどこかで書いたか話したかしておりますが、後で見れば結果オーライで、民再法が先に制定されて運用したお蔭で、そこでの問題点が次々浮かび上がってきて、それが会社更生法で当初想定していた以上の改正につながり、さらにそれを踏まえて破産法で当初、否認の制度を現在レベルまでいじるなどということは、少なくとも平成八年の段階では全く考えていなかったのです。ところが、やはりそこまで触るべきではないかということで、法体系の全体の整備に時間がかかり、かつ、実務の現場から言えば少しずつ変わっていくものだから、大変は大変だったのですが結果オーライだったのではないかと思います。それは多分、山本和彦先生もご同意いただけると思うのですが、最終的には多分、世界で最先端をいく法体系が整備されたのだと思います。平成一二年に民再法が施行されて、そこで試行錯誤を重ねながら、平成一六年の破産法の改正まで、いろいろな試みが行われます。実験という言葉は使いませんが、試みが行われて、そこでの論点が次々に浮かび上がってきた。しかも、その中でちょうど、今は倒産事件は減りましたが、確か平成一五年が破産事件のピークだったと思いますが、二五万件だったのです。そのピークに向かって、次々と実務は処理せざるを得ない、従来の考え方ではどうしようもないということが起こってきて、後ほど出ますが園尾判事の「朝令朝改」をやらざるを得ない。あるいは、小規模管財などという旧法の下では考えられないことをやらざるを得ない。そんなことをやっていく中で、それが改正破産法の中に相当数吸収されていった。だから、ちょうど平成一二年に施行して、事件が激増する中で、現場の若い弁護士の経験をも含めて問題点が次々に浮かび上がり、その問題点を立法の中に活かしていけたということが言えます。立法を通しての理念とは異なりますが、最終は結果オーライだと思っておりますが。

山本　私も正にそういう印象を持っていて、正に現在進行形で実務が進められるのと改正が進められるのと、並行して進められて、相互にフィードバックして、正に田原先生が言われた一種の社会実験的な部分もあったのだと思うのですが、それを受けて立法が進められていったという印象です。結果的にそれが良かったので、その結果オーライについては園尾判事の運用は大きく寄与しているのではないかと思うのですが、裁判所からご覧になって改正はいかがでしたか。

園尾　私が今から考えてとても幸いだと思ったのは、立法の議論に加えていただいて、いろいろな新しい考えを伺って刺激を受けるとともに、それを実務でどう実現するかという両方の立場でいられたことです。東京地裁の和議の運用は、東西倒産実務研究会でも蜂の巣のごとくに批判を浴びましたので、これを何とかしたいと思ったのですが、それに大きく立ちはだかったのが実は破産事件の運用なのです。東京地裁民事二〇部には、当時、債権者の過半数の同意がなければ和議の保全処分を出さないという悪名高い運用がありましたが、それを変更して和議申立てを広く受け入れるとなると、当然、破産事件が増えてくることになります。しかし、当時の民事二〇部では、破産管財人候補者が本当に少なくて、裁判官が共同で管財人カードを作って管理するぐらいの数しかいなかったのです。この状態で和議申立てを広く受け入れて、具合が悪いものを破産に移行させたら、破産事件の処理が堪えられるのだろうかということが一番心配の種でした。逆にそれができないから入口で絞った面がありました。そこで、まず取り組むべきは破産の運用改善だということになりました。弁護士会との協議の中では、お金がなくて破産ができないというのは問題だということを話合いの度に聞かされて、これも何とかしなければいけないし、破産がもう少し軽快に動くようにならなければ和議も改善ができないという認識も、裁判所と弁護士会に共有されることになりました。このような検討ができたのも、やはり法制審議会で新しい発想について刺激を受けたことが大きいと思います。

6 法改正のプロセスと弁護士会の役割

山本 法改正のプロセスをもう少しお伺いしたいのですが、民事訴訟法と倒産法、田原先生は両方とも法制審議会のメンバーとして関与されて、弁護士会の意見を法制審議会に伝えられるという役目も担われたということです。倒産法改正の際の弁護士会の寄与というか、弁護士会の動きは、民事訴訟法の場合などと比べて違うようなところはありましたか。

田原 まず、民事訴訟法の改正に弁護士会が大きく関与させていただくことができました。これは私は原井龍一郎先生の古稀記念論文集『改革期の民事手続法』（法律文化社、二〇〇〇年）の中で事実経過を踏まえて書いているのですが、民事保全法の改正のときに原井先生が関与されて、三ケ月先生の信頼を得られました。

民訴法改正のときに、弁護士の委員、幹事を増やすといったときに、法務省は相当強く抵抗して、従前、日弁連が推薦した委員というのは立法作業の進捗に必ずしも寄与していなかった。数を増やした場合にうまくいくのだろうかという異論があった中で、三ケ月先生が民事保全法で成功しているから大丈夫だということでおやりいただいて、たまたまの経緯で私も幹事に入り、かつ民訴法改正作業のときに日弁連のバックアップ委員会や執行部といろいろありましたが、そうであっても、やはり弁護士会が全面的に関与したことが民訴法改正があのスピードで、かつあそこまでの大幅な改正ができたバックグラウンドになったのだろうと理解しています。その成功体験がそのまま倒産法改正に引き継がれました。残念ながらその後の民事執行法の改正その他では、その成功体験が十分に引き継がれていない面があります。

それがありましたので、倒産法改正に弁護士会が深くかかわることについて、弁護士会のほうにも抵抗感は全くありませんでしたし、立法担当者である法務省も全く抵抗感がなかったと言えます。それとともに、私がたまたまですが、民訴法改正から引き続いて関与しましたから、法務省との間では民訴法改正の六年間で一定の信頼を得ております。最高裁の民事局との間でも一定の信頼がありますから、そういう中で我々は作業をさせていただいて、ある意味で弁護士会にとって非常に幸せだったと言えます。そこで大阪でのバックアップ委員会、あるいは日弁連のバックアップ委員会。それらのバックアップ委員会も民訴の経験を踏まえていますから、全国レベルからいろいろな意見が吸い上げられるというシステムは民訴のときにできていましたので、それを引き継いでいきましたから、そうすると東京、大阪だけではなくて、地方全体を含めて、日本全体の中で果たしてどこまで使えるのかとか、あるいは管轄の問題にしても東京、大阪に大規模事件が集中できるようにする、あるいは高裁所在地に集中できるようにする。あれなどは少なくとも従来は、民訴改正以前の日弁連の体質からいえば、絶対受け入れられなかった内容ですよね。そんなものが比較的スムーズに受け入れられていったというのは大きいと思います。

山本　なるほど。私は法制審議会に関与したのは、むしろ倒産法部会が最初だったので、こんなものなのかと思っていたのですが、ほかの部会に関与するようになると、やはり随分違って、ある意味では倒産法部会での議論は理想的な形であったのではないかと。今もご紹介がありました、例えば担保権消滅、これは民事再生も会社更生もそうだったのですが、恐らく弁護士会からの最初の提言のようなものがないと、ああいうものができたのかどうか疑わしいという気がするわけです。当初、弁護士会から提案されたものをみんなで議論していって、可能な制度にしていく。いろいろな形で変わっていって、最後、出来上がるという、ああいうプロセスを見ていると、立法というのは本当にこういうものなのだなという印象を非常に強くもったのです。

もう一つの私の印象としては、この倒産法改正というのは、比較的、弁護士会と裁判所の間で、そんなに向かう方向が違わない。それはほかの手続法では必ずしもそうではなくて、具体の議論をするときには、かなりご意見が違う、見方が違うということが多いような気がするのですが、裁判所からご覧になっていかがでしたか。

園尾　倒産の分野では、裁判所と弁護士の方々とが同じ基礎の上に立っているという印象を非常に強く受けます。倒産の分野は、申立代理人と管財人という違った立場の弁護士を一つにまとめる総合的な分野であって、公平さやバランスを重視する裁判所と、倒産事件を取り扱う弁護士の双方の立つ基礎が同じであるというのが一つ。もう一つは、先ほど出ました東西倒産実務研究会のように、弁護士の方々の中でレベルの高い研究が積み重ねられている分野であり、裁判所からみて、議論に安定感がある分野であるという点です。その結果、法制審議会の中でも、信頼関係を持って、お互いに工夫していこうという雰囲気があり、その中で議論に関与できたのは、非常に幸いでした。

その中でも、ことのほか大きな成果が得られたと思うのは、大規模事件に関する管轄の構想でした。東京と大阪の管轄をお互いに地域を分けるのではなくて、大規模事件は東京と大阪のどちらにも持っていけるということの合意ができて条文化されました。ここまでの割り切りは関係者全員の信頼関係がなければできないことです。これほど大きな変革の合意ができるのを見て、これはすごいところだなと感じました。このような信頼関係が、その後の実務で、相当思い切ったアイディアについて、いわば安心してテストしてみる雰囲気を醸成する基盤になったと思います。

山本　今のところは大規模管轄について、東京、大阪に認めるということについて、例えば名古屋とかで反対があるのではないかという問題はあるかと思うのです。今、結構、大阪で大きな事件がみんな東京に行っている傾向にあるということは聞くのですが、法律を作るときには、大阪の中ではそんなに問題はなかったのですか。

田原　というよりも、裁判所がお互いに努力し、あるいは管財人になる人間が大阪でやったほうが東京でやるよりはうまく動くと。市場原理を働かせたらいいではないのと。実際に例えば信州のあるホテルの事件で、東京に相談に行ったら断られて、大阪で申立てが出て、中井康之弁護士が管財人をして成功した事件がありますからね。ですから、例えば四国の事件までが東京へ行くのは、私は任官中でしたから口出しできない時代ですが、私が大阪にいたら、あんなものは大阪へ持ってこいよと言って、多分頑張ったと思うのですけれども、と思います。

山本　そういう意味で競争原理が働いていると。

田原　大阪に持ってきて、私の所へ持ってきたら処理してやるよと言います、私が弁護士だったらね。

Ⅲ　倒産法改正後の実務

山本　それでは、法が改正された後のお話に移っていきますが、まずその直後ぐらいのことをお伺いします。とりわけ民事再生法が最初に制定されて、正に園尾さんがそれを東京地裁で担う役割をされたわけですが、我々学者から見ていても、かなり驚いたというか、例えばスケジュールをきっちりと決めて、基本的にそれでやっていくと。大きな事件が来ても、そのスケジュールでやっていくという方針を堅持された。それも従来に比べてかなり短い期間でやっていくということを決められた。

それから、監督委員について、我々はいろいろなパターンを想定して、いろいろなパターンがあり得るみたいなことを議論していたわけですが、基本的には監督委員を必ず選任して運用されていくという方針を決めて、それを遂行されていく。法律が改正されて、最初の実務を担われるときに、どういうことをお考えになって、どういうことでいこうということだったのか、その辺りをご発言いただけますか。

1 法改正直後の裁判所の運用

園尾　いちばん大きな検討事項は、全件に監督委員を選ぶということでした。東西倒産実務研究の中でも指摘されてきたとおり、かつて、東京地裁は倒産事件の幅広い受理に消極的でした。東京では、弁護士数が非常に多く、中立代理人のバラエティも非常に大きく、手続の濫用を防ぐためには一定程度事件を絞り込まざるを得ないという現実があり、その中で、東京地裁としてどうしたらいいのだろうかということを考えました。中立代理人を信頼して任せるということだけでは、とても東京では乗り切れない。そこで考案したのが、全事件について非常にレベルの高い弁護士に監督委員に就いてもらうということでした。それであれば、どんな民事再生事件の中立てでも心広く受け入れられるし、特に具合が悪くなったときの破産手続への移行がスムーズです。そのような運用であれば、東京でも民事再生事件の中立てを心広く受け入れられるのではないかということを考えたのです。それは、和議の当時の基礎的な議論に基づいて、何をすればよいかということを一生懸命討議をして考えてきた結果でした。

山本　その監督委員の問題については、我々学者の中では、例えば田原先生が中立代理人でも、なお監督委員を選ぶのかとか、そのような議論もあって、例外はあってもいいのではないかみたいな話をしていたわけですが。

田原　民再法の中で、同意再生という正にそういう手続があるのです。十数年間で実例が本当に数件しかないのですが、そういう制度があっていいではないかということは理念型としてあって、適切な事件があれば一回やってみたいなとは思っていたのですが、というレベルです。

それとともに民再法が施行されたときに、非常に手続的には楽な形で再建ができるという趣旨で喧伝された面がありまして、当初は倒産事件の経験がほとんどない人などが、「僕にでもできる民事再生」などというハウ・トゥーものを読んで申し立ててくるなどという事例がそこそこありました。その中では誰かがアドバイスせざるを得ない。そうすると、監督委員が必要になるのかなということはありました。

あと、全国規模で言えば、東京では園尾さんが指導されて、非常に早期に開始決定をするというのは、多分最初の半年弱ぐらいで確立されたと思うのですが、全国規模で言えば、再生開始決定まで、当初は半年かかって当たり前という裁判所もあり、各地の運用はバラバラでした。そのころの各地の実情を私は書いていますが（日弁連の研修叢書〔平成一三年版〕『破産・民事再生事件の実情と小規模個人再生手続の運用』）、その後、東京、あるいは大阪で早期に開始決定をして運用していくというのはほぼ定着しましたので、試行錯誤で大体全国がほぼ統一できるのに、約一年かかったのではないかと思います。その中で大体安定していったと。そうして安定していく過程では、やはり監督委員が一定の役割を果たしたと評価できると思われます。監督委員は、過去に破産管財人等を経験している者をあてるというのは基本原則にしておられますから、そうすると裁判所と破産管財人は一定の付合いをしておられますから、この監督委員ならば信頼できるだろうと。それを通じて民再手続自体の全体的な信頼性を高めていったということは言えようかと思います。

園尾　再生法施行当初に、東京では全件、監督委員を選んだのですが、大阪では事件によって監督委員を選ぶかどうかを決めるということだったのです。外の人の中には、東京と大阪で違うのはおかしい、東京でも監督委員を選ばない方法を考えるべきだという意見がありました。しかし、私には、東京と大阪で運用が違っていいという自信がありました。というのは、先ほど述べたように中立代理人も違う、訴訟風土も違うという中で、東京と大阪とで違いがあっていいという気持ちで、東京では全件、監督委員を選任したのです。その後、多くの人が再生事件に加わってくるという中で、徐々に徐々に、いわば東京が感じていたような不安をよその裁判所でも感じて、全国で全件について監督委員を選任するようになってきました。これも自然の成り行きで、要するに東京以外の裁判所でも事件が増えていった結果、東京と似た運用になってきたということだろうと思います。

山本　あと東京と大阪の運用の違いとして、東京は基本的には管理命令は使わずに、そういう事態になった場合には、会社更生とか、そちらの手続でという方針かと思いますが、これも割合当初からそのような感じだったのでしょうかね。

園尾　これは徐々に裁判所外の皆さんにも認識されてきているのですが、当時の東京地裁の事務分配では、管理命令を出すと民事八部の所管になっていました。そうすると、管理命令の発令に伴って事件を他の部に移すことになりますが、それには相当精力を使います。また、当事者にとっても見込み違いが起こる可能性が生じますから、民事二〇部では、民事再生は自力再生が基本だとして、管理命令に安易に流れるようなことはしてほしくないということを弁護士会でも随分言い、頑張ってやってきました。ただ、四年余り前に私が東京高裁に異動してから、東京地裁の事務分配の定めが変わりまして、管理命令も民事二〇部で出すということになって、少し肩の力がとれたのではないかと思っています。

山本　大阪はもともとそれがなかったので。

田原　大阪は平成八年頃でしたか、第六民事部が従前は会社法の訴訟や非訟も担当していたのが、会社法関係は他の部、第四民事部へ移して、第六民事部は全国で唯一、倒産事件だけを処理することとなった関係で、管理命令を出したからといって事務分配が変わるということは全くありませんから、その中で必要に応じて管理命令を出すと。粉飾決算のある事例、あるいは代表者がダーティーなことをやっている事例、こういった事例には管理命令が積極的に使われていたという面はあろうかと思いますし、その運用は今も基本的には変わっていないと思われます。

2　少額管財の運用と「法の支配」

山本　それから、破産法との関係では、やはり園尾さんの時代に、これも少額管財、小規模管財という形での運用を始められて、これは全国の裁判所の管財事件の率を見ると、やはり波及していくスピードは違いますが、地方でも今では同時廃止の率は相当減ってきて、管財事件の率が三割とか四割とか、そのぐらいになってきているというところまで波及してきたということだと思うのです。先ほど少し、当初どういうことをお考えになったかということのお話がありましたが、もう少しお願いします。

園尾　私が平成一〇年に破産事件を担当する民事二〇部に行った当時に、多くの弁護士さんから「お金がなきゃ破産できないんだよ」と言われました。破産の予納金を下げてほしいというのは、非常に強い要望でした。というのは、当時、会社事件の破産申立ての予納金は最低八〇万円だったのですが、一般に会社の代表者や奥さんは、会社の債務の連帯保証をしており、その清算をするために、会社とともに破産申立てをする例が多いのです。そうすると二〇〇〜三〇〇万円ぐらい予納金がなければ受け付けられなくなります。これが第一の問題です。もう一つの問題は、民事再生事件がうまくいかず破産に移行させることとなった場合に、必ず破産をさせないとモラルハザードが起こるのですが、その場合、予納金がそれほど残っていない再生事件であっても破産をやらなければいけないということになります。

これらの二つの問題を解決するために、少ない予納金で破産申立てを受ける方法について、弁護士の方々と随分意見交換をしました。そこで考案した少額管財手続は、最初は「小規模で管財業務の少ない破産事件は二〇万円の予納金で受け付けましょう」ということで始めたのですが、やっていくうちにそれが原則になってきました。

つい最近、統計を取ってみたところ、一九九〇年当時に、日本全国の企業倒産件数中に占める法的整理事件の割合は約一割だったのですが、二〇一二年には、それが九割を超えています。これは恐らく全国に少額管財手続類似の手続が広がっていって、破産事件を広く受け付ける態勢が全国に定着したせいだと思います。今では、倒産という事態になると、最終的には司法の手で法的整理手続が行われるというところまで進んできていることになります。当時、そのようなことまで意図したわけではありませんが、少額管財手続を考案した結果、随分と全国で変化が現れてきたと感じています。

山本　確かにそういう意味では倒産手続における「法の支配」というか、裁判所に来る事件の割合は全く逆転したということですね。大阪から見て、あるいは田原先生から見て、こういう運用はどのような評価になるのですか。

田原　前述の松嶋弁護士の古稀記念に書かせていただいた

ように、かつての状況からすれば、裁判所へ来るということ自体が例外中の例外だったのが、今、園尾判事からご紹介があったような数字、私は実はインプットしていないのですが、それをお聞きして、裁判所、あるいは法の支配が我が国でそこまで広がったのかということは、法曹として は非常に有り難いことですよね。ほかでも申しますが、我が国は世界全体の中で見て、法の支配が比較的貫徹しているのです。

そのことは実は法曹関係者自体が十分に認識していないですね。法の支配が世界的にこれだけ貫徹している国というのは、国連加盟国一八〇余か国のうち、いったい何か国あるのだろうということ。それを我々が担っているのだということの自覚、その自覚はものすごく大事なのではないかと思うのです。

Ⅳ 現在の倒産実務の状況と評価・問題点

山本　今までのところで、過去はどういう実務だったのか、それを受けて倒産法の改正が行われ、それが実務に移されていく中で、どういうことが考えられたのかというようなことについて、お話をいただいたわけですが、いよいよ現在、改正がされて、民事再生法の施行からすると、一三年になりますが、その改正後の実務の運用の状況、現在の実務をどのようにご覧になっているかという辺りに、話を移していきたいと思います。まず、園尾さんから口火を切っていただけますか。

1 現在の倒産実務の評価

園尾　統計を調べてみて驚くのは、大正一一年に破産法が制定、施行されてから、その後八〇年間、運用にほとんど変わりがなかったことです。先ほど田原先生のお話にありましたように、消費者の破産事件が増えてくる昭和五〇年代までは、債権者申立ての破産事件がほとんど一〇〇%で、破産宣告がされると、全事件に管財人が選任されていました。この運用は、八〇年間変わりませんでした。意識的に努力しないと、司法の運用は八〇年間も変わらないのだなと、しみじみ思います。その後、昭和五〇年代の半ばぐらいから自己破産・同時廃止が増えて、かつてとは逆に、管財人が付く事件が全破産事件の一割を切るという状態にまで、管財人選任率が落ち込んで、破産事件処理の公正さに、やや黄信号が点灯することになりました。その後、徐々に盛り返して、今では管財人選任率が四〇％近くにまで上昇しています。

変えていくべきものは変えようという空気ができてきているることは、最近の大変大きな変化だと思います。平成八年以来、意識的に倒産法改正に取り組もうということになり、その結果、今のような倒産手続における法の支配の確立につながっていったものと思います。八〇年間、全くというほど変わらなかった倒産手続を変えていくのですから、変えるべきところがものすごく多く、そのために「朝令朝改」といわれるくらいに日々変革に取り組んできたのです。

なぜ「朝令朝改」という用語ができたかというと、あるとき、よくできる弁護士さんが書記官室に来て、「何だ、二〇部の運用はまた変わっているのか、これでは『朝令暮改』ではないか」と言われたと書記官から聞きました。信頼している弁護士さんからこのような評価を受けて、一生懸命変革をしようとしていた書記官が非常に傷ついたようでした。その結果、「次々に変えていくと、あんなにいい先生からも非難されるのだから、もう少し変更事項が溜まってからまとめて変えるようにしたほうがいいのではなかろうか」という提案がありました。私はそこで、「待ちなさい。そんな姿勢に変更すると、変えることに遠慮が生じて、改革のスピードが落ちる。そうしないために、これから私が弁護士会に行って、うちはどんどん変えると宣言してくる。『朝令暮改』というのは、朝に命じて夕方に変えることだけれども、朝に命じたことを午前中に変えることもありますと言ってくるから、頑張りなさい」というやり取りをしました。そこから、「朝令朝改」という用語が生まれたのです。弁護士会では、これからは「朝令朝改」でやる。「朝令暮改」というのは、民事二〇部では、「一つの指示が長く続く様をいうことになる」と話し、弁護士の先生方に笑って理解してもらったのです。八〇年間がっちり固まったものを変えるには、そのくらいのことが必要だったのです。最初は、そういう意味で苦労したのですが、いったん変わってみると、その後一〇年弱のうちに、日本全国でいろいろな人が、それに倣って工夫してくれることになりました。

今の手続が定着すると、かつて八〇年間変わらなかったのと同じように、今の手続が固定化することがないように注意する必要が生じます。変革の内容を維持するのではなく、変革のスタイルを定着させていくことが、これから望まれるところだと思います。

2 現在の倒産弁護士
——全国倒産処理弁護士ネットワークの役割

山本 田原先生のほうからも、現状に対する見方をお願いします。

田原 私自身、現場を離れて長いものですから、少なくとも弁護士サイドでの今の現状を正確に語れる資格はないのですが、倒産法の改正が定着する上で、全国倒産処理弁護士ネットワークの果たした役割というのは、非常に大きいと思います。

そのネットワークは、どこかで私は書きましたけれども、破産法改正の過程で、民再法施行後、全国各地で申立代理人や監督委員との関係等でいろいろな軋轢があって、うまく動かない。その中で、特に再建型の手続をほとんど手掛けたことのない地方の弁護士、あるいは過去の申立てがほぼゼロに近いような裁判所、こういった所で運用していくにはどうしたらいいかということで、民再規則ないし破産規則の中に、東京や大阪のベテラン弁護士がお手伝いできるような仕組みが作れないかということで、一度民事局から素案として出されてきたのですが、弁護士会の猛反対で直ちに引っ込めざるを得なかったということがあります。

そこで、インターネットを使ったネットワークシステムが構築できないかということが議論され、私、法制審の委員であった才口千晴弁護士、やはり法制審の委員の多比羅誠弁護士辺りとお話をして、高木新二郎弁護士をキャップに担いで、そういうものを作ろうよということで、高裁所在地の弁護士会に準備会と称して訪れて会合を持ったのですが、当初は猛反発を喰らいまして、「お前ら東京や大阪の弁護士が全国的に事件を拾うためにこんなものを作るのだろう」とか、あるいは「東京、大阪の方式を地方に押し付けるつもりか」とか、そういう、ある意味で誤解がありました。

それと、日弁連とは違う形で作ろうとしますから、日弁連の組織を無視するのは許せないとか、そういう面からの猛烈な反発があったのですが、何とか立ち上げて、最初は確か四〇〇名弱で出発して、インターネットのネットワークシステムを作る費用すらどうしようかというレベルだったのですが、今現在は参加者は四五〇〇名余に達し、全国津々浦々の、少なくとも本庁所在地の弁護士は皆さん全部入っていますし、その中で情報の交換がなされますから、いま最高裁の民事局よりは全倒ネットのほうが全国情報は豊富に持っています。

そういう形になって、過去にあまり倒産事件がなかった所の弁護士が、比較的容易に最新情報にアクセスできると。ただ、他方で、容易にアクセスできるが故に、一寸知恵を貸してくださいよという、駆け込み寺的になっていて、絶えず事務局が、自分でいったん問題点の回答を考えてきてから尋ねなさいというのだけれども、しかし、「どうしましょう」という質問が相変わらず多くて、どうかなという点もあるのです。そうであっても、全国のレベルを引き上げる上では、非常に大きな機能を果たしたと思います。

その中で、例えば園尾さんがおっしゃった「朝令朝改」、東京ではこのような状態になっているというのが、文献に載る前にインターネットを通じて各地に伝わります。そうすると、最高裁の民事局から各地の裁判所に通知等でいく前に、この裁判所ではこうしているよ、あるいは各地の裁判所が独自のご判断をされたら、なぜされるのですか、この裁判所はこのようなことをして、あちらの裁判所はこうやっているけれども、当庁ではなぜそうされるのですかと。それを突き付けられると裁判官はきついのですね。

ベテランで、理屈で自信があるならともかく、そうでないところは、多くの地方では専門部はありませんからね。そこで、理屈を含めて問題点を突き付けられると裁判所としては結構きつい。そういう意味で、全国のレベルを高めていく上で、あるいは園尾さんがおっしゃった「朝令朝改」のうちのよい部分、全てがよいと私も思いませんが、よい部分を全国に広めていく上では、ものすごく大きな役割を果たしたなと思っています。

山本　そういう意味では、裁判所の実務も相当均等化が進んできているというご認識ですか。

田原　相当程度。そうであっても、私は、全倒ネットは任官中も閲覧だけはしていましたので。そうすると、何でうちの裁判所はやってくれないのかという愚痴めいたものが散見されていましたから、必ずしも統一されているわけではないし、だけれども、司法としての性質上、それは差があって当たり前だと思いますから。

3　地方の実務と東京の実務の違い

山本　それは確かに先ほど園尾さんが言われたように、それぞれの置かれている状況というのは、裁判所ごとにも違うということもあるのでしょうね。

園尾　いま田原先生がおっしゃったとおりなのですが、司法の世界では、いろいろ変革するにしても、自らの力で変革していくということがいちばん大事なところです。行政機関ではありませんから、通達で一斉に変えていくというようなことはできず、自力で徐々に変わっていくことが大事なのです。最終的には日本全国の倒産処理の状況がよくならないと、法の支配が完結しないのですが、大事なのは、全国一斉に動かすのではなく、各地で自発的に徐々に変革することです。その結果、全倒産事件のうちで九割以上が法的整理になっているというところまで成果が上がってきているのですが、大事なのは結果ではなく、その手法だと思います。

裁判所から見ていて全倒ネットがありがたいと思うのは、毎年の総会が全国各地に回ってきてくださいます。そうすると、各地の裁判所の倒産担当の職員もそこに行って、いろいろ刺激を受けてきますから、この巡回方式というのが、地方から見ていて、非常にありがたいと思います。

山本　確かに、あれはなかなか興味深いです。

田原　私は任官するまで全倒ネットの理事長を務めていたのですが、年に四、五回は各地で開かれる研修会、これは一〇〇％出ていました。そうすると、そこへ行って発言するしないは別にして、必ず飲み会がありますから、そこでは、形式的な発言ではなくて、やはりそういう場で自由にしゃべって、その人たちのお話を聞くというのは大事だと思いますね。

それとともに、東京の倒産処理をやっておられる著名な先生方は、お話の規模が大きすぎるのです。例えば、債務総額数十億円規模の倒産事件であると、地方では大事件ですよ。それを、例えば北陸地方へ行ったり、信越地方へ行ったりしたときに、数十億円の中小規模の事件はこうしたらいいのですよと講演される。

そこの感覚の違いというのは、私は本当に全国を動き回っていますから、それは修正していただかないと。特に、地方の中核都市だと、一〇億円でも大事件ですよ。そういう辺りの経済感覚の違いは、事業再生ＡＤＲなどとも絡むのですが、それをどう考えていくか。今後全国レベルの倒産事件を考えていく上で、いろいろなシステムをどう動かしていくかというときに、各地の規模に合ったシステムは必ず要るので、それを東京を中核とした、あるいは東京における大きな事件だけを視野に入れた形で物事を考えてはいけないというのは、これは私が任官する前から非常に強く感じていたところです。

山本　確かに、どうしてもそういう、JALみたいな事件が起きると、そこに注目が集まって、それが実務の運用と、我々もそういう印象をもってしまいます。それは本当に超例外的なことで、日常の実務は全然違うのだということは、それはそうなのでしょうね。

園尾　裁判所でも同じことを感じます。東京でやっていることをそのまま地方でやって、うまくいくはずがないのです。あるところの運用をマニュアル化して他の庁に持っていっても、実情の違いからうまく動かない部分が顕在化して、予期したような運用になりません。

例えば少額管財事件などは、最高裁民事局長当時、いろいろな人から、東京でそんなに進んでいるなら、最高裁が主導して全国に広げるべきであると言われました。しかし、それは絶対にやりませんといってお断りしました。徐々にであっても自力で改革を図ることがもっとも重要であって、どこかでよい運用があっても、常にそれを咀嚼して、良いところは見習う、見習えないところは捨てていくという手法を定着させることが、今後とも大きな課題だと思います。

幸い、誰が号令をかけたわけでもないのに、徐々に広がってここまできたことは大きな成果ですが、これから、もっとその場所、場所に合った手続を各地で工夫するという姿勢を強めなければならないと思っています。

4　法曹人口の増加と倒産事件

田原　現状について言えば、私が退官する前に、ひまわり基金法律事務所に所属して債務整理の代理人だった人が、その後に就任した弁護士が代理人となって、従前の依頼者から損害賠償請求訴訟を起こされた事件において、相当厳しめの少し長い補足意見を書いたことがありますが、そのような事件が起こることにどう対応していくかということが一つです。

それと、いま破産の新受事件数は一〇万件を切りましたが、弁護士は三万三〇〇〇人を超えました。そうすると、弁護士だからといって、倒産事件に携わることのできない弁護士がそれなりに出てきます。かつ、今少額管財の話が出ましたが、言い方は申し訳ないけれども、少額管財をやる場合には、バランスシートを読めなくてもできるのです。管財業務というのは、かつて企業の破産事件が中心だったときは、バランスシートを最低限読めなければできなかったのです。読めないままで私は倒産事件を専ら手掛けていますと言われても、これは倒産事件に入らないのです。

私は任官するまで、大阪で比較的大きな事件の破産管財人あるいは更生管財人をやり、十数名、場合によっては二〇名を超える補助弁護士を依頼してまいりましたが、ある意味で妬まれて、なぜ俺を使ってくれないのだと。そうすると、おいでよと。その代わり、これだけ酷使するよと。大体一日に一六時間は働いてもらうからねと。時刻は私の場合は必ず二桁で、八時と言えば八時で、二〇時ではないのです。一一時は一一時であって、二三時ではないのです。その代わり二三時まで打合せが入りますから。そうすると、それなら嫌だと。それだけ、倒産事件、特に大型事件での仕事の厳しさを知らずに、過払金中心の破産事件、あるいはそれの少額管財をやって、倒産事件とはこのようなものだという認識を持たれるのが怖いし、少なくとも私が仄聞しているところでは、そのような方々の民再申立てがそれなりに出てきて、裁判所が困り、あるいは監督委員が困っているという話です。仄聞ですので、私はまだ現役復帰したばかりで、事情をよく存じませんから。それをどう乗り越えていくかというのが、結構これから抱えている難しい問題なのかなという気がします。

山本　確かに、法科大学院で教えていても、今の若い人は自分の専門的なものを身に付けておかないと危ないということはすごく思っていて、でも、法科大学院ですと専門的なことを教えているということからすれば、倒産とか知財とか、そういうところに目がいって、誰でも口を開けば、「倒産弁護士になりたいのです」とか「知財弁護士になりたいのです」というような傾向があって、現実を知ると、徐々にそういう人は淘汰されていくのでしょうけれども、ある意味では、いい点を言えば裾野が広がっているということになるのでしょう。昔は、そもそもやる人自体が本当に限られていてという世界だったのが、先生方のご努力で裾野が随分と広がってきたなと。全倒ネットのこともありますが。

そういう面が一方ではあるのだけれども、他方では、先ほどのアンチョコ頼みみたいな人たちが、そういう安易なところで倒産事件をやりたいのだという人が増えてきて、これは必ずしも倒産事件だけではないかもしれませんが、裁判所としては、法曹人口が増えてきているという全体の問題とも関係するのだと思うのですが、ご覧になっていていかがですか。

園尾　ずっと以前の話になりますが、和議の当時に、東京地裁で倒産事件に全然関与したことのない弁護士さんが申立てをしてきて、裁判所では大変苦労しました。徐々に門戸を絞っていく経験をしてきた者の立場からいうと、弁護士さんの間に安直なやり方が広がると、裁判所では門戸を狭くして対処していかざるを得なくなります。このような悪循環が進行すると、関与弁護士が絞られていって縮小再生産になっていきます。今は裾野が広がってきている段階ですが、その際に大事なのは、それぞれの関与者が、それぞれ工夫をして頑張っていくという気風を身に付けることです。ムードに流されて安易にやっていくと、それこそ和議の当時に辿ってきた道になっていくおそれがあります。そのようなことがないように、これから努力しなければいけないと思っています。

山本　その努力というのは、どういう形で行っていくことになるのでしょうかね。

園尾　裁判所から見ていると、今ご紹介があったように、経験が十分でない人も手続に関与してくることになりますが、倒産事件の処理において重要なことは、できる限り多くの人が事件を引き受けていかなければいけないということです。関与する弁護士を狭く絞り込んでいって、職人芸に頼るという方向にしてはいけないのです。裁判所としては、そのつもりで、できるだけ広く受け入れる方向で努力しなければならないと思っています。ただし、闇雲に関与弁護士を広くするのではなく、広くする中で適切な指導も行われなければなりません。そのようなことを目指してどういう態勢を作るのかは、まだまだこれから考えていかなければいけないところです。

田原　これも私は正確な認識を持っておりませんが、大阪で若い人を育てるという意味で、それなりの管財人経験のある弁護士に若い人をサブで入れ、それを裁判所に認めてもらう。コストの問題はありますが、コストの面は管財人に少し泣いてもらう。だから、若い人を入れたからといって、管財人報酬を増やすわけではない。そういう形で若い人々を育てようという動きがあるやに聞いていますし、それで裁判所にもご協力いただいているということは聞いています。

ただ、今全体的に、特に再建型の事件が減ってきておりますし、会社更生事件しかり、民再事件しかりという中で、しかも民再事件にしましても会社更生事件もそうなのですが、いわゆる旧来型の自主再建という事件がほぼなくなって、いわゆるM＆A型になっているのです。私が平成五年に引き受けた更生事件というのは、旧来型の典型的な事件、かつスポンサーもなく、本当に自主再建した事件ですが、そういう事件の中で鍛えられるのと、M＆A型の事件の場合では、企業の倒産事案に関わる弁護士の姿勢、資質が変わってまいります。

やはり企業の本来のと言ったら言い方がよろしくないですが、いわゆる自主再建、内部をリストラし、鍛えて、その上で再建を進めるというのと、外部から資本参加を受けて、更生手続あるいは再生手続で参加のスポンサーを決めるだけというのでは、その中での経験というのは、大きく違います。M＆A型だけの再建事件をやっても、言い方は悪いですが、再建でない普通のM＆Aをやるのとほとんど変わらないのです。せいぜい弁済禁止の保全処分の辺りが違うだけと。それでは若い弁護士を入れても、倒産事件として鍛えるには、今一つと。

だけれども、これは倒産事件が全国でどれだけ発生するかの問題ですから、コントロールできる問題ではありませんが、そのような事件を受けられる更生管財人、あるいは再生事件の監督委員の方々に若い弁護士を積極的に補助の弁護士として入れていただいて、その集団討議の中で、倒産事件というのはどういうものなのかということを体で覚えさせていただくことが、非常に大事なのかなという気はしますね。

園尾　同じような観点を裁判所のほうから見ると、私が平成一〇年以来経験してきたことですが、年を追って管財人の希望者が大幅に増加するという現象が生じています。かつては、弁護士会の管財人研修を受講した意欲的な弁護士の名簿を弁護士会から提供していただき、順繰りに事件をあてていくことによって大体一年間で名簿掲載者全員に簡単な破産事件の管財人を経験してもらうことが可能でした。しかし、そのうちに名簿掲載者が多くなり、それと同時に事件数が減っていって、希望者全員に管財人経験をしてもらうことが不可能になってきました。そこで、中立代理人を経験した人や管財人代理を経験をした人を優先することとし、管財人に選任されることを希望する方には、できる限り中立代理人や管財人代理を経験しておいてほしいとお願いし、そのような努力をした方から管財人に選任する態勢に変えていきました。今後も、新規参入者の増加を図りつつ、適切なトレーニングを行うシステムを構築していくことが是非必要だと思っています。

5 債権者の関与のあり方の変化

山本 現状の問題点として、いま倒産実務の担い手弁護士の話が出たわけですが、それ以外に、今の倒産実務を、田原先生はどちらかと言えば最高裁判所の中からかもしれませんが、見られていて、ここにもう少し問題があるのではないかということで、お考えのところがあればお伺いしたいのですが。

園尾 一つ田原先生に伺いたいと思っていましたのは、東西倒産実務研究において、金融債権者が和議に賛成してくれず様子見を決め込み、結果としてそれは反対になると説明しても様子見の姿勢を変えないと書かれていることです。今も、一部を除き、政府系の金融機関はそういう姿勢を取りますが、一般の金融機関の姿勢は随分変わってきたように思います。その原因は何か、金融債権者の姿勢が変わってくるきっかけは何だったのか、その辺りをお伺いしたいと思います。

田原 私は平成五年に更生管財人を受けて、平成一六年ぐらいまで、五グループの更生事件、大和都市管財という、日本で歴史上最初にして最後の旧商法管理人をやっているわけですが、そういう事件の中で、平成五年頃に受任したときの金融機関の対応と、平成一〇年を越えた後での金融機関の対応とは明らかに変わってきたというのは、少なくとも金融機関回りをしていて感じました。その大きな理由の一つが、平成五年レベルでは、まだ金融機関の破綻は、証券会社はあっても銀行レベルではないのです。金融機関の破綻処理が進む中で、金融機関としても不良債権処理を、ある意味で積極的に処理せざるを得なくなってくる。

そうすると、不良債権処理で全体の流れを見てだんまりを決め込んでいたのでは、それができないということがバックグラウンドとして大きくあったのではないかということを、実際に実務に関与していて感じましたし、弁護士として最後に私が関与した大きな事件は、松下興産の特別清算なのです。話を付けてから特別清算に持ち込み、その中で、一般債権者には全く迷惑を掛けず松下グループと金融機関だけで処理したのですが、その処理の中で、負担割合はいろいろと難しい問題がございました。いわゆるグループと金融機関以外には負担を掛けずに、数千億円処理したわけです。

それは非常に厳しいやり取りはしましたが、少なくとも、あれが一〇年前だったら無理だったということは実感しました。

6 裁判官が経済を知ることの必要性

園尾　お話を伺って、なるほどと思うのは、倒産処理に関していうと、経済の動きが非常に大きな力を持つということです。田原先生が最高裁判事でおられた頃に声をかけていただいて、東京高裁の裁判長と田原裁判官との座談会が行われましたが、その中で皆に特に印象に残っているのは、「裁判官は経済のことをちっとも分かってへん、裁判官は経済のことを勉強せなあかん」と言われたことです。

裁判所が倒産事件をやる限りは、やはりそういう基本的なところをよく内部で研究討議して、それを伝授していかないといけないと思っています。経済の力は法律より強いということを認識して、その基本的認識に基づいて内部の手続を変革していくという努力を意識的にしていかない限り、社会の必要とするところから裁判所の運用が取り残されていくことになると感じていましたが、今のお話を伺って、経済の動きを我々が感じ取る態勢をどう作るのかが、裁判所の中で非常に大きな課題だと感じます。

田原　その点については、司法研修所の第一部が八月に増築が完成しますので、それとともにこの四月から教官が二人増やされまして、第一部裁判官研修を強化しようと。その中では、いま園尾裁判官がおっしゃったようなテーマの部分をどう強化していくかが検討されているやに聞いています。

従来は設備の関係等もありまして、日程的にぱんぱんで、新規の研修の入れようがなかったのですが、設備が、面積でいうとほぼ三倍になるのですかね。第一部の教官というのは自分で教えるのではなくてコーディネートする係ですから、それを増やしましたので、彼らが企画してくれると思います。憲法週間で各地の裁判所を回って、産業の米はと尋ねると、「何ですか」「分かりません」、「値段は」「分かりません」、「米の値段は」「分かりません」という回答にあいますと、経済事件や倒産事件ができるのだろうか。

あるいは毎週月曜日に日経新聞に載っている統計データで、日本の住宅着工戸数を答えられる裁判官が、地方ではほぼ全滅。着工戸数というのは経済の指標ですから、それが伸びるということは、経済が前に動くわけですから、そういうデータすら見ていない裁判官が、倒産事件なんか処理できるはずがない、などということを平気で各地で言って、顰蹙を買っているのですが。

山本　私が留学していたフランスなどは、倒産事件は商事裁判所が扱っていまして、結局商人が裁判官としてやっているわけですよね。それはもちろん、いい面も悪い面もあるとは思うのですが。確かに、経済の現実の肌触りみたいなものが分かっていないと、倒産事件の的確な処理はできない。裁判所の仕事の中では、かなり特殊な部分がある仕事だということになるでしょうかね。

田原　いま商事裁判所の話が出ましたが、昨年フランスへ行って、商事裁判所を多分日本の最高裁判事として初めて訪問して、残念ながら長官などと会議があったもので、開廷している法廷は見られなかったのですが、商事裁判官が、全部無料なのですが、いわゆる法律相談をしていました。数回にわたって相談に来て、次回までにこういうことをやっていらっしゃいと。そうすると、ようやく融資が受けられましたとか、債権者とネゴができまして、裁判所に申し立てずに済むようになりましたとか、あるいはアドバイスで、小規模な商人に対して、ここをこうやってご覧と。

商事裁判官は企業の経営者なのですが、そのアドバイスの場面を数件傍聴して、非常に面白かったです。商事裁判所の長官との面談で、「なぜ田原がこんな所に来るのだ」というから、私は日本で倒産事件をたくさんやってきて、フランスで倒産法の改正があったと聞いているから、それがどう運用されているのかを教えてほしいと言ったら、熱が入り始めて、非常に面白かったです。それとともに、正に商事裁判所なので、個人の破産事件の状況はと尋ねたら、そんなことは管轄ではないから一切知らないと。これはこれで、また見事でした。

山本　別物と考えているのでしょうね。

田原　全く別であっても、日本ならば統計データぐらいは知っていますよね。長官が関心もないし、何も知らないと。

あれはびっくりしました。

園尾　裁判所では昔から訴訟が中心で、東京、大阪のように特別な部がないところでは、倒産手続は訴訟の傍らやっているという現状があります。そういう中で、裁判所において、どういう仕組みで経済の問題を学んでいく態勢を作るのかというところは、これからの課題だと思います。先ほどお伺いしたような経済のことについての研修も大事だと思いますし、個々の事件の中で一つ一つ学んでいけるような仕組みを作っていくことができないのかということも今後の検討課題だと思います。

V　将来の倒産実務の展望 ——望ましい実務のあり方

山本　ありがとうございます。それでは、ようやく最後に辿り着いたのですが、もう既にかなり出していただいていますが、今後のことのお話をしたいわけです。今までのところで、これまでの話、私の印象では積極的な話が多かったような気がします。方向としては、いい方向に向かっていて、この何十年間か倒産実務というものは進んできたのではないかという、正に法の支配の話も含めて、そういう印象を持ったわけです。

ただ、先ほど来出ていますように、弁護士を中心とした法曹人口が非常に増大している面があり、一方では倒産事件というのは必ずしもそれほど多くないし、また、裁判所の外で処理されて、事業再生ＡＤＲであるとか、中小企業再生支援協議会とか、裁判所の外の仕組みも整備されてきて、そちらで処理がされる事件も増えてきている。国際的なディメンションを持つような事件も増えてきている。いろいろな倒産実務を取り巻く環境というのが変わってきて、弁護士会などの一部においては、もう一度倒産法の改正が必要ではないかというような意見を言われる弁護士の方も多くおられる。

こういう現状の中で、将来の望ましい倒産実務のあり方について、どういうところを考えていく必要があるのか。なかなか網羅的にお話いただくのは難しいかもしれませんが、重要なポイントとして、お考えのところをお話いただければ、読者にとっては大変参考になるのではと思いますが、田原先生からいかがでしょうか。

1 倒産におけるスピード感の重要性

田原 今いろいろな仕組み、事業再生ADR、私的整理ガイドラインといったもの、地方の再生の仕組み等があるのですが、それらの全体像が正直言ってよく見えない。全体の仕組みがどう動いているのか。それぞれが独自に動いておられて、それと裁判所の手続とのシステムとがどう絡むのか。裁判所外の手続で失敗したときに、最終は裁判所に駆け込んでくるわけですが、どういう状態で駆け込んでくるのかというのが、少なくとも鳥瞰図がよく見えないというのが、今の現状かなと思っています。私自身が現場を離れていましたので、どこかで見えるはずなのに私が見えない所にいただけなのかもしれませんが。ということが、一つ気になるところですね。

もう一つは、これは第二部で清水さんとも議論する問題ですが、いわゆるスピード感をどれだけ持つのか。例えば最高裁でもそうですが、「次回の審議期日は」といったら、一か月後と。いま一か月後などということが通る時代なのですかと。私自身は、M&A型の案件をたくさん手掛けてきましたから、M&Aの案件で相手方と協議しているときは、明日なのです。夜の二三時に議論で分かれて、明日の一八時に次のミーティングと。それまでに論点を全部詰めて、そこでもう一度戦うという世界の仕事をずっとやってきた人間からすれば、やはり司法のスピード感のなさを感じますね。

倒産実務に関しては、園尾さんが、正に「朝令朝改」でスピード感をうんと出していただきましたが、それでも、やはりスピード感がない。インターネットを使った今の経済社会の動きの中で、裁判所が関与する倒産実務をどうレベルアップしていくのか、あるいは、元裁判所の人間としては、それに耐えられるだけの、裁判所の組織をどう組み立てるのか。現場の弁護士という意味で言えば、個人の能力では無理ですから組織的にどう対応するのか。ということが、これからの処理の中で必要なのではないだろうか。そういうことができなければ、国際倒産でも管轄は海外に持っていかれてしまうことになろうかという気がしています。

2 事業再生における裁判所の関与のあり方

山本 園尾さんはいかがでしょうか。

園尾 裁判所の倒産処理の実情を見てみると、破産事件の処理については、随分全国的に進んできたなという感じがします。平成一二年度の企業倒産件数約一万一〇〇〇件のうち、破産事件は約一万件で、全倒産件数の八五％程度が破産事件として処理されるようになってきています。これは飛躍的な進展で、よく努力したものだという感慨があります。もっとも、破産事件は、本来は司法がやる以外に誰もやれないことですから、ここまで処理件数が伸びてきたのは、当然のことをやるようになったまでのことともいえます。

今後の課題は再建事件です。これから再建事件の処理に相当知恵を絞っていかないと、倒産事件の処理が破産に傾きすぎてしまうという問題が起こります。一〇年や二〇年で何もかもがやれるわけではありませんから、破産手続の改革が進んだことは非常に大きな成果だと思いますが、再建事件に関しては、まだ法律的なツールを整える必要もあるし、運用において、いま言われたようなスピード感覚を持ってやっていくということも必要です。かなり基礎的なところから勉強していかないと、再建事件処理の足腰は、まだ非常に弱いのではないかと思います。どのように取り組んでいくかにつきましては、田原先生には、まだまだこれからいろいろな所に行って叱咤激励をしていただく必要があり、また、我々自身、細かな努力を数多く積み重ねていくべきところなのですが、今の現状から見ると、そこはまだまだ非常に弱い、これからやらなければいけないところだという印象を持っています。

山本　田原先生が言われる鳥瞰図ということ、あるいは役割分担ということかもしれませんが、いろいろできている裁判所の外の仕組みがあります。しかし、裁判所でしかできない、もちろん最終的に多数決で結論を付けるというのは、ＡＤＲであれ何であれ、ほかのところではできないわけです。それは国家権力を担う組織だからこそできるという部分はあるわけなのですが、全体的にはどうなのでしょうか。

倒産弁護士のいろいろな方の話を伺ってもニュアンスが違うことをおっしゃるような印象を持っていて、基本的には裁判所の外で金融機関なりの合意を調達していくということを中心に考えて、どうしても駄目だったら裁判所へ行くというスタンスの方もおられますし、裁判所の手続を中心的に使って、軽くできそうなものは裁判所の外でもやるというくらいのスタンスをお持ちの方もおられるようなので、かなりニュアンスは違っていて、それはそれぞれの個性があるのかなという感じはするのですが、その辺りの役割分担の見通しみたいなものは、田原先生はどういうような印象をお持ちですか。

田原　それこそ私は現場にいたのは六年半前ですので、その間の動きは十分にフォローできていないのですが、私的な手続で処理できるものはそれで良いのです。私的整理ガイドラインは私も扱ったことはありますが、それの根回しとともに、それが失敗したときの、その後の処理に要する、失敗するまでの間に要した時間が、果たしてうまく取り戻せるのかということなどを考えますと、私自身は私的整理で、見通しとしてうまくいけばいいけれども、そうでない案件の場合に、具体例はあまり挙げませんが、例えば岡山の林原の事件、あるいは日本航空にしても、入るまでに一か月半、関与した方に言わせれば、なぜそのまま突っ走れなかったかとおっしゃいますが、事後的に考えたときに、あの時間というのは果たしていかがだったのかということは感じます。

ＡＤＲを否定するものではありませんが、それの篩い分けをいかに適切にするか。その篩い分けは、基本的にはそういう事件の相談を受けた倒産処理のベテラン弁護士の責務なのであって、その責務を十分に果たせるだけの知識、ノウハウをどれだけ蓄えていくか。ベテラン弁護士は次第に老化してまいりますから、いかにしてベテランを補充していくかということは、非常に肝要なのだろうなと思います。

例えばＤＩＰ型の会社更生などにしましても、それが一つの典型例ですが、ああいう中で、従来の更生管財人と違った構造で動く中で、それに代理人として関与していけば、従来の更生管財人とは違った意味での、非常に豊富な経験を得ることができるのですが、そういった辺りを含めて、どう全体の倒産処理のシステムを構築していくかということが考えられなければいけないのかなという気はしております。

3　倒産処理における行政と司法の関係

園尾　民事再生法施行当初は、企業の再生に民事再生手続が非常に活発に用いられましたが、最近、ＡＤＲという形で行政が企業再建に強く関与するようになってきたように思います。それにはいろいろ経済情勢、政治情勢もあるのでしょうが、それによって企業再建の選択肢が増えるので、大変結構なことだと思います。今後は、司法も大いに行政ともタイアップして進んでいく必要があると感じています。

例えば動産・債権の担保に関して言えば、経済を踏まえた行政の主導によって随分と法律の整備が進んできました。これは司法手続の外で行われてきていることで、それと司法手続との連携という観点から大いに研究をする必要がありますが、現時点では、まだ外は外、中は中ということで、両者の連携がなさすぎるように感じます。

民事再生法が制定されたときに、経済産業省や農林水産省などの行政側から裁判所に対していろいろな要望が述べられて、それが再生手続を動かしていく力になったと思いますが、今は第二段階にきているという感じがします。司法の側で心を広く持って、行政と連携していくことも、企業の再建のためには必要なのではないかと思います。

山本　行政と司法の関係というのは、今度の国会で預金保険法が改正されて、金融機関の破綻処理の新たな枠組みができたのですが、その中で金融庁の人たちが言っていたのですが、あれは行政の手続と預金保険機構がやる手続と裁判所の手続を並行させて進めるわけですが、事業譲渡を迅速に進めると。それは国際的な金融システムを破綻させないために必須のものであると。

ところが、裁判所の手続でそれをやると、裁判所の許可に時間がかかるのではないかとか、本当にちゃんと許可が出るのかという、裁判所に対する一定の不信感というか、その部分があって、結局今回の法律では、預金保険機構がそういう形でやる場合には、裁判所の許可とか、要するに倒産手続上の事業譲渡に必要な手続を外すという形の特例を置いて、いわば預金保険機構の判断でもできるようにした。そうしないと国際的に通らないということです。

そのときの議論を聞いていると、昔の住専の頃の議論ですよね。裁判所に行くと時間がかかって、その間に日本の金融機関は破綻してしまうと言っていた頃の議論というのが、まだ残っているような感じがします。我々は、正にこの倒産法の改正をやってきて、園尾さんの功績もあり、裁判所の実務も大きく変わってきてというところを感じているのですが、行政の側から見ると、まだ司法というのはそのように、そこは園尾さんが言われたように、垣根みたいなものがあるのかなという感じがしましたね。

園尾　やらせてみれば、司法は必ずやるはずなのですが、まだその気運ができていないように感じるのです。企業再建の場面でも、ＡＤＲで動かないところは、司法がきちんと関与していかないとうまくいくはずがありません。民事再生法施行の直前である平成一〇年頃に、債権者数が多いと裁判所の倒産事件は動かないというようなことを随分言われました。しかし、その後の運用の工夫で、債権者数が数万人になっても数十万人になっても、やり方によっていくらでも司法が処理することができることが実証されました。今後も大いに議論をして、行政側の誤解を解いて、見方を変えてもらう必要があるし、司法の側でも、行政の動きに積極的に関心を示していく必要があるのではないかと思っています。

山本　それではこれで第一部は終わりたいと思います。長時間どうもありがとうございました。

（平成二五年六月二三日開催）

第二部

弁護士の視点から

——民事訴訟法と民事訴訟実務を中心に

Part 2

I　対談の趣旨

山本　それでは第二部を始めさせていただきます。第二部では清水正憲弁護士をお招きして、田原睦夫先生が最高裁判事を無事ご退任されたということで、それを機として民事裁判の実務について過去を振り返り、現在どういうことになっているか、そしてその将来のあり方を考えてみたいという趣旨で開催させていただきます。

田原先生は申し上げるまでもなく、倒産実務において非常に著名な方でありますが、一般の民事訴訟の実務においても、お若い頃には公害事件、大阪空港訴訟の弁護団の一員として活躍されたその当時から、民事裁判の実務に携わられております。そして、民事訴訟法という観点からすれば、現在の民事訴訟法が制定されるに至った法制審議会民事訴訟法部会で、当時の幹事でおられたわけですが、弁護士会を代表する立場として、その改正の議論に関与されたということがあります。そして最高裁判所判事としては、最高裁判所の立場から民事裁判のあり方、我々の関係では文書提出義務をめぐる判例等において注目される補足意見等を多く表されて、言わば上級審の立場から下級審の民事裁判実務を眺める位置におられたわけです。

清水弁護士はご紹介するまでもありませんけれども、大阪弁護士会に所属される著名な弁護士で、多くの民事裁判事件に携わられ、そして民事訴訟法改正の関係では、田原先生を支える大阪弁護士会の各委員会で副委員長ということで、やはり民事訴訟法の改正で中心的な立場におられた方です。

そのようなお二人に本日は、そもそも民事訴訟法の改正はなぜ必要だったのか、改正はどういう効果を持ったのか、現在の運用はどのようになっているのか、それを受けて将来の実務をどのように考えていけばいいのかということについてのお考えを率直に交わしていただければと考えております。

Shimizu Masanori

1971 年京都大学法学部卒業、75 年弁護士登録（大阪弁護士会）。大阪弁護士会民事訴訟法改正問題特別委員会副委員長、日本弁護士連合会民事訴訟法改正問題委員会幹事、京都大学法科大学院特別教授、日本民事訴訟法学会理事などを歴任。主著に、『実務民事保全法〔三訂版〕』（共著、商事法務、2011 年）、『論点新民事訴訟法』（共編著、判例タイムズ社、1998 年）などがある。

Ⅱ　民事訴訟法改正前の実務

山本　そこで、まず民事訴訟法改正がされる前の実務がどのようなものであったのかということ、それが結局どこに問題点があって、民事訴訟法の改正が議論されるようになったのかということ、少し復習的なことになりますが、まずこの点からお話をいただければと思います。

1　「五月雨的審理」の実情

田原　私のほうが、清水弁護士よりは登録が早いものですから、古い時代のことを知っておりますので、その観点から申し上げます。私は一九六七年に司法修習生になって京都で修習し、六九年に大阪弁護士会に登録しています。その頃の大阪や京都での民事裁判の運用と申しますと、正に五月雨式審理で、しかも五月雨の期日にも、必ずしも準備書面は出ない。出ても当日に持ってきて、それで「じゃあ拝読しておきます」と、「反論は」と、「じゃあ次回に」と言って、次回にも書面は出てこない。

それから、争点を十分詰めないまま、とりあえず誰々の証人から調べてみましょうかということで、争点の整理も十分行われないまま、それほど難しくない事件でも二年、三年かかるのは当たり前でした。イソ弁に入った事務所で、私が引き受けた一番古い事件は、昭和二九年の境界確定訴訟です。それから昭和三二年か三三年の農地をめぐる紛争を、昭和四四年、前のイソ弁から引き継ぎました。

それは決して不思議ではないということが、私が登録した頃の民事裁判の実情であり、他方で、当時は交通事故訴訟が激増していた時代で、自賠責が三〇〇万円の時代であり、年間二万名近い死者が出るという時代でしたから、交通事故訴訟で各弁護士は手がいっぱいでした。

私らの同期の弁護士で、忙しい弁護士ですと手持事件が百数十件でした。そうすると、一日に弁論が五、六件ありました。それで適正に準備して処理するというのは、実際問題としてなかなか難しい。交通事故にしても、倉田卓次判事が交通事故訴訟について、非常に革新的な処理をなさいましたが、それまでは、例えば入院雑費についても、ちり紙をなんぼ買いました、というような細かな立証まで必要だったのです。倉田判事が入院雑費一日五〇〇円という形で処理され、訴訟促進に非常に大きな寄与をされましたが、そういうことがない時代だったものですから、ある意味で訴訟は非常に困難でした。

それと、コピーはようやく青焼きのコピー機が大きな事務所に入り始めたばかりで、証拠を提出の際に正写しましたという印を押しています。例えば登記簿謄本は、正にその生きている部分だけをガリ版で写し取って、それで正写印を押していたわけですから、正に正写で、コピーではないのです。そういう時代だったのです。そういう状態の下での訴訟遅延は、それ以前にも問題になって、昭和三一年に民訴規則が制定されて準備的口頭弁論の制度が導入され、それによって進行処理を図ったけれども、わずか数年で挫折してしまいました。そういう状態で、訴訟に対する信頼がなくなっていく中で、それから二〇年余を経て民事裁判を改善しようということで、裁判所のほうで言えば弁論兼和解というものを入れて、それが民訴学会でも、たしか高松の民訴学会だったと思いますが、そこで正面から取り上げられました。

そのような動きの中で、二弁を中心として民事裁判の改善を考えようということで、昭和六〇年頃からシンポジウムを開催し、昭和六二年には「民事訴訟促進マニュアル」を作成し、また、一弁でも、昭和六二年度に「民事訴訟等促進委員会」が設けられ、それらの状況は法律雑誌に次々と掲載されていました。それに刺激を受けたわけでもありませんが、弁論兼和解への動きなどを背景に、大阪でも研究会を組織しようということになりました。

また裁判所でも、昭和六二年四月に「民事訴訟の審理を充実させるための東京・大阪両裁判所の方策」が公表されましたが、それらの動きに呼応する形で、大阪の場合でいえば大阪弁護士会と裁判所の間で、民事裁判改善協議会というものができて、民事裁判をより積極的に動かしていくにはどうしたらいいのかと。弁論兼和解という試行錯誤が始まっているのを、どう位置付けるか。弁論兼和解自体、これは裁判所自体が試行錯誤でしたし、学会の中でも非常に議論が分かれていて、一体弁論なのか和解なのか何なのだいと。あるいは、そこにおける当事者の立会権はどうなのだろうかということが本格的に議論がされるようになりました。

そして、東京や大阪の動きを受けて、例えば福岡だとか京都でもいろいろな研究会ができて、判例タイムズに次々と論稿が発表される中で、民事保全法の改正がようやく終わりました。次は何かというときに、法制審議会では民訴法改正をやろうということを三ヶ月章先生が主導的におっしゃったということが、民訴法改正の大きな流れだったと理解しております。

Ⅲ　民事訴訟法改正のプロセス

1　民事裁判改革協議会から法制審議会へ

清水　当時、大阪弁護士会には「民事裁判改善に関する協議会」というものがありました。あれは、今ご紹介のような形で、弁護士会から裁判所のほうへ持ち掛けたか、何かそんな経緯があったのですか。

田原　どちらが主体だったかはともかくとして、当時、裁判所が弁護士会に持ち掛けてくるような信頼関係はありませんから。

清水　だから、たぶん弁護士会から持ち掛けたのでしょうね。

田原　はい。

清水　田原先生はそこのメンバーですか。

田原　そこのメンバーとして、民訴法が施行された後数年間まで、ずうっと関与しておりました。そうして関与している中で、民訴学会に初めて入れていただいて、最初に出たのが高松の大会なのです。それまでは学会員でもありませんでした。私自身は、民訴法はあまり好きではなかったですから。

清水　今もあまりお好きではない？

田原　基本的には民法、実体法の人間ですから。

清水　田原先生が法制審の幹事、あるいは滝井繁男先生が法制審の委員になられたというのは、その「民事裁判改善に関する協議会」の中から、ということだったのですか。

田原　従前民事保全法で、園尾さんとの対談（第一部）のときにも申しましたけれども、原井龍一郎先生が委員として関与されて、実質手弁当で行かれました。原井先生は吉川大二郎先生の事務所の大番頭でいらしたので、三ケ月先生の信頼があり、原井先生が行かれて、その原井先生を支えるバックアップ委員会で、後に最高裁判事になられた河合伸一先生や、清水さんだとか、大阪の中堅の弁護士が支えました。

原井先生のご活躍を受けて、三ケ月先生が、特に民訴の場合は弁護士との協働作業がなければ改正はできないということで法制審議会民事訴訟法部会における弁護士の委員・幹事の増員を図られました。それには、法務省サイドはあまり乗り気ではなかったのです。というのは、昭和三〇年代、四〇年代の初めでしたか、少年法改正で、日弁連が法制審委員の総引揚げをやったりしたことがあったものですから、日弁連と法務省との間には非常に厳しい対立関係があったのです。刑法改正でも常にもめていました。

そういう中で、弁護士の委員の数を増やすことに対しては法務省は消極的だったのですが、三ケ月先生が豪腕を振るわれて、弁護士を仲間に引き入れないと動かないということで委員を増やされたのです。その中で、従前からの委員が増えて七名になりましたし、幹事も一人だったのが四名になりました。従前、大阪の委員は一人しか枠がなかったのが、大阪からも幹事をということになりました。たまたまですけれども、滝井先生が、当時理事者を辞められたときだったのかな、そのようなことで委員をお引き受けになりました。幹事は、私が民事裁判改善協でそれなりに動いていたものですから、出てこいということでお手伝いすることになりました。

委員並びに幹事は三ケ月先生のご意向で、立法が終了するまで交替まかりならんということで長丁場になりました。当初は五年の予定でしたけれども、五年間は務めきろと。それを支えるために日弁連と、法制審の委員を出した各単位会にバックアップ委員会ができました。委員と幹事は拘束されるのだから、バックアップするメンバーも交替まかりならんと。言わば蛸部屋という状態で拘束していったわけです。

2 大阪弁護士会におけるバックアップの態勢

山本 バックアップ委員会というのは、どれぐらい、大阪ではおられたのですか。

田原 人数的には五〇人以上いましたかね、メンバーは。だけど、常時動いて、ほぼフル活動してくださったのは二〇名ぐらいです。

清水 最初から最後まで頑張ったのはそれぐらいでしたね。

田原 そのメンバーが、後に判例タイムズ社から、滝井先生、私、清水さん編で単行本を出しましたけれども（『論点新民事訴訟法』〔一九九八年〕）、その執筆はそれの中核メンバーでしたね。

▼ Coordinator / Yamamoto Kazuhiko

清水 そうです。

山本 私の印象では他の部会でもそうですけれども、大阪のバックアップ委員会というのは、非常に熱心で、かなりいろいろ具体的な提案もされて、中で相当綿密な議論がされているのではないかという印象を、外から見ていても受けます。蛸部屋とは言いませんけれども、かなり頻繁にやっておられて、相当時間を掛けておられたのでしょうね。

清水 そうでした。あれは法制審の委員会の開催があるのと合わせて何日か前にやっておりました。

田原 三日前にやっていました。

清水 バックアップ委員会となる大阪弁護士会の民訴法改

正問題特別委員会のメンバーには、今、田原先生がご紹介になった、民事保全のときのバックアップ委員会のメンバーが入っていましたので、そのメンバーは、先に原井先生を通じて、弁護士の意見が立法に反映されるという経験をしていました。そのような経験を一回してしまうと面白くなって頑張ろうということになったのだと思います。弁護士としてはどうしても譲歩できないという辺りは是非頑張ろうということで一生懸命やっていたという部分もあります。

田原　その辺りの経過については、原井先生の古稀記念論文集（『改革期の民事手続法』〔法律文化社、二〇〇〇年〕）で、私は「新民事訴訟法改正と弁護士の果たした役割」との題名で、比較的詳細な報告を書いております。これは、古稀記念でそんな報告は学術論文ではないのでいかがかという面もあるのですが、ただ歴史的には意味がある文献として、今日の会合のためにもう一回引っ張り出して読んできました。こんなことをしていたのかと思いました。

山本　私も面白く読ませていただきました。私は、法制審議会へは、最初は倒産法から参加しました。そういう運用が、ある意味当然のもののように、特に弁護士の関与の関係から見れば、当然手続法なのだから、弁護士、裁判所、学者とそれぞれが各々の立場で中心的な役割を果たしていくことは当たり前のように思っていました。しかし、これを読ませていただいて、それが決して当たり前のことではなくて、民事保全法の段階から、そういうことがようやくでき始めて、倒産法はある意味完成的な形態だと思いますけれども、非常に恵まれたところで我々は議論していたのだなということを実感いたしました。

清水　民事保全法のときは、大阪弁護士会の司法委員会の中に小委員会を作ってバックアップをしていたと思います。民訴法改正のときには、新たな特別委員会を作りましたね。

田原　その特別委員会ができるまでは、司法委員会の中に小委員会を作ったのです。それで、特別委員会を作ろうと思ったら、理事会決議が必要ですので、年度が変わるまでできなかったのです。それで、年度が変わってから、正式な委員会を設けたのです。

清水　なるほど。そうすると、その正式な委員会の前に、ある程度は会議体として走っていたわけですね。

田原　走っています、小委員会として。

清水　私はその正式な委員会になってから参加させていた

だいたのだと思います。最初はちょっと議論についていきにくかった記憶があります。少し補足していただくと、日弁連の動きはどうなっていたのですか。同じように日弁連の司法制度調査会の中に小委員会を作ってバックアップしていたのですか。

田原　いいえ、日弁連のほうは、最初は委員と幹事だけでやっていて、それで民事訴訟法等改正問題検討委員会が正式に発足することに併せて、原井先生の本の中にも書いてありますけれども、日弁連としてどう対応するか。透明性だとか幾つか、今から思えば理念の先走りのことを何点か掲げて、それで本格的に取り組むということで委員会ができました。釘澤一郎弁護士が委員長、元事務総長だった方ですね。ご就任いただいて、これも釘澤さんには最後まで務め切っていただいて、非常にご苦労を掛けたことが記憶に残っています。しかもテーマがテーマだということで、全国の単位会から人を集めるということで動き始めたという状態です。

清水　今度は大阪弁護士会でのバックアップ委員会の関係のことをお尋ねします。滝井先生や田原先生は、そのバックアップ委員会にはどういうことを期待されていましたか。

田原　検討事項から始まっていくわけですが、その検討事項を検討する、更にその準備会があって、それに私はオブザーバー参加で、毎回は出ていないのですが、検討事項の検討会の前には委員と幹事が日弁連に集まって議論していました。その中でどういうテーマをと。そうすると、検討事項の中に弁護士会としてどんなテーマをまず求めることができるのか、という辺りからの議論が当初は始まりでした。

清水　検討事項の段階では、みんないろいろなことを盛り込みたいということで、今から考えるとかなり過大な要求を田原先生の側にしていたのではないかと思うのですが、そういう印象はありませんか。

田原　例えば、ディスカバリーのようなことだとか、そういうところをどこまで広げるということまで含まれていました。その後、平成一五年改正で一部実現したものもありますけれども、そういった事柄を含めて、どうせやるなら大きいことをやろうというのが、日弁連全体の雰囲気だったのではないでしょうか。

清水　なるほど。

田原　やはり七〇年ぶりの改正で、使い勝手の悪いのはそのとおりだし、使い勝手が悪い中で、訴訟事件など増えるはずがないではないか。何年もかかって判決を取ってくる。やはり、もっと適切に利用できる制度にしたい。それは二弁から始まった民事裁判改善の動きと軌を一にするもので、その中で実務家のレベルからどの程度のことが求めることができるかということで、ある意味で思いきり風呂敷を広げた議論が当初は行われておりました。

清水　検討事項の段階ではそうだったかもしれないです。立法化の作業の過程でそれらが絞り込まれていったということですね。

田原　そうです。例えばディスカバリーですが、その後も日弁連は、「またその実現を求める」などと言っていますけれども、アメリカにおけるディスカバリーの実情などを勉強していけば、それが日本でそのまま使えるというのは、少なくとも実務を現に見ない意見ですね。それから、アメリカのディスカバリーについて勉強した者にとっては、今の日本では無理だよねということになります。そのように、全体の認識がまとまるまでには時間が掛かりますから。

3 民事訴訟法改正の論点
——争点整理・集中証拠調べ

清水　そうですね。先ほどご紹介のあった、弁論兼和解による争点整理、それと車の両輪みたいなものですが、証拠収集方法の拡充という、大体その二つが大きな議論の山だったと思うのです。

田原　そうです。

清水　当時、争点整理のほうでは手続の公開をどうするかということ、それから当事者の立会権をどう見るかということで、随分いろいろな議論をしたように記憶しています。しかし、大阪ではあまり侃々諤々とやった記憶がないのですが、田原先生のご記憶はいかがですか。日弁連ではかなりやった記憶がありますが。

田原　結局その弁論兼和解は一体何なのかと。東京と大阪では運用が相当違いました。例えば、当事者の立会いがない。和解の場合であれば相互に呼び入れてというのが基本です。弁論兼和解の和解の部分だったらそれは許される。

ただ、弁論だったら立会権があるではないかという問題。あるいは弁論兼和解に関して、その運用で裁判所と弁護士会とで、それなりに現場レベルでもぶつかり合っていた点として、裁判所は代理人をおいて本人から話を聞きたいと。

清水　それは、弁論兼和解のときに東京あたりではよくやっていたそうですね。私はそのように聞いた記憶があります。

田原　そうすると、代理人というのは一体何なのと。本人から話を聞いたほうが分かりやすいからと。それは、訴訟代理人の代理権限を侵害するものではないか、ということが現場レベルで争われていました。最終的には弁論準備手続という形で当事者の立会権と当事者が求めた場合の傍聴を確保した制度として落ち着くのですが、そこに辿り着くまでの間で、裁判所レベルでは、本人から話を聞くことの便利さが、一回使ってみるとなかなか手放せない。当事者からすれば、それはないでしょうと。それから、片方当事者からだけ聞く場合に、和解ではない場で聞いて、そこで心証形成されることへの問題。事実上心証形成される可能性がありますから。そういうところで争点整理を実質化しながら、かつ公開を確保して、それで法廷でない所でできるような形。その延長で出てきたのが円卓法廷です。そういうところに最後は結実していきました。そういう辺りの試行錯誤の議論は二年ばかり続きました。

清水　そうでした。公開そのものについてはあまり大上段の議論はなくて、双方当事者の立会いをどうするかというのが、議論としてはいろいろあったという記憶なのです。

田原　ただ、公開そのものも日弁連レベルでは非常に大きな議論があり、今はインカメラ手続が認められておりますし、知財訴訟では更に罰則まで付いているけれども、民訴改正のときにあんなことは想定すらできなかったです。そんなことを言い出したら、即「お前、幹事辞めろ」と言われかねないです。

山本　やはりそうなのですね。

清水　秘密保護の手続のところでは、日弁連はなかなか硬い態度でしたね。

山本　なるほど、大阪弁護士会は必ずしもそれはそうでもなかったということでしょうか。

清水　もう少し柔軟だったのではないかという気がします。

田原　インカメラの辺りはね、記憶はあります。

清水　弁論準備のところでも、公開の法廷というところも、あまり厳しいことは考えていなかった。つまり、誰でも見られるような状態にしておけばいいのではないのぐらいのことを私は考えていたのです。その意見が多数だったかははっきりしませんが、少なくとも「それはいかん」というような強い反対意見ではなかったような記憶があります。

田原　ただ、当時アメリカにおけるインカメラ手続が、日本で適正に翻訳されて知れわたっているような状態ではなかったのです。私は幹事で行っていて、最初はインカメラと言われてもよく分からなかったです。

山本　カメラか何かの話かと。

田原　文献を見ても、適正に翻訳してある文献は全くなかった。

山本　それはそうかもしれませんね。

田原　それの運用も何も分からないところで、インカメラと言われたって、「付いてこいと言われてもねえ」というのが実情でした。

清水　それと当時は、東京では弁論兼和解をこのように運用しているという紹介が結構あって、田原先生からもご紹介のあった、直接本人に聞くというような運用もあったという報告も上がっていました。大阪でそこまでのことをやっているという報告はあったのでしょうか。

田原　非常に少なかったです。ごく一部の裁判官がやっていました。

清水　私は、むしろ当時大阪で印象に残っているのは、大阪では和解兼弁論と言っていましたので、相手方代理人が、「和解だと思って本人を連れてきたよ」ということがあって、裁判所の狙いが全く伝わっていないということでした。田原先生からご紹介のあった、民事裁判改革運動みたいなものが、必ずしも一般の弁護士には十分理解ないし認識されていなかったという状況の中で民訴法の改正をやっていた部分もあるのではないでしょうか。

田原　裁判所は、民訴法の改正で全体像が固まる前に、例えば大阪でいえば井垣敏生判事が集中証拠調べを実験的に始めました。それはそれなりに成功して、それは立法に結び付いていったのは間違いないですね。私は残念ながら彼の法廷での集中審理はしたことがないのですけれども、関与した弁護士からの評判は良かったですね。

清水　伝聞ですが、非常に緻密な争点整理を、今でいう重い争点整理をなさっていたように思います。重い争点整理をすると、確かに証拠調べが楽になるのですが、全ての裁判官がやれるかというと、なかなか難しいのではないかと思います。田原先生の周りでは、あのようなやり方の評判が良かったのかもしれませんが、私の周りでは必ずしも全員の評判が良かったというわけではありませんでした。つまり、集中証拠調べとか、集中審理ということに理解がなければ、従前の五月雨式審理のほうが弁護士は楽ですから、そんな精力を使う争点整理をやられて、丸一日取って人証調べをやるなどというのはとんでもない話で、かなり抵抗があったのではなかろうかと想像しています。

田原　それは事実です。話が少し飛んでしまいますが、井垣判事がいま申し上げたようなことをやり始めたときは、交通事故訴訟のピークが済んだ後でしたから、現場の弁護士にとっては少し時間が空き始めてきた状態でしたので何とかなりました。あれが、交通事故の訴訟のピークのときには、とてもではないけれどもその時間は無理です。私がイソ弁の事務所は、事件はそれほど多くなかったのですけれども、それでも私は五〇件ぐらいは持っていました。それで弁論を回していくと結構時間が取られました。

清水　そうすると、集中審理ができるようになったのは、弁護士の手持ち事件が減ったということもあるのですかね。

山本　今でも地方の弁護士に言わせると、集中証拠調べというのはものすごい負担になると。事件をいっぱい持っていて、本当に細切れに時間を使われないといけないのに、ドッと何時間も裁判所に取られるということだと仕事にならないと。率直にそのように言われる弁護士がいます。

田原　一日に五件も、六件も弁論を抱えていたら、それはそうなりますよ。

山本　そうですね。

清水　思い出話になりますけれども、民訴法改正前の五月雨方式のときには、弁論そのものが一〇時に三件とか四件とか入っていて。

田原　もっとありましたよ。

清水　もっとありましたか。いずれにしても、私は時々、一〇時に二、三件持って、廊下鳶よろしく走り回っていました。あの状態では確かに集中証拠調べは無理だと思います。

4　バックアップ委員会の意義再論

清水　ところで、田原先生が民訴法改正作業の中で特にバックアップ委員会をうまく使ってできたということで印象に残っておられるケースはありますか。

田原　前述の原井先生の古稀記念論文集に何点か書かせていただきましたけれども、弁護士会提案で通ったものが幾つかありますよね。

あの辺りというのは、ものによってはバックアップ委員会から出てきて、ものによっては私のほうからボールを投げて。

清水　そうですね。

田原　それで固めてもらったという項目ですから。しかも、大阪のバックアップ委員会のメンバーは議論好きな方が多いものですから、そこで結構詰めた議論ができました。詰めた議論というのは、公的に立法提案として法務省に出しても法制審に出しても、それほど恥ずかしくないレベルまで詰めた議論ができましたので、それを日弁連に持ち込んで日弁連で了解を得て出す。場合によっては日弁連の了解を得ないときは、田原が勝手に私案として出した、というような形でやりました。当事者照会などは、ある意味でそれの典型例です。その後利用されているかどうかは別にしてですが。

あるいは、証人尋問の細かな規定、刑訴規則に倣って導入を持ち掛けて、当初法務省は非常に抵抗していたのですが、採用されて、あれが今は法廷の証人尋問の活性化に非常に役に立っているのは間違いないです。あるいは少額訴訟だとか、こういうものは大阪でのバックアップ委員会での力だと思います。日弁連提案という形で採用されたうちの多分七、八割までが大阪発だと理解しています。

清水　今、田原先生はバックアップ委員会を立てて紹介してくださいましたが、実は、問題提起は大体田原先生のほうからあるのです。こういうことがあるからお前らが考えろみたいな振り方で、バックアップ委員会のほうはいろいろ議論をさせられるわけです。もっとも議論しているうちに、だんだん田原先生が最初に考えていたのとは違うものになっていったり、あるいは進化したりということはもちろんありましたから、それなりの役割は果たしたのですが、どちらにしても田原先生が非常に精力的に、あれを考えろ、これを考えろと次々に課題を出してこられて、バックアップ委員会

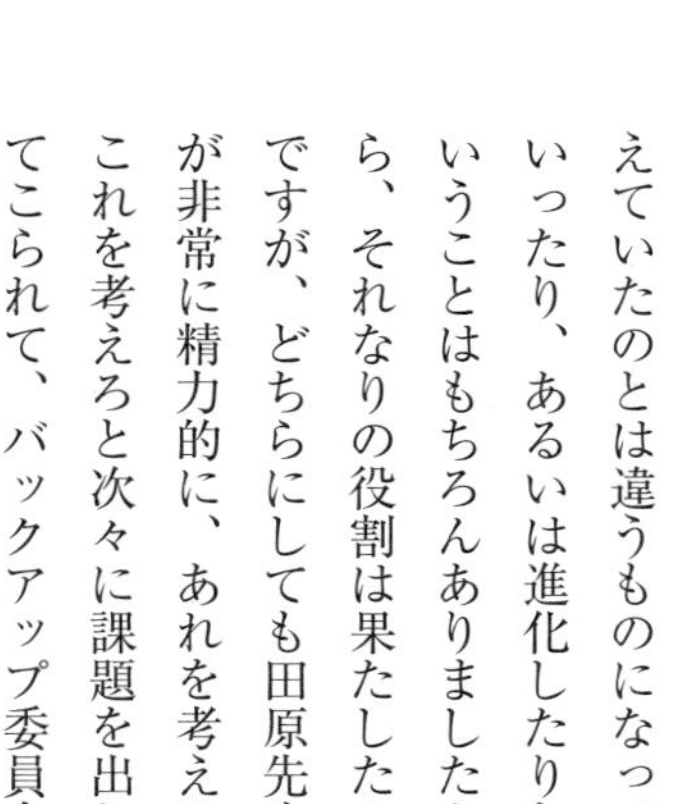

もかなり大変でした（笑）。

田原　だけど、非常によくやっていただいたと思います。平均すれば週に一度以上は委員会をやっているわけですからね。私も体がよく続いたと思うけれども、それは全部付き合っていますから。

清水　そうでしたね。当時バックアップ委員会をやっていた人たちは、いちばん上の人でも当時五〇歳過ぎぐらいでしたかね。

田原　そうですね。

清水　田原先生は当時何歳でしたか。

田原　あれは平成二年でしたか。

清水　正式の委員会の発足は平成三年からのようです。

田原　一九九一年に発足ですから、私は一九四三年生まれなので、四八歳でした。

清水　そんなものですね。だから、一番上でもそれぐらいの人たちで議論していましたので、まだ元気でした。

田原　滝井先生が五四～五五歳でした。

山本　そうですか、一番油が乗っている感じですね。

田原　他方で、本業がそれなりに忙しい。

山本　そうですよね。そこが私は非常に大変なのではないかと思いますね。

田原　世代的に言えばね。

山本　裁判官とか、法務省もそうですが、我々もそれが本職みたいなところがある。だから別にいいのですけれども、弁護士の方は他に本職があって、この作業をされているわけだから。

田原　ですけれども、平成三年だから一九九一年ですか、私はイトマンの刑事事件と東京佐川急便事件を受けていますからね。九三年には更生管財人を受けていますから。

山本　それはすごいなと思います。

清水　本業も精力的にやっておられましたね。

田原　体が元気だったのでしょうね。お陰で今はよれよれです。

山本　いやいや、ますます。

清水　お元気すぎて困るんではないですか（笑）。

5　法制審弁護士委員と日弁連等の関係

山本　私は法制審議会のいろいろな部会で、弁護士の方とは結構お付合いがあるのですけれども、先生の古稀記念パーティー（二〇一三年六月一五日）のときに竹下守夫先生も言われていたと思うのですけれども、弁護士の委員、幹事の人たちというのは、我々とは違ってかなり微妙なところがあって、こういうバックアップ委員会が背後にあって、あるいは日弁連があって、これは言わなければいけないというものがある。でも、ご自分のお考えは、もちろんご自分のお考えとしてあって、それが一致すれば問題はないわけですけれども、やはり違うこともあるだろうと。そういうときの弁護士の委員、幹事の方の対応の仕方というのは見ていても、人によっても違うような感じもするのですが。

田原　それは、後ろから絶えず矢が飛んできますからね。例えば、委員会意見書をまとめて、日弁連の理事会で、私や秋山幹男幹事が報告していると、理事の一部が委員会に出ていたはずなのに、「私は聞いてない」ということを言うわけです。私や秋山幹事は説明員なので、手を挙げて反論できないのです。「お前いたやないか」と言いたいのだけれども、向こうは理事として発言していますから。そのようなことが何回もありました。

清水　日弁連ではかなりの緊張関係がありましたね。

田原　あるいは、上告受理の制度、あるいは上告制限をどうするか、三ケ月先生は非常にこだわっておられました。上告審が機能不全に陥っているのを何とか処理したいとおっしゃっていました。竹下先生はどこまで覚えていらっしゃるかということはあるのですが、ジュリストの座談会を丸の内ホテルでやりました。食事会のときに、私から「刑事の上告受理の制度を持ち込んだらどうですか」ということを申し上げました。「田原から言え」「それは絶対無理です」と。

山本　確かに、弁護士会との関係ではね。

田原　ただ、「検討するに値すると思いますから」と申し上げて、あとはいろいろあって、最終的に今の上告受理に落ち着いたわけです。やはり、ああいう事柄というのは、日弁連の委員としては絶対に言えないです。そういう問題はありますね。

山本　なるほど。何となく腹が膨れるものというか。

田原　それは今も同じです。

山本　いやいや、今はご自由になられたのだからという感じはします。

清水　日弁連は、委員会運営そのものが大変だったと思うのです。メンバー構成にかなりばらつきがあります。例えば大阪ならある程度共通感覚みたいなものがあります。

「まああこの辺で」というところがあるのですが、日弁連へ行くと、東京もあれば、ごく小さな弁護士会の代表の方もいらっしゃいますから、「落ち着け所」がよくわからないのです。

田原　当時であれば、会員数が五〇人を割る単位会というのが幾つもありましたから、そこで同じような議論はできないことになります。

清水　例えば、日弁連では幾つかのグループで部会を作ってやっていたのですが、そこでの議論でもだいぶ温度差がありました。先ほど話題になった集中証拠調べにしても、前向きの人と、後ろ向きの委員がいますから、そこをどうまとめていくかというのは、その部会レベルで既に苦労がありますね。ましてや、それを全体の委員会でまとめて、田原先生や滝井先生にお渡しするというのは非常に大変なことだったと思います。日弁連の委員会で田原先生は、「なぜ後ろから矢が飛んでくるのか」と怒っておられたこともありました。

田原　それとともに、弁護士の法的な知識のレベルが均一ではありませんから、例えばアメリカの制度について、インタ―ロガトリ―のことをどこまで知っているか。それでは調査に行こうかと言い出す。調査に行かなくても、いやほど文献はあります。あるいはディスカバリーとかね。あるいはフランスの制度について、フランスの法廷を見学してきたら、本当にオーラルでやっていて素晴らしいと。しかし、「あそこは証人調べがないんだよ、知っている?」という辺りでの知識の差。それで、たまたまそういう情報を持って、日本でなぜオーラルでできないのか。あるいは、アメリカのディスカバリーを踏まえた上での、法廷が開かれる事件というのは、わずか数パーセントであるにもかかわらず、それを知らないでしゃべる。トライアルに辿り着くまで平均四年から五年かかっていることも知らなくて、トライアルは素晴らしいと。

そういう知識の共有化自体が大変な作業で、それを求めても、「その文献をコピーして配れよ」という。自分で勉強しろよという話なのです。そういう意味で、バックアップ委員会の熱意、知識、それから第一線で法制審へ行っている者との知識の差をどうつないでいくかというのが、法制審に出ているメンバーにとっていちばんの苦痛でした。

山本　かなり説得というか、そういう作業もされる必要があるということですか。

田原　理解してもらうために、やらざるを得ないですから。
山本　それは確かに大変だと思います。
清水　バックアップするほうとされるほうでは、多分その辺の温度差があると思うのです。田原先生にしても、弁護士会がそう言いたいのは分かっているけれども、法制審へ持っていって通るの、というところを本当は言いたいのだけれども、そう言ってもなかなか許してくれないのでしょう。そして、結局は「お前は、誰のために法務省へ行っているのか」というような話になってしまいます。だから、その辺はなかなか辛い立場にいらっしゃったのではないかと思います。
　我々バックアップ委員会側は、ある程度言いっぱなしで済む部分があるのです。「田原先生、ここ頑張ってきて下さい。弁護士会はこれ以上譲歩できません」でおしまいになりますが、言われたほうはそうはいきませんからね。
田原　今はだいぶ変わったと思いますけれども、弁護士会自体の中で、法制審の委員だとか幹事というのは名誉職的に考えていました。法制審の総会委員は正にそういう面があるのですが、「田原が何年間も独占するのはおかしい」とか。
山本　うんうん、それが非常に興味深いですね。そういう感じがあったのですね。
田原　その後も続いていますよ。
清水　直接関わっていない人はそう思うかもしれませんね。
山本　ああ、今でもそういう感覚がありますか。
清水　はい、バックアップ委員会などに加わっていて、法制審は大変だ、ということが分からないとそうかもしれませんね。最高裁判事もそうかもしれませんよ。大変な仕事だということを知らなかったらあるいは単なる名誉職だと思ったかもしれないですね。
田原　話は飛びますけれども、弁護士と話していたら、最高裁へ週三日ぐらい出勤しているのだろうとかね。
山本　なるほど、それは随分意識が違いますね。
清水　法制審も、確かにそういうふうに思われていた部分があったかもしれないですね。
田原　ありますよ。実際にそういう意見が大阪でも出ましたよ。
清水　そうでしたか。

6 法制審議会の議論のあり方

山本 私も刑事の法制審の部会に若干出たことがあったのですが、やはり民事の部会とは全然雰囲気が違って、正に先ほど言われた、刑事のほうにもバックアップ委員会があるのでしょうけれども、それを本当にそのまま言われて、正面衝突になって、最後は結局多数決で決まるというのが伝統的で、今も多分そのようにやっておられるのだと思うのです。

民事は、民事保全法の時代からの伝統ということかもしれませんけれども、バックにはいろいろなことがあって法制審議会の場ではいろいろ言い合うのだけれども、最後は合理的な折合いの点を見付けて、法制審の中でも合意ができる。それが日弁連に戻ったところでも、何とかなると。

田原 民事であっても、例えば倒産法部会に、民法部会の方が来られましたよね。

山本 ええ。

田原 あの先生方は、倒産法部会の雰囲気をご覧になってびっくりしておられました。こんなに自由に議論できるのかと。

山本 おっしゃるとおりです。それは徐々に他の部会でも広がってはいるのでしょう。だから、私も田原先生のご論稿を見て驚いたのは、民訴改正が始まったときに、日弁連の理事者は、法務省や最高裁は既に改正について何らかの腹案があるのではないかと懸念して警戒的な姿勢を示していたと。これは私が承知している限り、民事の立法で法務省が腹案を持っているというのは、刑事とかは別ですよ。素案のところで腹案などおよそないわけです。そういう雰囲気というのはあったのだなと驚きました。

田原 ただ、不動産登記法の改正というのは、正に腹案があった上で来ているわけです。

山本 何というか、テクニカルなところではもちろんそういうところはあるのですけれども。

清水 うん、先走りと言われかねない状況でしたかね。

山本 およそそんなことはあり得ない。

清水 まあよくは知りませんが、法制審は、民事保全法よりも前は、ある程度法務省で作ったものを「よし」と言うための機関のような機能で、そこに弁護士が入っていたというだけの機能だったのかもしれないですね。

田原 それはそうですよ。部会として十分機能するということは、多分民事保全法まではなかったはずです。民事執行法は、馬場英彦弁護士が関与しておられて、少しお話を聞いたことがあります。やはり、その後の審議に比べれば、それははるかに弁護士会の発言能力は劣っていました。

山本　そうですか。民事執行法の段階でもそうだったのですね。

田原　かつ弁護士は執行事件を実際に処理することはほとんどありませんから。

山本　まあ確かにそれはそうです。

7 改正前の実務の先取り

田原　やはりその前に、改正の動きを踏まえて、現場が改正を先取りするような動き、それは先ほど申し上げた集中審理などが典型例です。そういう先取りの動きがありましたし、弁論兼和解に代わる形で、弁論準備が入るということであれば、それを踏まえて、例えば大阪などでは実質弁論準備に近い形での争点整理が行われ始めたと、試み的ですけれども、そういうことは言えると思います。

山本　改正でガタッと変わったというよりは、比較的なだらかに変わっていくようなところはあったのですね。

清水　そうなのでしょうね。ただ、弁護士のほうはどうだったのでしょうか。我々は経緯もある程度分かっていますけれども、全く知らない弁護士が、こういうふうに民訴法が変わるよと言われて、それから意識的に実務を見ていなければ、実務に変化があることも分からなかったかもしれないですね。

田原　裁判所のほうが、弁論兼和解の他に、新様式判決をほぼ同時期ぐらいからし始めたのです。そういう意味で民事訴訟手続全体が動き始めているということは全弁護士が分かっていたわけです。

山本　なるほど。

田原　新様式判決が出てきた頃、私は当時日弁連の司法委員をしていましたので、それに日弁連としてどう対応するかということで、結構議論をしていたことありました。

山本　そうですね。あれもかなり弁護士会からは、賛否両論というか、否定的な意見もかなりありましたよね。

清水　そのほうが多かったのではないですか。

山本　そうですよね。

田原　裁判所のほうも、十分に使いこなせていなかった。今も使いこなせていない感はありますけれども、当初は基本的には使いこなせていなかったということがあって、ぎくしゃくした面がないではありません。全体として民事裁判をその制度の仕組み全体を動かさなければいけないというのは大きな共通認識になっていたのではないでしょうか。

山本　そういう意味では、比較的新たな制度を受容するというところでは、それほど大きなフリクションはなかったということなのですかね。

清水　そうですね。それと法廷の主宰は裁判所がやりますから、弁護士のほうは「はいはい」と言って付いていけば済む部分があるからやっていけたという部分もあるのではないでしょうか。それではいけないのでしょうが、分からなくても何とかはなります。

Ⅳ 民事訴訟法改正による実務の変化

1 普及の努力と使われない制度

山本　そういう意味では、改正の中心的な部分と言われた争点整理、弁論準備手続、それから集中証拠調べと、これらは統計的に見ても非常に定着している。たぶん後でその内実についてのご議論はあると思うのですが、そういう外形的に弁論準備手続を実施しているとか、集中証拠調べが実施されているという点においては、全国的に普及を見たと。それはそういうことなのでしょうね。

田原　その普及のために裁判所、それから日弁連の委員が全国行脚しましたから。

清水　直後に手分けして大分やりましたね。

山本　そうですか。かなりあちこちへ行かれたのですか。

清水　ええ。手分けして行ったのですが、地方へ行くと、そもそもなぜ改正したかも十分理解されていなかったように思えることもありました。

山本　それはそうでしょうね。

清水　先ほどの話に戻りますけれども、地方では、もともとそういう改革運動も組織的にはやっていないことが多いですから、争点整理だの、集中証拠調べだのと言っても、具体的なイメージも持ちにくいということもありました。だから、全国行脚したのがどれだけ役に立ったのか。

山本　しばらくの間は、よく何とか地裁ではまだ旧法で、新法はまだ施行されていませんという話がありましたね。

田原　しばらくだけではないです。

清水　今も？

山本　そこで、使われている制度と使われない制度というのは興味深いところです。先ほどもちょっとお話が出ましたが、当事者照会というのは、弁護士会が中心となって作られた制度だというのは我々も認識しています。しかし、必ずしも使われていないところがあると。

清水　そうですね。

田原　それとともに、一五年改正で入った、事前の証拠収集も使われていないですね。

山本　使われていないですね。その辺りはどうなのですか。

清水　どうなのでしょうね。当事者照会制度は、言わば田原先生の発案で、私もかなり関わった制度なので、本当はもっと使えないといけないのです。ただ、使ってみて、実感としては裁判所が手続的に関わっていないというのが使いにくいことの原因かも知れないと思うようになりました。訴訟外で当事者照会をしていますということを争点整理手続などで言うと、裁判所も、どんな当事者照会をしているのですかと関心を持たれるのです。それなら、裁判所を介した制度にすればよかったのですが、当時は裁判所を介すのだったらダメだというのが裁判所の意見だったのです。仕方がなく、裁判所を介さない制度にしてしまったのです。しかし、やはり、使いにくいのは裁判所が介していない制度のせいかなという気がするのです。

もう一つは、前にジュリストにも書いたのですが（清水正憲「当事者照会制度」ジュリ一〇九八号〔一九九六年〕四八頁）、旧法時代から求釈明という、要するに裁判所を介さないで相手方に求釈明をして、それで相手方も通常は裁判所の釈明を待たずに答えてくる実務慣行がありましたから、これを使うことによって、当事者照会制度の七～八割ぐらいは代替できる部分があったのかなと思っています。ただ、田原先生がもともと言っておられたのですけれども、当事者照会のほうは、証拠調べの準備として、例えば証人の住所を聞くとか、あるいは必ずしも簡単に立ち入れない現場の状況をあらかじめ聞くとか、そのようなことにも使えるのではないかということがあるのですが、今でも、そういう使い方はほとんどできていません。

田原　だから、もっと工夫すればできるはずなのです。これは、日本の弁護士全体のことなのですが、自ら汗を流して資料を集めようということ、これは従来の弁護士がやってこなかった、その延長線上だと思うのです。いろいろな情報公開制度をもっと利用するということも含め、弁護士が使える制度をなぜ使わないのか。

山本　そうですね、そこのインセンティブが働かないというのはどこにあるのでしょうか。それをやることによって、弁護士自身にとってあまりメリットがないということなのですか。

田原　でも汗をかかなければいけませんからね。

山本　汗をかいた分のメリットが必ずしも得られないということなのでしょうか。

田原　得られないかどうか自体やってみないと分からないのだけれども、少なくとも従前の弁護士が足りない時代は、クライアントが持ってくる資料だけでやっていればよかったわけです。その習い性はずうっと今なお引きずってきている面が大きいのではないでしょうか。

2 弁護士の事前準備のインセンティブ

山本　そこが、これだけ法曹人口が増えて、おそらく弁護士の間でもかなり競争が激しくなってきているのではないかと思うのです。そうだとすれば、使えるものは全部使ってやろうみたいな、それは良い面も悪い面もあるのでしょうが、アメリカ的な弁護士というか、そのようなものが、もうそろそろ出てきてもいいような感じもするのですが、今一つそういう感じは見受けられないですね。

清水　訴え提起前の証拠収集方法などは、弁護士の側では、どう使ったらいいか、多分まだ分からないのではないでしょうか。いまの田原先生のお話は私も耳が痛いのですが、実務修習でもそんなやり方は全く習っていませんから、結局先輩弁護士のやっているように、依頼者が持ってきたものを料理して、裁判所へ出すのが弁護士の仕事みたいな感覚で来ました。更に踏み込んで、訴えていく前から積極的に証拠を集めてという実務は、我々の世代、あるいはもう少し下の世代の大部分の弁護士にはなじみがないのではないかと思います。

我々の世代は、今の若い人たちに、事前に積極的に証拠を収集していくという実務を伝えようがない。そこで、残念ながら、若い人に自ら工夫してその制度を使いこなしていって貰うしかないのかなと思うのです。そうすると、山本先生がおっしゃるように、弁護士も増えて、こうすればうまくいくといった、他の弁護士と差別化ができるというようなことがあれば、大いに活用されるということも出てくるのかもしれません。しかし、今はまだそこまでには至っていない状況ということかもしれません。

田原　医療過誤訴訟の患者側の弁護士の一部は、事前に相当勉強してやっている人たちがいますよね。専門訴訟のうちの一部ですけれども、そういう人々が他の事件でも同じようにやれるのだよということを、どこまで認識できるかでしょうね。

山本　確かに医療訴訟では、事前準備というのは相当なものがありますね。

田原　全国的に見ても、患者側はだいぶレベルが上がってまいりました。

清水　証拠保全は医療過誤の患者側は、いわば常識みたいなものですが、基本的には、ああいう形で定着するかどうかだと思うのです。ただ、そういうことに適した訴訟類型がどれだけあるのかというのは、まだ十分に分かっていないのではないでしょうか。医療過誤訴訟でも、カルテの証拠保全というのはいつ頃から行われるようになったのでしょうか。

田原　カルテの証拠保全自体は、昭和四〇年代、五〇年代の初めからです。ですけれども、その頃に例えば証拠保全の必要性が認められないとして、却下した裁判例が幾つもあります。それは、結局改竄のおそれの立証がないからとの理由です。その当時私は未熟児網膜症の事件をやっていた頃ですけれども、違うだろうというので、改竄があったことが、証拠の上で明らかになった判決の、判例タイムズのコピーなどをくっ付けて、カルテというのは改竄のおそれが常にあるのだということを、わざわざ疎明していた時代があります。

清水　逆に、今の証拠保全の例で申し上げると、今度はそのように基本的に証拠保全でカルテを先に押さえるのだということになってくると、それをやらずにもし問題が起これば、今度は弁護過誤になってしまいますから、基本的にやるということになります。今はその他の分野でそのように、事前の保全ということが十分に認識されていないし、やったとしてもうまくいっているのかどうか、結果が上がってきていないというのが大きいのではないですか。

田原　そのことが、やはり事前準備が足りないから争点整理がうまく動かない。時効に迫られてというのだったら分かるのですが、そうでない事件で訴えを起こしてから、模索的立証をし始めるという事件は今でもあります。そういうのは、あらかじめ調べれば、後の進行はうんと楽になります。

3 提訴前の証拠収集制度の利用価値

山本 よく事前の証拠収集はなぜ使われないのかということを議論するときに、これは弁護士でそう言う人が多いと思うのですが、基本的に訴えを提起する前は和解を考えている。話合いができるかどうかということを考えている。だから、そこでは相手方から情報収集するというようなことはあまり念頭に置かれず、お互いどこで譲れるのかということを議論する。それが決裂すれば訴えを起こす。あとは、その訴えを起こした中で考えていくというので、事前に訴訟を前提として準備をするというインセンティブ自体がそもそも働かないのだということを聞くことがあるのですが。

田原 それはどうなのでしょうか。私が弁護士を三七年間やっていた中で、当初から和解含みでやりながら、決裂して訴訟になった事件は非常に少ないです。

山本 そうですか。

田原 逆に訴訟になる事件というのは最初から訴訟であって、訴訟を準備している中で、訴えを起こすまでもなく和解ができるという事件は幾つも経験しています。山本さんがおっしゃったような事案というのを、私はあまり経験していないのだけれども、清水さんはどうですか。

清水 それが理由で、事前の証拠収集が少ないというのは、割合としてはかなり少ないのではないでしょうか。原因は他にあるように思います。

山本 そうですか。

清水 やはり大きいのは、弁護士側でそれだけの必要を感じていないとか、その実務がうまく確立していないということのような気がします。

田原 模索的に立証しても、裁判所が比較的緩やかに認めてくれるということがありましたね。

山本 なるほどね。だから訴えを起こした後でやれば、別にそんなに困らないということでしょうか。

清水 そうですね。それと、相手がどう出るかが必ずしも事前に分かっていないから、ともかく訴えを起こしてみる。それで相手がどう争ってくるかによって必要な証拠が変わってくるようなことがありますので、その辺が原因の一つかもしれません。

山本　なるほど。

清水　訴える前に全てを集めるのかという問題です。

山本　むしろ手の内を明かすようなことになりますね。

清水　あるいは、そうかもしれません。ここが足りませんと言ってしまうわけですからね。特に先ほど言いましたように、訴えを起こしてから、ここここを明らかにしてくれという、いわゆる求釈明をやることによって分かってくる事実が幾つかはありますので、それに頼っている部分もあるのでしょうか。私も、田原先生がおっしゃるように、訴える前に証拠を集めておいたほうがいいというのはよく分かるのですけれども、実際には、あまりやったことはないのです。というよりも、この年になると慣れていないことをやって失敗するとまずいということもあります。

山本　そうなのでしょうね。

清水　よせばよかったと。慣れた実務でやっていればうまくいったのに、こんなことやって失敗したということがあるとまずいですからね。無意識のうちには、そんなこともあるのかもしれません。

山本　先ほどおっしゃったように、やはり若い人の中で革新的なそういう試みみたいなものを、若い世代の人たちができる、やってみようと思うということは非常に重要なのでしょうね。

清水　ええ。だから先ほどもご紹介があったように、カルテの証拠保全だって、最初はうまくいかなかったわけです。あれは要件を厳格に考えると本来は難しいところがあります。

山本　それは確かにそうです。

清水　それが、今や実務としては医療過誤訴訟では定着したといっていい時代になったわけですから、切り開いていかないと、そういう部分の実務はなかなか定着していかないのではないでしょうか。

4　証拠説明書の定着

清水　私は新民訴法の中でも、もちろん争点整理があり、集中証拠調べがあり、新様式判決があり、全部なかなか良い制度だと思っているのですが、この間からこれは良かったなと思うのは、実は、証拠説明書の制度です。これは規則上の制度なのですけれども、いま使っていて非常に便利だと思うことが多いのです。というのは、甲第何十号証まで出てしまうと、昔自分が出した書証でさえ、これは何のために出したのかな、どこが論点だったのかなということが起こってきます。自分が出した証拠でさえそうですから、相手が出した証拠も何のために出てきたのか分からないということが多々あります。しかし、証拠説明書があると、どういう立証趣旨で出されたのかがきちんと分かります。あれが定着してしまうと、証拠説明書という制度がなかった時代に、書証で心証を取るなどということをよくやっていたなとさえ思えてきます。

田原　確かに証拠説明書はほぼ定着しましたね。

山本　裁判所のほうもかなり強く求めていますよね。

清水　そうですね。もう全ての書証について出すようにと裁判所のほうも要請しています。あれは、証拠の標目の記載などともリンクさせているのですか。

田原　はい。証拠の標目で、何号証から何号証まで、証拠説明書何月何日付けのとおりと、記録に編綴されていますから。最高裁でもたまには民事事件で証拠自体を見ることがありますから、本来法律審だから見る必要はないのですけれども、そうであっても見ることがありますから。そうすると、証拠説明書がなければ大変です。

山本　これはもともとの経緯としては、裁判所のほうから入れてくれということだったのでしょうか。

清水　これは規則で入りましたから、裁判所の提案ではあったのでしょうね。

田原　実務の上で、民訴改正以前から私は必ず付けていました。

清水　私も、複雑な事件では証拠説明書を、複雑な証拠については作る、全部作るのではなくて、必要と思うものには作るということをやっていましたけれども、あまり一般化はしていませんでした。また、当然のことながら、記載内容や様式も一定のものではありませんでした。

田原　そうですね。

清水　記載事項について、準備書面との振り分けが当時は難しかったですね。その証拠から何が認定できるかというのを、準備書面に書くべきか、証拠説明書に書くべきかというところは結構難しいものがあって、そのようなこともあってか、証拠説明書の制度は、必ずしも実務で定着していませんでしたから、新制度で証拠説明書には最低限これだけのことは書いておけということになったのは、非常に使いやすくなったという気がしますね。

山本　意外な成果ということですかね。

5 控訴審の運用――一回結審の評価

清水 そうですね。もう一点控訴審のことで田原先生のご意見をお聞きしたいのです。最高裁に上がっていくのはもちろん基本的には控訴審判決があってからなのですが、民訴法改正直後は、控訴理由書を出して、一回結審で結論が逆転するというようなこともちょくちょくあって、一時期問題にされていた時期がありました。今は一回結審で結論が変わるというようなことがそれほど頻繁ではなくなってきたように思いますが、田原先生が最高裁判事になられたときには、控訴審はどのような感じでご覧になっていましたか。

田原 いま清水さんがおっしゃった一回結審で結論がひっくり返る数が減ってきたというのは、そうではないのではないかと思います。

清水 そうですか。

田原 東京・大阪では、一回結審で終わる事件がほとんどで、高裁の部総括の人々とは、議論するときに、一審の結論を変えるなら、何でももう一度弁論期日を入れないのだと、二週間後でもいいから入れるべきでは、としきりに言うのですが、なかなか現場は動きません。高裁の部総括によっては、そういう事件もあるから、短い期間にもう一回期日を入れるということをやっている人もいます。

ただ、他方で民訴法改正直後に私は東京・大阪以外の高裁所在地で、旧民訴が施行されていたお陰で、代理人が、私が高裁で代わったものですから、主張を全部組み変えたので、一回結審ではどうしようもないことを経験しています。原審の主張ではどうしようもないというので、数億円敗訴の事件を完全に逆転で勝訴しました。その事件は、その高裁で旧民訴を施行していてくれて良かったと思っています。

東京・大阪の代理人の多くは、一回結審だということは少しずつ理解し始めているので、早期主張をしなければいけないという認識は広まりつつありますが、私は任官中に全部で二一の地裁本庁を訪問し、その際、二〇庁で地元の弁護士との懇談会を持ちましたので、弁護士からは高裁の審議に対するクレームをたくさん聞きましたが、あなた方が今の実情を踏まえて動かないと駄目だということを弁護士に対して説明してきました。

清水 むしろ、新しい民訴法でいちばんインパクトが強かったのは、控訴審の運用ではなかったかと、今になって思うのです。一審は割とスムーズに定着していったけれども、控訴審の運用ではかなり弁護士会の抵抗が強かったのではないかという気がします。

田原　民訴法改正以前は、控訴審が本当の続審的な機能をそのまま果たしていましたから、一審で駄目なら控訴審でもう一回追加の証拠を出したらいいやと。刑事もそうだったのです。刑事は事後審ですからそれはおかしいのですが、そういう運用があって、それに関して弁護士会に行って、事実審が勝負なのだから、一審が勝負なのだからと、各地の単位会に、裁判所へ行ったときに必ず地元の単位会と懇談会を持つので、そこでもいやと言うほど言い続けていますが、なかなか定着しません。

山本　その問題は、直接の民事訴訟法の改正事項ではないのですよね。

清水　ないです。ただ控訴理由書を書くようになって、運用が事後審的になったと思っているのです。

山本　そういうことですね。

清水　法律上の建て前はずっと続審なのですが、先ほど田原先生からご指摘があったように、旧法の時代はどちらかというと続審どころか覆審に近い運用もあって、一審で調べた証人をもう一回調べるということもさほど珍しくはありませんでしたが、その感覚で新民訴法下の控訴審へいくと、とんでもないことになる。一回結審で逆転することが結構頻繁に起こりました。私は控訴理由書という制度、これも規則の制度なのですが、それがこの運用の大きな根拠なのではないかという気がするのですが、その辺りはどうなのですかね。

田原　大きいと思います。それとともに、いわゆる巷の弁護士が、控訴審の裁判官がどういう形で記録を読んでいるかをよく知らない。少なくとも控訴理由書が出れば、その段階で記録を読み切っていますから、そこで心証形成ができているわけです。そうすると、それに反論するならば、控訴理由書が手元に届いたとたんに、即、それなりの適切な反論書を出さなければ駄目なのです。

清水　多くの弁護士は、大体、控訴審の第一回期日で、次回に控訴理由書に反論をしますなどと言っている調子でしたからね。それでは駄目だという認識が徐々に定着し、他方で、控訴審の運用も少しは変わっているのですが、改正直後に、弁護士のほうにかなり強烈なショックを与えたのは、少なくとも大阪では控訴審の運用だったのではないかという気がします。

V 現行民事訴訟法の評価

1 争点整理の現状の評価

山本 それは非常に興味深いお話ですね。それでは、現在の実務の状況とその評価・問題点についてですが、大きな改正のところでは、まず争点整理、弁論準備手続の運用が、私もあちこちでいろいろなご意見を伺いますが、かなり問題を含んでいる状況であるという理解でよろしいですか。

田原 全国を回っていて、あるいは最高裁へ上がってくる記録、そのうち一審で時間が掛かっている事件があれば、多忙なときは目を通せませんが、少し時間があると弁論調書を見ます。そうすると、かつての五月雨式の調書はまだ残っている。しかも、それが若い裁判官ではなくて、それなりのレベルの裁判官の所でまだ残っているということが一つ。また、任官してから、大阪のある弁護士から大阪での協議会の中で、「大阪では弁論準備で片方当事者だけから話を聞こうとすると抵抗されるんですが、なぜですか」と言われたと聞きました。私はその裁判官の名前を聞いて申し上げたいと思いましたが、昭和三一年の民訴規則の制定の際の準備的口頭弁論がわずか数年で破綻したと同様に、民訴法も制定から一〇年経ってしまうと、民訴の弁論準備とは何だったかという立法趣旨自体を、現に弁論準備を主宰する裁判官が認識していない人が出始めている。

法制度の改正は常にそういうものなのですが、それに対しては私自身非常に強い危機感を持っていますし、最高裁の民事局でもその危機感は共有していて、もう一度元に戻すためにはどうしたらいいのかという問題が一つ。もう一つは、若い弁護士が増えて、その方々も弁論準備がどういう位置付けなのかを法科大学院で十分習ってきていないものだから、弁論準備期日がそこが討議の場だということをわきまえずに、昔の五月雨式のときと同じように「今日書面もらいましたので、次回反論します」という形で空転している。あるいは、裁判所が釈明すると、「ボス弁に聞かないと分かりません」と言って帰ってしまう。

私は退官前、各地を回っているときに、弁論準備期日として三〇分取っているのだから、三〇分監禁して議論させろと。そこで一〇分だけで弁論準備期日が終わっても、その後の二〇分残っても、裁判官は実質上次の仕事ができないのです。それなら、そこで、調書は取らないから、何が問題だと思っているかをフリーディスカッションさせろと、後で撤回自由でいいからという言い方をして、弁論準備をもう少し活性化させることを考えないと、結局かつての五月雨法廷に戻ってしまうということを、繰り返し全国で言い続けているのですが、なかなか定着しません。

清水　今の田原先生のお話で思い出したのですが、大阪では、バックアップ委員会やその後の運用に関する委員会でも、随分そこを議論したのです。争点整理手続、弁論準備手続でいいのですが、どのようにして争点整理をやるのか。いま田原先生がご紹介になったような、フリーディスカッションをやって、いちばん最後に調書にまとめればいいではないかとか、あるいは、議論した上で準備書面を出すとか、争点として調書化するのは後でいいから、議論の途中で、あまり「あのときこう言ったじゃないか」とか、「前回こう言っていたはずだ」と揚げ足を取るようなことをせずに、フリーディスカッションをやろうではないかなど、大阪では、そういった形の争点整理手続をイメージしたと思いますが、今はそんなことをやることも全く無理です。もっとも、施行直後からそういうことはなかなかできていなかったように思います。

山本　平成一三年ぐらいに加藤新太郎判事が出した裁判例で、弁論準備手続の経過を書証として出してきた、あのときにこういうことを言ったのではないかという書証を出してきた。それに対して、加藤判事は、それは弁論準備手続の趣旨からしておかしいと、証拠適格がないということで却下した裁判例があって、法科大学院ではそれを教材にして、田原先生がおっしゃったように乗り降り自由で、三〇分なら三〇分議論するというのが弁論準備手続の趣旨なので、それを証拠として出してくるのはそもそもおかしいと。一応そういう教育はしているのですが、なかなかそれは定着しないのですかね。

清水　そうですね。あのときこう言ったと言われると、議論できなくなってしまいますね。発言が慎重になって、結局は、次回に書面でとしか言いようがなくなってしまいます。

2　法曹教育のあり方——改革の継承

田原　これは日本の法曹教育、あるいは弁護士の問題ですが、ディベート能力が欠けているのです。お互いに法律論、あるいは技術論を踏まえて、そこで議論を戦わす訓練を経てきていないものですから、そこでボールを投げてもなかなか食い付いてこないのです。

そういう場の中で、裁判官自体が、私に言わせればそれほど大して忙しくないのですが、忙しい、忙しいと称して、十分な準備をせずに、特にいま申し上げたような五月雨式の弁論準備を経験してしまうと、準備して行っても無駄になってしまうということで、なおさら悪循環が始まっているのは間違いない。それをどう止めようかというのが、現場レベルで言えば工夫が要るし、部総括レベルで言えば意識的にそういうことを若い裁判官に教えなければいけないと私は思っています。

山本　判例タイムズなどに最近出ている各地方裁判所の実務の工夫みたいなものをいくつか読んでいると、十何年前に読んだのと全く同じことが書かれているわけです。口頭で議論しなければいけないとか、何回目かには当事者本人を連れてきてとか、本当に那須弘平先生や小山稔先生が書かれていたのと全く同じことが書かれているのです。裁判所の方などに伺うと、若い世代に伝承していくことが途絶えるということで、昔と全く同じことかもしれないけれども、それを伝承していかないと、また前に戻ってしまうと。そういう危機感を裁判所も非常に持っておられるということで、そんなものなのかなと思いました。

清水　新しい民訴法になって、さすがに書面は当日というのは少なくなったのではないですか。

田原　民訴法施行当時は、弁護士会全体が民事裁判改善で意欲を持っていましたが、施行されて一〇年経ってしまうと、こんなものだということで、常に新たに改善の意欲をというのが会としてもありませんからね。その中でそれを活性化させていこうと思うと、常に意識的に動かないと無理なのです。

山本　そこは学生などによく教えるのですが、日本の争点整理の手続は失敗の歴史だったということで、大正一五年改正のときも、昭和四年ぐらいに施行されていますから、五年ぐらいうまくいっていたみたいなのです。相当ちゃんと争点整理をしていて、ただ、その後戦争があったこともあるし、元の木阿弥になったと。昭和二十何年のころにやられた新件部なども、最初のころはそれなりの成果があったみたいなのですが、何年か経つうちに元の木阿弥になって、旧準備手続も準備的口頭弁論も〇・何パーセントという世界になっていったと。

ただ、今回の改正については従来に比べると、従来はどちらかというと上からの改正、ドイツやオーストリアではこうやっているとか、アメリカではこうやっているということで改正をしてきたわけです。しかし、今回はそういう実務改善運動が先行して、それを受けた言わば下からの改正なので、長持ちするのではないかというのが私などの見方だったわけですが、そこは改善運動の熱気を続かせるのが非常に大変だということでしょうね。

田原　それと、それに関与した世代がそれなりの年齢になってしまったものですから。

山本　そこを引き継いでいく世代が難しいと。

清水　あの改革に関わった世代は、三〇期台前半ぐらいまでですかね。だから、いま裁判所では所長クラスになっています。

山本　そうでしょうね。

清水　弁護士もボスになってしまって、自分が法廷に行ったりしない世代になっていますから、それより下の世代はなぜ弁論準備手続があるのかよく分からないのではないでしょうか。ただ、集中証拠調べが実施されている所では、その前にそれなりに争点整理ができていないと、集中証拠調べができませんから、旧民訴法の時代ほどにはひどいところに戻っているわけではないとは思うのです。

田原　ないですが、私が任官する前に、近畿の大阪以外のある本庁へ、東京から来た代理人が、十分争点整理されていない中でとりあえず証人尋問を採用して下さいと。

清水　それは年配の方ではなかったのですか。

田原　もちろん、私より若い。大きな事件だったもので、主任は若い弁護士で、パートナーをやっていました。さすがに私も立って抵抗の主張をしましたが、相手方があまり言うものですから、「先生、とりあえずここまでおっしゃっているから、やってみましょう」と。

山本　そうですか。それは、先ほど清水さんが言われましたが、弁護士にとってもおそらくそのほうが楽だし、裁判官にとってもそのほうが楽なのでしょうね。

田原　転がしていくという意味ではね。

清水　それと、これは訴訟遅延の問題とも関係するのですが、時間を掛けることによって解決する紛争がたまにあるのです。それは必ずしも目論んでやっているわけではなくて、結果として起こることもありますが。

田原　目論むこともあります。

清水　いや、自分から目論んでいるわけではなくても、冷やさないと駄目なときがあるのです。

田原　借地借家の事件などでね。

清水　借地借家もありますね。とにかく時間が掛かることによって解決することもあると、その種の事件では、そちらに惹かれますね。意識的に遅らせるのではないにしても。

3　集中証拠調べの現状の評価

山本　今お話が出た集中証拠調べですが、これは統計的に見ればかなりの所で行われていて、地方でも、先ほどのような例外はあると思いますが、率的には相当の率で集中証拠調べが行われるようになっています。前提としては、陳述書の利用をセットとして運用が行われている面があると思いますが、これに対する評価はどうなのでしょうか。

田原　私は、任官する前に、ある事件で本当の集中証拠調べをやりました。かつ、その事件の場合は、お互いの手持ち時間だけを決めて、どの証人に何分掛けるかは双方自由ということでやったのです。私が監督委員をしていた民事再生事件の否認の事件で、私は本人として法廷に行っていたのですが、双方非常に有能な代理人で、ぴったりと時間内に収めてくれました。あれは本当に準備すれば、何とかなるものだと痛感しました。いま集中証拠調べはほぼ定着し、集中することによって前提尋問が二人目の証人から落とせるので、それによって尋問時間が比較的短くなるとともに、集中することによって、代理人も、準備は大変ですが、逆に一挙にやってしまえる面もあるので、これは定着して訴訟の促進にものすごく役立っていると思います。

山本　という肯定的なご意見ですが、清水さんは、やや無理があるというご意見ですか。

清水　そのまま続けていけるかなということが一つあるのですが、その前に証拠調べ前の争点の確認がきちんとできていないので、たまにここが争点だろうと思って、せっかく集中証拠調べをやったのに、判決を見ると別のところが争点になっているということがあって、大幅にずれることはないのですが、少しずれていると。そこが争点なら、こういうところから光を当てたかったというところがないわけではないのです。

田原　それは争点整理の仕方の問題ですね。

清水　そうですね。だから、集中証拠調べをやるのなら、三者が争点をきちんと把握しておくことが大事なのです。当たり前のことだと思っていても、争点はここですねということを、争点整理手続の最後、あるいは集中証拠調べの前できちんとやるのは必要なことなのだろうと思います。民訴規則八九条には、証拠調べ前の「証拠調べによって証明すべき事実」の確認の規定があるのですが、結局この規定は全く使われなくなってしまいました。改正直後のころは刑事訴訟の冒頭陳述みたいなことをやろうと言っていたのですが、今では全く行われなくなりました。

田原　いや、私は実際にやっていたんですよ。

山本　そうですか。

清水　ただ、何となく座がしらけるのです。

山本　確かにそうなのでしょうね。

清水　裁判所も、そんなことより集中証拠調べに時間を取りたいという感じになるし、相手も分かっていることだからしらけるのですが、少なくとも争点はここところですねと、押さえはやったほうがいいと思います。

山本　形式的なものはともかくとして、実質的にそこがずれるということでは、何のための争点整理なのかということになりますね。

4　陳述書の運用の評価

清水　それが一つと、もう一つ、集中証拠調べは大体はうまくいっているのですが、陳述書に頼らざるを得ないというところがあります。良いのか悪いのか、肯定なのか否定なのか、私もまだ結論を出しかねています。確かに無駄な部分は陳述書で省略していけばいいと思うのですが、今の運用は、少し省略しすぎかもしれない。極端に言うと、「主尋問は陳述書のとおり」で終わってしまう可能性があるわけですが、それではまずいのです。しかし、事案によっては、時間の節約のためにそれに近いような状態にならざるを得ない場合が出てくるのです。

田原　陳述書は、基本的には弁護士がヒアリングして作成しているものですから、「そのとおりですね」と言って反対尋問したら、陳述書と違う場合も出てきますからね。

清水　私はそこまでは言っていませんけれども。

田原　そういう実例も知っています。もう一つは、日本の法曹は尋問技術が十分鍛えられていないというのがいちばん大きいでしょうね。裁判員制度で、刑事の中で尋問技術がそれなりに向上してきていますが、そういう観点から尋問技術を弁護士がもっと学ばなければいけないと感じます。それは、法科大学院でも本来は行われるべきことですが、時間配分から言うとなかなか難しいことですね。

山本　当初はやっていたのですが、だんだんできなくなってきている感じはあります。

清水　法科大学院の私のクラスでもやっていました。

山本　だんだんできなくなっているという雰囲気ですね。研修所教育のほうでも短くなってしまって、ほとんどそういうことができなくなっていますね。だから、本当にOJTになってしまっているのですが。

清水　ただ、これだけ集中証拠調べが定着してしまえば、陳述書なしでは現実には集中証拠調べの実施は無理だから、逆に陳述書を前提として、どうすれば、いい集中証拠調べができるのか、そちらを向かないといけないのかなとも思うのです。陳述書はずっと非正規扱いですから、陳述書の採用は仕方がないのだという正規の扱いにして、尋問をどうするのかという議論をちゃんとやったほうがいいのかもしれませんね。

田原　在任中にある地裁の判決で、陳述書が理路整然としている。証言はいろいろ矛盾している。だから、陳述書を信用するという判決を見たことがあります。

清水　何のために反対尋問したのか分かりませんね。

田原　その判決を読んだら本当に怒り心頭という事件でした。

山本　それ自体で原理原則に反していますね。

清水　しかし、刑事ではそういうことがよく起こるじゃないですか。検察官の面前調書の問題（刑訴法三二一条一項二号）です。判決では、検察官調書のほうが理路整然としているとしてそちらを信用されることも多々あるのではないですか。

もう一つは、集中証拠調べですから、一日で終わらなければ、できれば連続してほしいのですが、今の日本の裁判所からすると、単独の事件でも一日置き、合議だと一週間置きになりますから、連続して二日というのは不可能なようです。そこで、どうしても一日に入れてしまおうとしますから、無理が生じる可能性があると思います。

田原　裁判員では連続開廷をやっているのだから。

山本　法廷の問題はあると思いますが、刑事の場合は法廷は連続開廷できるのですか。

清水　裁判員は完全に二日連続でやっていますか。

田原　法廷の数自体は、今ほぼ整っていますから、やってやれないことはありません。ただ、その裁判官、書記官の執務体制がどう組めるかという問題だけであって、かつてのように法廷が足りなくてということはありません。

清水　そうですか。ただ、裁判官の執務体制からいくと、なかなか二日連続してというのは難しいのでしょう。

田原　しんどいことはしんどいですが。事前に組んでしまえば。

山本　それはできそうな感じがしますね。

清水　そのことも可能だということにしないと、何とか一日に収めようという要請が先になってしまうと、集中証拠調べの実施に無理が出るのではないでしょうか。

山本　かなり無理をして一日でやって、不完全燃焼みたいな。

清水　そうですね。反対尋問はまだいいのですが、主尋問はもう少しちゃんとやりたいと思うときがありますね。

山本　主尋問から削られることになってしまうのですね。

清水　そうです。陳述書がありますからみたいな形で尋問時間を削られていくと、主尋問でもう少し頑張りたいと思うときがあります。

5 文書提出命令の現状の評価

山本　あとは文書提出命令、証拠収集の関係ですね。これは積極的に最高裁でも判例を出していただいて、実務の運用基準はかなり整ってきているような感じがしています。伺うところによると、相当程度は任意に提出がされていて、よほどのことがない限りは争われないということで、昔に比べれば飛躍的に文書が出るようになっているのではないかということを伺うこともあります。この辺りの問題は、実務的にどうですか。

田原　最高裁としては許可抗告で文書提出命令の事案が上がってくる中で、実際上は数は限られるわけですが、ただ、それ以外でも記録を見ていて文書提出命令の申立てがあったけれども、結局必要性なしで却下されている事件とか、何でこんなことで申立てするのかとか、模索的な提出命令などは、記録の上でそれなりに見かけます。そうすると、いま山本さんがおっしゃったとおり、文提の制度の拡充によって任意で出るべきものは出ているのですが、出るべきものかどうか自体が本当は問題のときに、申し立てるほうが安易に文提を使いすぎている。争点を定めてやるべきなので、それ以前であれば、ほかの手段でも、例えば役所の関係であれば情報公開とか、送付嘱託、当事者照会とか、いろいろな手段があるはずなのに、とりあえず、というのは、記録を見ていてときどき気になることがあります。

ただ、当初この規定ができたとき、特に稟議書における文提の高裁決定、それに対する許可抗告の申立てを却下した高裁決定といった変なものが一時ありましたが、その後の許可抗告で、少なくとも最高裁が文提に積極的であることは現場レベルで理解されていると思いますから、かつてに比べればはるかに使い易くなっているのではないでしょうか。

清水　確かに、山本先生ご指摘のように、一時期文書提出義務については最高裁が精力的に判断を出してきましたから、およそこの場合には出るとか、ここは難しいとかの予想が大分できるようになりました。少なくともここは難しいというのはかなりはっきりしてきているので、それ以外の所はたぶん任意提出が結構行われているのではないでしょうか。私が経験した範囲では、むしろ個人情報保護とか守秘義務など、そちらの関係で、出せないといった問題があるぐらいで、基本的にはそう厳しい対立になっている局面は多くないという感じがします。

田原　文提の改正は、正直よかったと思います。私が前述の原井先生の古稀記念論文集で少し書きましたが、民訴法改正のときに、日弁連は公文書の改正の関係で文提の規定は旧法のままでいいと言って、いったん理事者は決定したのです。いろいろあって、いわゆる新民訴法の範囲まで通ったのですが、あれが旧法のままで新民訴法が制定されていたら、今のような文提の活用はあり得なかったでしょうね。

山本　そうでしょうね。

清水　あれは、田原先生は当時から一般義務と同じだとおっしゃっていたので、私どもバックアップ委員会は田原先生のその話を信頼して、改正案でいこうと考えていました。実質は一般義務化したのと同じだと、要するに逆転ですね。拒否事由があるだけで、基本的には一般規定なのだという理解でいました。

ただ、当時はまだ田原先生がそう言っているからと言うわけにはいかず、弁護士会の中ではあんな要件でいいのかという意見も強かったのです。しかし、結果としては、非常にうまく機能しているのではないですか。

山本　本当に判例の展開が大きかったですね。ここまで解釈でいけるのかという、そもそも稟議書の特に一般論で看過し難い不利益というところからそうですが、かなり最高裁としては方向性を明確にするような形になったと言えますね。

田原　新民訴の中で、それを積極的に活用しようという姿勢が、施行された当初から最高裁の中にあって、しかも、それはより強まる方向でずっと動いてきているのは間違いありません。証言との関係とか、証言拒絶義務の範囲の問題とか、少なくとも平成の初めのころでは考えられなかったようなことですね。

6　訴訟代理人としての弁護士の役割

山本　それはおっしゃるとおりですね。あとは弁護士が「訴訟代理人」としての役割を果たしているかという問題はどうでしょう。

清水　訴訟代理人は何をやらなければいけないのかというのが、必ずしもよく分かっていないわけです。例えば、裁判官の訴訟指揮が不十分だと思ったときに、訴訟代理人が争点整理を仕切っていいのかどうか。しっかりした弁護士の中にはそういう意見の人もいるのです。それがいいのかどうか。また、逆に若い人たちを見ると、先ほど田原先生からもご紹介があったように、そもそも何のために争点整理をしているのか分からないし、自分の意見があっても、ボス弁の意見と違っていると困るから手続の中で積極的に発言しない（できない）。そういう状況では活性化した弁論などということは難しいという状況がある。そうすると、訴訟代理人は一体どこまで最低限やらなければいけないのかがよく分からないという気持ちがあって、いい機会なので、田原先生にお聞きしたくて問題提起をさせていただいたわけです。

実は、前にジュリストにも載りましたが（伊藤眞ほか「改正民事訴訟法の一〇年とこれから(1)(2)」ジュリ一三六六号〔二〇〇八年〕一二〇頁、一三六七号〔二〇〇八年〕九八頁）、司法研修所での研究会で、裁判所のほうから弁護士に対して、裁判所にもたれかかるのはやめてほしいという声が非常に強くて、私はショックを受けたのですが、現場ではそんなことになっているのかという思いがあって、弁護士の訴訟代理人はどこまでやらなければいけないのかということとが気になっておりました。だから、もう少し争点整理の段階でも意見を積極的に言って、裁判所の訴訟指揮がおかしければ、「こうではないですか」と言うぐらいのところまでやって、弁護士も事案に精通し、勉強していくべきではないかと思うわけです。私自身ができていないことを他人に要求してはいけませんが、理念としてはそちらを向くことが必要ではないかという気がしています。

山本　田原先生はおそらく厳しいご意見をお持ちではないかと思いますが。

田原　やっぱりプロ意識をどこまで持っているのかということに尽きると思うのです。争点整理の関係で言うと、いま裁判所では、若い弁護士のことを先ほどご紹介しましたが、いまインターネットが進んでいるお陰で、インターネットで得た生半可な知識で来る本人訴訟の比率が非常に増えて、それの交通整理に現場の特例判事補あたりが非常に難渋しているということがあります。

そういう中で、民訴法改正のときに弁護士強制の議論もありましたが、我が国では弁護士強制は所詮無理ですから、そうすると弁護士が弁護士としての役割を果たそうとすれば、プロたることを示すしかない。また、いま認定司法書士が一万数千名おります。彼らはより積極的ですし、行政書士も一定の代理権を与えろという政治的な動きがあります。その中で弁護士たる所以は何なのかと。司法書士とは異なるレベルなのだということを確立していかなければいけない。そういうことへのプロ意識、自覚がどこまで持てているのかと、裁判所で執務していて記録などを見ていて感じます。

山本　訴訟利用者調査というアンケート調査をしたわけですが、弁護士に対する評価はずっと上がっているのです。裁判所に対する評価は必ずしも上がっていない、横ばいのような感じです。その分析として、一方では弁護士の競争が厳しくなって、たぶん依頼者に対するサービスは改善されているのだろうという光の面と、他方では弁護士が依頼者に対して、ものが言えなくなっているのではないかという陰の面があるのではないか。依頼者の言い分をそのまま裁判所に取り次ぐ。それは評価が十分できない依頼者から見れば、自分の言っていることを最大限に伝えてくれて、すばらしい弁護士だと思っていて、しかし、それは先ほどおっしゃったプロ意識という観点から見れば、本当にそれでいいのかと。ある最高裁判事とこの間話をしていたら、弁護士強制などとんでもないと。昔の弁護士は、依頼者が五を言えば、法廷には三とか二を持ってきて、それでやり合っていたと。そこでなら、弁護士強制はそれなりにあったかもしれない。今の弁護士は、五を五のまま持ってくるのではなくて、五を七とか八に広げて持ってくる。双方が広げて持ってくると、かえって始末が悪いと言われていました。確かに、訴訟代理人の役割とは一体何なのかというのは難しいところだと思います。

田原　今の関連で、現場を訪問して、今は一審判決の判決文が長いと言うのです。それに対して裁判官は当事者が主張しているから、そこを説明しているのだと。「だけど、間接事実レベルの、かつ結論に直接影響していないところを、何で判断を書くんだ。争点と書いてあるけれど、争点ではないじゃないか」と言ったら、「双方代理人が必死になって争っていますから、争点です」と。若い判事です。

各地を回っていると、そういう若い裁判官にめぐり合って、それで忙しいと言うから、違うだろうと。いま山本さんがおっしゃったのは、そういう面なのです。それを仕分けするのが訴訟指揮の責務ではないかと言うのだけれども、「当事者が一生懸命言っていることを判断して、なぜ悪いんですか」と。悪いとは言わないけれども、それで忙しいと言うのはおかしいだろうと。

だから、いま本当に一審の判決が長いです。高裁判決も長くて、高裁の部総括相手にもときどき怒るのです。

山本　準備書面も長いわけですよね。

清水　ワープロになってから書面が長くなりましたね。先ほどの山本先生のお話と関連するのですが、私もそんなことは全くしていないと言いきる自信はありませんが、ある程度依頼者が満足できるような準備書面にせざるを得ないという面はあります。そうすると、必ずしも重要な争点ではないけれども、触れておくということがあって、準備書面がつい長くなっていく。またもたれかかりになるのかもしれませんが、そのあたりは、裁判所にも読み取っていただきたいとは思います。ただ、おっしゃるように、裁判所に出すものは、ある程度自分なりに咀嚼して納得できるように整理をして提出するのが、本来の代理人のあり方だろうとは思います。

山本　依頼者との関係が、難しくなっているということなのでしょうかね。

清水　だから、場合によっては、五のものを三にするべきところを、三・五とか四ぐらいになっているのかも知れません。

Ⅵ 民事訴訟実務の今後

山本 ありがとうございました。それでは、時間の関係もありますので、最後の将来の展望に進みましょう。いちばん難しいところなのですが、今後の民事訴訟実務、より広く言えば紛争解決の実務ということになりますし、弁護士の実務ということでもあると思いますが、今後の望ましい実務、弁護士のあり方についてご自由に語っていただければと思います。

1 日本における司法の需要

田原 日本で司法改革のときに、司法へのアクセスが悪いから訴訟が増えないのだという話がありましたが、過払金事件で地裁で二三万件までいきましたが、昨年一九万件を割りました。破産事件がピークで、これも二五万件までいったのが、去年は一〇万件を割りました。そういう形で、司法に対する需要は少なくともそんなに伸びていない。

他方で、フランスでは、新受は年間四〇〇〇万件なのです。先般、ブラジルの高等裁判所の裁判官等が見えて、話していると、全国で新受は七〇〇〇万件に及ぶとのことです。

山本 七〇〇〇万件ですか。

田原 弁護士人口は約八〇万人です。それが司法制度として果たして望ましいのか。我が国の場合、ほかでもお話ししているのですが、司法に対する信頼がものすごく厚いのです。昨年もヨーロッパへ行って、ルーマニアなどに行くと、裁判官の汚職の問題が非常に大きな問題になっている。ところが、我が国で裁判官の汚職はと聞かれて、約四〇年前にゴルフバッグをもらった事件があったと言ったら、「本当にそれだけ。信じられない」と言うのです。我が国での司法への信頼、あるいは最後は裁判所だと。それだけの司法の信頼が厚い国だということの意味は、世界的に見てもものすごく大きいと思うのです。日本に匹敵するのは、アメリカの連邦裁判所とヨーロッパの幾つかの国ぐらいです。アメリカの連邦裁判所の裁判官に対する信頼は厚いですから、それは終身官であることが大きいと思うのです。それで司法の信頼を担っているものだと考えたときに、訴訟が増えることがベストなのかといえば、違うと思うのです。かつ、今我が国は司法の迅速化で、一審は対審事件でも一年以内で終わっていますし、最高裁も二年を超える事件はきわめて珍しい、ごく一握りの事件です。それを海外に行って話したり、あるいは来られた方に話すと、信じられないという顔をします。だから、司法の運営が悪いから事件が来ないのではないと思うのです。

清水　なぜ来ないのでしょうね。

田原　裁判という判断で、例えば今は大企業でも、裁判を平気で起こすようになりました。そういう意味で、裁判がそれなりに機能することは理解されているのだけれど、他方で裁判までしなくても調停で。しかし、今調停でも事件が減ってきています。我が国自体が、犯罪白書を見ても刑事事件が激減しています。少年事件も激減しています。そういう中で、ある意味で平和な国であるのは間違いないのです。

清水　紛争自体が減っているのでしょうかね。それだったらいいのですが。

田原　この間、京大のOB会のときに滝井繁男先生がおっしゃったのですが、現在の事件数は昭和の初めのころの訴訟事件数とあまり変わらないと。江戸時代の大岡越前のころも訴訟事件は結構あるのです。人口比では今とあまり変わらない。それなりにあって、それなりに機能していたと。江戸時代は、悪代官の話は山ほどあるけれども、悪奉行の話はあまりないですね。だから、司法への信頼はそれなりにあって機能していた。

あるいは鎌倉時代にしても、地方の人々が鎌倉まで裁きを受けに行くわけです。少なくとも幕藩体制ができてから、室町時代の混乱期、戦国時代は別として、司法の役割はそれなりに我が国で定着してきているのではないかという気がするのです。

山本　ただ、本当に日本社会に紛争はないのかということは実証できないのですが、ブラジルやアメリカはそもそも人種も違うし、基本的な考え方も違いそうな感じがしますが、韓国や台湾などを見ても、日本と比べて一桁は違うと思うのです。そんなに社会として違うのだろうかというのが疑問としてあります。やはりどこかにアクセスで詰まっているのではないか。裁判所に対する信頼については、私も田原先生と同じ印象を持っているのですが、そこに至るルートに何か詰まっているところが依然としてあるのではないかという疑念は拭えないところがあります。

田原 労働審判がそれなりに機能してきて、それにしても事件の絶対数から言えば、それほど大きな数ではない。例えば、ブラジルで労働事件、労働事件の最高裁判所だけで年間二〇万件の新受がありますから。

山本 それはドイツにしてもそうだし、フランスに比べてもそうだと思うのです。労働事件自体が二桁ぐらい違うと思うのです。でも、それは労働紛争が、一桁ぐらいは違いそうな感じがしますが、二桁や三桁違うのだろうかということ。

田原 労働事件に関して言えば、労働基準監督署の働きといった形で、行政レベルで解決している部分が大きいのは間違いないと思います。

山本 依然として、そこは行政の役割が大きいと。

清水 諸外国のことは分かりませんが、日本は行政がかなり頑張っているという部分もあるのでしょうね。

田原 労基の問題に関しては。

山本 依然として、そこはそうだということでしょうかね。

清水 そうかもしれません。ちょっと分かりませんが。

田原 実証的にはよく分かりませんが。

2 法曹人口の増加と裁判外の紛争解決 ——調停・仲裁

清水 今度の司法制度改革で司法試験の合格者数を増やした割には、裁判官や検察官が増えていないのです。もちろん若干は増えていますが、弁護士が増えている割合に比べれば少ないのです。

田原 しかし、裁判官はこの一〇年間で約八〇〇名増えています。国家組織の一つなので、総定員法の問題がありますから、裁判所は裁判官を増やせばそれに応じて一般職を減らしているのです。

清水 だから、民事訴訟のキャパシティーはそんなに急激に増えないだろうと思うのです。そうすると、もし紛争が急激に増加したとすれば、民事訴訟で吸収するのではなくて、民事訴訟以外のところで吸収するしかないことになります。それは今ご指摘のあった行政ということもあるのかもしれないし、あるいはADRということになるかも分かりませんが、弁護士は訴訟以外のところにどれだけ関わっていけるのか、関われているのかはかなり疑問です。ペイしないということもあるのかもしれませんが。

田原　金融ＡＤＲは弁護士が関わって、ある意味で関わっている弁護士の大きな収入源で。

清水　ああいうのは珍しいケースかもしれません。

山本　確かに、金融ＡＤＲは制度を変えたわけですが、もちろん替為デリバティブの問題があったからということはありますが、画期的に紛争が増えているわけです。今まであったものも、どこかでは解決されていたと思うのですが、それが表面に出てくるところがあるので、何かいじれば表に出てくる部分がまだまだ残されているような感じはするのです。

清水　ただ、それを全部民事訴訟が吸収できるかというと、これもまた大変なところがあります。しかも、全件、争点整理と集中証拠調べをやってというのは難しいので、どこかに何らかの振り分け機能が必要なのかなと、将来的にはそんなことを思ったりします。

田原　日本の場合は、調停制度が非常に大きな機能を果たしています。ブラジルなどでも調停制度を導入したいということで、何回も日本に調査団が来ていますが、なかなかうまく制度が作れない、機能が伝えられないと、この間ブラジルから来た高裁の長官も言っていました。

山本　それは国民性みたいな問題なのですか。話合いということがそもそも難しいとか。

田原　世の中でそれをどう定着させていくのか、調停委員をどう確保していくのか。

山本　確かに、調停委員は日本の大きな財産ですね。

田原　調停制度は戦時体制の中で始まったわけですが、その中ではまだ村社会の中での、いわば地元の篤志家のような方々が調停委員を引き受けてくださって定着しましたから。調停委員がどんどん入れ替わっていっても、そういうものとして定着したので、それを村社会でない所に新たに設けていこうとするのはなかなか大変だと思います。

山本　そうですね。世界的にはインドネシアもそうですし、モンゴルもそうですが、日本をモデルにして、あちこちで調停制度を作り始めていますね。

清水　最近、谷口安平先生が『仲裁とＡＤＲ』第八号に、調停制度について世界的に注目を受けているというようなことをお書きになったことから考えても、調停制度というのは、新たな視点かもしれません。ただ、弁護士からすると、調停は解決としての落ち着きはいいのだけれども、権利という観点からすると、何となく尖った部分の角を取ったものみたいな感じで、ある意味では、昔から指摘されていたような不合理でまだ前近代的な紛争解決という部分がなきにしもあらずのようにも思えるので、本当に全部そちらへ持って行ってしまって大丈夫なのかというのは、なお気になるわけです。できれば、最後は訴訟できちんとやりたいという要求はあるのです。その辺りの振り分けの塩梅が難しいところのような気がしています。

田原　それと、仲裁が日本でなぜうまく定着しないのかという問題もあると思います。

清水　調停は盛んなのに、仲裁は駄目というのは何が理由なのでしょうね。

山本　国際仲裁は、言語の問題とかいろいろな問題があると思いますが、国内でも仲裁がこれだけ使われないのは、やはり裁判所に対する信頼が大きいのではないかという気がしますね。

田原　弁護士会が仲裁機関として名乗りを上げて広めようとしていますが、なかなかお客さんが来てくれないのです。

山本　そうですね。実際やっているのは調停で、せいぜい最後の解決に効力をもたせるための仲裁ですね。

清水　これは代理人になってもそうですが、他人の判断に結論を委ねるのは不安があるのです。それぐらいなら、判断を貰うちょっと手前のところで収めておこうかということで、調停に行ってしまうということもあるのではないでしょうか。

山本　そうですね。判断してもらうなら裁判所に行くと。

清水　裁判の場合も少し不安があるから、和解が望まれるということもあるのですが、裁判は国の制度ですから、裁判を利用しなければ仕方がないのですが、仲裁のように、あえて自分から契約をしてまで誰か他人の判断に委ねるという発想は、少なくとも私が接している一般の人たちを見ていると、無理があるのではないかという感じはします。

3 弁護士倫理の問題

山本　弁護士倫理という点については何かありますか。興味深い問題ですが。

清水　弁護士倫理については、実は我々の修習時代は、弁護士倫理と言っても、そういうのがあるよというぐらいのことしかやっていませんでした。あとは実践で、自分が入った事務所のボスから、話を聞いて学んでいくわけで、そのため、それぞれの事務所のしつけが悪いと悪い弁護士ができるというようなことがあったのですが、今は、法科大学院で、法曹倫理が必修科目になっていて、きちんと弁護士倫理を学んでいます。そして、それが民事訴訟の運用にどう影響していくのだろうかというのが興味を惹かれるところです。そういうことを取り込んだ実務が考えられないのかと思うわけです。今までは、例えば利益相反とか、訴訟引き延ばしの問題ぐらいしか論じられていませんが、もう少し多面的に、弁護士倫理を民事訴訟に取り込んだようなことが議論できないかと考えたのです。

田原　ただ、他方で弁護士会の理事者経験者が大きな横領や背任の刑事事件を次々と引き起こしているという問題がある。それから、先般、私が長い補足意見を書いた、ひまわり基金法律事務所の弁護士の事件とか、若い弁護士が「銭儲けして何が悪い」という感覚。これは、法科大学院で弁護士倫理をどこまで体に植え付けてきたのかと。そこは先ほど申し上げたプロ意識の問題、プロとしてどうなのかと。プロ意識が徹底すれば、弁護士倫理など自然とその中から出てくるのです。

清水　それは、どちらかというと弁護士倫理以前の倫理だろうという気がしますが。

山本　人間としての倫理ですね。

田原　ただ、法曹としての倫理、私は法曹としてのプロフェッショナル意識という言葉が非常に好きなのですが、それをやっていれば、細かなことで、その延長線上の話でしかないではないですか。

清水　なるほど、プロ意識に徹していれば、ああいった不祥事も起こさないし、また、「金儲けして何が悪い」という風潮も出てくるはずがない、ということですね。

田原　そうです。プロとしての意識をきちんと持っていれば、弁護士倫理は自ずから実践できるのではないか、また、実践できないようならプロとして失格だろうと言っているのです。「プロ意識の涵養に努めること」、それが本当の弁護士倫理の確立につながるのではないですか。法科大学院でも、そのいちばん肝腎のところを教えて欲しいですね。

清水　それはそうなのですが、「プロ意識の涵養」といっても、一朝一夕にできることではないので、法科大学院では、法曹倫理を必修にして、プロ意識の涵養を外枠から促進しようとしているのでしょうね。そのことの意義というか効果がもう少ししたら、民事訴訟の運用面に出てくるようなことがないのかなあと思っているのです。

田原　それは、少しゆっくり見てみないと分からないでしょうが、「倫理」という外枠からではなく、「意識」という内面的なものがしっかりしないと、長期的に訴訟実務に影響するようなことも難しいのではないでしょうか。

清水　引き続き、新世代の実務に注目したいですね。

山本　確かにそうですね。それではこれで第二部を終わりたいと思います。長時間ありがとうございました。

（平成二五年六月二三日開催）

04

第四章

日本の裁判制度の現状と課題

ゲスト	竹下守夫（一橋大学名誉教授）
コーディネーター	松下淳一（東京大学教授）

Matsushita Junichi

1986年東京大学法学部卒業、2004年より現職。法制審議会倒産法部会幹事、同担保・執行法制部会幹事、同民事訴訟法・民事執行法部会幹事、同刑事法部会幹事、同信託法部会幹事、同国際裁判管轄部会幹事などを歴任。主著に、『民事再生法入門』（有斐閣、2009年）、『条解破産法』（共著、弘文堂、2010年）、『民事訴訟法〔第2版〕』（共著、有斐閣、2013年）などがある。

Takeshita Morio

1955年東京大学法学部卒業、一橋大学名誉教授、日本学士院会員。法制審議会会長、司法制度改革審議会会長代理、法務省特別顧問、内閣法制局参与などを歴任。主著に、『不動産執行法の研究』（1977年）、『担保権と民事執行・倒産手続』（1990年）、『民事執行における実体法と手続法』（1990年）、『裁判法〔第4版〕』（共著、1999年）（以上、有斐閣）、『条解民事訴訟法〔第2版〕』（共著、弘文堂、2011年）などがある。

As a justice, as a law planner and as a practitioner

はじめに

松下　それでは、「日本の裁判制度の現状と課題」というタイトルで対談を始めさせていただきます。本日の対談の参加者は、平成二五年四月に最高裁裁判官を退官された弁護士の田原睦夫先生と一橋大学名誉教授の竹下守夫先生です。進行役は私、松下が務めさせていただきます。

Ⅰ　法律家の自己研鑽

1　幅広い知識・知見の必要性と若い頃からの自覚

松下　最初に法律家の自己研鑽、つまり法律家になってから、どう自分を法律家として磨いていくかという話題から入らせていただきたいと思います。早速ですが、若手の法律家あるいはその前段階の学生をご覧になって、自己研鑽という観点から日頃お感じのことをお話しいただけますでしょうか。

田原　私は立場上、法科大学院の学生、修習生、若い裁判官と話をする機会が多いのです。全般的に言えるのかもしれませんが、大学生の知識レベル、特に一般教養の知識レベルが相当に劣化してきていることを痛感します。

例えば先般、某大学の法科大学院の模擬裁判にお付き合いして、あとで飲み会をしていたのですが、『資本論』の著者を言えない学生がほとんどで、言えたのは一人だけ。「aufheben」という言葉を知らない。それで法曹界で大丈夫なのか。

また先般、任官希望の修習生が、私の事務所へ見学に十数名来ていまして「手形の割引」という言葉が分からない。いま手形自体がピークに比べて発行枚数が一〇分の一になっていますが、そうすると日歩何銭という「日歩」という言葉が分からない。彼らは任官希望で、いずれもそれなりの成績の良い修習生。彼らが任官して、現場でどうするのだろう。

あるいは若い任官希望の法科大学院生としゃべっていて、心理学の基礎知識が全くない。「こんなものは教養段階で身に付けておくことだろう。君たち任官したら、若いときに必ず家事・少年事件をやるのだ。その際に心理学の基礎もなくて、なぜできると思うんだい」と。そういう意味での基礎知識が非常に足りなくなっています。裁判所村でしゃべっていて、松下先生のときはまだ残っていたのですかね。岩波文庫の一〇〇冊の本というのがありました。あれは三〇期代後半から四〇期代初めぐらいの人達は知っているのです。

松下　私の同級生で早く合格した者が三八期ぐらいです。

田原　そうすると、いわゆる旧帝大の学生なら、一〇〇冊の本の内容を真に理解しているかどうかは別にして、八〇冊ぐらい読まなかったら格好悪くて仲間としゃべれなかった。ナンバースクールの学生だったら五〇冊か六〇冊。ところが、そういう意味での挑戦欲がない。それをどう打ち砕いていくのかということが問われていると思います。最初に非常に大きな話かもしれませんが、若い人々の教養全体の劣化を感じます。

もう一つは、歴史認識に対する知識の必要性が欠けています。例えばこれもあるときに最高裁判所の事務総局のある局で若手との飲み会をしていて、裁判所から外務省へ出向する判事補がいて、出向する前は総局に属して、いわゆる組織の知識を数か月ですが学びます。裁判所から出向させるのだから、それなりの判事補なのです。たまたま私はその頃にニューギニア戦記の良い本を読み終わったところで「ニューギニア戦争でどのぐらい日本兵が死んだか知っているかい」という話をしたら、「なぜ私がそんなことを知っている必要があるのですか」と言われました。ニューギニア戦争は昭和一七年七月から同一九年九月までで陸海軍合わせて二二万五〇〇〇人余が投入され、生還したのは四万人弱。しかも順次投入されたのは、ほとんど四〇歳の徴兵年齢ぎりぎりの老兵なのです。食糧の補充をほとんどできず、未帰還者の八〇％以上は餓死です。「あの戦争って、何」と、そういう知識欲が全くない。

評価は別にして、そういう歴史上の出来事の知識のない人たちが国家権力を担って判決することの怖さを、我々はもっと自覚しなければいけないのかなというのは、六年半裁判所にいての感覚です。それをどう若い人々に伝えて、しかもそれを知らなければいけないことを自覚させるか、経済認識、歴史認識を含めて幅広い分野についての知識がなければ、裁判所という国家権力を担うことは、本来おかしいのだよ、ということをどう伝えようかなと思っていました。

私は、退官後はいわゆる弁護士実務は一切しませんが、一〇年目から二〇年目の裁判官を集めて座談会的な研究会を組織し、あるいは中堅の弁護士の勉強会も大阪で組織して既に三回ばかり開催していますし、あとは出張講義でどこにでも行くよと言っています。それで一一月は福岡の知人の弁護士がセットしてくれて福岡へまいりますし、京都にもまいりますし、名古屋もセット中ですし。そういうことでは動くつもりでいるのですが、全体の底上げを、日本の法曹界全体としてどう考えなければいけないかという非常に強い危機意識を持っています。

2 法律家の意義と法科大学院構想

竹下　私は、本日の対談で「法律家の自己研鑽」という問題を取り上げると伺ったときに、主として焦点は、若い判事補あるいは若い弁護士の自己規定の問題かと思いました。そこで、まず法律家の自己規定というか、一体法律家とは何かということから話が始まるかと思っていました。ここのところ、日本法律家協会で法曹倫理の研究会をやっていることもある関係で、常々法律家とは何か、その共通の概念規定をするとすると、どうなるかということを考えていたのです。

結論的にいうと、法律家とは、法の支配の直接の担い手となるというミッション（社会的使命）を負う者だということになると思うのです。もちろん法の支配は法律家だけが担っているわけではなくて、行政官庁なり、一般の社会の構成員も法を守らなければいけないという意味では担い手になるわけですが、直接担っているのは法律家だろうと思います。法律家は、その法の支配の直接の担い手として、国から様々な特権を与えられていますが、それは言うまでもなく、法律家のためではなく、国民のためなのですから、その時代、時代の国民あるいは社会の要求に応えられなければならない。現代社会では、その要求が著しく高度化し、また拡大しているのではないかと思います。そこで、社会の法律家に対する諸要請に応えるためには、専門の知識・技能の獲得のための研鑽はもとより、法律問題の解決と言っても、それは社会関係から生ずる問題に対する人間の全人格的判断ですから、豊かな人間性と幅広い教養、さらには厳しい倫理観・道徳観を養う自己研鑽が求められることになると思います。とりわけ、現在、国の内外に共通の問題として、医療にかかる自己決定権、個人情報の保護、家族法分野での個人の尊厳など、鋭い人権感覚を研ぎ澄ますことが求められていると思います。

話を今指摘された、若い法律家あるいは法律家を目指す学生の歴史認識を含めた一般教養という問題に戻しますと、その問題は司法制度改革のときにも議論をしました。ご承知のように、法科大学院が構想されたときには、司法制度改革審議会意見書の中にもありますが、幅広い教養と豊かな人間性を基礎に、十分な職業倫理を身に付けて、社会の様々な分野において活動できるような人材を作りたいということで議論が始まったのです。ですから、法科大学院の教育は、法律基本科目以外にも隣接科目とか先端科目というものも含むことになっているわけです。

他方、法科大学院ができた後の法学部は、法律の基礎的専門教育とあとは教養教育を基本とするという構想です。ですから、今の教育制度の仕組みからいうと、法学部のときに専門の学部教育だけではなくて、今言われたような歴史、心理学あるいは哲学についての教養を積む。それを基礎にして法科大学院では、法律

に関連した社会科学、場合によっては自然科学まで学ぶことを目指したわけですが、現状はどうかとおっしゃられると、残念ながら、その理想はなかなか実現されていません。

ただ、一部の法科大学院では、かなり法科大学院の理念にふさわしい教育をしておられると思います。たまたまある法科大学院で話をしていたときに聞いたことですが、学長が西洋法制史の専門で、自分の講義に毎年二〇人から多いときは三〇人ぐらいの学生が来る。そして西洋法制史の勉強をやって、ちゃんと司法試験に合格して研修所へ行っているということでした。そういう法科大学院もいくつかあると思います。

田原　それは先生がおっしゃるとおりで、私もいくつかの大学で一切受験教育をしていないという大学を知っていますし、それらの大学の責任者の方々と話をしていますと、当校は、もし受験教育をすれば五〜一〇%合格率をアップできる自信を持っているが、それはやらないと。そういう理念型を本当に実行しておられる大学はあることは承知しています。

ただ、前職の立場で見ていますと、今のリーマンショック後の経済状況の関係もあって、成績の良い人たちが裁判所を希望してくれています。例えば成績でいうと、上位一〇〇人中、半数以上は裁判官になってくれています。私が任官した当時も比較的そんな層がいました。ところが、それらがなかなか一皮剝けて化けてこない。成績が良い人々ですから、化ければもっと面白いなと思うのに、なぜ化けないのだろうか。ごく一握りは化けてきているのがいます。だけど、それだけ数がいたら、私は六年半いましたから、五年を超えれば私の目に止まる若い人がそこそこいていいはずなのです。「何年任官組でこんな良い人がいたのかい」とか。それがなかなか浮かび上がってこないのは何故なのか、退官前に民事局長とか研修所の所長とか、そういう人たちに愚痴っていた中身なのです。どう化けさせるのかいということです。

3　判事補の他職経験

竹下　その点については、司法制度改革で、判事補の他職経験ということを導入しました。これは当時の計画どおりに実現されているのかどうか分かりませんが、日本の裁判所は決まったことは誠実に実行されますから、私は、おそらく制度の趣旨どおり行われているものと考えています。

判事補のうちに一応基準としては二年ぐらい裁判所の外へ出て、外国へ行って勉強してくるのもいいし、弁護士になるのもいい、ほかの社会を知ってくる必要があるのではないか。そういうことを機会にして裁判所の中だけにいたのでは出てこないような発想を身に付け、あるいは日本の裁判所の在り方を、その中にいるのとは違った視点から見て帰ってきてくれるというのが、私が提言したときの私どもの希望だったのです。

田原　竹下先生がおっしゃるように、他職経験はそれなりに機能しているとは思っています。ただ、実際に私などが見ていますと、本当は他職経験は特例判事補になって、裁判実務を自分で訴訟指揮をして、それから例えば八年目とか、あるいは判事になってから外に出る。そうすると、そこで身に付ける知識とレベルはうんと上がると思います。今は三年目から出していますが、未特例判事補で三年間で左陪席しかしていないと、裁判所の組織の中すら、よく分かっていないのです。裁判所がどう機能するかもよく分かっていないのが外へ出ていくのと、自分で訴訟指揮をして、それで出ていき、ほかから裁判所がどう見えるかを見て帰ってくるのとは大分違うと思います。

それは理想型ですが、今の裁判所の人的組織ではそれは無理です。本当は年に一二〇～一五〇人ぐらい採用できて、組織が充実して、五〇人ぐらい出しても大丈夫だよという状態が実現できたらいいなというのは、私の願いですが、今の裁判所の組織あるいは構成からいって、私の言っているのは理想論だというのはよく分かっています。できたらそういう方向で、せめて何人かでも判事レベルで外へ出して、経験させてやりたいなと思います。

竹下　決して未特例判事補のうちに他職経験することと、今おっしゃられたように判事になって間もないぐらいの中堅というか、中堅よりはまだ若いのでしょうか、そのぐらいの方が行かれるのと制度としては矛盾するわけではないので、理想としては両方できるといいのですが、おっしゃるとおり条件が整わないと難しいだろうと思いますね。ただ、若く、未知のことに接して新鮮な驚きを感ずるという柔軟性に富んだ時期に他職経験をすることに意味があるとも言えます

から、例えば、判事補を三年経験したところで、外国に留学したり、弁護士あるいは公務員としての経験を積むということにもメリットはあるように思います。

松下　先ほど田原先生は、裁判官がなかなか化けてくれないという話をされていましたが、化けるというか、一皮剝けるためにはもともと裾野がかなり広くないといけないと思います。最初の田原先生の話に戻りますが、最初から何でも知っているというのは無理だとしても、何でも見てやろう、何でも学んでやろうという、新しいことに直面したときに食い付く根性というか矜持がだんだん薄らいでいるのではないかと危惧します。

4　事件の中で学ぶ

松下　先ほどの田原先生の教養レベルの話は、大学以前から始まって、学部、専門職大学院、そして修習、最後は継続教育とあらゆる場面で問題になると思いますが、法曹になったあとの自己研鑽というか、田原先生は若い頃から弁護士として自分を磨くときに、どういうところに気を付けていらっしゃったのか、この機会に伺えればと思います。

田原　自分を磨くなどというおこがましい発想は全然ございませんで、私はいわゆる野次馬根性の塊です。私の場合は新しいことがあったら興味を示して、例えば消防車の鐘がガチャンと鳴ったら、「どこが火事」という感覚ですので。そうすると、新しいことがあれば食い付いていきますし、その中で、例えばクライアントの説明が分からなかったら、知らないことを恥とは思いませんから、その業界のことを私が知っているはずがないだろうと。ほかの座談会などでも私は申し上げていますが、弁護士というのは通訳人なのです。通訳人が理解していないことを裁判所に理解させられるはずがないだろうと。

松下　裁判所は代理人を通じてしか事件を知りえませんからね。

田原　はい。そのためには私が完全に理解していなかったら、裁判に私は関われないよという発想でいろいろな仕事に取り組んでまいりました。ほかでも少しお話ししていますが、私は昭和四〇年代の末頃に、京都で、当時は室町という和装繊維の世界で——あの当時は和装繊維全体で四兆円規模の業界でした。今は一兆円を割ってしまっています——そのときに大きな私的整理事件を経験しています。その中で商品の流れを全部覚えました。どこでどう作るのか、和装繊維というのは、完全な分業の世界なのです。ものを作るときに、例えば糊屋さんなどという言葉はお分かりになりますか。染めるときに絵を描いて、糊付けをして固めるわけです。糊屋というのは糊付けだけで、蒸し屋というのは糊の付いたものを蒸すのです。全部別の会社です。そうして生産から流通までの業界を一通り覚えますと、二件目になると、田原には説明は要らない、うちの業界のことを全部知ってくれていると。そうすると完全に依頼者の信頼を得ますね。

あるいは電炉メーカーのある大きな案件をやりまして、スポンサーを甲社と乙社のどちらが取るか。私は甲社の代理人になって、現場に入って、電炉から生産される異型棒鋼等の生産の流れを全部勉強しました。そうすると、その会社の総務部長より私のほうが詳しくなってしまったのです。それを前提で裁判所へ行って説明しますから、代理人ではあるけれども、ほぼ説明できるのです。正に野次馬根性の塊で覚えていくわけです。

松下　田原先生といえば更生事件の管財人としてのお仕事が特に思い出されますが、更生事件の中で学んだという話が何かございますでしょうか。

田原　更生事件は平成五年に、油圧シリンダーの日本のトップメーカーの更生管財人を五〇歳のときに受けまして、全国で一〇工場、営業所が六〇か所、従業員が二三〇〇人、関連会社を入れたら三千数百人、年商三五〇億円ぐらいでした。現場に入ったら、粉飾決算をしていたのですが、経理の担当者が粉飾のエビデンスを全部残してくれていて、そうすると粉飾というのはこのようにするのかということを覚えました。

ものづくりの現場で、例えば儲かっていると思っていた商品が原価割れで儲かっていなかったり、逆に儲かっているはずだというのが本当は違ったりなどということを、現場の担当者と一緒にギリギリ詰めていきます。

二三〇〇人いましたが、最終は八〇〇人余で更生計画の認可を得たのですが、減少した一五〇〇人のうち、五〇〇人は自然退職で、一〇〇〇名ばかりは工場閉鎖に伴って減員しましたから、私がクビを切ったのと一緒です。そうすると、その中で厳しい現場と接点を持ちます。厳しい現場と接点を持ったら机の上の議論ではないのです。

その件で申しますと、ある部門を更生計画認可前に営業譲渡できるかどうかという法律上の理屈は別にして、更生会社としてある事業部門は維持できないものの、一定の技術水準に達しており、かつ、製品納入先に対するメンテナンスの関係から廃業することができないところから、外部に認可前に営業譲渡することを企図しました。その事業部門は正にノウハウの塊の部門ですから、そのグループのメンバーが動いてくれなかったら営業譲渡はできないのです。そうすると、関東のある地方に工場があったのですが、私が大阪で仕事が終わったあと、最終の東京発の新幹線に乗って、現地に二二時ぐらいに入って、一時ぐらいまで口説いて、朝六時の新幹線で乗継いで大阪へ戻ってきて、一〇時三〇分には事務所に入っていました。そういうことを五、六回続けました。移動するメンバーは地元を離れるのですが、そのメンバーの八割までが「分かった、動きます」と。あれは本当にうれしかったですね。

そして、彼らの部隊が動いて、最終は彼らの部隊は譲渡先の方針でほぼそのまま中国へ移りましたが、そういう超泥臭い仕事。更生事件はそれが面白かったですよ。その泥臭さをしてこそ、彼らとの本当の意味で意思疎通ができるのですね。

竹下　今の話は、直接は弁護士の問題になるのだと思いますが、弁護士にしても裁判官にしても、その一つの事件を弁護士なら処理する、裁判官なら判決にするか、和解にするかは別として、裁判所で申立てを受けた事件を処理する場合に、それを機会に、問題の背景となった、あるいは問題発生の原因となった社会の実態を幅広く、また深く掘り下げて勉強し、自分が今まで知らなかったことを身に付ける。そういうことが法律家に求められるのですが、それを制度として担保することは、至難のことで、結局は、それぞれの個人の意欲の問題になると思います。

田原　事件を本当に解決しようと思えば、身に付けざるを得ないのです。机の上の議論ではなくて、どう身に付けるか。おこがましいようですが、私の場合、事件が来れば、記録を真面目に読みます。読んで分からなかったら平気で聞きます。そうすると、その中で彼らは胸襟を開いてくれます。法曹はそれが基本なのではないかと思います。

5 エリートとしての法曹とその養成

田原　私は若い裁判官や弁護士に、法曹はエリートであることを誇れと言っています。エリートと言えば、俗にエリート意識をぶら下げてとか言って、マイナスイメージで言われるのですが、本当のエリートというのは違います。一般に旗手というのはエリートです。ナポレオン戦争の頃は、鉄砲の有効射程はほぼ一〇〇メートルなのです。有効射程一〇〇メートルの接近まで砲撃に耐えながら隊列で突っ込んでいくのです。一〇〇メートルで撃たれたら、まず生き残れません。エリートというのはその旗手ですから、最初に死にます。二番目がその旗を持って突っ込んでいくわけでしょう。突っ込み切ったら、相手方の隊列を崩すことができます。だからエリートというのはそうなのだと。

第一次世界大戦で、イギリスがその後没落したのは、エリート教育が徹底しすぎていて、ナンバースクールの卒業生が、正にいま申し上げたとおりのエリートとして働いて、死亡率が非常に高かったのです。日本も日露戦争がそうなのです。

それから第二次世界大戦の学徒動員を受けた学生達、こんな馬鹿な戦争はあるかとみんな思いながら、戦線離脱をしませんでした。だから学徒動員の士官の死亡率は非常に高いのです。ですから、法曹もエリートなのだというのは、そういう意味です。困難な場面に突っ込んでいくのは当たり前。弁護士はエリートなのだから、困った人々がいたら、銭金に関係なしにやれよと。そういう自覚を持っているかいと。そういう意味での真のエリート。真のエリート教育は本来なら研修所の教育なのです。それが、今一年になっているから、その教育ができていないなと思って、正直いらついているのです。

竹下　最初に私が言ったことに戻りますが、結局、今、法科大学院というか、法曹養成制度全体が大きく揺れ動いています。これは非常に重要な時期で、私は言われたように、司法研修所の教育はもっと充実させることが重要なことだと思います。今の一年では、とても不十分です。確かに予算の問題もあり、今の日本の財政状況を考えると、そう簡単に実現できる話ではないかもしれませんが、それこそ国家一〇〇年の大計を考えてみると、司法研修所の教育を今より遥かに充実させなければ、将来に悔いを残すと思います。民事裁判、刑事裁判、検察、弁護と、二か月程度経験して見るというのでは、裁判所でいえば、廊下から覗き窓を開けて法廷の中を覗いてみるという程度のことに過ぎません。戦後、新しい憲法によって司法、つまり法律家に崇高な使命が付託されたことを受けて、法律家が一体となってこの使命を担うとともに、法律家の質を、この使命を果たすのに相応しいように高めるという理念の下に司法研修所という新しい制度が設立されたのに、その当初の理念が見失われかけているように思われます。このままでは、日本の司法の将来は非常に危ないというか、大きな危機意識を感じざるを得ません。

田原 震災のときに、残念ながら全員ではありませんでしたが、相当数の医者が銭金も自分の身体の危険も無視して現場に張り付きましたよね。それが医者としての倫理なのです。そのために国家は医学部に膨大な補助金を出しています。

法曹養成に対しても膨大な金を出しているのは何のためかと言ったら、法曹というのは日本の国家のために不可欠な組織であるという理念が、実はあまり議論されていませんが、背景にあるわけでしょう。それで明治以降、法曹養成にそれなりの国家資産を投入してきているのです。そういうことで何が求められるかというと、先ほど私は理想型で申し上げたような本当の意味での真のエリート、いざというときには体を投げ出して突っ込んでいく。その理念をどこで叩き込んでいくかということなのだと思います。

おこがましいようですが、例えば一九九六年に「末野興産」というバブル崩壊に伴う特異な事件の管財人を私は引き受けました。最初に何をやったかというと、自宅に消火器を買いました。火炎ビンを放り込まれると思ったからです。我が家には裁判所にある非常ボタンと同じく、ボタンを押せば京都市内のパトカーが全車来るという設備が強制的に設置されました。家内はノー天気ですから、「ああ、付いたな」と言っていましたが。あんな特異な事件を誰が受けるのだと。誰かがやらなければ仕方がないのです。そのときはあまり外部で言っていませんが、そこで火炎ビンを放り込まれたときに、普通のホースで水を掛けても駄目ですから、消火器があるとないとでは全然違いますから。それが法曹だろうと私は思うのです。

松下 私自身は法科大学院で法律学を教える立場にいるのですが、今の学生を見ていると、法律、特に司法試験科目の勉強だけしていればいいではないかという発想の学生が増え、幅広く隣接分野の勉強をしなければならない、何にでも興味深くなければいけないという認識や自覚を持った学生がやや減っているようにも思います。

また、最近の学生の多くは、法律家とは、「きれいな」仕事だと思っているように見受けられます。机の上で書類を書いて、M&Aでデューデリジェンスをやって、そんなことが法律家の仕事の中心だと思っている学生が多いのではないかと、今のお話を伺いながら思いました。

竹下　本日の対談のレジュメに「社会の『暗部』と向き合う気概」ということが書いてあったので、これはどういうことを考えておられるのかなと思っていましたが、今のお話を伺って分かったような気がします。最近ある機会に、マスコミ関係の方が、我が国では、司法が健全に機能しないと、法律上の争いが、その解決のための正規の筋道によらずに、アウト・ローの世界に流れ込むということを指摘して、そのことを非常に恐れるといわれているのを聞いたのですが、今の話と通ずるものがあると思います。

田原　田原が倒産事件をやるので、何で田原がやっているのだということで、実は松嶋英機弁護士の古稀記念論文集(『時代をリードする再生論』〔商事法務、二〇一三年〕)の中に「整理屋が跋扈していた時代」について論稿を書かせていただきました。思い出しながら書いたのですが、やはりああいう時代に大阪で私ども、あるいは二〇期から二五、六期組が独立していって、クライアントが十分ないときに、破産事件を処理すると、事務所の経営に役立つ。裁判所からは信頼を得て、その当時でいえば、今では信じられないような毎年一件中間配当のできる管財事件を引き受けていました。他に引受け手がなかったからなのです。引き受けていけば、どんどんノウハウは蓄積していきますし、倒産処理の世界で田原が関与すればこうなのだと。無理を言っても仕方がないとか、変な信頼を得ていきます。

他方で残念ながら、そうした事件処理の過程で事故にあった人たちもいますし、その中で怪我した人もいます。ですから、何も大きな事故なしでここまで来られたというのは、ある意味で僥倖だと思っています。彼らに正面から向かい合うよという姿勢を示さないことには通らないので、やはりそういう姿勢を示し切ることしかないと思います。

いろいろな経緯から、昭和六〇年代の後半から、関西における特殊な倒産事件は、私ほかほぼ数名の弁護士が担っていました。そこで反社会的といわれる勢力に向き合って、その代わり田原に向き合ったら仕方がないというか、田原を潰すためには相当なエネルギーが要るのだよということを、暗部の世界の人たちは承知していますから、銭では田原は動かない、女でも駄目だと。やはりそれだと思うのです。理屈はそれなりに強いと。そうすると、馬鹿らしいから喧嘩するのはやめようやというのが、私が倒産事件でそれなりの力を発揮できたバックグラウンドだと思います。

竹下　松嶋弁護士の古稀記念論文集に書かれた「整理屋の時代と弁護士の倒産実務」という論文を私も読ませていただきました。あの頃の大阪の倒産事件とはどういうものかということがよく分かりました。

Ⅱ　裁判官の専門化

1　諸外国との対比

松下　日本では、裁判官は比較的ジェネラリスト志向で、おのずから民事、刑事は決まってきますが、他の先進諸国と比べて、あまり特定の種類の事件に特化しない傾向が強いように思います。ただ、これから今までどおりでやっていけるのだろうか、裁判官がある特定の分野に特化していくことについてのメリット、デメリット、あるいは特定の分野に専門化していく際に留意しなければいけないことについてご感触を伺えればと思います。

竹下　田原さんは、最高裁判事として外国出張をなさったときに、パリに行かれて、パリでヨーロッパの裁判官たちの欧州裁判官評議会にお出になって、そのときに裁判官の専門化の問題が取り上げられていたということを伺ったのですが、具体的にはどういう分野について裁判官の専門化が必要だという議論がされていたのでしょうか。特に具体的にどういう分野ということではなくて、今はどこの国でも専門分化が企業の面でも、法律分野でも進んでいるので、一般的な話としてそういうことが問題になったのか、その点についてお聞きしたいと思います。

田原　欧州裁判官評議会に行かせていただいて、非常に勉強になりました。専門化と言っても、そこまでの議論がされているのは、不動産部門とか、そういう類ですので、他方でいえば、日本のほうが、より専門部が機能しているのではないかという印象でした。

例えば日本ですと、医療集中部とか建築紛争集中部、もう一つは完全な知財高裁があります。知財のほうはヨーロッパでもいくつかの国で設置されていますが、日本のほうが特に通常部における専門化というのは機能しているのかなという感じはしましたし、日本では裁判官がそれぞれジェネラリストではありますが、専門部へ行った人たちは、その中で非常によく勉強しますし、例えば東京でいえば八部、二〇部の裁判官は、よくこれだけ短期間に経済知識を身に付けるなというほど勉強します。

松下　組織としての専門化は随分進んでいると思いますが、人として特定分野でずっとキャリアを積んでいく裁判官というのは、日本にはあまりいらっしゃらないような気がします。

田原　知財高裁の一部ぐらいです。ただ、前職で仕事をしていまして、特に知財の中の著作権侵害の分野、コンピューター著作権などになりますと、相当の知識がなかったら難しいですね。私も調査官からいろいろ教えてもらいながらでも、なかなか十分に理解できない。あの分野になると、本当の意味での専門家が少しは要るのかなという気がします。

2 専門的な事件における法律家の役割

田原　知財の中でもそれ以外の分野は事実認定を別にして、法律判断という意味ではそれほど難しい話ではないのです。著作権、特にコンピューターが絡む、通信が絡む著作権になりますと、そこの理解はなかなか難しいですね。従来の概念では捉えられない分野がありますので。その点はそう思いますね。医療のほうは、最新知識は要りますが、医療・医学に対する、サイエンスに対する知識欲さえあれば、何とかなります。

他方で少し専門化の議論になりますと、例えば刑事事件では、私は長い補足意見あるいは反対意見をいくつか書いています。例えば三菱自動車工業製のトラックのタイヤが走行中に脱輪して、通行人が死傷した事件に対しては長い反対意見を書いています。その中で強調したかったのは、サイエンスに対する姿勢がその事件では法曹三者はいずれもないから、記録を読んでいくと、クエスチョンがいっぱい出てきました。弁護人、検察官、裁判所のいずれもが、私が気が付いたようなクエスチョンについて議論できていない。本当にそれで司法判断をしていいのだろうかという観点から差戻しの意見を書いています。あれは正にサイエンスの議論なのですね。

そうすると、法曹が判断する、特に新しいものにぶつかっていくときに、サイエンス的な思考、科学的な思考に基づく分析、そういう訓練ができているかという点です。それはある意味で普通の法曹教育における論理展開の話なのです。論理教育をやればサイエンスと結び付くはずです。しかし、法曹の世界はそこにごく弱いからという話を聞くのを見ていると、そういう面をどこで、どう養うかというのを非常に強く感じました。

また、九州の自動車の追突事故で、子どもが三人死んだ事件の原審判決は、一つの科学推論で判決を書いているのですが、少なくとも運動エネルギーの理論を知っている者からすれば、あり得ない論理を書いています。その点は法廷意見の中でも、一部で触れていますが、やはり違うだろう。運動エネルギーの法則を考えたら、原審判決のような論理は成り立たないねと。そういう意味での科学的にものを見る目をどこで養うのだろうか。

私自身、科学を専門に教育を受けた人間ではありません。ただ、私が高等学校教育を受けた時代は、ちょうど日本でレーヨン、ナイロンが最隆盛期を迎えようとしていて、成績が良ければ、工学部へ進むというのが一つの流れでした。私も場合によっては工学部へ行ったかもしれないのです。そこで基礎的なサイエンスのことは高等学校で叩き込まれています。工学部を志望しても何もおかしくないと周りから見られていましたから、そこのところをどう鍛えられるかということだと思います。

竹下　自然科学の問題になると難しいですね。

田原　結局サイエンス的な発想も論理学の世界なのですから。

竹下　それはある意味では各人の努力に任されいるのではないでしょうか。

田原　努力の前に、そういう教育を高等学校でもっと叩き込まなければいけないのではないでしょうか。

竹下　それは一つの理想かもしれません。大学の学部教育でも一、二年の段階では文科・理科と分けずに教育するという考え方が出てきていますが、ましてすでに高等学校の段階で、大学受験のために文科、理科と分けてしまうのは、確かに問題だと思います。しかし、これは、大学入試と絡んだ問題なので、そしてそれはまた私立大学の経営の問題とも関わっていますから、なかなか根の深い問題だと思います。

田原　私の最後の補足意見を書いた文書提出命令の事件の中で、統計学の話を捉えています。いま統計学は各種の出版もあって話題になっていますが。昭和二二年の立法のときの立法理由の中で、日本は統計を軽視してきたことが、今回の戦争の最大の原因の一つであると指摘されています。突入すれば何とかならないかの前に、日本の鉄鋼の総生産量は、あの頃で約四五〇万トン、アメリカは四〇〇〇万トン、それで戦争を始めたらどうなるのかという、正にサイエンスなのです。そういう発想を教育の基本として叩き込まなければいけないのではないか、というのが私がこの世界でずっと生きてきて考えて、どうしたらいいのだろうかなという感じです。半分愚痴になってしまいますけれども。

3 裁判所の専門化と知財高裁構想

竹下 裁判官ないしは裁判所の専門化という場合に、他の国の制度を見ますと、特別な事件のみを扱う特別裁判所を設置する裁判所の専門化と、一般の裁判官資格を有しない特別分野の専門家を裁判官に任用する裁判官の専門化があります。裁判官の専門化という中には、一般の裁判官資格を有する裁判官を特別の種類の事件の担当に特化させて専門化するという場合もあります。日本で、裁判官の専門化という場合には、この意味の専門化を想定するのが通常かも知れません。

そこで、外国の例を考えてみると、ドイツの場合にはご承知のように裁判所、あるいはドイツ流の表現でいうと裁判権（Gerichtsbarkeit）が五系統あります。通常裁判権、労働裁判権、行政裁判権、社会裁判権、財務裁判権となっています。しかし、ドイツの場合には裁判官の資格はどの裁判権の裁判官であっても共通で、裁判官法の定める裁判官の任用資格を満たさなければなりません。しかし、私が聞いたところでは、一旦労働裁判所なら労働裁判所に配属されると、その後はずっと労働裁判権の裁判所の裁判官でいる。ほかの裁判権には移らないというのが原則だとのことです。そういう意味では、さきほど述べた意味での専門化ということになるのだと思います。ただ、ドイツのこの体制には、宿命的にそれぞれの裁判権ごとに手続が異なり煩雑になるという問題が付きまといます。第二次大戦前から労働裁判所と行政裁判所はあったので、第二次大戦後の新しい司法制度発足の時に、日本と同じように一本の裁判権に統一するという提案もあったようですが、労働裁判所が無くなることに対する労働組合の抵抗が強く、事件の性質に応じた特別裁判権を認める方向に議論が進んで、かえって五系統に増加することになったと言われています。

フランスには労働審判所、社会保障裁判所、商事裁判所、農業賃貸借裁判所などの特別裁判所があります。これも、裁判所の専門化として位置付けられますが、これらの裁判所は、我々の概念でいうと、専門参審制ではないかと思います。つまり、これらの裁判所では、一般の裁判官資格を持っている人ではない、そういう専門家が裁判官になっているわけで、その意味で、裁判所の専門化でもあり、裁判官の専門化でもあるということになります。

ご承知のとおり、我が国でも、知財高裁を作るときに、これを九番目の高等裁判所にしようという意見と並んで、裁判官として知財裁判官という特別の裁判官、例えば特許庁の審査官などをやった人を裁判官に任用して、職業裁判官の陪席としてそういう裁判官を配置する、という構想がかなり有力に主張されたことがあります。しかし、最終的には、やはり日本の裁判官の場合には、通常の民事・刑事事件を裁判できるという資格があって、裁判官としての一般的な力量・法律的判断力と言いますか、そういう資格・能力を備えた人が、特別の専門化された事件についても判決を下すという制度が望ましいという議論が優勢になって、知財裁判官構想は退けられ、知財高裁自体も九番目の高等裁判所ではなく、東京高等裁判所の特別の支部という現在の形に落ち着いたという経緯があります。

それから司法制度改革のときにも、民事司法の改革としては、事件の専門化にどう対応するかということが中心問題の一つとして議論されました。これは、その直前の民事訴訟法の全面的見直しでは、専門訴訟への対応にまで手が回らず、残された課題であったという事情にもよります。そのときにも、やはり裁判官資格はそのままにして、専門知識はむしろ裁判体の外から取り込むという構想に落ち着きました。したがって専門委員制度の新設、鑑定制度の改革という方向に行ったのです。従来から、日本ではそういう考え方が根強いので、司法制度改革でも従来の路線を踏襲しただけと見られがちですが、決してそうではなく、ただ今述べた知財高裁の問題以外にも、一般的に専門参審制の採否ということも検討した上で、やはり日本は従来どおり、裁判官は一般の共通の資格を持つ裁判官として、専門知識はほかからその裁判体に注入してもらう、そういう方針を採ったと考えています。私は、その方針は決して間違いではなかったと思っています。ただ、労働審判手続では、一種の専門参審制が採られていますが、労働審判員は、当事者に対して拘束力のある判断をするわけではありませんので、裁判官というわけではありません。

4　倒産事件、医療事件等

田原　法曹村で四〇数年間仕事をしてきた者として、竹下先生がおっしゃるような考え方が基本なのではないかと思います。フランスへ行ったときに、商事裁判所の見学に行きました。最高裁判事で、商事裁判所へ行ったのは私が初めてだったと思います。「何で来たのだ」という話を向こうから受けたのですが、いや、実は日本で倒産法の世界で仕事をやってきた人間として、フランスで民事再生法に類する法律が施行されて数年経っていましたので、その運用実態を知りたいと。日本で倒産村で田原というのは名前が通っている人間だからという話で行ったのです。

法廷は残念ながら時間の関係で見られなかったのですが、審判官が個別ヒアリングを無料でやっている案件を数件傍聴させてもらいましたが面白かったです。いずれも複数回目の訪問者で、「前回あなたはここまでやって、今、債権者交渉はどうなっているの」「今はこうなっています」と。そうすると、「ここところここがポイントでもう一回やってご覧よ」と。中堅企業のトップが、週に二回無料で来ているのです。片隅で、小さい声でアドバイスもほぼ同時通訳してもらいましたけれども、合っているねという感じなのです。あれは商事裁判所としては面白い機能だなと。現在の我が国で直ぐに応用はできないけれども、参考になると思いました。

他方で正直びっくりしたのは、フランスは商人破産主義ですから、個人破産がどうなっているのかを聞いたら、「管轄が違うから私は一切知らない」と長官が言っていました。私どもでしたら、統計数字ぐらいインプットされていますす。それを「一切知らない、私にそんなこと聞くな」と言われて、あれは正直びっくりしました。いかに管轄が違うとはいえ。

竹下　そうですね。だけどEUの中では、一般の破産はすぐ隣国にもあるわけですよね。

田原　そうなのです。だから、正に専門化だということなのです。

竹下　そうですね。

田原　そうすると、やはり最後は法的判断ですので、竹下先生がおっしゃったような形で、日本では法曹資格がある人間が、最終法的判断をするという制度は、それなりに機能していると思います。それと、基本的に法曹はみんな真面目ですので、そのポストに入れば本当によく勉強しますから、それほど誤った判断はしません。例えば医療事件であれば、今は東京と大阪の医療専門部は、鑑定システムが非常によく機能しています。大体ダブルないしトリプル鑑定をやりますから、それで専門部としては非常にハイレベルの判断ができているのではないだろうかと思います。全国的にと言うとちょっと何とも言えない面はありますけれども、少なくとも東京や大阪の医療専門部は、専門部と言って全く問題ないレベルに達していると思います。

竹下　知財高裁の裁判官も決して固定しているわけではなく異動していますね。

田原　移動しています。そうであっても、一旦外へ出て、その後部総括で帰ってきたりしていますから、ある程度専門化した人たちが、知財高裁の部総括などをやっているのは間違いないと思います。

竹下　そうです。

Ⅲ　司法の国際化

1　二度の海外視察の経験から

(i)　司法の廉直性

松下　日本の司法権は伝統的には外国に目を向けるということがあまりなかったのではないかという印象を持っています。田原先生は最高裁在任中に、二回海外に視察に出られていて、一回目はブラジルでしたか。

田原　アルゼンチンとブラジルです。

松下　二回目がスロバキアとルーマニアとフランスに視察に出ていらっしゃるわけですね。

田原　はい。

松下　二度の最高裁判事としての海外視察を経て、お感じになったこと辺りから口火を切っていただければと思います。

田原　それとともに、最高裁では毎年一度、海外の最高裁長官を招待して、それで懇談会等を開きます。私は行きませんでしたけれども、アジアでは環太平洋の憲法裁判所の会議があって、日本の最高裁は毎年ではありませんが、オブザーバー参加しています。三回に二回ぐらい出ています。憲法裁判所ですので、日本とは仕組みが違いますから、そこで共通話題というのはなかなか難しいのですが、例えば、先に開かれたときの会議での最大テーマが、司法の汚職にどう対応するかという話題でした。

外部への報告では書いていませんけれども、例えばヨーロッパへ行ったときに、ルーマニアで、たまたまですけれども大使館の職員が少し動いてくれて、日本語で簡易化すれば汚職防止庁の長官と朝食を共にして、「日本の司法の汚職はどうだい」と言われて、「日本に汚職なんてないよ。数十年前にゴルフバッグを貰った事件があったきりだよ」と。その前に昭和二〇年代に若干はありましたけれども、それに彼はびっくりしてしまうのです。

彼は、ルーマニアには、日本でいえば旧大審院に相当する破棄院があって、約一〇〇名の裁判官がいるのですが、一〇名がノミネートされていると。長官もその問題が話題になっていて、私は長官と会談ができなかったのです。新EU諸国はそういう問題を抱えているわけです。「日本では汚職はない」と言ったら、「本当かい」と言うのです。日本は司法に汚職がないということは、これだけ清潔な国ということを、もっと世界に喧伝されてもいいのではないかと思います。

私自身、経済関係の仕事をずうっとやってきていますから、司法が信頼されているというのは、経済投資する上で非常に重要な事実なのです。アジア地域に関して言えば、司法の汚濁の問題がありますから、弁護士報酬は別として、コンサルタントフィーをどこで出すか。コンサルタントフィーというのはその費用ですから、それを出したことが明らかになれば、日本でも犯罪になります。こういう問題が常時付きまとっているのが世界の圧倒的多数の国の中で、日本の司法の清潔さというのはもっと喧伝されてもいいのではないかと思います。それは、しみじみ感じました。

五年前にブラジルに行って、一定の人脈ができました。ブラジルの裁判所から日本に視察に来られるときには、私が最高裁にいる間は私が窓口でした。私が退官する前年も、サンパウロの高裁の長官以下が来たのでしゃべっていました。「汚職は」という話を露骨にしたら、ブラジルは連邦国家ですので、「超ローカルな所で残念ながらまだ残っていると私は見ている。だけど、それ以外の所ではまずない」と言い切っていました。そういう意味での司法の清潔さを考えなければいけないということを感じました。

(ii) 外国から見た日本法のわかりにくさと国際的な動向への意識

田原　それから国際化の議論では、竹下先生も出席しておられた、日本法律家協会のシンポジウムのときに報告者の国谷史朗弁護士が言っていましたし、私も渉外事件をしている人たちとしゃべります。彼らは、海外との取引契約交渉で日本法を準拠法にできず、その関係もあって管轄を日本に持ってこられない。なぜかというと、日本は判例でそれなりに機能していますが、判例の翻訳が非常に少ないのです。

そうすると、日本では判例でこうなっていると外国の交渉相手にしゃべっても、それの論拠はと、その判例を英文で示せと。日本の法曹にとっては当たり前の判例ですが、それを翻訳するといったら大変です。そんなに難しいのだったら、もう日本の管轄はやめてくれよ。会社法ならアメリカです。取引ならばヨーロッパ統一法。ドメスティックな弁護士としては、そういう意味での国際的なことを視野に入れて動かなければいけない時代になってきているということ。その二つのことを非常に強く感じました。

ヨーロッパへ行って、欧州裁判官評議会の会議へ出て、あるいは欧州人権裁判所の長官としゃべって、少なくとも旧EUで戦争が起こることはあり得ないです、あそこまで裁判体が一体となって動いているときに。それまで五〇年かかっています。それに近いことがアジアでできるのは一体いつなのだろう。理念型としては、羨ましいと思って帰ってきながら、アジア極東地域で実現できるのは本当に何十年先なのかということをしみじみ感じるとともに、それに向けて、そういう視点で法曹が動き始めなければいけないのではないかということが、海外を回ってきた上での感想です。

2 外国から見た日本の司法制度

竹下　今の話とはちょっとずれるのですが、私も司法の国際化という話題を聞いたときに、二つのことが頭に浮かびました。一つはよく言われていることですけれども、日本の司法制度を外国の企業なり個人なりが利用する時代になったことによって求められる国際化です。おそらく、現在では、外国の企業や個人が日本の訴訟制度を利用することは珍しいことではなくなっていると言えるのではないでしょうか。とりわけ倒産事件だったら、大きな事件で外国の債権者がいないなどというのはむしろ稀なぐらいになってきました。

今度、「国際的な子の奪取の民事上の側面に関する条約（ハーグ条約）」への加盟が国会で承認され、またそれを受けて国内実施法が成立し、政府は平成二五年度中に加盟し、平成二六年四月一日から国内実施法を施行する方針であると言われています。国内実施法で定めた子の返還命令手続がどの程度使われるかは分からないのですけれども、アメリカやフランスなど、どちらかというと先進諸国から日本に早く加盟するよう圧力をかけてきていたとの事情や、そのときに挙げられていた日本人女性による子の連れ帰り事件の数字から見ると、我々が予想しているよりは多く使われるかもしれないという気がします。これは、正に外国人が正面から日本の裁判手続を使用してくるものですから、日本の司法制度の信頼性が問われる局面になると思うのです。

平成二五年九月に、条約加盟承認、国内実施法の成立を受けて、その実施の細則を定める最高裁規則を制定するための家庭規則制定諮問委員会が開かれまして、その席上も申したのですが、日本人向けの概念を使って制度を組み立てたりしているだけでは十分ではないのではないか、この手続は、むしろ外国人が使うための手続なのだから、外国人にも分かり易く、利用し易いものとし、日本の司法は公平・公正であることを良く理解して貰って、信頼を確保できるものとしなければならない。そのつもりで規則の細部にまでわたって配慮しないといけないのではないかということを言いました。これは、一つの例に過ぎませんが、今や民事・刑事の訴訟手続は勿論、倒産手続から家事事件手続に至るまで、法令の面でも運用の面でも、国際基準を意識しなければならない時代になったということです。それが一つ目です。これは、司法の制度面での国際化の問題と言えると思います。

二つ目は、これに対して、司法作用の内容面での国際化の問題です。これは、イギリス首席裁判官であったある裁判官が指摘していることなのですが、グローバル化した現代における法の支配の国際化、あるいは法の支配の妥当する国際法規範の国内的尊重とでも呼ぶべき問題です。昔は国際法というと国と国との約束であり、個人とは関わりがない、また国内法とは別の問題と考えられていました。しかし、ここまでグローバル化が進んでくると、それぞれの国の政府は、自国内の法や政策だけでは国民のニーズに十分には応えられなくなっている。国際金融とか国際取引というような経済問題についてもそうです。現在問題となっているＴＰＰの問題もその一つです。お互いに協力しなければ経済的な繁栄を維持することが難しくなっている。また国民のための治安維持の問題についても、国際的な協力がなければ、犯罪捜査あるいは刑事訴追も難しい時代になっています。環境問題についても、然りです。さらに個人の人権の保障の問題については、世界人権宣言、国際人権規約を始め、児童の権利条約、女子に対する差別禁止条約、難民条約など多くの条約があります。われわれは、これらの条約、つまり国際法を遵守しなければ、自国の安全、経済的繁栄、人権の保障ができなくなっています。従って、現在では、法の支配の原則は国内だけではなく、国際社会にも広がっていることを認識すべきあるということになります。そうすると、政府のみではなく、司法の世界でも裁判所は、条約の国内的効力の問題とは別に、国際社会の共通の規範にも目を配る必要があると思います。そのような意味でも司法の国際化が要請されていると思います。この関係で、民法の非嫡出子の相続分の定めを違憲とした平成二五年九月四日の最高裁大法廷決定（判時二一九七号一〇頁）が、決定理由の中で、諸外国の動向のほか、国際人権規約、児童の権利条約を引用し、さらに自由権規約委員会の我が国に対する勧告を引いているのは画期的で、高く評価すべきように思います。言い換えれば、国際社会の規範が一〇年前、二〇年前とは大きく変わってきている。だから、日本政府はもとより、日本の司法もそういう国際的な環境の中で仕事をしている。直接国際法が適用にならない事件であっても、例えば人権に絡むような問題であれば、当然我々の外の世界ではどういう規範で人が動いている、あるいは国が動いているということを意識しないといけないのではないかということを、最近特に強く感じています。

3 諸外国の動向に対する日本の法律家のまなざし

田原　先生がおっしゃるように、特に欧州では欧州人権裁判所が、ある意味で国家主権とぶつかり合っている状態が生じています。その国家主権の侵害の件で、例えばイギリスが正にぶつかり合って、欧州人権裁判所の判決とは違うことをやろうとしたりしています。そうした動きを日本の司法にいるものがどこまでウォッチングできているのか、ということは非常に気になります。

国連の人権規約に、日本はずうっと違反していて、毎年警告を受けています。その警告を受けているという事実自体を、日本の司法官がどこまで知っているかというと、残念ながらあまり知られていません。その中で、警告を受けているのに、相反する判決を最高裁で果たして出せるのか。それを出した場合に、国際的な影響がどう出るかという観点で、少なくとも私が在籍していたときの裁判所で議論をしようとする雰囲気すらないです。世界がどう捉えるかという視点ですね。

他方で、ハーグ条約の関係で申しますと、私は海外に居住している女性の何人かが、「あれはやめてください」という話を聞いています。離婚後の夫婦共同親権は、家族法の学者の方々はそれはいいことだとおっしゃっています。だけど、裁判所で六年間見ていると、今回親権停止の制度が入りましたからいいけれども、それがない状態で共同親権で、子供の取り合いのときに裁判所はどう判断するか。その辺りについて、アメリカは離婚後の状態についてはちょっと特殊です。それが世界基準だと言われると、本当なのだろうかと。日本の家事事件で実際に事件の記録を見ていると、離婚後の共同親権の議論に私は付いていけません。もう少し議論を詰め、家裁の現場での状態を見ないと、ヨーロッパがこうだから、アメリカがこうだからという議論を論文で拝見していて気になりました。

ある意味での汎用性の世界と、そうでない世界とをどう切り分けていくか。その切り分けが、先生がご指摘のような意味での、世界を全部見わたした上で、日本はどこが違うのかという話ですね。

竹下　そうです。別に何か国際的な基準があって、それに従わなければいけないという意味ではなくて、日本を取り巻く世界がそのように変わってきているときに、それを常に認識していないといけないのではないかということです。

田原　若い弁護士に言うのですけれども、ウィーン動産売買条約を日本は批准しており、例えばドメスティックな企業でも海外と取引しますから、準拠法を日本法にしない限り同条約が機能するわけですが、それを知らない弁護士がほとんどなのです。

竹下　そうですか。

田原　そういう意味で、日本法がどんな位置付けになっているかということを知らずにいては、普通の弁護士業務すらできなくなりつつあるよと。私は在官中も弁護士の会合へ行って講演を引き受けるとその話をしていました。それに対して「そんなことを知らなくても私のクライアントは大丈夫です」とか。

竹下　これからは、特に弁護士は国際的なルールに目を配らないと危ないですね。それこそ弁護士は日本の法律家の最も大きな部分を占めるだけではなく、とくに国際社会の舞台で活躍することがますます多くなりますから法律家とは法の支配の担い手だと最初に定義付けをしましたが、法の支配が国際社会にまで広がっている今日、その国際社会のルールに十分目配りができなくては、法の支配の担い手としては極めて不適格ということになりかねないですね。

田原　そういうことを、法科大学院は別として、研修所で細かいことは要らないですけれども、基礎的にそういう発想は不可欠なのだということを、もっと徹底して教えなければいけないと思います。

4　日本からの情報発信

松下　司法の国際化というときに、日本の裁判官や弁護士が外国の立法の動向や条約、あるいは一般的な傾向に敏感であるべきだという側面と、それから、逆に日本の裁判所あるいは弁護士が、日本の法律、司法に関する情報を外に向けて発信するという側面と二つあると思うのです。従来、日本の司法あるいは法曹は、どちらにもあまり熱心ではなかったような印象を持っているのですが、両先生のご感触はいかがでしょうか。

竹下　先ほど問題として指摘された日本の法令、判例の海外発信ですけれども、法令については法務省所管の日本法令外国語訳データベース・システムが主要な法律の英訳をしており、インターネットで公表しています。

田原　日本法で。

竹下　ええ、日本法で。外国語訳データベース・システムというのがあって、法令検索と辞書検索はかなり整備されています。判例については、知財高裁の先ほどの議論のときに、知財高裁の判例だけは英語にする。これは公的に政府がするのか、どこか民間がやるのか分かりませんが、知財高裁を作る一つの理由は、アメリカの連邦巡回控訴裁判所（The US Court of Appeals for Federal Circuit, ＣＡＦＣ）という知財専門の連邦控訴裁判所に対抗すると言う言葉が適切でないですが、そのような裁判所よりも、日本の知財高裁の判決を世界に伝える、インフォメーションを提供するということにありましたので、全ての判決について英訳する。少なくとも重要な意味のあるものについては英訳するという話が出ていました。ただ、これは、最高裁がするという話ではなかったと思います。

田原　その関係で、フランスの破棄院へ行って正直びっくりしました。フランスの破棄院の著名な判決を破棄院が日本語訳していてインターネットで見られるのです。もちろん英訳はしていますよ。その発信力というのは、正直感嘆しました。

竹下　そうでしょうね。インターネットで、例えばフランスの法令を引き出すと、日本語に訳しますかというようなのが出てくるのですが、あれはどういうものですか。

松下　ブラウザによっては、外国語の文を日本語に訳しますかと聞いてくるものがあります。グーグルのクロームなどは典型的にそうです。あれは、そのウェブページのコンテンツを作った人が作ったものではなく、ブラウザの仕様です。

竹下　そうですか。そうすると、グーグルならグーグルでやっている一種のサービスみたいなものですか。

松下　そうです。だから、コンテンツを作っているほうは例えば英語だけで作っていて、介在するブラウザが、これを日本語にしますかと聞いてくれているのです。

竹下　なるほど、そういうのでも結構ですから、日本の最高裁の判例も外国語で読めるようなシステムが欲しいですね。

田原　だから、常時英訳が出れば、先ほど国谷弁護士の話でしたように、全部英訳で、判例法理はこうだと。そうすると準拠法を日本へ持ってこられるのです。

竹下　そうですよね。日本法が準拠法になるのかどうかは大変重要なことですね。

田原　全然違います。弁護士レベルでは管轄のことしか考えていませんから。

松下　日本の判例の英訳作業を幾つかやったことがあります。自分で全部翻訳するのは大変なので、専門の翻訳業者に出して、それを自分でチェックするという工程でした。元の判決文の日本語の構造が複雑だと、英語にしにくいという経験を何回もしました。英訳するために日本の判例の書き方を変える必要はないと思いますけれども、それとは別の意味で元の日本語としてもわかりにくいのではないかと思わせるものがあります。

田原　そういえば、アメリカの判決だってものすごく読みにくいです。あの英語を読んで、あれを正確に日本語に翻訳するのはいかに大変かということを経験したことがあります。

松下　英訳してみると分かる日本語の判決の難しさということです。別に英語に訳しやすい判決文を意識する必要はないですけれども、訳しやすい判決のほうが日本の判決としてもわかりやすいと思ったことがあります。

田原　そういう意味で分かりやすい判決ということですよね。

松下　そうです。

田原　次の議論に入るのかもしれませんけれども、民訴法改正のときに、三ケ月章先生が、「高校生でも分かる民訴法にしろよ」とおっしゃったことと同じような意味で、高校生がサッと読んで分かる判決をと。

竹下　最高裁の判決を学生の答案と一緒にしては申し訳ないのですけれども、良い答案ほど論理が明快で、サッと読んで分かるのです。

松下　そのとおりです。

竹下　最高裁の判決はそれと同じにはいきませんけれども、論理の筋が通っていれば分かりやすいのです。

田原　そうです。

5　司法外交、法整備支援

松下　この対談の準備のための打合せを田原先生とさせていただいた折に、司法外交という発想が日本の裁判所には乏しいのではないかというお話がありました。この点をもう少し敷衍して説明していただけますでしょうか。

田原　司法外交というか、日本の裁判所だけではなくて、外務省も乏しいと思うのです。それは先ほど申し上げたように、日本の司法制度がこれだけの信頼を得ている。国民の各界各層が裁判所の判決が出れば従うと。こういう国というのは世界の中で本当に僅かなのです。そういう意味での日本の司法が信頼されるということを、もっと喧伝しなければいけないのではないかという意味です。

日本の司法界は外国に対する支援活動をしていますが、

他方で外国への支援活動ということを考えたときに、これは私は司法の世界で申しているのですが、例えば債権法改正について、立法事実がないなどという主張が、弁護士会や経済界の一部から声高に主張されています。世界の大きな流れを見たときにどうなのか。中国の立法のほうが、今は日本よりも明らかに先へ行っています。内容、少なくともハードは。ソフトはいろいろ問題がありますが。韓国にしても、世界の潮流に合わせるべくどんどん法律を改正しています。そういう大きな流れをどう取り込みながら、他方で日本がアジアあるいはそれ以外の国々に対して、司法制度として喧伝していけるだけのレベルをどう維持していくか。現状のままでは日本は立法の先進国としての位置を守れるのか。日本という国がグローバル世界の中でどういう立ち位置を求めようとしているのか。経済外交と並んで、司法外交という概念があってもいいのではないかということです。

そういう立法補助を求めている国は多数あります。それらの国に対して、日本がこういうお手伝いができますと。相手国の法制度を、日本の法制度に近い型で援助ができれば、その後の経済外交はうんと楽なのです。そういう意味での司法外交という概念が、残念ながら我が国には乏しいのではないでしょうか。

松下　法整備支援の話ですので、ここで竹下先生からもお話を伺いたいと思います。

竹下　今お考えのような意味での司法外交ではありませんけれども、日本の国がほかの国、とりわけ発展途上国に、司法の分野で協力をしているというか援助をしている事業としては、国際協力機構（ＪＩＣＡ）が、ＯＤＡの一環として行っている法整備支援というものがあります。これは、直接的には、発展途上国の市場経済体制整備を支援することを目的とすると言えますが、その理念は、先ほども話題となった「法の支配」の国際化、あるいは途上国への「法の支配」の普及にあると、私は考えています。ことに「開発独裁」と言われる国については、そのように考える必要があります。援助対象国としては、多分、ベトナムが一番先だと思いますが、次いでカンボジアに対する援助がはじまり、その後ラオス、インドネシア、ウズベキスタン、モンゴルなどにも広がり、いまミャンマーへの支援を始めようとしているところです。支援の内容は、当初のベトナム、カンボジアでは法典起草の援助を中心にスタートしましたが、今はどちらかというと力点は人材養成に移っていると思います。私が直接関与しましたのは、カンボジアの民事訴訟法典を一から起草するというプロジェクトでした。国際協力機構、当時はまだ国際協力事業団という名称でしたが、一九九九年に「カンボジア重要政策中枢支援『法整備』」というプロジェクトが立ち上げられ、日本がカンボジアの民法典と民事訴訟法典の起草を支援し、あわせて人材の養成をも行うという内容です。大変大がかりなものでした。私は、松下さんはじめ、当時の中堅の研究者、法務省、最高裁の協力をも得て日本側の作業部会を作り、カンボジア側の起草委員会をカウンターパートとして起草作業を進めました。各メンバーとも現地に七、八回は行ったのではないでしょうか。もう法典はでき上がって五年程前から施行されていますが、いろいろ運用上解釈が問題となったり、関連政省令が必要になったりするので、プロジェクトとしてはまだ継続しています。ベトナムも大体同じような内容の支援です。この二国以外の国の支援は、裁判官、検察官、弁護士などの人材養成が中心だと言えます。政府も次第にODAの在り方の一つとして法整備支援の重要性を認識し始め、平成二一年、前の自民党・公明党連立内閣の最後の段階で、対外経済協力会議の決定に従い、関係各省の局長レベルの会議で「法整備支援に関する基本方針」を策定し、現在の政権の下で、平成二五年四月にその改訂版を公表しています。

この法整備支援としての人材養成は、先ほど指摘された司法の汚職の問題ともつながってくる面があります。日本でしっかり研修を受けて、法律家というものはどうあらねばならないのか、ということを身に付けてもらって、本国へ帰ってもらう。あるいはこちらから支援相手国に出かけて行って、向こうでいろいろな形の人材養成に関わる。現在は、法務省の法務総合研究所国際協力部の教官である検事や弁護士の方々が、国際協力機構の現地派遣専門家として、現地で日本の司法研修所のような研修をしたり、セミナーを行っています。今回のお話を伺ってみると、東欧圏でもかなり、裁判官の汚職が著しいとのことでした。ヨーロッパ人権委員会から指摘をされ、勧告されているような所もあるという話なので、場合によれば、日本がそういう国にも手を広げて、人材養成をするということも考えられないことはありませんが、日本に呼んでこちらで研修をすることはともかく、こちらから出かけていく余裕は今のところ無いであろうと思われます。汚職の問題は、その国の伝統的な司法の廉直性の意識によるところとともに、裁判官の給与水準と関わる面もあるように思います。

Ⅳ 立法（改正）作業と法曹の果たすべき役割

1 民訴法改正・倒産法改正の機運の醸成

松下　ここ十数年、基本法の改正が相次いだのですが、基本法の立法作業や改正作業において法曹が、特に弁護士がどういう役割を果たすべきなのかについてお話を伺いたいと思います。

個々の法律という話ではなくて、もう少し抽象的に言うと、弁護士が既に始まった進行中の立法作業、あるいは改正作業においてどんな役割を果たすべきかという問題、これがおそらくメインになると思いますが、それだけではなくて、弁護士が立法論のきっかけを作るというか、立法の機運を作る役割も非常に大事ではないかと思うのです。この二つのうちどちらかでもいいのですが、まず田原先生から、立法作業、あるいは改正作業において法曹がどういう役割を果たすべきかについてお考えを伺いたいと思います。

田原　典型的な動きを作り出したという意味では、民事訴訟法改正作業が始まる前に、東京の東弁、二弁、大阪といった所で司法の改革の動きが出て、判例タイムズ等の法律雑誌に次々と論文が出始めていました。その中で和解兼弁論が行われて、民訴学会の一つのテーマになりました。そういう大きな流れを受けて、民訴法改正作業が始まったのではないかと思います。あの動きがなければ、いかに三ケ月章先生が音頭をお取りになっても、あれだけの大改正はできなかったと思うのです。大改正のバックグラウンドがあったことが大きいだろうと思うのです。

倒産法の改正に関しては、今回の企画の中でも別の座談会で少し話していますが（第三章第一部参照）、「東西倒産実務研究会」での成果が非常に大きく、その中で倒産法制を見直さなければいけない、あるいは東京と大阪でこれだけ運用が違うとの指摘がなされ、それに対して裁判所が十分対応できていないし、学者のほうもあまり議論がなされていないことが明らかになりました。私の古稀・退官記念論文集の出版の会合で、谷口安平先生が、昔、『倒産処理法』を書いたけれども、東西倒産実務研究会に行って、倒産処理法で書いていることがある意味で紙の上の議論だと痛感したとおっしゃって、研究会に実質事務局長格で松嶋英機弁護士と一緒に関与した者として、あれは非常に嬉しいお言葉でした。それとともに、そこでの議論があったこともあってその後の倒産法改正が、より中身が濃くなりましたが、そうした基盤がなければ全面改正のエネルギーは出てこなかったのではないかと思います。そういう意味では、法曹実務家が果たした役割はものすごく大きいと思います。

他方で信託法の改正は、これは商事信託改正の必要性から出発したのですが、弁護士の世界で民事信託の必要性が少し議論されながら、まだ十分煮詰まっていない段階でした。今、成年後見でまさにそれが問題になっていますが、改正作業の時までに成年後見が実務上ももっと動いていたならば、もう少し民事信託の議論を詰めることができたのではないかと思われます。民事信託に関して言うと、不燃焼のままで立法してしまっているという印象を持ちます。ですから、どの時期に立法作業が行われるかは、実務の流れとの関連が非常に大きいという感じがします。

竹下 民事訴訟法の改正は、先ほど挙げられたように、昭和五〇年代後半頃から、東京で言うと第二東京弁護士会が中心となって、大阪は大阪弁護士会がいろいろな改革の提案をされていました。それを受けて裁判所側では、東京・大阪両地方裁判所が中心になって、「民事訴訟の審理を充実させるための東京・大阪両地方裁判所の方策案」が公表されました（昭和六二年四月）。これは、国民の訴訟離れという現実を憂慮した最高裁判所のイニシアティヴで開催された裁判官会同での協議を基礎に、文字どおり東京・大阪両地方裁判所が相互に連携をとりながら、しかし、それぞれ独自に策定したもののようです。この「方策案」を中心として、その後各地の裁判所、弁護士会で民事訴訟の改革を目指した検討が行われました。学界は、それ以前からドイツのいわゆるシュツットガルトモデルに代表される改革の動向に強い関心を持っていましたが、日本での民事訴訟法改正に具体的に取り組み始めたのは、その辺りからであったように思います。第一東京弁護士会の「新民事訴訟手続試案」（昭和六三年）における「民事訴訟にも納期を設けるべきだ」という提案もインパクトがあったように思います。法制審議会の内部事情を申しますと、当時は、各部会は常設部会で、部会の側から次の立法議題を提案するのがむしろ原則でしたから、民事保全法ができたところで、次に何を取り上げるかが協議され、初めは倒産法の改正を取り上げようという意見も有力でしたが、民事訴訟法の全面改正ができるのであれば、そちらを優先させようということに意見の一致を見て、法制審議会で民事訴訟法の全面改正をやることになったというのが大きな流れだったと思います。そういう意味では、民事訴訟法改正作業が開始される直接の動因は、東京・大阪両地方裁判所の方策案であったが、その背景として、弁護士会の動きが立法を促した面も大きいと思います。念のために申しますと、かつては、法務大臣の諮問は、例えば「民事訴訟手続について改正すべき点があれば要綱を示されたい」というような包括的なものでしたから、それを受けて設置される部会は、常設的となり、民事訴訟手続のうち、まずこの部分について検討して答申をし、次に別の部分について検討して答申をするという具合であったわけです。

倒産については、東西倒産実務研究会があって、本を出しておられることは知っておりましたが、私は全く関与しておりませんでしたので、その内容については余りよく存じませんでした。後から伺うと、その下地があって、裁判所も東京と大阪と同じ更生事件なのに随分取扱いが違うとか、破産もそうだということで、司法研究で取り上げるようになったようです。法制審議会のほうは、ただ今申しましたような事情で、民事訴訟法の全面改正の次は、倒産法の全面改正を取り上げるということは、いわば既定の事実でしたから、平成八年六月の民事訴訟法部会では、次の審議事項としては倒産法の全面改正をすると決めて、その年の一〇月に長尾立子法務大臣から諮問を頂いて、倒産法部会を設置し、そちらで審議が始まったという経緯です。ちなみに申しますと、倒産法部会は法制審議会の最後の常設部会で、これ以後は、法務大臣の個別の諮問ごとに設置される個別部会となり、諮問に対する答申が出されれば解散するということになっています。

2 外国の法制度の参照・導入の際の留意点

田原　弁護士会を含めてそれがあるのは存じていますが、先ほどの海外の話題に転じると、例えば今、日本で過払金訴訟が山を越えたので、地裁の新受事件が一八万件ぐらい、簡易裁判所を入れても七〇万件ぐらいなのです。フランスは日本の人口の半分以下で、新受が四〇〇〇〇万件なのです。ブラジルは、先般のサンパウロ高裁長官の話を聞くと、七〇〇〇〇万件です。人口は日本のほぼ一・八倍です。日本では司法アクセスが悪いから事件が増えないというのが、従前からの日弁連の主張なのですが、本当にそうなのだろうかと思います。

ブラジルは、事件が増えすぎて、いま調停制度を導入しようと努力しています。一〇数年前にも一度調査に来日して、先般もまた勉強に来ていますが、なかなか調停制度が作れないようです。これは私の勝手な思いなので、竹下先生がご専門なのですが、調停制度が日本に根づいたのは、村社会をバックにして、村の名主などがまあまあと言って調停的なことをやってきた、そういう社会が基本にあるということを非常に強く感じるのです。そういう村社会を経験していない所で調停制度を根づかせるのは、なかなか大変だろうという感じがします。しかし、ほかのアジアの国でもそうですが、調停的な制度を何とか確立して、司法への事件増加の強力な圧力から逃れようとしています。そういう世界の議論と、その中での司法のアクセスへの議論と、日本の現状とをどう比較し考えるのかという点かと思います。いま民訴法改正の必要性として主張されている点の多くは、現行の民訴法制定のときに散々議論したことを蒸し返すようなことが多いのです。

ディスカバリーに必要な費用の問題などはほとんど議論されず、それに対応するために、日本の海外へ出ている企業がどれだけのコストを考えているかということを視野に入れなければいけないのに、その点を無視した主張が弁護士会の一部からされています。今、日本の一審の対審事件の平均審理事件は一年を割っています。それを言うと、海外の裁判所ではみんなびっくりします。一年で本当に一審が終わっているのかと。信じられないと言うのです。

松下　日本でも昔はそれほど迅速ではなかったのですが、最近では常識ですね。

田原　そうすると、世界標準というときにどう考えるのか。それから、フランスは法廷がオーラルですばらしいとの報告が弁護士会関係の雑誌に掲載されることがあります。あれは最終弁論だけですから、証人尋問はありませんから、それを知らずに視察団報告に書いてあるとかですね。あるいは、アメリカでトライアルに行くまで何年かかっているのだと。トライアルに行く事件のパーセントはどれだけかなのかの数字を見ていない。

松下　ごく僅かですね。

田原　そういう全体を捉えた議論なしに、海外に比較してという議論はどうなのか。日本で日弁連が司法への満足度のアンケート調査をしたデータがあって、「自由と正義」に分析結果が報告されていますが、回答の絶対数からして分析するにはデータとしては余りに足りないし、司法の世界に身を置いていた者としては少し設問がずれているのではないかという感じはします。民訴法改正から一五年を超えていますから、不具合箇所は何箇所かありますし、例えば文書提出命令、インカメラの手続、守秘義務の規定など、使い勝手をもう少し良くする方法はあり得るとは思いますが、本当に改正をしなければならないほど日本の司法が歪んでいるかというと、現場にいた者として弁明のように聞こえますが、必ずしもそうではないのではないかというのが私の印象です。

竹下　私も全く同意見です。外国の法制度を視察あるいは勉強されて、それを取り入れようとするいろいろな提案があり、学界側からも改正の意見が出ています。しかし、一つはご指摘のように、これまですでに散々議論をして、いろいろな角度から検討した結果、これは日本では採用しない、あるいは採用できないという結論になったものも多いし、ほとんど立法論として取り上げるだけの意味があるかどうか疑わしいと思われるものもあります。そういう意味では、立法論とはどういうことを法律として決めるべきなのか、そのためにはどういう基礎的な研究があり、既存の制度・理論との整合性、実務上の必要性をしっかり押さえて議論を進めていかなければ実現できないということを認識していただきたい。その辺りの認識が不十分なように思われます。もっともかつては無理だと思われたことが、時代の推移とともに社会の意識も変わって立法として実現できる場合があることを否定する趣旨ではありません。一時は難しいと思われた団体訴訟も限られた分野では実現できましたし、今また多数の少額被害の損害賠償を求める集団訴訟法が実現されました。ただ、これらは、関係者の努力によって、日本の在来の訴訟制度、訴訟法理論との整合性を十分考えた上での立法提案であったと言えると思います。

3 争点整理についての民訴法改正の理念と現状

(i) 理念の空洞化?

田原 私も現場にいて、六年半に全部で二一庁、一〇支部を視察で訪問しています。それだけ回った裁判官は、たぶんあまりいないと思いますが、現場で感じるのは、平成八年民訴の理念が忘れ去られつつある。弁論準備が機能していないところがそこそこある。それは最高裁の民事局でも気にしていて、それの強化ということでいろいろ手を打とうとしていますが、なぜそうなってしまったのか。裁判所を回っていて、弁論準備期日に当事者に訊ねても、「では、次回、書面で」ということで空転しているということを裁判官から聞きます。私がそうした話を聞いたときには、三〇分間取っているのなら、三〇分間監禁するくらいで期日を進めなさいと。「調書に記載しないから、いま何を考えているのか言いなさい」と。「ボス弁の了解なしにしゃべれません」と言ったら、「それでも、いま君が考えていることだけ言いなさい」と。そういうことをやらなくて、一〇分で終わった後、二〇分無駄な時間で、部屋に戻っても何も仕事はできませんから、そうして活性化することを本気で考えてはどうかと、全国を回ってそんなことばかり言って歩いていたのです。

竹下 それは私も心配していたのです。民事訴訟を国民の分かりやすく利用しやすいものにしようと、各地の裁判所でも弁護士会と連携して、次々と新しい審理モデルを考えて、それを実行し、さらに裁判所書記官の新しい位置づけにまで広げて議論を展開していた、あのころの熱気がなくなってしまったのではないか。数字だけ見ると弁論準備をやっているように見えるけれども、果たしてどこまで実効が上がっているのか疑問に思っていたのです。

田原 裁判所にいるときに、少し時間が空いているときは、一審で一年を超えるような事件ですと弁論調書、弁論準備調書を見ます。そうすると、昔の弁論と同じで続行、続行。しかも、部総括レベルの事件でそういう調書を見ると、何をどうやっているんだと、そういうものが散見されます。それで、いっぱいあったら困りますが、ちらちら見えます。それで、視察に行くときに、「何なんだ。弁論準備の実質化という理念で走っていたじゃないの」と言いますし、大阪では毎年裁判所の部総括レベルと弁護士会の小委員会との協議会が開催されています。任官した後に帰阪した際、大阪の弁護士から、ある関東から来た裁判官が、大阪で弁論準備で片方だけの意見を聞こうとすると猛烈に反対されたと。信じられないと発言したと聞きました。それを聞いたときに、私は弁論準備の公開・対審の理念がここまで忘れられているのかと思いましたね。

竹下　そうですね。弁論兼和解という実務が考案した審理方式を巡って、学会をも巻き込んで大変な議論がありました。その結果、非公開でもよいが対席審理の原則は守る、しかも、その非公開も当事者から要求があり審理に支障がなければ第三者の傍聴を許すというギリギリの妥協が成立して認められることになった「半公開」のようなものです。それはちゃんと法律の明文に書いてあるのだから、そこはしっかり守ってもらわないといけません。

田原　法制審でそのための議論を何回審議しているのか。それを理解していない裁判官がいると聞いて、正直びっくりしました。そこで民事局に、こういう人がいるらしいから、一から議論してたたき直さないと駄目だと伝えたことがあります。

(ii)　争点整理における裁判所のスタンス

竹下　少しずれるかもしれませんが、どうも裁判所の側に、これだけ弁護士の数も増え、それなりに質も上がってきている面があるのだから、当事者主義を尊重して、争点整理も当事者に任せるという傾向、一つの流れがあるように思うのです。あるいは、部外者の誤解であるかもしれません。しかし、私は、この考え方には疑問を呈さざるを得ません。そもそも争点は裁判所と両当事者の共通の認識として成立すべきものであり、しかも次の証拠調べが有効に行われるためには、十分議論を詰めて的を絞り込まなければならないのですから、双方の代理人に任せて裁判所は横で見ていても良いというようなことはあり得ないという意見です。これは、争点整理の性質から出てくることで、当事者主義とは別の問題であると思うのです。代理人はそれぞれ自分の依頼者を背負っているから、ここは争点から外すというようなことは難しいのではないか。裁判所がイニシアティブを持って議論をかみ合わせ、整理しないと、的確な争点整理は難しいのではないかと思っています。

田原　私は、竹下先生がご否定される双方代理人が本当に争点を汲み上げていくのは、理念型としては目標だと思うのです。ところが、いま現場の中堅以下の裁判官と話していますと、当事者が頑張るから争点だと。違うだろうと。

判決も同様なのです。「当事者が頑張っているところだから、判決にいろいろ書きました」と。しかし、「この間接事実は結論にどれだけ影響するんだ」「結論に影響しないけれども、当事者が頑張っている以上、応答するのが裁判所の義務でしょう」と言うから、違うだろうと、一生懸命言って歩いていたのです。

松下　頑張っても意味のないところで頑張っても駄目だよと言ってあげる、他方でここそ頑張れと言ってあげるのがしかるべき争点整理ですね。

田原　それで現場も忙しいと言うから、「無駄なエネルギーを使っているのじゃないか」と。例えば、離婚事件で、過去のいついつに浮気があったかなかったか。それが全体にどれだけ影響するのか。結論で離婚認容だったら、いついつなんてどうでもいいのです。あとは慰謝料算定事由の一つでしかないのです。にもかかわらず、そういう間接事実にこだわっているから、細かく認定する。

取引の事件にしても、例えば、いま裁判所で増えてきているのが契約締結上の過失に絡む事件です。最高裁の判決もよくないのです。何が本当の結論に影響するかについて何も書かずに、色々と関係する事実を羅列して、よって契約締結上の過失があると。しかし、その中の本当のキーポイントは何なのかということを示さなければいけないと思います。そうすると、そこで交通整理できるはずなのです。それをあれもこれもと、それでは審理が前に進まないし、証拠の採否にしても散漫になってしまいます。今の契約締結上の過失に関して言えば、これは民法学者に対する注文ですが、もう少し交通整理して、論理展開してほしいなと思っています。

竹下　今の弁論準備、争点整理の話は、この座談会とは別に、どこかで書かないといけませんね。あのときの理念に戻れと言うと問題かもしれませんが、再確認する必要があるのです。

田原　司法研修所ないし最高裁民事局は、今、そのつもりで動いています。研修所の第一部も。

(iii) 争点整理と弁護士の役割

松下　民訴法改正のときは、私もまだ研究者の駆出しだったので、認識がずれているかもしれませんが、弁論準備手続を実効化するためには、弁護士サイドの十分な準備が必要であるにもかかわらず、まだ弁護士の人口はそれをするには十分ではないので、弁護士の人口の増加とセットで争点整理の実効化を図るべきだという議論が当時あったような気がします。弁護士人口は、当時と比べれば随分増えているにもかかわらず、争点整理が実効化されていないのはなぜなのか、熱気の問題だけでは説明し切れないような気もするのですが。

竹下　マンパワーが足りないという議論はありましたかね。

松下　そうでもないでしょうか。

田原　それほど大きな議論はなかったと思います。ただ、これも一部で文章にされているから言い切ってもいいかと思いますが、弁護士がクライアントを説得し切れていないということがあります。そうすると、クライアントの主張をそのまま裁判所に持って来る。クライアントは主張しているけれども、一〇のうち法律的に意味があるのは五つだと。その五つだということをちゃんと説得できていない。それがゆえに、弁論準備が十分機能しない。「先生、何で私の言いたいこと言ってくれないんですか」と言われたときに、「君の言うことは、感情論はよく分かるけど、法律論としてはここは無理なんだよ」という交通整理を十分できていないと聞きますし、どこかの論文で読んだことがあります。

竹下　それは、おそらくそういう面があるのだと思います。私に言わせると、だからこそ、そこは裁判所が整理をしないといけないのではないかと思うのです。理想は先ほど言われたとおり、両方の代理人がちゃんとクライアントを説得して、本当に意味のある争点だけに絞り込むことを当事者のサイドでやってくれれば、裁判所としては余計な口出しをしないでいけるのかもしれません。しかし、先ほども言いましたように、そもそも争点は裁判所と両当事者との共通の認識として成立しなければなりませんから、両当事者の主張から争点を絞り込む作業には、裁判所も主体的に関わっていかざるを得ないし、関わっていくべきだと思うのです。

松下　特に書証の評価について、両代理人の認識が一致するのはまさに理想なのでしょうけれども、なかなか難しそうですね。

田原　各地の裁判所を訪問して地裁レベルで今いちばん困っているのは、インターネットで生半可な知識を持った方々の本人訴訟です。それは、現場の裁判官が非常に困っています。

竹下　それは分かります。確かに、今インターネットである程度のことは分かるのです。ですから、知的レベルが一定のところの人は、自分が見たらそれで分かるのだと思ってしまうのですね。最近たまたま見たフランスの本に、フランスの司法が当面している問題の中に、フランス人の権利意識が強くなり、何でも訴訟にして裁判所に持ち込む、そのために、事件ばかり増えて、それを受理する裁判所の予算は限度があるという危機が到来している、という指摘がありました。確かに、生半可な知識で自分はこういう権利があるはずだと言ってくる当事者は、当然あるでしょうね。

4 立法作業と弁護士固有の役割

松下　基本法の立法作業をするための法制審の部会はいろいろなメンバーで構成されます。竹下先生や私のような研究者もいれば、裁判所の現場の裁判官もいる、最高裁の事務総局からの方もいる、弁護士会からも来る、分野によっては経済界からも来る。このようなメンバーの中で、弁護士でなければできないこと、あるいは弁護士が特に得意とすることがあると思います。もっと具体的なレベルで言えば、部会での発言で弁護士の口からでないと言えないことがあるように思います。

田原　立法作業の関係では、私が弁護士出身者としては法制審に関わった最長不倒距離だと思うのです。平成二年の民訴法改正から始まって、平成一六年の倒産法の改正まで一五年間、ずっと先生方とお付合いさせていただいて、またご迷惑をおかけしました。民訴法改正に関して言えば、例えば争点整理を充実させるとの理念の下に昭和三一年に準備的口頭弁論の規定が規則で入りましたが、実際上三年ばかりでその運用は消えてしまっています。そうすると、現場の弁護士としてどこまで本当に使えるのか。残念ながら、当事者照会など余り使われていないものもありますが、いろいろ現場で使い得るもの、それで機能し得るものを提案できるという要素が非常に大きいのではないでしょうか。それは、民訴法の改正の中でもいくつかこの分野で実行できたと思いますし、集中証拠調べなどにしてもちょうど先行的に大阪で始まっていて、我々は現場を見ていますから、何とかなるのではないかと、ある意味で自信を持って推薦できました。いま実験段階でここまでできているのだから、もう少し組み立てたら機能するのではないかとか、そういう意味で現場の弁護士でなかったらというのはあります。

倒産法の改正に関しては、使いやすい倒産法とは何なのか。倒産法の改正を始めたときは、いわゆるサラ金破産が昭和五八年、五九年ごろから始まって、平成一五年にピークへ向かう個人破産の膨張期です。

松下　平成一五年には破産事件の新受件数が二五万件を超えましたね。

田原　それとともに、日本の経済が逼塞状態になって、企業再生をどう捉えていくか。そうすると、現場で働いている弁護士の立場からいけばこうしたいと。例えば担保権消滅請求などは、よく入ったなと思います。

松下　あれは、現場草の根から出てきたアイディアとして良い例ですね。

田原　現場で、特に更生事件で、担保権が付いていて、身動きがつかない不動産をどう処理するか。当該更生のためには必要ないのだけれども、抱えたままだったら固定資産税だけでもばかにならないとか、あるいは認可前の営業譲渡とか、ああいうものはまさに現場からの知恵というか、現場で困っていることを法的に何とか解決できないだろうかという中で、四苦八苦しながら意見を提案し、最終的には、倒産法に関して言えば法務省の人々が必死になって知恵を絞ってくれて、何とか各界の理解を得られる形まで持っていけたということが大きいと思います。倒産法の関係では、金融界の方々と倒産事件を処理している弁護士が裸でぶつかり合って、生で議論ができるようになったというのが大きいですね。私の退官記念論文集（『現代民事法の実務と理論』〔金融財政事情研究会、二〇一三年〕）で、三井住友銀行の三上徹氏が最後に私のことを「敵方の大将」と書いています。そういう目で彼らは見ていたわけですが、企業の再建は金融界の敵ではないのです。連帯して制度をどう使っていくか、少なくとも倒産処理で第一線で戦っている弁護士はそういう発想で仕事をしていましたから、そういう意思疎通がお互いにできるようになったのは大きいと思います。これは第一線で仕事をしている弁護士でなかったら、金融界と本当に生の話ができなかったと思います。

竹下　立法作業における弁護士の役割としては、なんと言っても生の事実あるいは現実に接しておられるので、その中から立法的に規律すべきだと思われる問題を拾い上げて提起していただくということではないでしょうか。勿論、裁判官についても、同様の役割が期待されますが、裁判官には、弁護士が持ち出さなければ発見できないという問題もあるように思います。それに対して、弁護士は、とにかく当事者から相談あるいはさらに進んで依頼を受け、その正当な権利を守ろうとすると、現在の法律では不足しているあるいは不十分だという問題を発見することが多くなると思われますので、それを立法問題として提起していただくということが重要な役割になると思います。とりわけ倒産法の改正のときは、弁護士会からのいろいろな提言・発言は大きな意味を持ったと思います。例えば、今回の倒産法改正で、担保権消滅という制度は、名称は同じなのに制度の目的も内容も異なりながら、民事再生法、会社更生法、破産法の全てに設けられましたが、その中でも民事再生法上の担保権消滅は、いちばん初めであったこともあり、弁護士委員の側からの問題の指摘があって初めて皆さんが問題の所在は分かったが、今度はそれをどう解決したらよいかについて議論百出でした。あのときは田原さんが大阪で研究会をやられて、一種の公開シンポジウムのようなものでしたが私も聞きに伺いました。ああいう問題提起の仕方は大変有効であったと思います。今でも覚えていますが、初めは当然民法との整合性を考えなければならないと思っていましたので、議論がある程度進んだ段階で、民法の研究者である部会委員のお一人に、これで民法の枠内に収まりますかと伺ったところ、「民法の枠はとっくに越えていますが、私は賛成です」と言って頂けたので、これでいけると決断ができました。

松下　平成一一年の七月に部会として民事再生法に関する要綱案を取りまとめたのですが、それまでにあと数か月というタイミングで再生手続における担保権消滅の構想が部会に出てきたのです。こんな大きなアイディアを今から出して間に合うのかと思ったのですが、基本的なアイディアがその後加速度的に細部まで詰められて、七月の要綱案には間に合ったので、あれは本当にすごいと思いました。その数年後の破産法改正のときの担保権消滅についても、平成一五年七月に倒産法部会で決定した要綱案の記述がほかの部分に比べてかなり細かいのです。弁護士の先生方が、今実務で、財団所属財産の任意売却の際の担保権消滅及び財団組入れをどうやっているかを精緻に書き込んだ成果で、すぐに要綱案、さらに条文に使える状態まで持っていったということで、研究者にはなかなかできないことだとつくづく思いました。

5　立法作業における議論のしかた・ノウハウ

竹下　これは注文みたいなことにもなるのですが、弁護士会からいろいろな提案をしていただくときに、立場の違う金融界の人たちとも十分話をして、お互いに工夫をすれば、一つのまとまった成案を得られるというタイプの問題提起は大変生産的で、良い立法につながると思います。ところが、時として、弁護士会の意見をまず固めてしまって、法制審議会でも、ご自分たちの意見を通すというスタンスで臨まれる例を見かけることがあります。法務省にぶつけて何が何でも押し通すのだというスタンスのように見えます。もっとも、私が昭和四三年に法制審議会幹事を仰せつかってから今日まで四〇年を超える期間、法制審議会に関わってきた経験の中では、民事手続法分野の立法作業の過程に関する限り、そのような事例は一度もありませんでした。従って、これは他の部会の話です。言うまでもなく、立法は各方面を代表する委員の意見を調整しながら作業を進めるのですし、その時その時の国民の意識をも考慮に入れなければなりませんから、委員ないしその背後の集団相互の妥協だけではなく、その当時の現実との妥協も必要になります。第二次大戦後の親族法・相続法の改正の折に、我妻栄先生が日本の家族制度の現実と妥協せざるを得ない面があると言われて、立法は妥協だと述べておられます。三ケ月先生も、よく立法は妥協だと言っておられましたが、妥協しなければ立法はできないということを前提にして、提案をしていただけると非常にありがたいと思います。

田原　それは三ケ月先生のご功績ですが、民事保全法制定のときに弁護士会から参加して議論し始めて、民訴法改正のときに、これは三ケ月先生のご英断で弁護士の委員・幹事を一気に増やしていただきました。あれによって機能するようになったのは間違いないと思います。それ以前の弁護士会と法制審との関係は、敵味方だったのです。

竹下　今でも部会によってはそういうところがありますね。弁護士会から推薦された委員の方は発言を全部紙に書いてきて、原稿どおり読み上げて、それから一歩も引かないという例がないではありません。そうなってしまうと、せっかく法曹三者がそれぞれの立場で、学者も入れて良い立法をしようというときに、あまりプラスの効果にならなくなってしまいます。

田原　民事保全法制定が始まりですが、民訴法改正、倒産法改正は、ある意味で法曹全体にとって非常に理想的な形できたと思います。

竹下　そうですね。ここに出席している三名とも、それに関与していましたから、そんなことを言うと手前味噌だと言われそうですが、客観的に見てもそうだったのではないかと思います。法務省部内でも、そのような評価を聞いたことがあります。

松下　今日はたまたま私がいちばん年下なのですが、立法に向けて審議をしていくノウハウ、あるいはノウハウにまで至らないまでも勘のようなものを、次の世代へつなげていく作業が大事ではないかと思うのです。そのような承継がちゃんとできているのだろうかということが、私としてはやや心配です。もちろん手続法に限ってもいろいろな立法がずっと続いているので、立法作業のノウハウや勘は受け継がれているはずだとは思いますが、意識しないと、勘やノウハウはいつの間にか消えてしまうおそれがあるように思います。

竹下　そうですね。一つは、法制審議会の在り方自体が、個別諮問で諮問ごとに専門的立場から検討するための部会を設置し、その度に諮問の内容を検討するに相応しい委員、幹事を集めて、諮問に対する答申が出たら解散ということになっていますから、研究者や弁護士の立場では、なかなかノウハウを受け継ぐのが難しくなっています。ただ、事務局である法務省民事局の側では、法制審議会での立法作業のノウハウは、民事局長、官房審議官、民事法制管理官、参事官と、それぞれに継受されていると思います。法制審議会の内部組織が、このように変更され、部会が常設部会ではなくなったのは、中央省庁再編等を目的とした行政改革の一環として平成一三年に法制審議会令が改正になった結果ですが、常設部会当時はどうしても委員、幹事が固定し、立法作業に関与する研究者に偏りが生じていましたので、現在の個別諮問に応じた部会編制のほうが多くの研究者に関与の機会が与えられるというメリットがあるとは言えます。

田原　債権法の改正作業は、日弁連のメンバーは固定していますから、何とかなると思いますが、あそこに出てきている金融界の方は毎年変わりますから。幹事行から出てきますから。

6　行政分野における広義の立法作業と弁護士

竹下　そうですか。ただ今申しましたのが、弁護士の皆さんが立法に関与される場合の一つの問題だと思います。もう一つ、これは、弁護士の皆さんへの要望ですが、弁護士会の皆さんに立法に貢献していただく場合に、中心は国の立法であることは間違いありませんが、現在では、条令等でも非常に重要な意味を持つものが多くなってきていると思うのです。ですから、地方公共団体にどういう形で入られるか分かりませんが、審議会や各種委員会などの委員として関与するということはすでに実施されていると思いますが、さらに、企業内弁護士と同じように、あるいは弁護士の登録をしないで自治体のメンバーになって、そこで立法活動に関与するということを考えても良いのではないかと思います。そうなると、弁護士としての貢献ではなくなるかもしれません。また中央省庁でも、法制審議会のように専門家が集まって相当詳細な要綱の作成を目指して多角的な議論をするのではなく、審議会では、ごく大筋のことしか決めないで、あとは全部事務局任せという立法のやり方もありますので、そういう場合に、弁護士がその省庁に何らかの形で入って立法を担当する、あるいは少なくとも助言をするということを考えていただく必要があるのではないかと思うのです。

田原　それは理念としてはよく分かりますが、例えば私の先輩が某消費者関係の審議会に行ったら、当日に大部な資料が配付されて、会議終了と同時に当日回収されてしまうと。そんなもの会議中に読み切れるはずがありません。ですから、法制審はほかの審議会に比べてものすごく開かれた会合なのです。そういう情報が入ってくると、痛感します。弁護士会が実質関与できるような仕組みを、中央官庁は本気で考えてくれていますかということが一つと、金融法務事情に掲載された金融法務担当者との座談会（「金融法務の未来——これからの金融法務を担う君たちへ」金法一九七三号〔二〇一三年〕一六頁以下）の中でも発言しているることですが、法科大学院を出て、司法修習を終えただけでは弁護士としての力はないのです。弁護士としての力というのは、五年から一〇年ぐらい実務経験をして、証人尋問をして、書証の評価能力を持って、初めて一定の発言力を持ってくるのです。大企業でも、一部の企業は、法科大学院卒はほとんど採らずに、五年目ぐらいの弁護士を普通の給料で採っています。普通の大学院卒五年目の給料で。しかし、そういう所へ行けば、そこで担当する案件は普通の五年目弁護士の扱える規模ではありませんので、仕事としてのやりがいはあります。それに魅せられて行くメンバーもいるのです。そうすると、中央省庁にしても、経済産業省などは一部の事務所から採用していますが、そういう形での交流をもう少しできれば変わるのではないかと思います。省庁によっては、市民との大きな接点を持っているところがたくさんあります。そういう所が五年目、一〇年目ぐらいの弁護士を、金融庁が任期付公務員で結構採用し、また自治体の一部も採用していますが、未だ十分に活用されているとは言えません。それを活かしていただければ、中央省庁、あるいは行政、地域団体にしても使えると思います。利益相反の問題もありますが、そうなっても、それをやっていただければ法曹人口が増えるというよりは、法曹人口の有効活用につながるのではないかと思います。

竹下　確かに、弁護士会の問題というよりは、受け入れる省庁なり自治体のほうが問題かもしれません。

V　これからの弁護士像

1　専門医、総合病院、町弁

松下　既に、弁護士が立法に果たすべき役割の話から、これから弁護士が何をすべきかという話に移っていますが、ここ数年で弁護士の数がかつてないほど急激に増えました。それとともに、弁護士の役割も、変わらざるを得ない部分と変わらない部分、さらに変わってはいけない部分と、それぞれあると思いますが、この辺りのご感触を田原先生から伺いたいと思います。

田原　私が弁護士会で話すときに、あるいは修習生に話すときに、弁護士としていわゆる専門家に特化する機能が片方では不可欠だろうと。その専門家の中では、知財の問題や金融関連業務、国際業務、あるいは高度な倒産処理などがあります。よほどの研鑽を積まないとなれない分野です。医療に例えれば、脳外科専門医や心臓外科専門医のような位置づけです。他方で、町や市の中にある総合病院的機能、相談に来たら一応のことは全部できる。ただし、特化部門は専門病院へ送る、そういう機能を果たす総合病院。こういう機能を持つ事務所が要るだろうと。クライアントは法的問題を抱えれば、とりあえずそこへ行けばいい。

それから、俗に言う町弁です。市民の相談に乗って、「先生、こんなことで困ってます」と、雑談しながらいろいろな話が聞ける。少額訴訟制度を導入するときに、法制審でどうイメージするかというときに申し上げたのは、「とりあえず家の中にあって、関係のありそうなものを全部風呂敷に包んで持っておいで。そうしたら、ここで整理してあげるから」と。それができる弁護士が、理想型の町弁なのです。世の中の一般的なことは何でも知っている。嫁と姑の争いで来たら、非法律的な話も一緒に聞きながら、そこで交通整理をしていく、いわゆる町医者。この三つに分かれるだろうと思います。ただし、超専門化する弁護士であっても、本当は町弁的な能力がなければ駄目なのではないかと思います。前述の金融法務事情の座談会でもそういう話を少ししていますが、人から話を聞く力がどこまで養えるか。プロから話を聞くのは楽なのです。素人からいかに生の話を聞き出すか。その力は、超専門化する世界でも要るのです。例えば、倒産事件を処理するときに、「本当はどうやねん。この数字はおかしいだろう。お前どないに思うんや」と。「実は粉飾してました」と。粉飾していましたという話を聞き出すのは、プロだけの相手の会話能力では無理なのです。そういう意味で、町弁的な力は本当の基礎だと思うのです。それをどう鍛えていくか。先ほど申し上げたように、弁護士はプロフェッショナルで、エリートであるとともに、町医者が患者に寄り添わなければいけないのと同じような意味で、寄り添う力をどう培うか。

半分自慢話になりますが、退官して、私が任官したときに挨拶状を出した人には一応全部退官の挨拶状を出したのです。六年半ですから、異動したり亡くなったりしていますから、相当数が不着になりましたが、それでも三十数年前に刑事弁護で弁護して、心中未遂で無罪になった被告人の夫から、関西にいたのですが、妻を支えるために関東へ移って一から生活を再建していました。彼から丁寧な挨拶状が来ました。やはり嬉しいです。三十数年前ですよ。ご苦労さまでしたと。あるいは、平成五年に更生管財人を引き受けた更生会社の件、今はＴＯＢで外資の傘下に入っていますが、当時の更生会社の幹部社員、戦友連中が二十数名集まって、私の退官祝賀会をやってくれたのです。

竹下　いい話ですね。

田原　それが弁護士としてのいちばんの喜びなのです。任官したときに、祝い状が二〇〇通ばかり来たのです。弁護士でない人がほとんどです。中には二〇年前とか、「あのときに助けてもらいましたので今があります」とか、それは医者が何十年も後に感謝されて、それが医者としての喜びであるのと同じだと思います。弁護士の生き様というのはそうなのではないかと、実際、本当にそう思います。どういう形でクライアントと向き合っていくか。向き合っていく中で、自然にそういうスタンスが取れなければいけないわけです。弁護士の人数が増えていく中で、それをどう育てていくか。かつては、修習は背中を見て覚えろと言いましたが、今は背中を見て覚えるには、時間が短く、かつはるかに参入者が多いので、そういう理念をどう伝えていったらいいのだろうかと感じます。

2　弁護士へのアクセスの現状

竹下　そういうある意味では理想的な弁護士像が今後も伝えられていくことが望まれますが、将来の問題としては、単に理想像として飾ってあるだけではなく、それをいかにして現実のものとするかが課題になると思います。

　やや批判的なことを申し上げますが、よく引用されますように、司法制度改革審議会意見書では、弁護士は「市民生活上の医師」であるべきだとの提言をし、これは非常に有名な話になりました。他方、これからの弁護士像としては、「頼もしい権利の守り手、信頼し得る正義の担い手」となるべしという非常に美しい理想を掲げました。私は、最近思うのですが、そういうことを司法制度改革で謳い、個々の弁護士の皆さんたちはそのことを念頭において、法の支配の担い手として活躍しておられると思います。しかし、他方で一般国民の側からすると、いったい司法制度改革をし、新聞では弁護士の数が多すぎるという話が出ているけれども、弁護士は本当に使いやすくなったのか。弁護士を使うという表現は適切ではないかもしれませんが、簡単に弁護士の所へ国民が相談に行けるようになったのかというと、ほとんど以前と変わりがないというのが現実なのではないかという気がするのです。

田原　その関係で言うと、いま弁護士保険の話が結構出ていて、その弊害も一部目立つのですが、英国のようなLegal Aidをどこまでやるかと。よく若い修習生ないし若い弁護士と話をするのですが、法律相談料、タイムチャージは弁護士会の法律相談は一回五〇〇〇円、事務所でやれば大体一万円。一万円というお金は、法定労働時間二〇八〇時間で計算すれば二〇八〇万円だけれども、そのうち弁護士がチャージが取れる時間はせいぜい七割です。それで事務所を経営できるかといえば、できるはずがないのです。

事務員を一人雇って、二〇坪の事務所を構えても。しかし、一般庶民の平均賃金、月給二〇万そこその人で、一万円というお金がどれだけ高いか分かるかという話をして、弁護士は決して儲かる仕事ではないと。だけど、それに見合うだけの、例えば離婚事件なら二〇万や三〇万の着手金をもらわないと、とても事件としてペイしません。そういうことを全体として考えていく中で、弁護士がどこでチャージをもらいながら仕事をしていくか。市民の側に関して言えば、イギリスのようなLegal Aidをもっと広めないと、庶民層として利用できる制度になりません。弁護士が独立自営業者である限りそう思います。そこをどう埋めるか。そこの大きな構想について、日弁連としても何の提案もないし、国会での議論もないですね。

もう一つは前職のときに、例えば関西から日弁連の理事に出ているメンバーと私は、年に三回ぐらい飲み会で付き合っていたのです。彼らいわく、前政権のときに、国会議員の先生方の所へ行ったら、最高裁が予算要求してないから司法予算が増えないのだと言われると。違うだろうと。司法予算の増額について最高裁独自でできることはほとんどないではないかと話すのですが、彼らは、しかし訪問した国会議員の人々が、最高裁が要求してきたら、我々も認めるのにと言うのです。そんな認識の弁護士会の理事と話していると、いらついてきますね。

竹下　私は、一般の国民から見ると、まず法律相談を受けられるということが重要だと思うのです。実際に訴訟まで依頼するのはそれなりの腹を決めて、いろいろな経済的あるいは時間的その他の負担も考えて踏み切るのだと思いますが、一般の国民がまず必要とするのは法律相談だと思うのです。それにどう対応していくか。そのことに関連して大変残念だと思うのは、一部の弁護士会のことだと思いますが、いわゆる法テラス、司法支援センターという新しい組織を国が創って、国民があまねく法や司法にアクセスできるようにしようとしている。そしてこの制度設立に関わった関係者ばかりではなく、多くの国民が期待を寄せているにも拘わらず、これに協力的でない、それどころか反対する弁護士会の動きがあるということです。せっかく国が制度を作り多額の予算を計上して国民のために法律相談を、場合によっては訴訟事件まで担当してもらえるようにしようとしているのに、一部とはいえ弁護士会は、協力的ではないどころか反対だといって、自分達の所には法テラスの地方事務所、司法過疎地の国民のための地域事務所は必要ないといって、その設置に反対するのは、はなはだ残念に思います。しかも法テラスの予算は、事務局経費のようなもの以外は、大部分は弁護士に支払われる報酬となるにも拘わらず反対するというのは理解に苦しみます。今回の東日本大震災でも、被災地の人たちを対象として法律相談に応ずるための出張所を作りたいというのに、地元の弁護士会が反対をしてなかなか計画が実現できず、漸く宮城、岩手、福島三県に七か所できたという話です。これも三ケ月先生が論文でも指摘しておられることですが（三ケ月章「現代の法律家の職能と問題点——弁護士」『民事訴訟法研究⑹』〔有斐閣、一九七二年〕三二一頁、初出・岩波講座『現代法⑹』〔岩波書店、一九六六年〕）、弁護士会は、弁護士の使命は社会正義を実現し、人権を守ることにあると大上段に謳われるけれども、社会正義の実現は、弁護士だけでできるわけではありません。ある局面では弁護士が裁判所、検察庁と対決しなければならないことはよく分かるし、それは一般の国民も理解していると思うのです。しかし、そうでない場面においては、ぜひ法曹三者が協力して、場合によっては、それに学者も入って、法律家が一体となって国民のために法の支配の直接の担い手としての責任を果たすという発想に立っていただきたいと思います。

3 危機状態と弁護士会

田原　大震災という緊急事態を迎えたときに、弁護士会として何ができるかという危機対応能力が問われます。司法の一翼を担うものとして、司法の機能をいかにしてスピーディーに正常化させるかということが第一であり、また、罹災者の法律相談に応ずることも必要です。

しかし、在野法曹としてやらなければならなかったことは、平時法が復興に向けた活動の支障になることが多数ありました。弁護士としては、全国各地から動員して各自治体に入って、今行政でいちばん困っているのは何かと。平時法が邪魔をしているのだったら、それを吸い上げて日弁連が立法提言すれば、あのときの国会なら動きました。しかも、日弁連が法制局と、超アバウトで詰めれば、あとは法制局がやってくれます。しかも、多くは法律改正が要らなくて、政令・省令レベルなのです。内閣が動けばおしまいなのです。残念ながら、弁護士会は、即法律相談というレベルでの対応しかできなかったようですね。

竹下　おっしゃるとおり、あの場面で、確かに日弁連が何千人とかを被災地に送り込んだというようなことが、一般の新聞だったか日弁連新聞だったかにありました。

田原　日弁連が統一してスピーディーに動くためには単位弁護士会の自治はやめてもいいのではないかと私は露骨に言っています。しかし、この前の日弁連選挙は、その関係で二度やりましたね。その後も選挙制度の改正案が単位会の反対を受けて通らないのです。

松下　特に地方単位会からすると、票数要件とは別に単位会の数要件を死守したいと考えるでしょうからね。

田原　しかし、それで通る時代ではないのです。本当に全国組織として動かなければいけないときに、例えば民事介入暴力に対応しようとしても、単位会のいろいろな動きがあるから、一斉に対処できない。今は全体的に落ち着いてきていますから、今現在は大きな問題ではありませんが、私が先に掲げた松嶋英機弁護士の古稀記念論文集に書いた時代は、まさに彼ら整理屋をたたきつぶすために、全国の弁護士会としてどうするかというときに機能が非常に悪くなるのです。私はそういうことを現場で知っていますから、そのころからどうかならないかと言うのですが、自治権は一旦握ると放しませんから。

松下　弁護士数がこれだけ増えて、しかも強制加入という建前を崩さないのであれば、弁護士会としてはそれほど党派的な行動は取りにくいのではないかとも思うのです。数の少ないエリートの集団だったら、ある程度話がまとまりやすい部分もあったのかもしれませんが。

4　公益活動の義務化

田原　いわゆる弁護士の公益活動の義務化ですが、これだけ数が増えて全会員への義務化は無理です。国選事件の数にしてもそれだけあるわけではないし、そこで公益活動という位置づけ自体をどう考えるのかという問題もあります。私が再登録するときに「公益活動をやってくださいますか」と言われましたから。

だから、弁護士像として、特に年間で今後もほぼ二〇〇〇名弱ずつ増えていくわけですね。今は三万五〇〇〇名になっている中で、弁護士の立ち位置をどこに置くかということだと思うのです。最高裁にいるときに修習生や法科大学院生が見学に来ると、「君たち、不幸な仕事を選ぶんだね」と。決してそれほど儲からないし、死ぬまで勉強せざるを得ない。少なくとも現場にいる限りは。私が登録したころは、借地借家事件と親族相続法をやっていれば、弁護士は飯が食えたのです。あと、交通事故。もうそんな時代ではないですから、大して儲かりもせずに大変な世界に、何でそんなに一生懸命して来るのかと。そして、実際それだけの腹を括って参入してきているかいと。他方で彼らに言うのは、「だけど、やりがいある仕事であるのは一〇〇%間違いないよ」と。また、法曹村で絶えず申し上げているのは、「法曹三者の協力がなかったら、法曹の信頼は維持できない」ということです。

竹下　日弁連やそれぞれの単位弁護士会も、一昔前から大きく変わっていることは間違いないと思います。私も、そのことは十分認識しているつもりです。ですから、法曹三者が力を合わせて日本の司法を支えてやろうというところは、おそらく原則としてはコンセンサスが成立していると思うのですが、個別の問題となるとなかなか協力体制ができないのですね。

田原　どうしても敵対関係に立ってしまうのです、弁護士会というものは。それが市民のためだと言うけれども、本当にそうなのかと。個々の事件を別にして、制度として考えるときにどうすればいいのか。先ほどの大きな話に戻りますが、日本の司法が将来どういう立ち位置に付くのかを本気で考えなければいけないと思います。今、日弁連も海外関係の組織を強化し始めていますが、全体としてどう考えていくかということです。

金融法務事情の二〇一三年九月二五日号（一九七八号）に掲載される講演録「最高裁生活を振り返って」の末尾に私が書いていますが、最高裁を含めて、日本の将来の一〇年先、二〇年先の司法のあり方を議論しなければいけないと思っています。その議論がもう少しどこかでされていいのではないでしょうか。

竹下　私もそう思いますが、それはおそらく第二の司法制度改革審議会が必要だということではなくて、主として人の問題、人材の養成の問題になるのではないかと思います。

松下　今の話を伺っていて、日々法科大学院で授業をしている身として、目先のことに追われていて、大きなパースペクティブが欠けていたことを実感しています。

おわりに

松下　本日は、法律家の自己研鑽の話から始めて、日本の司法制度の問題点について、田原先生、竹下先生からいろいろなお話を伺うことができました。この対談を終えるに当たって、両先生から締めくくりのお言葉をいただければと思います。

竹下　この対談を終えるに当たって、一言締めくくりの言葉を述べさせていただきます。対談の冒頭「法律家の自己研鑽」という話題がでて参りましたが、私は、いま日本の司法制度が直面している最大の課題は、法曹養成制度をいかに再構築するかの問題であると考えています。学部教育、法科大学院、司法修習、法律家の継続教育のすべてにわたって再点検する必要があると思います。本日も話題となった司法の国際化・専門化の著しい今の時代に、諸外国の法律家に伍して、国際社会にまで広がった法の支配の実現というミッションを担うに相応しい法律家を養成し得るシステムを作り上げるのが、喫緊の課題だと思います。

幸い、法曹養成制度の再構築の必要は広く認識され、そのための検討が現在進行中でありますので、その成果を見守りたいと思います。ただ、法科大学院の数を減らし、司法試験の合格率を高めて、法科大学院での教育に「ゆとり」を持たせれば、学生が基礎法学や関連社会科学など幅広い学問分野の勉学に励み、豊かな教養を身に付けた卓越した法曹を養成し得るようになると考えるとしたら、それは楽観的に過ぎると思います。私は、司法試験をも含めて、法曹養成のための教育は、法曹のミッションに相応しく、厳しくあるべきだと思います。しかし、それは、決して従来のようにいわゆる法律基本科目について、細部にわたって判例や学説を修得させ、その知識をテストすることではなく、むしろ司法試験でも基礎法学や関連社会科学をも試験科目に入れる方向を目指す必要がある、場合によっては外国語を選択科目に入れることも考えてよいのではないか、という趣旨です。採点の客観的公正をどう確保するかとか、法律基本科目と同じ配点でよいかなどの技術的な問題は、別途解決すればよいことだと思います。また法科大学院は、もともと「プロセス」としての法曹養成を目指すところから構想されたものですから、その在り方のみ取り上げるのではなく、司法修習の在り方、学部教育の在り方をも合せて再構築すべきことは当然であると思います。

いずれにせよ、法曹養成制度の再構築に利害の関わりをもち、その在り方の検討に携わっておられる各階層の方々が、ご自分たちの利害に捉われずに、日本の将来を見据え、冷静な議論を重ねて結論を出してくれることを期待したいと思います。

田原　本日はご多忙のところ、竹下先生には私の退官記念の出版企画にかかる座談会に長時間お付合いいいただき先生の司法制度全般に亘る深いご造詣と我が国司法制度の更なる改善に向けての熱い想いを込めたお話を直接伺うことができて、法曹の世界に身をおいてきた者として本当にありがたく深謝申しあげます。

また、松下先生にはご多忙にもかかわらずコーディネーターをご担当いただき、本日の座談会の進行準備の労をおとりいただき、つい脱線しがちな私の話を軌道修正していただき、何とか座談会としての形を作っていただきましてありがとうございます。

私自身は、冒頭にも申し上げましたとおり、向後、いわゆる弁護士としての仕事は行いませんが、本日承りましたお話の内容を咀嚼しつつ中堅・若手の法曹との語らいの場で活かしていきたいと思います。本当にありがとうございました。

松下　それでは本日の対談は以上とさせていただきます。本日、いろいろなお話を田原先生、竹下先生から伺って、制度を動かすのは結局人（ひと）であって、精緻かつフレキシブルな制度を構築することももちろん重要ですが、その制度を趣旨に沿った形で運用できる人材を育成すること、そして何よりも法律家自身が制度の変革を狙うことも含めて、意識的に自己研鑽をすることが最も重要であるということを改めて感じた次第です。この対談が、法曹を目指す方及び若手法曹に対して日本の司法制度の目指すべき方向を示すものとなれば幸いです。本日はどうもありがとうございました。

（平成二五年九月七日開催）

終章　法律家・田原睦夫の人物像

弁護士・元日本弁護士連合会会長
久保井一匡

はじめに

田原睦夫氏――私は、彼が弁護士登録し、大阪弁護士会に入会した直後の一九七〇年から今日まで四十数年にわたって親しくお付合いいいただいたが、このたび彼が、約六年半にわたる最高裁判事の重責を無事果たし、再び元気で弁護士に戻って来たことを喜ぶものである。

以下は、私の見た田原睦夫氏（以下は、親しみをこめて田原と呼ぶことにしたい）を私の記憶に基づき紹介するが、事実関係について正確性を欠くことがあることを予めお許しいただきたい。

Profile

Kuboi Kazumasa

1960年東北大学法学部卒業、62年大阪弁護士会登録。大阪弁護士会会長、日本弁護士連合会会長、日本弁護士連合会研修委員長、法制審議会民法部会財産法小委員会委員、東北大学法学部客員教授などを歴任。現在、久保井総合法律事務所所長弁護士、関西大学法科大学院特別顧問教授、公益財団法人日弁連法務研究財団評議員会議長。

Ⅰ　生い立ち

田原は、一九四三年四月、京都市において開業医の五男二女の末子として生まれた生粋の京都人である。田原は京都を愛し、京都人であることを誇りにしている。田原家は、田原の兄弟および配偶者のほとんどが医師という恵まれた環境であり、田原本人も中学、高校時代は理系の得意な生徒であった。しかし田原は、いわゆる六〇年安保の激しい時代環境の影響を受けて、社会のあり方に関心を持つようになり、田原家では唯一法律家の道へ進むことになった。田原は、末子で大勢の兄や姉から可愛がられたが、はにかみ屋でシャイなところがある。ただ彼は、口は悪くとも心があるので周囲の誰からも愛される性格である。

Ⅱ　大学

田原は、同志社高校から京都大学法学部に進み、そこで生涯師事する林良平教授に出会い、同教授のゼミで法律学の基本をたたき込まれることになった。林教授は、民法学界の大御所として活躍されていたが、実務に即した研究を重視され、実務家中心の研究会（法律懇話会など）をつくり力を入れておられたが、田原はこの研究会に長年にわたって出席し、同教授の薫陶を受けた。このような田原の熱心さと実力が評価され、田原は同教授の編集される民法のコンメンタール、解説書など数多くの書物に執筆の機会を与えられ、また、同教授の主宰される多くの研究会や学会のシンポジウムなどで報告の機会が与えられた。田原は、後年倒産法の分野で多くの論文、著書を物したが、田原の本来の得意分野は林教授の指導の下、債権法、担保物権法が中心である。

Ⅲ　司法修習生

田原は、京都大学法学部在学中に司法試験に合格し、第二一期司法修習生として司法研修所に入所し、そこで多くの優れた同期生や教官と巡り合った。中でも民事裁判教官である野崎幸雄判事（元名古屋高裁長官）の授業において第一級の実務家の実力のすごさを知った。続いて、京都で実務修習を受けたが、そこで彼は、元検事出身で、当時刑事弁護で名高い評価を受けていた前堀政幸弁護士と巡り合い、その考え方、手法に大きな影響を受けることになった。当時は、いわゆる六〇年安保の後遺症の大きな時代であったが、弁護士は単なる社会運動家であってはならない。真の人権擁護とはそのようなものではない。刑事弁護人はいかなる立場にも左右されず、被告人、被疑者の人権を守るため弁護活動をすべきである。また、弁護士の基本は、刑事弁護であり、ビジネスに流れてはならない。田原は、前堀弁護士から弁護士のあり方を学んだ。

Ⅳ　弁護士のスタート——道工隆三法律事務所

田原は二年間の司法修習生活を終え、一九六九年四月、前記の前堀弁護士の推薦で大阪の道工隆三弁護士の事務所でいわゆるイソ弁を始めることになった。道工弁護士はクリスチャンで、大阪弁護士会の中でも、紳士として通っていた。田原は道工弁護士の温厚な生活態度と執務姿勢に教えられることが多かった。この事務所は多くの優れた弁護士を輩出していた。田原が入所したときには、すでに独立していたが、のちに述べる大阪空港公害裁判の原告弁護団長で田原が生涯にわたって敬愛した木村保男弁護士（故人）もこの事務所の出身であった。ちなみに、木村保男弁護士は、責任感と統率力のある優れた弁護士であったが、加えて大阪的な義理人情に厚い心の暖かい弁護士で、恩師の道工弁護士を父のように慕い、道工弁護士も木村弁護士を大変信頼し、心の支えとし、何かにつけて相談していた。木村弁護士は大阪市立大学出身の一二期であったが、多くの同期や同窓が道工事務所に出入りして、あたかも松下村塾のような雰囲気であった。当時、弁護士で還暦や古稀の論文集の出版されることなど全くない時代であったが、木村弁護士は自身も学究型で大変法律の勉強にも熱心であったこともあるが、恩師を敬愛していたので、道工弁護士の還暦（続いて古稀も）を記念する立派な論文集を出版し、田原も執筆の機会を与えられ、各方面から高い評価を得た。田原は、もともと法律の勉強に大変熱心であったが、この事務所に就職したことからさらに拍車がかかった。

V 田原の弁護士としての仕事——田原の基本姿勢と日常取扱事件

田原は、道工事務所から独立し、大阪空港公害裁判で共に仕事をした仲間と共同法律事務所（昭和法律事務所。現在、はばたき綜合法律事務所）を開設したが、最高裁に入るまで三七年間弁護士としてさまざまな事件をこなした。日常業務の中心は大阪の一般的事務所と同じく、民事、商事の通常事件であったが、弁護士の基本は、刑事事件にあるとの信念を忘れず、長年にわたって多くの刑事弁護も引き受けた。通算して約二〇〇件の国選を引き受けたという。無罪、一部無罪の判決も勝ちとった。田原の力量が大阪弁護士会の先輩の耳に入り、大型刑事事件、例えばイトマン事件やタクシー汚職事件などの弁護も引き受け、多くの先輩を助け、感謝された。以下は、紙幅の都合から田原が弁護士として活躍した仕事のうち主として三つの大きな分野に絞って紹介する。

1 大阪空港夜間飛行差止請求事件

この裁判は、大阪国際空港の離着陸直下に住む兵庫県川西市と大阪府豊中市の住民（当初は二八人、のちに約四〇〇〇人）が原告となって同空港の設置管理者である国（運輸大臣が所轄）を被告として夜間飛行の差止めと過去及び将来の損害賠償を求めたものである。一九六九年一二月に提訴し、一九八一年の最高裁大法廷判決を経て、一九八四年三月の大阪地裁の第四次訴訟の和解で決着するまで一五年間を要したわが国公害裁判上画期的な意義を有する、いわゆる大型公害裁判である。提訴当時、わが国は経済の高度成長のひずみとして全国各地で公害が発生していたが、水俣病、イタイイタイ病、四日市ぜん息などいわゆる四大公害裁判に続いて、新たな段階として公共事業による環境破壊が社会問題化している時代であった。つまり、一九六四年に入って大阪空港のジェット機乗入れ、東海道新幹線の開業、各地の高速道路の開通など大型公共事業が全国的に進められ、公共事業による環境破壊が大きな社会問題となった時代であった。アメリカの公共経済学者のサックス教授が来日したりして、いわゆる環境権論争が活発に行われた（大阪弁護士会環境権研究会〔座長川村俊雄弁護士〕『環境権』（日本評論社、一九七四年））。大阪空港公害裁判は、当初兵庫県川西市の離陸直下の三つの自治会から近畿弁護士連合会に人権救済の申立書が提出されたことが機縁となって始まった。原告弁護団は当初、大阪、神戸の両弁護士会の公募によって選ばれたが、実働能力が十分でなかったので発足後間もなく弁護団の戦力を高めるため優秀な若手弁護士を補充することになった。田原もその一人で第一次訴訟提起後の一九七〇年の正月の弁護団合宿から参加した。田原はまず、訴訟救助班に入れられた。田原ら若手の努力の結果、大阪地裁、大阪高裁において従来の基準では認められない救助の範囲を拡げる決定を勝ち取った。原告側の常任弁護団は、約二五名であったが、いずれも若く優秀でやる気に溢れていた。その活動は非常に多忙で平日の夜と土日祝日のほとんどを費やしたといっても大げさではない。田原はこの常任弁護団の中核的メンバーとして働いた。田原はもともと理系にも強かったので弁護団の中で被害班に入り、騒音の心身に及ぼす影響に関するさまざまな資料や学術論文に目を通し、裁判所に提出する準備書面などの作成を行った。

彼の最大の特徴は、よく言われるようにしんどい仕事でも進んで引き受ける点にあった。従って、多少口が悪くとも弁護団仲間から敬愛された。

この事件は、原告ら住民の人格権に基づき国に対し公共事業の差止め（夜間飛行の禁止）と損害賠償を求める民事訴訟であったが、過去に先例がなく手探りの状態であった。アメリカではダムなどの建設を裁判所が差し止めたケースがあると伝えられていたが、日本の判例は皆無であった。公共事業に関する判例として東京都の地下鉄工事による騒音被害につき損害賠償を認めた東京地裁の判決例があったものの、差止めを認めた判例はなかった。そもそも人格権という概念自体確立しておらず、名誉棄損のケースで謝罪広告を求める根拠として人格権が論議の対象とされている程度であった。従って、弁護団は、人格権について熱心に研究した。ちなみにこの裁判の最初の段階では、原告らは土地建物の所有権に基づく物権的請求権を請求原因として主張していたが、種々検討の結果、後にこれを撤回し、人格権（予備的に環境権も）の主張一本に絞り勝負をかけた。

この事件については、各方面にわたって多くの学者から支援を受けた。とくに、騒音被害論について京都大工学部の山本剛夫教授、公共性論については大阪市立大の交通論の専門家中西健一教授、そして公共問題の第一人者と評価されていた宮本憲一教授ら、その他多くの研究者・学者の指導を受けた。第二審では都留重人教授（一橋大）や庄司光教授（京都大）にも証人に出ていただいた。もとより法律論についても全国の公害法の研究をしている多くの学者のアドバイスを受けたが、何といっても澤井裕教授（関西大）のアドバイスは大きかった。同教授は毎回のように弁護団会議に出席された。しかし、田原ら若手の弁護士は気が強く自信満々で、澤井教授と大論争になることも多かった。例えば、騒音の被害のとらえ方につき、田原らは「騒音に暴露されていること自体」が被害であるとの主張を強く押し出していたが、澤井教授は、暴露はあくまで間接事実ではないかと疑問を呈していた。また、第一審の最終準備書面は膨大な量となり、弁護団が合宿を重ね分担執筆したが、最終段階で書面としての統一性を確保するため、木村保男団長、滝井繁男副団長（のちの最高裁判事）と弁護団事務局長の私の三人に澤井教授も加わっていただいて手直しをした。これが田原ら被害班のメンバーの自尊心を傷つけ、あわや大ゲンカとなりかねないこともあった。今から振り返るとなつかしい思い出である。

この裁判は、第一審の大阪地裁（谷野英俊裁判長）において午後一〇時以降の差止めと過去の損害賠償が認められた（昭和四九年二月二七日判決判時七二九号三頁）。この判決は、原告ら住民の請求のほとんど全てを認容したものであり、客観的、第三者的には原告の全面勝訴と評すべきものであった。しかし、原告ら住民は、それまでにすでに午後一〇時から翌朝七時までの飛行禁止を、この裁判を軸とする住民運動の中で獲得していた（提訴当時はジェット機の乗入れが午後一一時以降翌朝六時まで禁止されていたものの、それ以外は二四時間飛んでいた。裁判の進行過程で運輸省は次第に住民の要望を容れて規制を強めていった）ので、原告らが判決に期待したのは、あと一時間（午後九時から同一〇時まで）だったが、原告らはこの一時間を「命の一時間」として判決に期待したのに、これが退けられたので、原告ら住民は落胆し、大阪高等裁判所に控訴の申立てをすることになった。第二審の大阪高裁（澤井種雄裁判長）では原告の求める午後九時以降の差止め、過去及び将来の損害賠償の三つの請求全てが認められ、原告の完全勝訴となった（昭和五〇年一一月二七日判決判時七九七号三六頁）。差止めについても仮執行宣言が付せられていた。原告ら住民、弁護団の喜びは最高潮に達した。これに対し、被告の国が上告することになったが、最高裁では当初第一小法廷（岸上康夫裁判長）に係属し、国の上告棄却のムードも高まったが、その後国が大きく巻き返し、結局、大法廷に回付となった。最高裁大法廷（服部髙顯裁判長）は、二回の口頭弁論期日を経て一九八一年一二月一六日、差止めと将来請求については第一・二審の判決を取り消し、民事訴訟としては不適法として原告らの訴えを却下した（民集三五巻一〇号一三六九頁。但し、損害賠償については国の上告を棄却し、第二審判決が確定）。一五人の裁判官のうち一人が回避し、他の一人が退官したため一三人の判断となったが、九：四であった。九人の多数意見は、本件空港は運輸大臣が管理しているが、原告の求める夜間規制の実施は運輸大臣の航空行政権（運輸大臣は一般的航空行政権と本件空港の設置者としての管理権を併せ持つが両者は不可分一体である）の発動を求めることになり、許されないというものであった。これに対し四人の反対意見は、本件空港は国が事業体として設置管理しており、運輸大臣が所轄しているだけであるから民間企業が経営している場合と本質において変わりなく、原告らの差止請求は航空行政権の発動を求めるものではないから民事訴訟によって夜間規制を求めることはできるというものであった。四人の反対意見は、いずれも説得力のあるものであったが、とくに団藤重光裁判官のそれは格調が高く光っていた。曰く「判例による法形成は、英米法のような判例法国において典型的にみられるものであるが、わが国のような成文法国においても決して相容れないものではない。法は生き物であり、社会の発展に応じて、展開して行くべき性質のものである。法が社会的適応性を失ったときは、死物と化する。法につねに活力を与えて行くのは、裁判所の使命でなければならない」と述べていた。

この判決は、少なくとも差止めの却下は予想外のものであった。原告弁護団は、最悪の場合、原判決破棄差戻しもあり得るとは考えていたが、まさか六年間の事実審の審理に上告審の審理を加えると一二年も裁判が続いているのに、訴え自体を却下するとは想像もしなかった。法学者の間でも、加藤一郎東大教授をはじめ、この判決の意外性を表明し、事前に全く予想できない判決が出るのは審理のあり方としても疑問があると批判されていた。一般世間やマスコミも同様の反応であった。この最高裁大法廷判決は、端的に言えば、訴えそのものを却下し、行政にゲタを預けることにしたのであるから、最高裁が自ら司法の役割を放棄したものとして強い批判を浴びた。しかし、結果として原告らの求める午後九時以降の飛行禁止は広範な国民世論を国（運輸省）が無視することはできず、最高裁判決にかかわらず第二審判決を尊重し、国の自主的措置によって事実上継続し、事実上原告ら住民にとって十分に目的を達成することができた。その後、この裁判は一九八四年三月に大阪地裁に係属していた四次訴訟の場において原告らと国との間で和解が成立し、本件裁判闘争は全て終了した。田原は、この時弱冠四一歳であり、この裁判で得た経験をもとに、その後各方面で多くの活躍をすることになるのであるが、田原は、この裁判を振り返ってこの事件で弁護士の基本を学んだ。準備書面の作成、証人尋問の準備及びその実行、口頭弁論のやり方など、その後の仕事に大いに役立った、と述懐している。いかに優秀な弁護士でも個人の力だけでは限界があり、複数の力（合議）で知恵を絞ることの重要性も学んだ。

2 民事裁判の改善・改革と民訴法改正への貢献

戦後わが国は、経済的にも、社会的にも順調に発展して行ったが、反面、社会の中ではさまざまな紛争が発生し、それを解決する司法の役割が問われた。とくに民事訴訟の遅延が社会問題になっていた。この強い社会的要請を受けて、一九七〇年代後半に入って法務省はようやく重い腰を上げ、まず、当時占有屋、執行屋などがばっこしていた状況を改善するため、強制執行や保全処分の改革に手をつけ、民事執行法・民事保全法の制定をした。続いて本丸の民事訴訟法の改正に着手した。民事裁判は、長い間いわゆる五月雨式審理と呼ばれる状態にあり、簡単な賃料不払いによる契約解除に基づく土地建物の明渡訴訟ですら二〜三年かかるのが普通のことであった。社会からこんなことでは民事裁判は使い物にならないとの批判が絶えなかった。法務省は、法制審議会民事訴訟法部会の部会長に三ケ月章東大名誉教授を選んで検討を開始した。同教授は、過去の改正作業のようにいたずらに時間をかけない、自身の生涯の最後の仕事として、五年以内には改正を実現する。また、実務に合わない改正では失敗するから、改正すべき検討事項を決める段階から弁護士会にも参加してもらうと表明した。その結果、大阪弁護士会からは滝井繁男弁護士が委員として、田原が幹事として抜てきされた。この改正には、当時の若手、中堅の弁護士が強い関心を示し、勉強好きの秀才弁護士が大動員された。大阪弁護士会も彼らの活動を支えるため、会内に民訴改正特別委員会（委員長・畑良武弁護士）を設け、バックアップした。公的な委員会以外にも私的な民事手続研究会（代表・中筋一郎弁護士）も結成され、その活動も活発であった。田原は、法制審の幹事としてこの歴史的大事業の下働きで大活躍をした（鈴木正裕神戸大教授の言によれば田原は、幹事席に居りながら喋りまくったようである）。ただ当時、この改正について弁護士会の中には消極意見も強かった。その言い分は、裁判の究極の使命は、事実の正しい認定（実体的真実の発見）にある。民事裁判と言えどもこれをおろそかにして迅速化をはかることは、本末転倒である。いわば一丁上り式のラフジャスティスになれば裁判に対する国民の信頼を失う、といった理由であった（ちなみに、司法制度や法制度の改正には、このような反対論は現在でも同様の現象が見られる。例えば、現在進められている司法制度改革や明治以来一〇〇年ぶりの民法の改正についていずれも一部に根強い反対論がある。しかし、いかなる困難があっても大きな時代の要請に基づく改革は、前向きに受け入れていかねばならない）。

幸いにして、この改正作業は、同時に進められた全国各地の裁判所の現場の運用改善を横目で見ながら精力的に行われた、①争点整理手続、②証拠収集、③集中証拠調べなどを中心に改革案が作られ大方のコンセンサスを取り付け、多くの関係者の努力により平成八年に、ついに法案が成立し、同一〇年に新しい民事訴訟法が施行されることになった。

ちなみに、この改革による新しい審理方式は、田原によれば現状において基本的には成功しているが、争点整理手続の現状は当初予定していたものとは異なり形骸化し、弁論の活性化が達成されていない。弁護士はもっと事件を十分に把握して出廷し、実質的弁論を行うべきである。裁判所も積極的に事件のキーポイントをつかむ意欲的訴訟指揮をすべきである。判決も旧法下に比べると分かりやすく簡略化されているが、裁判官の事案把握力が低下しているように感ずる。田原は、この改正作業で弁護士仲間だけでなく三ケ月章、中野貞一郎、竹下守夫、鈴木正裕ら当代一流の民訴法学者や最高裁、法務省の優れた担当官と巡り会い、切磋琢磨する中で大いに鍛えられ、田原の評価も高まり、のちの最高裁判事就任へとつながった、と思われる。

3 倒産事件での大活躍と倒産法立法への参画

田原の三つ目の大きな活動分野は、倒産事件の処理と倒産法立法への参画である。

田原が弁護士として本格的に活動を始めた一九七〇年代は、戦後の高度成長が一応の安定期に入り、旧来の弁護士の活動分野は、戦前派及び戦後の先輩弁護士が大体おさえていた。具体的には、大阪では旧御三家と呼ばれる弁護士を頂点とする先輩弁護士が活躍していた。刑事弁護も高名な大家が目立っていた。従って、田原ら若手弁護士の出番は新しい分野、例えば自動車事故、倒産事件、民事介入暴力、総会屋対策、消費者問題などが突破口となっていった。とくに日本社会は、九〇年代に入ってバブルが崩壊し、不滅と見られていた大銀行や証券会社ですら経営が行き詰まり、企業の倒産は日常的なものとなっていった。このような新しい事態に旧来の弁護士では適切に対応できなかった。裁判所の破産手続なども十分に機能していなかった。その結果、いわゆる整理屋などが横行するなど無法状態を生むことになった。このような事態において田原ら若手のエネルギーに溢れた弁護士の出番となった。田原ら若手の優秀な弁護士は、数多くの倒産事件を手がけ適切な処理をした。大阪でも新御三家と呼ばれる大型事務所も出てきた。次々と発生する倒産事件、企業再生事件に対応するための共同事務所が燎原の火のように拡まっていった。その中で田原の仕事ぶりは弁護士仲間だけでなく、裁判所や経済界でも日々評価が高まっていった。田原の担当した代表的なものとしてコスモポリタン㈱破産管財人、太陽鉄工

㈱更生管財人、末野興産㈱破産管財人（㈱マッセ更生管財人）、大和都市管財㈱会社整理管理人（一、二万人の抵当証券被害者事件）、スポーツ振興㈱更生管理人（債権者六万人）、京都交通㈱更生管財人、シンコー更生管財人などがある。田原はまた、自らの事件処理に熱心に取り組んだだけでなく、誰でも全国各地どこでも倒産事件が弁護士の手によって迅速かつ適正に処理できるよう、これに携わる弁護士の全国的ネットワークを組織し、二〇〇二年に田原が最高裁に入るまで理事長をつとめた。田原は、多くの経営者ら関係者から感謝され、中には田原を生涯の恩人と思っている者もいる。普通の弁護士であればこれらのうち一件でも担当すれば生涯の仕事として誇れるような大事件を、田原は数多く処理したのである。このような実績を踏まえ、田原は政府の破産法、和議法（民事再生法）、会社整理、会社更生法など倒産法の大改正の立法作業に中心的立場で参画することになった。平成八年には法制審議会倒産法部会（竹下守夫部会長）の委員となり、数年にわたって活躍した。そして、成立した新しい立法の趣旨を関係者に周知徹底するための解説書、コンメンタールの執筆、講演、シンポジウムなど八面六臂の活躍をした。

かくして田原は、倒産法の分野でも第一人者としての高い評価を得るに至った。

4 その他の活動

田原は、以上のほか、さまざまな社会的活動をして来た。中でも彼が力を入れて来たのは、母校京都大学法学部の客員教授をはじめいくつかの大学で長年にわたって倒産法・企業法務の講義を続けて来たことである。田原は、将来の法曹界を担う若手法曹養成にも大いに関心があり、取り組んできた。

Ⅵ　最高裁判事としての仕事

1　就任とプレッシャー

田原は、二〇〇六年一一月、前任の滝井繁男判事の後任として最高裁判事に就任した。それまでの田原の実績と評価からして当然のことであり、誰も異存はなかった。私は、田原の長年にわたる弁護士の活動実績と経験が最高裁という大きな舞台で生かされるチャンスが与えられることになったことを喜んだ。かつて、古い時代は、最高裁判事は真の実力よりも東京や大阪の弁護士会の会長経験者などの中から人格円満な人が、いわば上りポストとして選ばれることも少なくなかった。しかし、近年の最高裁は、司法に対する国民の期待に応えるべく、次々と積極的、画期的な判決を下している。それは政府が先頭に立って推進して来た今次の司法改革のもたらしたものであるが、さらに、社会学的に分析するなら、現在の日本は、立法や行政が本来果たすべき役割を十分に果たしていない。政治が混迷している状況にあるため司法がそれに代わって国民に明確な方向性を示すことが求められているように思われる（国会議員の定数是正・水俣病認定基準の見直し・婚外子の相続差別の解消などがその例である）。また、わが国社会は、戦後長く続いた官僚主導の社会から政治主導の社会（国民から直接選ばれた国会議員が中心）への転換が求められているため、最高裁判所も事件の審理において裁判官の補佐役というべき調査官主導は許されず、各方面の代表者として選ばれている最高裁判事が自ら審理の主役にならねばならないという認識が拡がっていった。このような状況にあっては最高裁判事の人選は真に高い識見と能力のある人を選ぶ必要がある。田原は、多少毒舌のきらいがあっても最高裁判事として最も適した人物であった。しかし田原といえども、いよいよ最高裁判事に就任するにあたって相当大きなプレッシャーがあった。何故なら、前任の最高裁判事の滝井繁男氏が大変しっかりした仕事をして高い評価を受けていたので、それと比較されることが避けられない状況にあったからである。

しかし田原は、大変な負けず嫌いであり、彼は、最高裁に赴任するに際して近畿弁護士会連合会が開いた彼の激励会において「自分は最高裁に少数意見を書くために行くつもりはない。少数意見は、いわば敗北者の意見である。自分の正しいと思う意見が多数意見になるようがんばる」旨のあいさつをした。出席者は、田原のやる気満々の姿勢に感心はしたが、そんなに簡単なことではないと思っていた。

2 最高裁判事としての田原

しかし、田原は、六年半の任期において存分に働いた。もとより、最高裁において田原の意見の全てが多数意見になったわけではないが、田原は常に多数意見の形成・充実に寄与し、影響を与えた。私は田原の書いた個別意見の全てを分析し、コメントするだけの能力はなく、その点は他に譲らざるを得ない。しかし、大雑把な感想として彼の書いた個別意見は七一（少数意見〔反対意見〕一六件〔刑事七、行政六、民事三〕、意見三件〔行政一、民事二〕、補足意見五二〔刑事一〇、行政九、民事三三〕）であるが、いずれも多数意見とかけ離れたところで孤高の道を行く見解ではなく、多数意見を掘り下げ、補強・充実または反省させるものが多いようである。また彼の書いた反対意見は刑事事件に関するものが多いが、いずれも彼の弁護士時代の経験に発しているもののようである。そして、田原は在任中、その毒舌にもかかわらず他の裁判官や調査官ら周りの人々からも高い評価を受けたようである。その理由は、何よりも彼の執務姿勢にあったようである。彼は、事件の記録をしっかり読み込み、事案を十分に把握した上で考え抜いて発言をしていたからと思う。加えて田原の意見は通り一辺倒の薄っぺらな正義感に基づくものではなく、一歩掘り下げた深さと当事者への思いがあったことによるものであると思われる。

田原のやり方は、まず最初に調査官の報告書から入るのではなく、なるべく第一、二審の判決に目を通し、続いて上告理由書・上告受理申立理由書を読み、そのあとで調査官の報告書を読むように努めたという。また必要に応じて書証や証言調書にも目を通していた。このようなしっかりとした事件の検討があったからこそ、調査官だけでなく他の裁判官も彼の意見に耳を傾けざるを得なかったと思う。ちなみに、田原が最高裁判事退官後、大阪弁護士会で開かれた慰労会に来賓として出席し、スピーチされた大阪高裁長官永井敏雄氏は、田原の在任中に最高裁判所首席調査官を務めたが、田原の上記の仕事ぶりに敬服したと、述べられた。

関係記録や資料をしっかり読み込むことは裁判官に限らず、法律実務家にとって共通する最も重要な作業であるが、それには相当なエネルギーが必要である。田原は弁護士時代から事件の読込みの深さによって多くの人の信頼を得て来た。田原の言によれば弁護士時代よりも最高裁の方が仕事は楽だったとのことである。それには多少の誇張もあるかも知れないが、確かに大型倒産事件や大型刑事事件に取り組むよりも、優れたスタッフによって整理された裁判記録の読込みの方が楽だったかも知れない。

さらに田原が最高裁判事として心がけたことがある。それは任官前から大事にしてきた企業、官庁、学者ら多数の友人とのコミュニケーション（飲みにケーション）である。彼らとの付合いの中で、常に社会の実情の把握に努め、日本経済新聞などの経済記事にも目を通し、日本社会の実情とあるべき姿への関心を持ち続けながら仕事をしたことである。私の見たところ、彼は最高裁に入って一段と大きな目で物を見ることができるようになったと思う。それは司法の頂点にある最高裁判事の責任を十分に果たさねばならぬという田原の自覚がもたらしたものであろう。

Ⅶ　まとめ——田原の法律家としての特徴

以上のように田原は、時代（田原の活躍した時代は一九八九年にベルリンの壁が崩壊し、全ての人が共通の土俵で仕事ができる環境が生まれたことが、田原ら中立派、市民派の弁護士の活躍を促進する要因となったと思われる）と人（恩師、友人や依頼者）と事件（仕事）の三つのことに恵まれ、多くの仕事をした。彼の仕事の特徴は、まず何と言っても余人の及ばない膨大な仕事をこなした点である。しかもその仕事ぶりは雑なものではなく、与えられた関係資料の記録を手を抜かずに読みこなし、事案のポイントをつかんだ上で、その解決策を深く考察し、妥当な結論に導く点に彼の素晴らしさがある。正にコンピュータ付きのブルドーザーのような法律家と言ってよい。加えて彼は、多少毒舌ではあるが事件の当事者に対する思いやり（愛と言うべきか）があるので、関係者は納得することが多いのであろう。

おわりに

田原は、まだ七〇歳である。今や人生は九〇年、一〇〇年と言われる時代である。田原はまだまだ働く力がある。今後は、これまで培った貴重な経験と実績を若手弁護士、裁判官、研究者に伝え、彼らのレベルの向上のために働いてほしい。さらに、日本の司法制度の発展のため機会を見つけて発言を続けていくことを期待する。

最後になるが、田原がこのように大きな活躍ができたのは、彼を長年にわたって支えた田原夫人の力が大きい。田原は、どうやら亭主関白型と思われるが、家事・育児の煩わしいことのほとんど全て夫人にまかせて来たからこそ、今日があることを感謝すべきと思われる。

裁判・立法・実務

As a justice, as a law planner and as a practitioner

2014年3月25日　初版第1刷発行

編著者　田原睦夫

著　者　秋山幹男
伊藤　眞
大貫裕之
垣内秀介
久保井一匡
才口千晴
始関正光
清水正憲
園尾隆司
竹下守夫
松下淳一
深山卓也
森田　修
山本和彦
山本克己

発行者　江草貞治

発行所　株式会社 有斐閣

郵便番号 101-0051
東京都千代田区神田神保町 2-17
電話(03)3264-1314[編集]
(03)3265-6811[営業]
http://www.yuhikaku.co.jp/

印　刷　大日本法令印刷株式会社
製　本　牧製本印刷株式会社

ISBN978-4-641-13662-5